U0165091

中华学术·有道

唐代高层文官

[马来]
赖瑞和

——
著

中华书局

图书在版编目(CIP)数据

唐代高层文官/(马来)赖瑞和著. —北京:中华书局,2024.3
(中华学术·有道)
ISBN 978-7-101-16494-7

Ⅰ.唐… Ⅱ.赖… Ⅲ.文官制度-研究-中国-唐代
Ⅳ.D691.42

中国国家版本馆 CIP 数据核字(2024)第 004353 号

书 名	唐代高层文官	
著 者	[马来]赖瑞和	
丛 书 名	中华学术·有道	
责任编辑	孟庆媛	
责任印制	管 斌	
出版发行	中华书局	
	(北京市丰台区太平桥西里 38 号 100073)	
	http://www.zhbc.com.cn	
	E-mail:zhbc@ zhbc.com.cn	
印 刷	北京盛通印刷股份有限公司	
版 次	2024 年 3 月第 1 版	
	2024 年 3 月第 1 次印刷	
规 格	开本/920×1250 毫米 1/32	
	印张 17⅞ 插页 2 字数 402 千字	
印 数	1-5000 册	
国际书号	ISBN 978-7-101-16494-7	
定 价	88.00 元	

目　录

1

第二部分　宰　臣

表 目

序 言

　　本书繁体版在 2016 年 5 月由台湾联经出版公司出版后，我也从台湾清华大学历史研究所退休了，不久像鲑鱼那样回游，回到我出生的那个马来西亚南方边城新山市（Johor Bahru），在城郊旧居归隐。闲时无事，在书稿上删删改改，改正了一些小小的笔误，增加了一个表（表 4.2），并且在第十九章《总结》中，加写了几段新的要点。这个中华简体版，可说是繁体版的一个修订本。

赖瑞和

2017 年 4 月 17 日

联经版自序

又到写序的时候了。每到此刻,我总要想起本书的起点,也是我之前两本书《唐代基层文官》和《唐代中层文官》的原点,那就是我的老师杜希德老先生在《唐代官修史籍考》中所说的一段话:

> 我们读传统的传记时应当留意,那些看起来好像是无血无肉的骨架式履历(skeleton curriculum vitae),只有连串的官名,但是,史官在写这些传记时,他心目中的"内行"读者(即同个官场上的未来官员),必定会发现这仕历中的每一段,都有它的意义和内涵。唐代一个官员的履历,即使被简化到仅剩连串的官名,没有任何背景资料,也能让跟他接近的同时代人读得"很有意义"(meaningfully),就像我们今人读报章上同个专业同行的讣文,或阅读某个求职者的履历表,也能从字里行间,轻易解读(那人从前的专业经历和就业状况)一样。①

----

① Denis C. Twitchett, *The Writing of Official History under the T'ang*, p. 83, n. 52. 上引文是我的中译。

杜希德（Denis Twitchett，1924—2006）是我在美国普林斯顿大学东亚研究所的博士论文指导教授①。上面这一段话，是他在晚年最后一本专书中所说的。大约三十年前（1981—1986）我在普大跟他初习唐史时，他就经常跟我谈到唐人（唐代士人）的官历、仕宦模式和唐代正史列传等等大问题。他这本专书在1992年出版后，我第一次读到这段文字时，马上得到一个灵感：如果我们今天可以像唐人那样，在阅读唐人的官历，能够读到"很有意义"，读到"津津有味"，读到像我们读今天同个专业同行的履历表那样一目了然，达到一种"心照不宣"的境界，那该有多好！

早在普大念唐史时，我就经常被史书和墓志中的一连串唐代官名所迷惑，不知道该如何解读。《唐六典》、《通典》和两《唐书》职官志，固然可以解答一些小问题，比如某官的官品为几品，其简单职掌为何等等，但这远远不足够。这四大职官书，甚至不载许多唐代的使职官名（见第三章），更不可能让人达到杜公所说的那种境界。

杜公的这段话，仿佛一颗种子。我那时就在想，要把唐人的史传墓志，读到像今人履历表那样，应当是可行的，同时也是职官研究的最高境界，最高目标。但这需要做很多原创性的研究，很多跟从前"不一样"的研究，需要有一整套全盘的研究计划才行，恐怕要耗费我的下半余生。

以此看来，这唐代文官三部曲，其实最主要的目的，是要解决我个人的一大迷惑，一大"好奇"：如何解读唐人的官衔，如何把唐人那些"无血无肉的骨架式履历"，读得"很有意义"。如此而已。

①拙文《追忆杜希德教授》，《汉学研究通讯》26卷4期（2007年11月），页24—34。

如果还有其他唐史学者（特别是初学者），也有类似的迷惑，或许我们可以成为"同路人"，一起来探索。我对唐代官员的兴趣，永远大于"冷冰冰"的制度条文和令文。我在《唐代基层文官》的《自序》中，曾经形容我的方法是"在传记中考掘制度史"，也就是要从唐代士人官员的实际仕历，去观看他们怎样做官，看看制度怎么运作，而不是要从制度条文去看官制。所以本书只想解决我个人的迷惑，于愿已足，也恐怕在书中许多地方，留下不少这种"个人笔触"。

在清华任教之前，有超过十年的光景，我蜗居在赤道边缘我出生的故乡，亚洲大陆最南端的边城，马来西亚柔佛新山（Johor Bahru），自有一种"大隐于乡"的乐趣。有一段时间，我在一所私立学院教书，只是教课时数多，没有什么研究资源。怎么做研究？怎么让那颗种子萌芽？唯有耐心等待适当的时机，等待适当的阳光和水分。但这一等，便是好几年。

一直到 2002 年初，我决定辞去教职，准备闭门读书，向往韩愈"闭门读书史，窗户忽已凉"的那种境界。这时，刚好台湾"中研院"历史语言研究所开发的那个"汉籍全文电子资料库"，开放给海外学者使用。我幸运得到一个免费账号，从此可以每天上网，联线到这个超大型全文资料库，去检索我要的材料，包括《唐六典》、《通典》、两《唐书》、《太平广记》、《全唐文》等等重要资源。

这个资料库拯救了我，让我得以在赤道边缘，做最精深的唐史研究。那时杜公已退休，回到他英国剑桥老家。有一次我写电邮给他，不免要跟他吹嘘一番说："现在的唐史研究，已进入无纸的时代（paperless age）了。你甚至可以在一个荒凉的小岛上做唐史研究。我现在居住的小镇，在研究资源上几乎就等同荒岛，但我还可以做相当高质量的研究。"

最棒的是，史语所这个资料库，除了可以做全文检索外，还具备我所知最佳的"检索报表"功能（另一大型资料库"中国基本古籍库"虽然收书更多，但就缺此功能）。我等于拥有了所谓的"照相式记忆"（photographic memory）。据说这是我们唐史开山祖师爷陈寅恪老先生所拥有的。我的"记忆"不但是完美的，还可以在一两秒内，检索到几乎任何我想要的资料，再以"检索报表"功能，全部打印出来，或储存起来备查，无字数限制。这样，我再也不必像严耕望先生那样，花数十年，抄写数十万张卡片，才能开始写他那套《唐代交通图考》。如果当年严先生来得及使用这个资料库，他应当能及早完成他这部最后未能完成的遗作。我跟这个资料库的相遇，就像在生命的低谷遇见一个贵人。现在，这部文官三部曲终于完成了，我有一种感恩的心情，想把这最后一"曲"，特别献给"她"，我的"记忆女神"（Mnemosyne），以及"中研院"那批开发出这个资料库的各路专家们。

这"记忆女神"真是一个超神的研究工具，正好可以配合我那个跟以往"不一样"的唐代职官研究大计划，那个"读唐人官历，如读今人履历"的研究大工程。从2002年中到2003年底，经过大约一年半的研究写作，我写完了《唐代基层文官》，寄给台北联经出版公司，于2004年底经审查后出版。此书出版后，我获得清大的教职，终结了我当时的"失业"，在2005年秋天，带着写了一半的《唐代中层文官》初稿，从热带赤道飞到亚热带的台湾，赴新竹清华大学历史研究所任教。2007年底，在新竹清华期间，写完《唐代中层文官》，于2008年底出版。如今，经过这些年的沉淀、思考和研究，我又完成了这本《唐代高层文官》。上引杜公的那段话，正是这三部曲的种子和源头。

清大图书馆的中英日文藏书都极为丰富，馆际合作借书也高度有效率,清大校方和历史所待我也极优厚,让我可以在如此优游的研究环境下,完成《唐代高层文官》。这本书也要献给清大和清大历史所。

过去几年,王秋桂老师曾多次问起此书的写作进度,关心备至。施逢雨老师也曾多次打电话给我鼓励,特别是有一年我身陷低谷的时候,让我感到温暖。他很早就告诉我说,你一定要写完《唐代高层文官》。如果没有写完,则整个三部曲将成了"unfinished masterpiece"(未完的大作)。这句话成了鞭策我写完本书的一大动力。

在过去一年多最后冲刺期间,我每写完一章,上海交通大学历史系的刘啸老师,就帮我非常细心校订一遍。刘老师的校订精湛极了,常能抓到我看了好几次初稿都没能发现的各种错误,让我惊讶,让我不得不感到谦卑。这里要由衷感谢刘老师。当然,若还有错误,那是我要负责的。

本书写作期间,曾经多次得到台湾"国科会"的研究计划补助,也曾连续十年获得清大的学术卓越奖励(激励加薪),谨此致谢。我也要感谢好几位研究助理,过去几年来常帮我到图书馆借书和复印资料。

本书最早完成的一些篇章,曾经以论文的形式,在学术期刊上刊登:第一章《使职的起源和职事官的相互演变》和第四章《唐宰相的使职特征和名号》,发表在上海《中华文史论丛》;第二章《钱大昕和唐代使职的定义》的使职定义部分,以及第七章《唐知制诰的使职本质》,发表在上海社科院《史林》;第三章《唐职官书不载许多使职的前因与后果》、第五章《唐宰相的权力与下场》和第十章《刘知幾和唐史馆史官的官与职》,发表在西安陕西师大《唐史论丛》;第六章《唐中书舍人的使职化》,发表在北京《清华大学学报》;第八章《唐三大类型知制诰的特征与区别》,发表在北京《文史》;第九章《唐后期三大类词臣的升迁与地位》,发表在上海《学术月刊》;第十一章《唐史官的使职化》的第三节"唐史馆史官的使职官名",发表在北师大《史学史研究》;第十七章《唐刺史的税官角色》,发表在吉林大学《史学集刊》。其他各章则从未发表,在本书中首次亮相。各学术期刊当初刊登拙文之前,都曾经送请专家审查。能够得到他们的首肯后刊出,对我来说,是一大激励。我也要在此对各期刊的编者和原先的审查专家,深表感激。

上面提到的这些"论文",许多原本并非"期刊论文",而是我书中的专章。写书到了后期,我才把书中某些专章,修改成论文形式发表。在期刊发表后,又再次修订,有些是大幅度的修订(特别是第一章和第十章),才成了目前书中的样子。

本书出版之前,联经又约请了两位外审专家,重新审查了整部书稿,并提出不少珍贵的改进意见,对本书的质量提升不少,特此致谢。在此我还要特别感激联经发行人林载爵先生,早在2004年就促成这部三部曲的诞生,也要感谢总编辑胡金伦兄,及时提醒我交书稿并协调种种出版事宜。

赖瑞和

2015 年 11 月 22 日立冬后于清大东院

sflai1953@gmail.com

导　言

然学士与侍郎,何者为美?

——《大唐新语》源乾曜问张说

　　唐代刘肃的《大唐新语》有一则记事很有启发意义,可以用来
说明,何以唐代的官衔好像"密码"一样,需要"解读",需要"解
码",不是光查查职官书就能解决:

　　　　贺知章自太常少卿迁礼部侍郎,兼集贤学士。一日并谢
　　二恩。时源乾曜与张说同秉政,乾曜问说曰:"贺公久著盛
　　名,今日一时两加荣命,足为学者光耀。然学士与侍郎,何者
　　为美?"说对曰:"侍郎,自皇朝已来,为衣冠之华选,自非望实
　　具美,无以居之。虽然,终是具员之英,又非往贤所慕。学士
　　者,怀先王之道,为缙绅轨仪,蕴扬班之词彩,兼游夏之文学,
　　始可处之无愧。二美之中,此为最矣。"①

源乾曜和张说同为宰相,有一天见到贺知章同时"迁礼部侍郎,兼
集贤学士",源乾曜不禁问张说:这两种官,"何者为美?"张说的答

―――――――――

①《大唐新语》卷十一,页165。

案是"二美之中，此为最矣"：两官都美，只是集贤学士更美、最美。这个答案，很可能会让不少现代学者有些惊讶，因为今人常好以官品来衡量唐人的官职。礼部侍郎是正统又正规的正四品下高官，集贤学士只是个使职（一种皇帝特使），一种"不正规"的职位，甚至连个官品也没有，怎么会更美？日本学者砺波护很可能会说，集贤学士不过是个"令外の官"，是唐代律令制度以外的官①，似乎很不入流品。没想到张说竟说此官为二美之"最"！

张说以一个唐人的身份，又是宰相，他的话当然最有分量，最具"权威"。今人简直无从置喙。其实，源乾曜也是宰相，在官场上应当也见多识广，不会不知道"何者为美"，或许只是想求证于张说罢了，或想请张说"点破"个中奥妙。果然，张说没有让他失望，说得头头是道，令人叹服。

他说，侍郎"为衣冠之华选，自非望实具美，无以居之"。然而他又加了一句但书：此官"终是具员之英②，又非往贤所慕"。相反，集贤学士"怀先王之道"，接近皇帝和皇权，不但要有扬雄和班固那样的"词彩"，还要兼备子游和子夏那样的"文学"才行，任官条件更为严苛。这段话不但展现了唐代一个宰相对此两官的看法，也透露了唐代上层社会有一种很深的"文学崇拜"：有"词彩"，有"文学"者，可以占尽优势，而且是仕途上的优势③。张说本人就是

①砺波护《唐の官制と官职》，《唐代政治社会史研究》，页238—244。
②"具员"，犹言"备员"、"具臣"。《论语·先进篇》："今（仲）由与（冉）求也，可谓具臣矣。"朱熹《集注》："具臣，谓备臣数而已。"此"具员"的"具"，犹如"具文"的"具"。
③这种文学崇拜，当然不始于唐，更早在六朝已可见到。详见郑雅如《齐梁士人的交游——以任昉的社交网络为中心的考察》，《台大历史学报》第44期，2009年12月，页43—91。

初唐的"大手笔",靠着他的文采称雄于玄宗时代的政坛和文坛。他也曾经在集贤院当过学士,十分清楚此院学士的崇高地位。

像《大唐新语》这段精彩的记载,它所透露的讯息,是我们在正史职官志中找不到的。但这样的知识,却是今人最想得到的,对于我们了解唐代官场的运作,士人的期望和他们做官的理想,帮助很大。比如,有了这个"常识",今后我们在阅读唐人史传和墓志,再次遇到礼部侍郎和集贤学士时,当有一种"故人重逢"的感觉,知道这两官的高低比重,好比见到两个老朋友那样。这时,读史才可能有会心微笑、左右逢源之乐!

一、"兼"字真义和本官

《大唐新语》这则纪录,也凸显了几件事,可以作为本《导言》讨论的起点。

第一,唐人喜欢"品头论足"般点评同僚所任官职的清望、轻重等等,并不是光看官品的高下。显然,他们看重一个人的仕宦,并常以一个人的官宦,来品评他的人品和地位。这就是陈寅恪的精湛观察:"唐代社会承南北朝之旧俗,通以二事评量人品之高下。此二事,一曰婚。二曰宦。凡婚而不娶名家女,与仕而不由清望官,俱为社会所不齿。"[1]一个士人做的官是不是"清望",是不是接近皇权,这些才比较重要。如果做的是伎术官僚,如太乐令之类的乐官,或司天监那样的天文官,或闲散的官职,如散骑常侍和太子宾客之类,即使官品再高,却都不是士人看重的。

---

[1]《元白诗笺证稿》,页112。

第二，"贺知章自太常少卿迁礼部侍郎，兼集贤学士"这一句话，更可佐证唐代官衔（特别是使职官衔）之复杂，且处处是陷阱，稍一不慎，很可能便陷入其中犹不知觉。比如，以这一句来说，一般学者大概都会以为，贺知章这时只是从太常少卿，升为礼部侍郎，并"兼职"任集贤学士。换句话说，大家会以为，礼部侍郎才是他的主要官职，集贤学士只不过是他的"兼任"、"兼职"工作而已。如果是这样的理解，那恐怕大有问题。

本书第十一章《唐史官的使职化》第五节"专任史官？兼职史官？"将会更详细论证唐代这个"兼"字，绝非"兼职"，而是"同时出任"两种官职的意思。唐人所"兼"之官，往往还是专任的，非"兼任教授"那种"兼任"、"兼职"性质。例如，唐代那些史官，都是以某某本官去"兼"史馆史官。唐初的令狐德棻，便"累迁礼部侍郎，兼修国史"①。意思是，他同时出任礼部侍郎和"修国史"这种使职，但他这时的最主要工作，是在史馆修史，在专任"修国史"，并非在做礼部侍郎的官（这只是他的"本官"）。

同样，贺知章"迁礼部侍郎，兼集贤学士"，表示他同时获授这两个官职，但他的最主要工作，是去集贤院专任学士，协助皇帝草诏、编撰，并教导皇太子读书（见下），不是去做礼部侍郎（这也只是他的"本官"）。此之所以张说会特别提到集贤学士，要"蕴扬班之词彩，兼游夏之文学，始可处之无愧。二美之中，此为最矣"。

设想，我们读贺知章和令狐德棻的传，如果连他们当时在专任什么官职，都茫然不解，那我们还能奢谈研究什么历史大问题吗？老一辈的学者，已故宋史专家邓广铭先生，1956年"在北大历史系的课堂上公开提出，要以年代、地理、职官、目录为研究中国

---

① 《旧唐书》卷七十三，页2598。

史的四把钥匙"①。其中职官又最复杂难缠。若缺了唐代职官这把"钥匙",我们在阅读唐代文献,特别是官名和官衔充斥的墓志时,恐怕要处处望文兴叹,一知半解。

第三,贺知章和令狐德棻这两个"兼"案例,牵涉到唐代官制中的一个核心问题,那就是所谓"本官"的问题。在唐代史料中,"兼"和"本官"有密切关系。像上引贺知章和令狐德棻的案例,是以"兼"的方式来叙写,但也可以用"本官"方式来呈现,那就是"以某某本官,任某某使职"的方式来记载。

例如,《旧唐书·穆宗纪》长庆二年(822)二月条下:"以工部侍郎元稹守本官、同平章事。"②意思是,元稹是以工部侍郎的本官身份,去出任同平章事(即宰相,也是一种使职,见本书第四章)。他并没有去做工部侍郎的职务,且工部侍郎这时已成了闲官,也没有什么职事可言。这种以本官出任宰相的例子,在两《唐书》的本纪中,还可以找到非常之多,比比皆是。

再如,《旧唐书·懿宗纪》咸通二年(861)四月条下,"以驾部郎中王铎本官知制诰"③。意思是,王铎以驾部郎中的本官,去充当知制诰的使职。他并没有去担任驾部郎中的职事,因为此官在唐后期早已成了闲官。在史书中,这种用例甚至也可以写成"驾部郎中知制诰王铎",连"兼"字都可以省略。

同样,"本官"一词,也往往可以省略不书,可从上下文判读。例如,《新唐书·徐坚传》:"俄以礼部侍郎为修文馆学士"④。意

①刘浦江《不仅是为了纪念》,《读书》1999年第3期,页129。邓老于1998年去世。刘浦江此文,是纪念他恩师之作。
②《旧唐书》卷十六,页495。
③《旧唐书》卷十九上,页651。
④《新唐书》卷一百九十九,页5662。

思是,徐坚以礼部侍郎的本官,去出任(专任)修文馆学士的使职。再如《新唐书·李训传》:"不逾月,以礼部侍郎同中书门下平章事,赐金紫服。"①意思是,李训以礼部侍郎的本官,去出任(专任)宰相。"本官"一词省略了,但从上下文看,文意还是很清楚。

这就很有元丰改制前的北宋官制味道:本官不做本司事,却跑去充任其他使职差遣②。这个"本官",许多时候是借用"闲官"为之,其作用在于定位阶,计俸禄,类似宋代的"寄禄官"(见第六章的更详细讨论)。宋制正是源自唐制。张国刚又称这种唐代的"寄禄官"为"阶官"③。

在接下来的各章中,本书会经常提到唐人这个本官和他们"兼"数种官职的现象。如果能够掌握这一官职特征,许多解读问题也就可以迎刃而解了④。

二、本官、闲官和使职的出现

为什么礼部侍郎可以当作一种"本官"来使用? 为什么一个

①《新唐书》卷一百七十九,页5311。
②龚延明《北宋元丰官制改革论》,《中国古代职官科举研究》,页283—306。
③张国刚《唐代阶官与职事官的阶官化》,《唐代政治制度研究论集》,页207—232。
④唐代诗文中,常喜欢以一些雅称来代指官名,比如"明府"指"县令"、"赞府"指"县丞"、"少府"指"县尉"、"使君"指"刺史"等等。这些都简单易懂,查查《汉语大词典》一类的辞书就能解决,不须解读。宋代洪迈《容斋随笔·四笔》卷十五,页817—818,也有一则札记"官称别名",列举了许多此类唐代官名雅称,如"光禄为饱卿,鸿胪为客卿"等等。其实这一类的雅称,许多仅用于诗文等场合,罕见于史书,一般也不构成问题。

官员要带有"本官"？这便牵涉到唐代的使职。所谓"使职"，是一种非正规官职的任命方式，可以理解为"特使"或"特助"性质，但唐代经常用使职方式来委任官员(特别是高官)，后人称这种现象为"以特使治国"，跟民国初年常以特使来掌政和掌财权，异曲同工①。

贺知章这时的更详细官历记载，见于他《旧唐书》的本传。原来，他是在玄宗开元十三年(725)，"迁礼部侍郎，加集贤院学士，又充皇太子侍读"②。唐初的礼部侍郎为正四品下的高官，但却是个闲官，非剧要官员。贺知章"少以文词知名，举进士"，文章学问都受到同辈称赞。这时，玄宗要请他来当太子的老师，但传统职事官中并无"皇太子侍读"这种官，于是便先让贺知章升任礼部侍郎，再请他以这个"本官"的身份，去同时充任集贤学士和皇太子侍读这两种使职。

集贤院是唐宫廷内藏书丰富的皇家藏书楼，也是贺知章时代最重要的一个文馆③(那时还没有翰林学士院)。唐史学者如今常用的《唐六典》，当年就是在这个集贤院编撰成书。贺知章这时任学士(更正确的说，是出任集贤院侍讲学士)，教导皇太子读书，但他领的却是礼部侍郎的俸禄。别人一般也会尊称他为"侍郎"。大朝会时，他也就排在礼部侍郎的班序(因为集贤、翰林、史馆等文馆使职，并无自己的班序)。这便是"本官"的作用。

———————

① 刘迪香《民国前期使职的渊源、特点及其作用》，《湖南城市学院学报》2007年第3期，页5—8；刘迪香《民国前期使职设置考略》，《史学月刊》2008年第4期，页131—133。

② 《旧唐书》卷一百九十中，页5033。

③ 池田温《盛唐之集贤院》，孙晓林等译《唐研究论文选集》，页190—242；李德辉《唐代文馆制度及其与政治和文学之关系》。

贺知章既然同时又带有礼部侍郎的本官，必要时他当然也可以执行一些跟礼仪有关的工作。礼仪需要饱读经典。像贺知章这种有学问的士人，从事礼仪工作，绰绰有余。因此，玄宗登泰山封禅时，便曾经"召知章讲定仪注"①。同理，贞观十五年（641），太宗将登泰山，也曾经下诏，"令公卿诸儒详定仪注"。当时任史馆史官的令狐德棻，很有学问，又带有礼部侍郎的本官，于是他也就被委任为"封禅使，参考其议"②，但这只是一次性的使职，事毕即罢。他又回去史馆专任史官。

令狐德棻以礼部侍郎的本官，去出任史馆史官，正因为史馆史官也是一种没有官品的使职。任使职者都要带有一个本官才行。唐初的徐坚亦是如此。唐后期的李训，更是如此，因为宰相其实也是没有官品的使职，所以他要带有礼部侍郎的本官，去出任同平章事。

本官通常是"借用"那些闲散的官为之。唐初的科举考试，从贞观起，原本由吏部的考功员外郎主持，但到了开元二十四年（736），因发生"员外郎李昂为举人李权所讼"的事件，才把贡举转移给礼部侍郎主掌③。但在这之前，礼部侍郎是个闲官。此之所以张说说侍郎是"具员之英"。于是令狐德棻和贺知章，才会以礼部侍郎为本官，去出任其他使职。但从开元二十四年起，礼部侍郎主持贡举的期间，此官有了比较重要的职权，应当就没有再用作本官。但到了唐后半期，特别是在李训的文宗时代，朝廷又经常以其他有文采的官员（如权德舆），以他官的身份来"知贡举"，

①《旧唐书》卷一百九十中，页5034。
②《旧唐书》卷二十三《礼仪志》，页884。
③《唐会要》卷五十八，页1184；《旧唐书》卷八《玄宗纪》，页203。

把礼部侍郎架空,此官又成闲官,又可以用作本官了,于是李训才会以此为本官去出任宰相。

上面几个案例说明,唐代的职官变化多端,并非像《唐六典》等职官书呈现得那样"井然有序",看起来好像永远那么固定常设不变。如果光只是读《唐六典》和其他另三大职官书,我们见不到礼部侍郎这种职权的微妙变化,也看不到本官和使职的问题。这就需要后人去考掘史传和墓志,从种种实例中,去发现唐代各种职官的精妙处。有了这些职官书以外的知识,我们才有可能把唐人那些"骨架式履历",读得"很有意义",读得津津有味。

唐代官制最重要的一种变化,就是使职的出现,而且早在唐前期,就有了使职,不必等到唐后期。例如,本书即将检讨的五大类使职:知制诰、翰林学士(第六章至第九章),史馆史官(第十一章),玄宗朝的财政使职(第十二到十五章),节度等使(第十八章),都是在唐安史之乱前就设置。至于唐代的宰相(第四章),更是从唐初到唐亡,始终都是个使职,从来不曾是个有官品的职事官。

使职的出现,产生两个连带现象。第一,它会造成某些职事官,遭到"使职化",也就是被新来的使职架空,原有的职事官逐渐会变成闲官,职权旁落。这样被架空的职事官,变成闲官以后,又可以充作其他使职的本官或检校官①。第二,使职本身又需要带有本官去充职,以计俸禄,序班次。这样便形成了一种奇妙的循

---

①赖瑞和《论唐代的检校官制》,《汉学研究》24 卷 1 期(2006 年 6 月),页175—208;赖瑞和《论唐代的检校郎官》,《唐史论丛》第 10 辑(2008 年 2 月),页 106—119;冯培红《论唐五代藩镇幕职的带职现象——以检校、兼、试官为中心》,收在《唐代宗教文化與制度》,高田时雄编(京都:京都大学人文科学研究所,2007),页 133—210。

环:使职使得一些职事官变成闲官,但这些闲官又可以循环再利用,改为其他使职的本官或检校官。结果是尽可能官尽其用,不致于像德宗贞元时,陆长源在《上宰相书》中所说的那样,"官曹虚设,禄俸枉请"①。

"使职化"这名词,据所知是陈仲安最先使用,见于他和王素合著的专书《汉唐职官制度研究》第一章第六节《唐后期使职差遣制的流行》②。意思是唐皇朝把各种职事官架空,改用使职,也就是"以特使治国",是一种扩充皇权,让皇权得以更集中的办法。陈仲安此书,对近年的唐代官制研究颇有影响,常见学者引用。何汝泉最近出版的专书,更透露他研究唐代使职,就是受到陈仲安在1963年,发表在《武汉大学学报》那篇唐代使职"开山之作"的"启示而萌发念头的"③。拙书虽然不是受到陈仲安的启发,我跟陈老的使职观点也不尽相同,但陈老的开山之功不可没。这里借用他的"使职化",一方面因为此词简洁好用,另一方面也有"向大师致敬"之意。

要解读唐人的官衔,我们就必须对唐代这种官制的变化,有相当的了解,更要深入探讨使职,因为使职经常带有一长串的结衔,比职事官(比如县令和县尉)的单纯官衔复杂许多。越高层的使职,其官衔越复杂,不只带有作为本官的职事官衔,更常"兼"领其他官或宪官(如御史中丞),又可能同时执行好几个其他相关使职(如节度使常兼带支度、营田使),更带有检校官(如检校尚书、检校郎官)等等。这样组成的一大串官名,竟可以长达七十多个

---

① 《唐文粹》卷七十九,页4a。
② 《汉唐职官制度研究》,页98—129。
③ 何汝泉《唐财政三司使研究》,《自序》页1。

字之多。最好的例子，莫如唐后期的幽州节度使刘济，死后在其墓志上的那一长串结衔：

> 故幽州卢龙节度副大使，知节度事、管内支度、菅田、观察处置、押奚契丹两番、经略卢龙军等使，开府仪同三司，检校司徒兼中书令，幽州大都督府长史，上柱国，彭城郡王，赠太师刘公墓志铭①

这个冗长的结衔，正好是杜希德所说，"无血无肉的骨架式履历，只有连串的官名"，但是，如果我们了解唐后期，一个州刺史如何经常兼充各种使职，则这个"骨架式履历"就会变得十分精彩可读，可以让一个解读者去充分"享受"解谜之乐（详见本书第十八章第七节"刺史兼使职的官衔解读"）。由此可知，唐人的官衔，以使职的最为复杂。我们要彻底解读唐人的官衔，就不得不先去研究唐代的使职，才能找到一把足以"解谜"的钥匙。

三、本书以使职为切入点

本书的《自序》说过，本书最主要的目的，是要解决我个人的一大迷惑，一大"好奇"：如何深入解读唐人的官衔。上面的"兼"、本官、闲官和使职的讨论，只是一个引子，借以说明唐人的官衔，如何跟今天的不同，如何像"密码"般需要"解码"。抓住使职这个切入点，我们便可以深入去了解唐代的本官、检校官、闲官

---

① 《权德舆诗文集》卷二十一，页317。

的奥秘。

历史研究讲求的是证据。不管我们研究的是政治史、经济史或甚至艺术史，我们都需要历史证据。而目前最大宗的证据，就在史书和墓志①，但里面却处处都是官名官衔。如果我们连这位唐代官员，当时在做什么官职，都茫茫然不解，那又怎么会有扎实的基础，去进行更深一层的历史建构呢？

唐代的使职，在基层文官的阶段，还不是很普遍。所以拙书《唐代基层文官》，只探讨了方镇使府中，三种最常见的基层使职：巡官、推官和掌书记（第五章），并且研究了唐代士人，如何以校书郎、正字和县尉这些基层职事官，作为本官（或称"阶官"），去充任使府僚佐、集贤校理、直史馆、直弘文馆等使职（或称"幕职"、"馆职"）（第一至第三章）。

到了中层文官，使职开始增多。所以《唐代中层文官》的第三章《员外郎和郎中》，曾经研究过中层士人，如何经常以郎官为本官，去出任知制诰、集贤、弘文、翰林学士和史馆修撰等使职，又在第五章《判官》中，专章讨论了判官这种最常见的中层使职。此外，该书也探讨了唐代那些中层资历的士人，如何以监察御史等御史台官、拾遗和补阙等职事官，作为本官，到使府、史馆和文馆等处，去出任那些中层的使职（第一和第二章）。

---

①墓志有双重意义：它既是文献，又是地下出土的考古证据。不过，唐代也有不少墓志，仅见于唐人的文集中，还未见到考古实物，或考古实物早已散失，如宋代到清代所出土的墓志，许多已无实物，仅存于历代金石学家的录文。近年新出土的唐代墓志，已达到一万件左右，且仍然在不断出土中，成了今日唐史学界最重要的新史料。墓志中最重要的内容，无疑就是各墓主官员、撰碑者和书碑者的连串官衔和官历。这些都需要好好解读。目前许多唐代墓志考释的文章，往往还只是查检职官书，照抄职官书中的官品和简单职掌了事，经常还未发掘出这些墓志中官衔的深层含义。

现在，到了高层文官阶层，那几乎全是使职的天下了。好几种最重要的职事官，已逐渐沦为闲官和本官。本书的一大主题，便是探讨最关键的一些职事高官被"使职化"的过程。但在探讨唐代"使职化"之余，本书还做了一些"额外"的研究，那就是深入剖析这些职事官和使职，到底在做些什么事，他们当时在唐朝廷整个政府架构中，又扮演了怎么样的轻重角色，希望借此能更深入了解这些高层官员，以便在品读他们的官衔时，更多了一种"发现的惊喜"。

例如，本书的第六部分论地方牧守，若从本书"使职化"主题来说，第十八章《唐刺史和他的使职帽子》已足够剖析刺史的使职化，采取的是一种怎么样的形式（即一种加官式的使职化）。第十六章《唐州府定位和刺史的职望与选任》以及第十七章《唐刺史的税官角色》，跟刺史的使职化并没有多少关系。但从解读官衔的角度，却有莫大的关系。如果我们不理解，唐代一位官员出任刺史的州府等级定位，我们简直无从推敲，这位官员的仕宦成就和官场地位如何，因为一个官员在一个赋税大州（如杭州）任刺史，跟他在一个偏荒穷州（如岭南端州）任刺史，其职望、俸禄和地位，却是天差地别的。此外，过去的刺史研究，几乎从未留意刺史的核心职务，其实是收税，是一种税官，是一个州负责征收赋税的最高层长官，跟罗马帝国各省的总督（provincial governor），亦主要为税官（tax collector）一样。本书特别研究了刺史的税官角色，对解读刺史官衔，很有帮助。

综上，本书有三大主题：一是职事高官的使职化，二是职事高官和使职的深层研究，三是解开唐代官衔的"密码"。

四、为何挑选此五大类官员？

本书只选了五大类唐代高层文官来研究：宰相、词臣（包含中书舍人、知制诰和翰林学士）、史官（史馆史官）、财臣（聚敛之臣和三司使等），以及地方牧守（刺史、都督和节度使等）。有些读者可能马上会责问：唐代高层文官有上百个，何止五大类？你只挑选这些，怎么会有"代表性"？

这牵涉到某些学者念兹在兹的"定义游戏"。所谓的"高层文官"，该如何"定义"？这里不妨随学界起舞，也来"玩玩"这个"定义游戏"。如果按照唐史学界的一般理解，五品或以上官可算是"高层"。然而，唐代的这类文职事官，林林总总，清浊不分，超过一百个。这当中，有许多官到了唐玄宗以降，都成了闲官，如仆射、中书令、散骑常侍、兵部尚书和侍郎、太子宾客、太子率更令等等①；有不少难得在史传和墓志中一见，如太子左右谕德、太子左右庶子、军器监等。如果要把这些官员都纳入书中讨论，一来篇幅不允许，二来杂乱无章，意义也不大。

所以，本书所说的"高层文官"，其定义不是"五品或以上文官"，而是"最有权势，最接近皇帝皇权，最全面掌管国家财赋，且在地方上治理老百姓最重要的五大类高层文官和使职"。这些官员，是史书和墓志中最常见的，也是朝廷中最举足轻重的五类高层大官。如果我们能充分了解他们所做何事，他们跟皇帝的关系

①严耕望《论唐代尚书省之职权与地位》，《严耕望史学论文集》，页261—338。

如何，他们在朝廷架构中的轻重地位，他们在唐代所历经的变迁（使职化），以及他们的长串官衔又如何解读，则我们可以对唐代的政府架构及其权力运作方式，有一个全新的、动态的理解，不同于职官书中所描述的那种三省六部九寺职事官制。本书的目的也就达到了。

唐代有几类高层官员，例如学官（国子祭酒、国子司业等）和礼仪官（如太常卿等），虽非剧要官员，但也并非闲官。最初写书时，也曾经考虑是否要纳入，但最后却不得不割爱。最重要的一个原因是，我对这几类官员，没有新的研究发现，不想"炒冷饭"也。其次，这几类官员，也不如本书所论的那五大类官员，那样关键，那样掌握政治实权，或那样有研究意趣。再者，这几类职事官员，在整个唐代，几乎没有遭到什么使职化（特别是学官），意味着这些官仍然是相对稳定的，仍足以应付唐代的时局环境，仍然有效用，不需要经历使职化。以往的研究亦已详，不必再重复论述。

我在《唐代中层文官》的《导言》中，曾经提过一个构想：唐代士人做官，有一个"理想的核心常任官模式"。也就是说，他们心目中必定有一些理想的核心官职（虽然最后可能达不到）。他们会认为，哪一些官职比较理想，比较"清望"，比较能掌握大权，或像上引文源乾曜与张说所讨论的课题那样，哪一些官比较"美"，哪一些官又比较"不美"等等。这便左右了他们任官的抉择，以及他们在仕途上的奋斗。本书所论的这五大类官职，符合唐代士人心目中的理想核心高层常任官模式，也是他们最想做的一些官职。

这五大类官员当中，有三种是唐代士人经常出任的。最常任者为牧守刺史，几乎所有知名的唐代士人，都当过刺史，鲜少例外。其次是词臣。张说所谓"二美之中，此为最矣"的集贤学士，即本书所论"词臣"的一种,只是此美官在贺知章之后,在唐后半期,又历经了一些变化,不如后起的翰林学士那样光芒四射。第三常任者为史官。高宗时,中书令薛元超曾经对所亲说"吾不才,富贵过分,然平生有三恨:始不以进士擢第,不得娶五姓女,不得修国史"①,可证史官在唐士人心目中的崇高地位。唐代几乎所有善于著述的官员,如刘知几、张说、吴兢、韦述、柳芳、杨炎、韩愈、李翱、杜牧等人,都当过史官。士人任财臣者则较少见,主要因为此官需要专业和吏干,又常要跟钱谷打交道,只适合某些类的士人,如第五琦和刘晏。至于宰臣,那就不是人人可为,或人人愿为,需要机遇和才华(如宋璟、姚崇、张说、陆贽、李德裕),或某些"营钻"之功(如李林甫、杨国忠、元稹、李训、韦执谊)。

最后,要澄清一点,本书常用的"唐人"一词,仅指"唐代士人"而已,并不包含"士人"阶层以外的其他唐代人民。

①《隋唐嘉话》卷中,页28。

第一部分

———— * ————

使职和职事官

第一章　使职的起源和职事官的相互演变

> 设官以经之,置使以纬之。……于是百司
> 具举,庶绩咸理,亦一代之制焉。
>
> ——杜佑《通典》

　　唐代职官制度最重要的特征是什么?构成唐朝"一代之制"的,又是什么?最好的答案,莫如上引杜佑的这一段话,出自《通典》卷十九《职官一·历代官制总序》①。这是一篇提纲式的序,从中国神话传说时期的伏羲、神农说起,历夏商周、汉魏晋南北朝和隋,一直讲到唐代的官制。因为是提纲式,所以只点出每一代官制最重要的特色和精神。杜佑提到他自己的本朝,最后的结论便是"设官以经之,置使以纬之"这几句话,说明他眼中的唐制,"官"(职事官)和"使"(使职)同样重要。职事官是"经",使职是"纬",两者都有必要设置,缺一不可。两者相互配合,才能"百司具举",完成"一代之制"。

　　杜佑(735—812)本人的官历便是一个好例子。他从18岁入仕,直到78岁才退休,任官长达六十年,是唐代极少数仕宦生涯

————————

① 《通典》卷十九,页473—474。

如此长的官员。他最先是"以荫入仕",先任两种职事官:济南郡参军、剡县丞,然后他就开始在韦元甫的浙西和淮南幕府,担任一系列的基层幕佐使职。跟着,他又任职事官抚州刺史,再入朝为金部郎中。他壮年以后,几乎都在任使职,包括容管经略使,水陆转运使,岭南、淮南诸镇节度使,也曾以户部侍郎的身份判度支(一种使职),又当过"使职之最"的宰相①。他这一系列的官职,都是职事官和使职交错的,宛如他在《通典》所说,以官为经,以使为纬,也是唐代不少士人文官的典型经历。

因此,杜佑对职事官和使职的特征和差别,是有亲身体会的。他这一番话,不是纸上谈兵,而是亲身观察的结果。他深知,到了唐玄宗时,传统的三省六部九寺等职事官制度,已无法应付日益复杂的时代需求。唐皇朝不得不委任各种使职,来弥补职事官的不足。

一、唐代的"官"与"职"

杜佑所说的"使",在唐代文献中也常称为"职"(使职的职),比如在下面要引用的白居易《有唐善人墓碑》。职事官和使职是两类不同的官员,但在杜佑看来,都很重要,要配合任用,才能治理国家。然而,现代学者对唐代职事官和使职的分别,几乎已经不甚了了,不求甚解。今人研究唐代职官制度,大抵皆一面倒倾向那些有官品的职事官,常忽略无官品的使职,以致看不清唐代官场如何真正在运作,宛如以管窥天,看不到整个活的制度史。

---

① 郭锋《杜佑评传》,特别是页385—396的《杜佑年表》。

但唐人对职事官和使职的差别,是很敏锐的,远比今人敏锐。上举杜佑的话便是一个明证。另一个极佳例子,见于白居易为他好友李建(764—821)所写的一篇墓碑《有唐善人墓碑》中的一段话:

> 公(指李建)"官"历校书郎;左拾遗;詹府司直;殿中侍御史;比部、兵部、吏部员外郎;兵部、吏部郎中;京兆少尹;澧州刺史;太常少卿;礼部、刑部侍郎;工部尚书。"职"历容州招讨判官;翰林学士;鄜州防御副使、转运判官;知制诰;(知)吏部选事。"阶"中大夫。"勋"上柱国。"爵"陇西县开国男。①

首先要澄清一点,以免误解。白居易这里所说的"官",指职事官(前面杜佑所说的"官"也如此);"职"则指"使职"。这跟现代学者的用法完全相反。今人喜欢把唐代的职事官、散官、勋官和爵号,简称为"职散勋爵",以"职"代指职事官。但唐人从未有这样的简称。在这篇墓碑中,白居易明确把职事官简称为"官"(取职事官的最后一字"官"),而他的"职"则指使职,跟今人的用法不同。

关键在于今人的简称"职散勋爵"中,竟不包含使职,由此亦可证今人是如何忽略使职。但白居易则把李建所有的使职,都一一写入他的墓碑中,给予应有的重视。因此,白居易对李建一生所带的官衔,就有了五大分类,多了"职"(使职)一项。今人的

---

① 《白居易集笺校》卷四十一,页2677。这里我略微改变朱金城的标点,以凸显李建的官、职、阶、勋、爵五大分类。

"职散勋爵"四大分类,不理会使职,反而失之粗疏。至于白居易所说的"阶",指散官阶;"勋"指勋官;"爵"即"封爵",跟今人用法相同。后面三种官衔,都无实职。"阶"只是一种秩阶的官衔。"勋"和"爵",则都是荣誉加官。

李建一生所带的官衔中,只有两种有实职,白居易清楚将之放在最前面的两大类:一是"官"(职事官),另一为"职"(使职)。显然,这样的分类是有意义的。

唐人对"官"和"职"有清楚的划分,我们还可以再举一例为证,亦见于墓志,在杜牧为他好友邢群写的《唐故歙州刺史邢君墓志铭并序》:

> 君进士及第,历官九,历职八。始太子校书郎,协律郎,大理评事,监察御史,京兆府司录,殿中侍御史,户部员外郎,处州刺史,歙州刺史。职为浙西团练巡官、观察推官、度支巡官,再为浙西观察推官,转支使,为户部员外郎、判度支案。伐刘稹,为制使,使镇、魏料军食,赐绯服银章。初副李丞相回,再副高尚书铢,抚安上党三面征师。①

这里先写邢群进士及第后,"历官九,历职八",然后再一一列出邢群的那九个"官"(职事官)和八个"职"(使职)。"官"与"职"分得清楚极了。九个职事官当中,有些无实职,而是邢群出任方镇使府幕佐时,所带的试官或本官(如协律郎和大理评事)。墓志记载邢群的那八个使职时,有些省略写法,略为梳理如下:(1)浙西团练巡官;(2)浙西观察推官;(3)度支巡官;(4)浙西观察推官;

---

① 《杜牧集系年校注》卷八,页738。

(5)浙西观察支使;(6)以户部员外郎本官判度支案;(7)伐昭义刘稹之叛时的制使,出使镇州、魏州料军食(粮料使);(8)副李回、高铼抚安上党三面征师(安抚副使)。

唐人一看到墓志上,这种细分"官"与"职"的官历记载,应当就一目了然,无庸解说。但事过境迁,今人恐怕不易理解其中的奥妙。我在他处已详细阐述个中的奥秘[1],这里也不必赘论,只简单交代,另见本书附录《唐职事官和使职特征对照表》。

说穿了,职事官是九品三十阶内的官职,有官品,在各种职官书如《唐六典》、《通典·职官典》和两《唐书》职官志中都有清楚的记载。但使职却无官品,有点"特使"的意味,在职官书中一般不记载(除了翰林学士和节度使等常见者之外),查找不到,常造成后代学者和学生的许多困扰。使职是掌权者(如皇帝)亲自挑选、认可、中意和任命的官员,因此使职往往跟掌权者有一种"私"(personal)关系,有时甚至是血亲和姻亲关系。职事官则跟掌权者没有什么"私"关系,一般为官僚制度中最典型的"无私"(impersonal)状态。

唐代的使职,最初常是以"临时派遣"的方式来委任,如派往新罗和回纥的吊唁使、册封使等等,事毕即罢,但唐代也有不少使职,起初是因为临时有某种需要而设置,但设置后发现行政效率佳,又持续还有那个需要,结果便替代了相同职务的职事官,以致变成常设不废,可行用长达一二百年之久,直到唐亡,如节度使和盐铁使等等。唐代中叶以后,宦官所任的各种大小官职,几乎都是使职,因而跟皇帝关系密切,权力很大。从宦官这个例子,我们

---

[1]赖瑞和《再论唐代的使职和职事官——李建墓碑墓志的启示》,《中华文史论丛》2011年第4期,页179—180。

也可以看出，唐代的使职除了有很浓厚的"私"意味外，也往往带有一种"机要"的性质。

唐代的高层士人文官，一生中除了出任职事官外，几乎无可避免的也要担任一些使职。例如唐前期的张说，一生做官约二十五任，其中职事官十四任，主要有校书郎；右补阙；兵部员外郎、兵部郎中；中书舍人；工部侍郎；黄门侍郎；尚书左丞；相州刺史；中书令等等。使职十一任，主要有武攸宜讨契丹总管府记室、魏元忠并州行军大总管府判官；河北道按察使；天兵军节度大使；朔方节度使；集贤院学士等等①。

再如唐后期的李建（即《有唐善人墓碑》的墓主），一生任官十六任，其中职事官十任：校书郎、詹事府司直、殿中侍御史、比部员外郎、兵部员外郎、吏部员外郎、吏部郎中、京兆少尹、澧州刺史、礼部侍郎。使职六任：容州招讨判官、翰林学士、鄜州防御副使兼转运判官、知制诰、知贡举、知吏部选事②。

像张说和李建这种职事官和使职交错的官历，在唐代高层士人文官中比比皆是。因此，我们研究这些高官时，必须同时兼顾他们的职事官和使职，两者不可偏废，否则难窥全豹。

二、使职新论：人类先有使职，后有职事官

研究中国历朝官制的中外学者，有一个很常见的论点，认为

---

① 陈祖言《张说年谱》；熊飞《张说年谱新编》。但这两种年谱都未论及使职。
② 关于李建官历的详细考释，见拙文《唐后期一种典型的士人文官——李建生平官历发微》，《唐史论丛》第17辑，2013年11月，页17—45。白居易的《有唐善人墓碑》，遗漏了李建的一个使职"知贡举"。

使职是官僚制形成以后的产物,认为人类社会先有职事官制,然后才有使职。我的看法正好跟这点完全相反。在本书中,我想提出一个新论:使职远远早于正规的职事官员编制。使职才是中国官僚制的源头和种子,也是推动中国官僚制改革和演变的一大动力和机制。中国正规职官编制,实际上都建立在使职基础上。换句话说,人类是先有使职,然后才发展出正规官制,绝非先有官僚制,然后才有使职。

实际上,使职不但是中国官制的源头,也是世界上所有人类社会官僚制的源头,从旧石器时代最"原始"的游群(band),到美索不达米亚两河流域、埃及、希腊和罗马的古文明社会,乃至近代的国家政体,莫不如此。研究唐代使职和职事官的"经纬"关系,不但有助了解中国历代官僚制的发展演变,也有助于了解世界史上其他地区的官僚制。

以化石证据看,人类的始祖可追溯到大约七百万年前的萨赫勒人(*Sahelanthropus tchadensis*)①。但一直到二百万年前的直立人(*Homo erectus*),或七十七万年前的周口店北京人(直立人的一种),人类都还没有发展出语言,还停留在只能大声嚷叫的阶段(像今天的黑猩猩那样)。不过,我们现在比较肯定的是,当人类

---

① 萨赫勒人是中国大陆译名(台湾译名萨海尔人、查德沙赫人)。这个人种的头壳化石,由法国古人类学家 Michel Brunet 于 2001 年在非洲乍得发现,乃至今为止所知最古老的人类祖先化石,改写了之前的人类演化史。发现者最初的发掘报告见 Michel Brunet *et al.*, "A New Hominid from the Upper Miocene of Chad, Central Africa," *Nature* 418 (July 11, 2002): 145 – 151. 较详细的研究见 Michel Brunet *et al.*, "New Material of the Earliest Hominid from the Upper Miocene of Chad." *Nature* 434 (April 7, 2005): 752–755. 关于人类化石的最新综述,见 Ann Gibbons, *The First Human*: *The Race to Discover Our Earliest Ancestors.*

在大约十五万年前,演化到现代智人(*Homo sapiens*)的阶段(今天世界上所有人类都还属于这个品种),并在大约八万年前走出非洲,向全世界扩散时①,人类已发展出语言,学会说话了②。

语言的出现,意味着人类可以用语言来指使他人做事,从而形成最早的使职。但数万年前的人类社群组织仍然很简单,基本上是一个家庭一个"游群",或一批血缘相同的同家族人聚居在一起,每个游群的人数大约只有五到八十人③。在这样单纯的组织中,何需官僚制? 又何来官僚制?

然而,即使在如此简单的社群,人类已经有了使职。所谓"使职",重点在"使"字。依《说文解字》的解释,"使,伶也"。段注:"令也。大徐令作伶。误。令者,发号也。"也就是掌权者"命令"下属去为他做事。担任使职者,可被视为一个"特使",在执行上司或掌权者交付的命令。

在旧石器时代,游群的大家长不可能一人兼管所有事务。他必然会分派工作给其他族人。比如,他会派遣他的长子,每天早上带队到湖边去,捕杀那些前来喝水的大小动物。这个长子便是

①关于现代智人走出非洲的历史及其向全世界扩散的路线,最详细的论述见基因学家 Stephen Oppenheimer 的专书 *The Real Eve*:*Modern Man's Journey out of Africa.*

②现代人种(即我们这种"智人")在什么时候开始发展出语言,语言学界仍未有定论。传统上比较保守的推论是,智人在大约三万五千年前学会说话。但目前最新的推论是,大约在十五万年前,也就是现代智人刚在非洲东部演化成功时,就已经具备语言说话能力。见 John McWhorter, *The Power of Babel*:*A Natural History of Language*, pp. 4-7. 语言说话能力不同于书写文字,不可混淆。人类已知最古老的书写文字,出现很晚,在大约五千年前才发明,即两河流域的苏美尔楔形文字。

③Nicholas Wade, *Before the Dawn*:*Recovering the Lost History of Our Ancestors*,对现代智人走出非洲,及其早期的游群组织,有详细的综述。

他的特使，或可称他为"狩猎特使"。他也会委派他的次子，负责制作狩猎用的长矛①，或可称他为"长矛特使"，以此类推。因此，最原型的使职，早在旧石器时代，在大约八万年前，就已经诞生。这时，游群的事务简单，工作人员不多，且都是自己的血亲或姻亲，由大家长一人指派工作即可，还不需要设立个别行政司署，如保安部门、收税部门等等，因此也就没有必要把工作人员按司署、位阶等来编列成正规的官制。

所以，使职是人类社会最早的、最原始的一种任命方式。这也是人类最本能的一种举动：权力比较大、地位比较高的人，必然会命令权力比他小、地位比他低的人来为他做事，特别是一些他无法亲身执行，或不便执行的事。今天，我们依然能够见到这种人类最天性的举动，每天都在上演。比如，即使在一个四口的小家庭，10岁的哥哥很自然地就会"差遣"他7岁的妹妹，去跟妈妈索讨零钱来买零食。这个妹妹便是哥哥的特使。再如，今天大学里的指导教授，也常会指派他的研究生，去为他从事一些研究工作，比如搜集资料、复印资料、接待到访的外地学者等等。这样的研究生便是教授的特使，在执行一种使职。这种差遣任命的方式，乃现代智人与生俱来的能力。在所有生物当中，只有人类有这种本领。在基因等方面，跟人类最接近的黑猩猩（chimpanzee），至今还未发展出这种差遣指派的能力。位阶高的黑猩猩，会欺负和攻击位阶低的，但还不能指派它去做什么事，主因在于黑猩猩

---

①目前发现最古老的人类狩猎用长矛，1995年在德国一个旧矿坑出土，距今约有四十万年的历史。见发现者Hartmut Thieme的考古报告"Lower Palaeolithic Hunting Spears from Germany," *Nature* 385（27 February 1997）：807–810，附有彩色照片，可证人类早在四十万年前，已懂得制作长矛来猎杀动物。

还没有演化出人类的那种语言能力,无法传达指令①。比如,位阶高的黑猩猩,无法指使位阶低的黑猩猩,到湖边去取水回来给它喝,因为黑猩猩没有语言,无法发出这样的指令,但人类可以,因为人类有语言,可以轻易表达这样的意思。

到了官场,这样任命的使职有几种特征。第一,它是很随兴的一种指派,可以随时因事务需要临时指派,很有弹性,也可以因事务结束而终止使职。第二,这样的委任,正因为是随兴的,不固定的,相当个人化的,也就不需要设置什么官品,没有所谓的"官品"。官品要等到官职变得复杂,职官众多、且需分层管理和进行正规的编制之后,才会产生。在使职的阶段,无官品可言。受命者就直接听命于掌权者。第三,掌权者通常都会任命他最信任的人来当特使,因此掌权者和受命者必然带有某种"私"或"密"的关系,通常这个特使就是他的血亲或姻亲,或是他认为合意的人。

至于正式编制的官制,恐怕要等到约一万年前,在农业出现以后的新石器时代,才开始形成,远远晚于使职的出现(约八万年前)。在新石器时代,人类社群组织变得更复杂,不再是单纯的游群,已经进入到部落(tribe)、酋邦(chiefdom)和国家(state)的阶段,血缘和姻亲关系变得比较淡薄,日常行政事务变得越来越复杂,原先的特使越来越多,分工越来越精细,才开始有了需要,而把当时种种使职转变(或扩充)为固定的、有编制、有员额、有分层

① 黑猩猩有一套简单的沟通系统,比如发出某一种嚎叫,警告同伴附近有天敌来袭,但这跟人类有文法的语言不一样。这方面最详尽的论述见 Derek Bickerton, *Adam's Tongue: How Humans Made Language, How Language Made Humans.*

组织的职事官制,也就是现代通称的官僚制①。

因此,任命特使的使职办法,有一段非常幽远的历史,并非像某些学者所说,起源于汉代,甚至也并非源自夏商周,而是人类早在旧石器时代,就因形势需要,自然形成的,也是人类智慧开发之后,最早的发明之一,乃一种最本能的举动。特使办法行用许久之后,人类社群组织变得越来越庞大,分工越精细,助手(特使)越来越多,掌权者跟他庞大助手群的"私"关系不免越来越淡薄,越来越没有血缘、姻缘或其他私缘,于是有些使职便开始转变为有编制的官僚。

但职事官制长期行用以后,又会变成官僚化,僵化无效率。这时,掌权者如果有新的需要,又会回到人类最原始的使职办法,重新任命特使来替他做事,以改善整个官僚作业,达到效率。使职和职事官便如此不断地周而复始,不断相互演变,形成一个大规律。这便是杜佑所说"设官以经之,置使以纬之",形成"一代之制"的真正意义。

这也正是唐代(以及中国历朝)官制运作的一条大规律。本书研究唐代高层文官,重点是唐皇朝如何经常任命使职,来取代好些僵化的职事官,好以特使治国,好以"项目专揽"的方式来处理国事(如盐铁等税收)。这也等于在扩充皇权,达到皇权更集中的目的。

① 游群、部落、酋邦、国家,是人类社群组织演进的四大阶段。这方面的经典著作是 Elman Service, *Primitive Social Organizations* 及其 *Origins of the State and Civilization*. 最新的论述,见日裔美籍学者 Francis Fukuyama 的 *The Origins of Political Order: From Prehuman Times to the French Revolution*.

三、从使职演变为职事官

使职如何产生，如何运作，又如何跟职事官相互演变？

让我们以唐代秘书省的校书郎，来作个案研究说明。首先，校书郎的工作，便是在皇家藏书楼校正典籍。在唐代，校书郎已经成了职事官，有了官品（正九品上）①。但在汉代，它却还是个使职，没有正规编制，也没有官品。《唐六典》这样追溯唐校书郎的早期历史，值得细读细考：

> 汉成帝（前33—前7在位）命光禄大夫刘向（前79—前6）于天禄阁校经传、诸子、诗赋，步兵校尉任宏校兵书，太史令尹咸校数术，太医监李柱国校方术。其后，扬雄（前53—18）以大夫亦典校于天禄阁。斯皆有其任而未置其官。至后汉（25—220），始于东观置校书郎中。《续后汉书》云："马融（79—166），安帝（107—125在位）时为大将军邓骘（？—121）所召，拜校书郎中。在东观十年，穷览典籍，上《广成颂》。"……东观有校书部，置校书郎中典其事。时，通儒达学亦多以佗官领之。自汉、魏历宋、齐、梁、陈，博学之士往往以佗官典校秘书。至后魏（386—557），秘书省始置校书郎，正第九品上。北齐置十二人。隋初亦置十二人，炀帝三年减为十人，其后又增为四十人，皇朝减焉。②

①《唐六典》卷十，页298。
②《唐六典》卷十，页298。

这一段文字把唐校书郎的历史渊源和背景,叙写得相当详细。不过今人读此段,恐怕很少注意到,文中牵涉到校书这种使职的起源,它在汉魏和南朝的长期行用,以及它如何又在后魏时演变为职事官等等重要课题。这里略为疏证。

汉成帝委任刘向在天禄阁藏书楼校书,是河平三年(前 26)的事。这一年,刘向 54 岁,是个高官(光禄大夫),年长且有学问的大儒。汉成帝为什么要委派刘向等人去校书?《汉书·艺文志》提供了一个答案:

> 汉兴,改秦之败,大收篇籍,广开献书之路。迄孝武世(前 141—前 87 在位),书缺简脱,礼坏乐崩,圣上喟然而称曰:"朕甚闵焉!"于是建藏书之策,置写书之官,下及诸子传说,皆充秘府。至成帝时,以书颇散亡,使谒者陈农求遗书于天下。诏光禄大夫刘向校经传诸子诗赋,步兵校尉任宏校兵书,太史令尹咸校数术,侍医李柱国校方技。每一书已,向辄条其篇目,撮其指意,录而奏之。会向卒,哀帝(前 7—前 1 在位)复使向子侍中奉车都尉歆卒父业。歆于是总群书而奏其《七略》。[①]

《汉书·艺文志》这段文字,乃根据刘向儿子刘歆所编的《七略》改写而成[②],是当事人的自述,至为可信。刘向、刘歆父子两人先后典校汉代宫廷藏书。在刘向之前,未闻有校书之官。他因此成

---

① 《汉书》卷三十,页 1701。本书引用二十四正史,皆引自北京中华书局的校点本。
② 徐兴无《刘向评传》,页 189。《七略》今已逸,无传本。

了中国历史上第一个在皇家藏书楼校书的官员，起因是汉成帝"以书颇散亡，使谒者陈农求遗书于天下"。天下图书征集到京之后，便"诏光禄大夫刘向校经传诸子诗赋，步兵校尉任宏校兵书，太史令尹咸校数术，侍医李柱国校方技"①。

汉代这个例子，正可说明中国历史上的使职，是如何诞生的，大略有两种机制。一是因为当时已有的职事官，因时代和局势变迁等因素，变得没有效率，所以掌权者要重新回到人类的原始办法，以委任特使的方式来治国，如唐后期委派盐铁使来替代职事官户部尚书和侍郎，以增加全国税收。二是因为有了全新的需要，如汉代图书增多，汉成帝于是命刘向去校书。

汉成帝之前并没有校书官员。他征集到天下"遗书"之后，因为图书增多，便需要有人来校勘整理，但当时正规编制官员当中，又没有校书官，于是他只好临时指派刘向等四个有学问有专长的人去校书。这四人便是他的特使，在执行一种使职，一种当时以为是"临时"性的任务。然而，这种最初"临时"的使职，后来往往会因为长期需要，而变成常设。刘向、刘歆父子便因此在汉宫中校书长达"近二十年之久"②。中国历史上的使职大抵皆如此，初设为暂时，过后往往变为常设，可行用达数百年之久，如唐代的节度使和转运使。

除了刘向、刘歆父子之外，汉皇朝还曾经指派其他大学者到宫廷校书，如《唐六典》上引文提到的杨（扬）雄，"以大夫亦典校于天禄阁"。然而，当时这些都"皆有其任而未置其官"，也就是只

①这句话也见于《唐六典》上引文，可知《唐六典》乃沿用《汉书·艺文志》或《七略》之旧文。
②《刘向评传》，页189。

有这种特使校书的任务,却还没有为他们设置使职官衔。"至后汉,始于东观置校书郎中"。这是校书官员第一次有了一个比较正式的职称。应当指出的是,马融拜为校书郎中,乃汉安帝永初四年(110)的事①。这时距离刘向初校书的时代(前26)已经有大约一百三十六年之久了。换句话说,从刘向校书,很可能没有使职官名,到后汉马融校书,明确有了使职官名,这中间隔了超过一百多年。古代使职的变化便是如此缓慢的。

乍看之下,后汉所设的"校书郎中",好像是一种正规编制的职事官。其实不然,因为下文紧接着说,"时,通儒达学亦多以佗官领之"。我们从其他史料知道,举凡由"佗官领之"的官位,都是使职,而非职事官(详见第二章)。所谓校书郎中,便是指那些以"郎中"身份去校书的人。这个校书郎中并不是职事官。它在汉代也没有品秩,非正规编制,只是一个使职。

这个过程,完全符合我们所知的使职发展历程。一般而言,使职刚委派时,有可能没有正式使职官名,或可能有一个"动宾结构的官名",以动词加宾语的方式,来描述某个特使在执行的职务。比如,《汉书·成帝纪》在河平三年(前26)秋八月条下,记载刘向受命校书时,便说是"光禄大夫刘向校中秘书"②。这个"校中秘书"是否为汉成帝授给刘向的一个使职官衔? 由于史料短缺,这问题恐怕不容易解决。

不过,刘向的"校中秘书",跟唐代一些动宾结构的使职官名,十分神似。"校"在这里是动词,"中秘书"为宾语,意思是说刘向去"校"宫中的藏书。据《汉书》此处颜师古的注,"中秘书"指宫

---

①《后汉书》卷六十上,页1954。
②《汉书》卷十《成帝纪》,页310。

中藏书,和宫外相对。刘向校书的天禄阁,正是当时宫中藏书的一部分。我们知道,唐代有一些使职,也喜欢以这种"动宾结构"来命名,例如唐代史官常带的"监修国史"和"修国史"皆是。刘知几在《史通·原序》说:"长安二年,余以著作佐郎兼修国史。"①意思是,他以著作佐郎的本官,"同时带有修国史使职",在史馆修史。他这个"修国史"便是他当时的正式使职官名(见第十章),跟刘向的"校中秘书"完全一样,属动宾结构。所以,"校中秘书"有可能是刘向当时校书所获授的使职官衔,只是我们没有更多的证据可以证实,只能录此存疑。

刘向以后,又经过一百多年,这种校书任务变成固定且常设,汉皇朝终于颁给它一个正式的使职官名,即后汉的"校书郎中"。如此又经历了数百年的演变。《唐六典》引文接下来的一句说,"自汉、魏历宋、齐、梁、陈,博学之士往往以佗官典校秘书",可知从汉代一直到南朝的陈朝,校书官一直是以他官去充任的使职。一直要到后魏(386—557)时,才正式设立校书郎这种职事官,而且第一次有了官品,为正第九品上。北齐增为十二人②。隋初年也置十二人,炀帝三年减为十人,其后又增为四十人,唐朝则减为八人,故云"皇朝减焉"。

这一系列的历史演变,告诉我们什么?首先,这正是使职演变为职事官的一个漫长过程,竟长达数百年之久,从西汉开始,到后魏才完成。其次,校书在汉代原本是崇高、任重的使职,最初都由刘向、扬雄、马融等大学者来出任,人数也很少,但到了后魏和

---

① 《史通通释》《原序》,页 1。此处的"兼修国史",并非"兼职去修国史"。"兼"字应当作"同时"解,见第十一章的详细解说。

② 《唐六典》此处未提北周,似有脱文。《通典》卷二十六,页 736,有一段类似文字,可参看,其中便提到"后周有校书郎下士十二人,属春官之外史"。

北齐,这个使职转变成了职事官,但也"贬值"了,位阶只不过是最低的九品,而且任官人数大大增加(从八人到四十人不等)。当然,这应当也反映后魏、北齐的藏书越来越多(因为在这期间,纸取代了汉代的竹帛,成了写书载体,书的数量普遍增多),需要更多的官员来校书,然而官员增多,也意味着这种官职不再崇高。校书工作失去了它在汉朝刘向时代的崇贵。

唐代的校书郎,更变成刚起家士人的释褐官,如张说、张九龄、白居易和元稹,刚考中进士或明经,年约 30 岁左右,第一个官位都是校书郎。这跟汉代以刘向、扬雄等年长高官大儒来校书,相去甚远,虽然唐代的校书郎还是年轻士人清贵的初任官,亦不容小觑①。汉代的校书官为使职,无品秩,职权和地位反而都很高。到了唐代,这种使职演变为正规职事官,但其职权和地位反而比汉代的低下。

这正符合使职和职事官相互演变的一条大规律:如果某一个使职被转变为职事官,那并非表示此官的权力增大,反而表示这个使职,在掌权者眼中变得比较不重要了,已经完成了他的"使命"和"历史任务",从此可以被"制度化",可以被纳入一般的职事官体系中,离权力中心反而比较远了,历经了一个被"贬值"的过程。因此,这样的职事官,虽然有了官品,又何足珍惜哉?中国历朝的职事官,其实都是如此从原先的使职演变而来,就像唐校书郎一样,应当放在这个大脉络下来观察,始能看出他们的真貌。

综上所述,中国历史上的许多官职,在最初设置时,往往是以使职开始。整个委任有相当的随意性,且掌权者跟特使有"私"或"密"的关系,任命之前彼此认识,可能还有血亲或姻亲关系。比

---

① 拙书《唐代基层文官》,第一章详细探讨了唐校书郎的各个面貌。

如刘向,他正是汉成帝的宗室长辈①。但这种使职行用相当长的一段时间后,因为职位趋向常设,员额增多,会慢慢变成正规的编制,形成职事官,有了官品,但掌权者跟职事官,却反而没有了"私密"关系,变成官僚制中常见的"无私"关系。掌权者无须认识职事官员,委任可由吏部铨选,一切公事公办。但职事官的职权和地位,却因此比原先的使职低下,因为使职永远比类似职务的正规职事官权力较大。主要原因在于:特使跟掌权者有私密关系,是他信任或他认为合意的人②,但职事官却不是。他只是个普通官僚而已,跟掌权者关系疏离。所以,即使是高层的职事官,他也只不过是一个官僚罢了,不如类似职务的特使尊贵。

四、从职事官演变为使职

上一节我们见过,校书这个汉代的使职,行用久了,如何因时代和需要改变了,在后代慢慢演变成一种职事官,而且有一种"贬值"的意味。同样的,职事官设立久了,如果时代需求改变了,或这种职事官变成太过官僚或无作为,那么掌权者又会重新回到人类最原始的办法,委派他信任的人来出任使职,从而又把这种职事官变成一种使职。

校书郎在唐代成了正规职事官后,这种官有没有像上文所说,行用久了便变得僵化,清闲无作为,于是皇帝在真正需要校书官员时,又重新委任了新的校书使职?

---

① 《刘向评传》,页 186。
② 廖伯源《使者与官制演变——秦汉皇帝使者考论》,页 231。

有,这个演变过程清晰可见。那就是"集贤校理"这种使职,大约在玄宗朝就出现了。这不是职事官,而是使职,因为它没有官品,且都由其他士人以本官去出任,符合使职定义。《唐六典》更说:集贤"修撰官,校理官,同直学士,无常员,以佗官兼之"①。这种无"常员","以佗官兼之"的官职,正是使职的一大本色。

唐代集贤校理最有名的两个案例,皆见于韩愈所写的两篇古文。一是《送郑十校理序》,另一是《集贤院校理石君墓志铭》。两文都提供了许多珍贵难得的背景细节,对于我们了解唐朝廷为什么要设立集贤校理这个新使职,大有帮助,值得细考。

在《送郑十校理序》一开头,韩愈就十分"体贴"地告诉我们,唐设立这个校书使职的原因:

> 秘书,御府也。天子犹以为外且远,不得朝夕视,始更聚书集贤殿,别置校雠官,曰"学士"、曰"校理",常以宠丞相为大学士。其他学士皆达官也。校理则用天下之名能文学者;苟在选,不计其秩次,惟所用之。由是集贤之书盛积,尽秘书所有不能处其半;书日益多,官日益重。(元和)四年(809),郑生涵始以长安尉选为校理,人皆曰:是宰相子,能恭俭守教训,好古义施于文辞者;如是而在选,公卿大夫家之子弟其劝耳矣。②

所谓"秘书",即秘书省,唐的藏书楼之一。但它的所在地遥远,位于宫城外,不方便皇帝去读书。韩愈在这里透露了一个生动的细

---

① 《唐六典》卷九,页279—280。
② 《韩昌黎文集校注》卷四,页288。

节,未见于其他史料。那就是"天子犹以为外且远":皇帝觉得秘书省在大明宫外头,太远了。这个"天子"指谁?看来不完全指韩愈写作时的宪宗,也可以指更早的玄宗,因为集贤院早在玄宗开元十三年(725)就设立,其前身更是早在开元五年(717)开始的乾元院藏书,以及开元七年(719)成立的丽正院①。校理这个官名,也第一次出现在玄宗朝,开元八年(720)就"置校理二十人"②。

至于秘书省和大明宫的距离,以唐长安的地理位置来说,秘书省和御史台、将作监等行政机构一样,坐落在唐官署集中地"皇城"(即今天西安火车站南边一带),离天子所居的大明宫"宫城"北区(今西安市玄武路的大明宫国家遗址公园北门一带),还有一大段路程,大约有七八公里之遥③。这使得天子(不管是玄宗或后来的其他皇帝)"不得朝夕视",不能经常到秘书省藏书楼去读书,于是就近在大明宫内设了新的藏书楼,"聚书集贤殿",也就是集贤院,并设有校雠官,曰"学士"(由宰相等高官任之),曰"校理"(由"天下之名能文学者"出任)。唐代的书籍,都是写本抄本,不免常会有抄写错误。宫中的藏书注重抄写质量,便需要有"校理"这种官员来校读订正④。

我们不禁要问:既然唐代早已有正规的职事官校书郎,为什

①关于集贤院的沿革,见池田温《盛唐之集贤院》,《唐研究论文选集》,页193—197。
②《唐六典》卷六,页279。
③《增订唐两京城坊考》,页20—21 的西京皇城图和西京大明宫图;页25 的东都宫城皇城图。又见书正文卷一,页16 和卷五,页275 秘书省条;卷一,页22 及卷五,页269 集贤院条。洛阳也有秘书省和集贤院,但两院的距离倒没有像长安的那么遥远。
④赖瑞和《刘知几与唐代的书和手抄本:一个物质文化的观点》,《台湾师大历史学报》第 46 期(2011 年 12 月),页111—140。

么不把他们调到集贤院去校理,而要新设集贤校理使职?从韩愈的叙述看来,当时的思维是:集贤院的藏书既然是专供皇帝日常读书用的,规格当然要最高等级的,不宜选用一般的校书郎,而要特别召请当时"名能文学者"来出任校理。这就产生了新的使职任命了。这样才有办法征召到天下最好的人才,来给皇帝专用的藏书楼服务。天子需要的,不再是普通的校书郎,而是有学问有修养的"御用校理"。

这种人选,唯重才能,"不计其秩次",也就是不注重官秩的高低,只要合意的即可,完全符合使职的特征,正如翰林学士等使职的委任一样。集贤院在如此优厚的条件下,"书盛积,尽秘书所有不能处其半;书日益多,官日益重",藏书比外头的秘书省多了一半以上,而且集贤校理这种官,也"日益重",比正规的校书郎更受重视,身价上扬。

韩愈的朋友郑涵,宰相郑余庆的儿子,就在这种背景下,在宪宗元和四年(809)被皇室选为集贤校理。韩愈曾在《送郑十校理》这首送别诗中,盛赞郑涵"才子富文华,校雠天禄阁"[1],表达了他对郑涵能出任"御用校理"的祝贺之意。郑涵的官衔也跟普通的校书郎很不同:"以长安尉选为校理"。换句话说,他是以长安县尉为本官,去出任集贤校理(职事官校书郎不会带这种本官)。这又是使职的另一个典型特征,也就是《唐六典》所说,"以佗官兼之"的任命办法。郑涵之所以能中选为校理,当时的人都认为,因为他是"宰相子",跟皇室的关系亲近,且品德文章又都非常出色。公卿大夫家的子弟,都以他为榜样。集贤校理之清贵,犹在校书郎之上。

---

[1]《韩昌黎诗系年集释》卷七,页736。

同样,韩愈的另一位朋友石洪,也曾经出任过集贤校理。他的事迹,为此官提供了更多有用的细节。韩愈为他写的墓志告诉我们,石洪是鲜卑后裔,他的祖上几代都做官。他本人的经历更是不凡不俗:

> 君生七年丧其母,九年而丧其父,能力学行;去黄州录事参军,则不仕而退处东都洛上十余年,行益修,学益进,交游益附,声号闻四海。故相国郑公余庆留守东都,上言洪可付史笔。李建拜御史,崔周祯为补阙,皆举以让。宣歙池之使,与浙东使交牒署君从事。河阳节度乌大夫重胤间以币先走庐下,故为河阳得。佐河阳军,吏治民宽,考功奏从事考,君独于天下为第一。元和六年(811)诏下河南,征拜京兆昭应尉、校理集贤御书。明年六月甲午疾卒,年四十二。①

这里最可注意的有两点。第一,石洪从黄州录事参军卸任后就不仕,在洛阳修行了"十余年",学问道德日益增进,"声号闻四海"。宰相郑余庆曾荐他当史官。李建任殿中侍御史时,曾举洪自代。崔周祯当补阙时,也举他自代。宣歙和浙东节度使,都争相聘他为幕府从事,但最后为河阳节度使捷足先得,"佐河阳军,吏治民宽"。

第二,石洪出任集贤校理,不是普通的委任,竟是皇帝"诏下河南,征拜京兆昭应尉、校理集贤御书"。为什么皇室请一个校理官,竟要宪宗亲自下"诏"?显然,这个"御用校理"很不简单,不宜以"小官"或卑微的"校书官"视之。宪宗应当是听闻了石洪的

---

① 《韩昌黎文集校注》卷六,页372—373。

好名声,才下诏来"征拜"他。也只有像石洪那样道德学问都高深的士人,才足以担当。韩愈在另一篇古文《送石处士序》中,提到有人推荐石洪给河阳节度使时,说洪在洛阳退隐时,"坐一室,左右图书"①,是个爱读书的人。皇帝征召他为集贤校理来校读宫中藏书,再合适不过了。

集贤校理是个使职,没有官品,那么它的官位高低,该怎样评估呢?石洪之前曾经做过的录事参军,相当于一个中层官员②。据马其昶的注,他在河阳幕府,幕职是"参谋",这也是个中级的幕职。由此看来,石洪以京兆昭应尉的本官,去出任的集贤校理,不可能比中级更低下,何况这又是皇帝亲自下诏的征拜。集贤校理应当可视为是一种中级的使职,比起职事官校书郎的基层官员地位,高出许多③。但很可惜,石洪任校理一年就病死了,年仅42岁。

校书郎这种职事官,因为集贤院的设立,因为御府藏书的校书需要,而衍生出集贤校理这种使职。从此,集贤校理便跟校书郎两者并存,各有各的功能,相互演变,直到唐亡,仍常见集贤校理此使职。整个趋势是,集贤校理常带有京畿县尉的本官,地位远比校书郎崇高清望许多,如晚唐的王起和懿宗时代的令狐滈等人。到了宋代,集贤校理仍和校书郎并存,但校书郎大抵已成为一种寄禄官,"不治本省事"④,最后为集贤校理所取代。

---

①《韩昌黎文集校注》卷四,页279。
②拙书《唐代中层文官》第五章,专论司录和录事参军。
③拙书《唐代基层文官》第·章,曾经专论过校书郎,附带论及集贤校理,但关于两者悬殊的官场地位(一个基层,一个中层),当年未及细考。这里略补一二。
④龚延明编《中国历代职官别名大辞典》,页576。

掌权者在需要时，常喜欢以亲信、特使或征召的方式来处理事务，一如唐后期的宪宗皇帝，不惜下诏到河南去征拜一个"御用校理"一样。这种用人规律，在今天的政府机构、大学和大企业里面，仍然经常在运作。例如，在一个现代大企业，某营销部门业绩不佳，企业的行政总裁便很可能会调派一个他的亲信得力助手，做他的"特使"，让这人以其他职位的身份，到该营销部门去大力整顿改革，宛如汉代"多以佗官"去校书，或唐代常以"他官充某职"一样。这位"空降"而来的人物，便是一种使职，在执行一种"特使"的任务，取代原先该营销部门没有效率的正规职员。

同理，唐代（以及中国历代）的行政体系也经常发生这种事。新的使职之所以产生，其中一个机制是，掌权者认为当时的行政体系（正式官僚制）没有效率，或不适用，无法达成他所要的目的，于是他又会任命自己信任的亲属或其他受推崇的官员，为他的特使，替他执行某些关键使命，"架空"现有的官僚制。

《旧唐书·食货志》一开头有一段精彩的文字，描写的正是唐开元年间，掌管财赋的官员变迁，可以为我们提供另一个"职事官变使职"的实际案例：

> 高祖发迹太原，因晋阳宫留守库物，以供军用。既平京城，先封府库，赏赐给用，皆有节制，征敛赋役，务在宽简，未及逾年，遂成帝业。其后掌财赋者，世有人焉。开元已前，事归尚书省，开元已后，权移他官，由是有转运使、租庸使、盐铁使、度支盐铁转运使、常平铸钱盐铁使、租庸青苗使、水陆运盐铁租庸使、两税使，随事立名，沿革不一。设官分职，选贤任能，得其人则有益于国家，非其才则贻患于黎庶，此又不可

不知也。如裴耀卿、刘晏、李巽数君子，便时利物，富国安民，足为世法者也。①

最可圈可点的，便是"开元已前，事归尚书省，开元已后，权移他官"这句话。所谓"事归尚书省"，意思是说，唐初的财赋，归尚书省正规职事官员（户部尚书和侍郎）管理，但开元以后，"权移他官"，户部尚书和侍郎的大权被转移到各种使职，也就是上文所说的"转运使、租庸使、盐铁使、度支盐铁转运使"等等。

为什么要"权移"？为什么要以使职来替代职事官？当然事出必有因，有其背后深一层的理由。从历史上去看，这是因为唐前期的税制租庸调，到了开元以后逐渐失去效率，皇朝征收不到应有的足够赋税，国用不足，国家面对财政困境，所以要改派使职去接管，集中大权来改革税制。特别是在安史乱后，改设盐铁使来主持盐政，抽取间接税（盐税），以之为税赋大宗，替代之前的直接税（租庸调），又以"裴耀卿、刘晏、李巽数君子"等理财专家来主管财赋，整个财政才获得大大改善，挽救了唐帝国后半期的命运。

唐史学者常把这看成是职事官制，遭到"破坏"，职事官被"夺权"。实际上，唐朝廷恐怕不会"无端端"创设使职来替代职事官，专为"破坏"官制而任命使职。我们是不是应当把唐代财政使职的设置，看成是一项划时代的"改革"，一种更有效的革新呢？使职真的"剥夺"了职事官的职权吗？我们是否可以不用"剥夺"这种负面字眼，而改用比较正面的用词，比如"取代"或"替代"，从正面和赞同的角度，去看待唐中叶以后，不少使职取代职事官的

---

① 《旧唐书》卷四十八，页 2085—2086。

历史现象①?

像盐铁使取代户部职事高官的案例,在唐史上常见,不但见于唐后期,也见于唐前期。例如,唐前期就以一种全新的使职(史馆史官),来取代原本正规的史官(著作郎),又以刺史为"原型",让他去兼充节度使、观察使等使职,更创设了好些财政使职,来取代户部的职权。唐后期则以知制诰和翰林学士,来逐渐取代中书舍人。本书将在接下来的篇章,论及这些史官、地方牧守、财臣和词臣时,再来详考这些重要的高官,都曾经历过一个使职化的过程。

五、结语

唐代的使职太重要了。正如杜佑所说,职事官是"经",使职是"纬",两者相辅相成,才形成唐的"一代之制",也就是唐代职官制度最核心的部分。本章详细探讨了使职的起源,力证这是人类社会最早、最本能的发明之一,也是人类最原始的一种任命方式,起源于某种"需要"。常言道,"需要乃发明之母"。同样,我们也可以说,"需要乃使职之母"。

使职是很随兴的一种委任,一种委派特使来做事的方式,无一定任期,可以像《新唐书·百官志》所说的那样,"因事而置,事已则罢,或遂置而不废"②。它亦无官品。但使职和皇帝或使府有

---

① 更详细的讨论见赖瑞和《唐代使职"侵夺"职事官的职权说质疑》,《唐史论丛》第 15 辑(2012 年 11 月),页 37—52。
②《新唐书》卷四十六,页 1182。

一种"私"和"密"的关系,或有相当程度的信任。使职设置久了,官员增多,需要分阶层来管理,才有了官品,才逐渐转变为正规的官员编制,也就是唐代那些有官品的职事官制。职事官一般和掌权者的关系已经疏远,无"私"可言,其官场地位也远不如同个性质的使职。

但这种职事官制一旦无法应付新的时局,新的时代需要,变得僵化时,掌权者又会重新回到人类最初的做法,以派遣特使的方式来命官,以求弹性和效率,进而形成新的使职,慢慢取代之前的职事官制,如此周而复始,不断循环,相互演变。所以,使职可以说是官制演变的一大推动力,等于是官制演变的"种子"或"突变",一如促进生物演化的基因突变一样。换一个角度来说,使职和职事官,就像世界上许多事物一样,形成一种"连续体"(continuum),互为消长。

不了解唐代职官制度的这种"经纬"关系,我们很难去理解唐代那些高层士人文官的官历,因为到了高层,他们除了职事官外,必然也会担任不少使职,往往任使职的时间,还多于任职事官,比如杜佑的案例。接下来的一章,将重新发掘清代钱大昕使职论的重要内涵,并进一步厘清唐代使职的定义。

第二章　钱大昕和唐代使职的定义

《志》谓节度等检讨未见品秩，似未达于官制。

——钱大昕

本书的一大主题，是从使职的新视角，切入研究唐代的高层文官。在开始时，有必要先厘清"使职为何物"，并且给使职下一个定义，免生误解。

唐史学界目前对唐代使职的理解，大抵还停留在相当"模糊"和"原始"的状态。大多数的学者，都以为使职只不过是那些"出使在外"的特使，如派往突厥的吊唁使，派往新罗的册封使，或采访使、节度使、盐铁使等带有一个"使"字的官员。这是笔者近年在不少唐史学术研讨会上，亲耳听到的言论。更有学者说，把唐代的宰相称为使职（见本书第四章），是"奇特的用法"，是"误用"①。但如果大家去读一读史学家钱大昕在清代所写的一篇考异，应当会很惊讶发现，钱大昕的识见，在清代竟已"超越"了今天

---

① 本书的第四章《唐宰相的使职特征和名号》，最初曾以论文的形式，投给台湾某一知名大学的历史学报。审稿时，其中一位匿名审稿人给予"奇特的用法"和"误用"两评语。但笔者不同意此说法，改投大陆《中华文史论丛》，获得认可，并获接纳刊登。

的许多唐史学者。他早已跳出了"出使在外"那种"混沌"的理解,把我们远远抛在后头追赶。

一、钱大昕的使职论

钱的《廿二史考异》有一篇札记,十分精湛到位,更是全书最精彩的考证之一,值得全引:

> 案:节度、采访、观察、防御、团练、经略、招讨诸使,皆无品秩,故常带省台寺监长官衔,以寄官资之崇卑。其僚属或出朝命,或自辟举,亦皆差遣无品秩。如使有迁代,则幕僚亦随而罢,非若刺史、县令之有定员有定品也。此外如元帅、都统、盐铁、转运、延资库诸使,无不皆然。即内而翰林学士、弘文、集贤、史馆诸职,亦系差遣无品秩,故常假以它官。有官则有品,官有迁转而供职如故也。不特此也,宰相之职,所云平章事者,亦无品秩。自一、二品至三、四、五品官,皆得与闻国政,故有同居政地而品秩悬殊者;罢政则复其本班。盖平章事亦职而非官也。《志》(指《旧唐书·职官志》)谓节度等检校(应作"检讨")未见品秩,似未达于官制。[1]

历来颇有人引用此篇,但皆未细读细考。钱的考异,乃有感而发,

---

[1]《廿二史考异》卷五十八,页849。引文最后一句:"《志》谓节度等检校未见品秩","检校"应为"检讨"之误。按《旧唐书》卷四十四《职官志》,页1922,此处作"检讨未见品秩",应据改。

是为了反驳《旧唐书·职官志》中的一句话。起因是《旧志》在记载了节度使和僚属等职之后,加了一句:"皆天宝后置,检讨未见品秩。"从此句看来,《旧志》作者原本期望节度、观察等使及其僚佐有品秩,不料却"检讨未见品秩"①,于是有些迷惑不解,加了这么一句按语,反而暴露了他的无知:唐代使职原本就没有品秩,何必去"检讨"? 结果惹来钱的嘲讽,说他"似未达于官制"。钱的考异,全篇便针对《旧志》这一句作响应。

第一,钱指出,节度、采访、观察诸使,本来就是"皆无品秩",所以他们常常要"带省台寺监长官衔,以寄官资之崇卑"。从近人的研究,我们现在知道,节度采访等使所带的"省台寺监长官衔",如六部尚书、御史中丞等官,便是他们的"检校官",其作用正是"以寄官资之崇卑"。

第二,钱说,不但节度观察等使"无品秩",他们的幕佐"僚属","或出朝命,或自辟举,亦皆差遣无品秩"。从近年的方镇使府研究,我们知道,这些幕府的僚佐,如行军司马、判官、掌书记、巡官、推官等等,都是由幕府自辟,都是"无品秩"的,所以钱说他们"亦皆差遣"。这里钱借用了宋人的用语"差遣"。唐人不用"差遣"。但宋代的差遣等于唐的使职。这整句话的重点是:方镇使府的僚佐,跟节度等使一样,没有官品,所以他们也都是使职。换言之,钱发现,无官品是构成使职的第一要件。

第三,钱补充了一个细节,"如使有迁代,则幕僚亦随而罢,非若刺史、县令之有定员有定品也"。这句话看似平淡无奇,但充分

---

①这句话在《旧唐书》卷四十四《职官志》竟出现两次,一次在节度使条之后,页1922,按语"检讨未见品秩";一次在防御团练使条之后,页1923,按语"未见品秩"。

展现钱的洞察力，因为如今许多唐史学者，犹忽略此点。钱的意思是，如果节度等使有"迁代"，被调回朝、调往他处或死亡，则他的幕僚也将"随而罢"，罢职也，失去工作。这是幕府职"无保障"的缺点。除非幕主回朝，也把他心爱的幕佐带回朝，如当年河东节度使张弘靖回朝，便把他的掌书记李德裕，"顺便"带回朝去任监察御史那样。但这可遇不可求。这就是为什么，当年杜甫在成都依严武的幕府，严武死后，杜甫便"随而罢"，顿失生计，从此注定他在荆楚一带的漂泊，直到去世。原因就在于，幕佐是不正规的使职，不像"刺史、县令"那样的正规职事官，不受上司"迁代"的影响，"有定员有定品也"。

第四，钱说"元帅、都统、盐铁、转运、延资库诸使"，也是使职。这点不出奇，因为这些官性质相同，且大都带有一个"使"字，容易辨识。但钱接着说，"翰林学士、弘文、集贤、史馆诸职，亦系差遣无品秩，故常假以它官。有官则有品，官有迁转而供职如故也"，则是他的另一精湛观察，言前人所未言。研究唐翰林学士的现代学者，现在一般都承认，翰林学士是个使职，虽然他的官名中没有"使"字。但弘文和集贤学士，则鲜有人注意到也是使职。

至于史馆史官，更从来没有唐史学者发现到他们竟也是使职，直到笔者 2011 年的论文①。为什么这些文馆和史馆职也是使职？钱提出的理由是：这些馆职，"亦系差遣无品秩，故常假以它官"，也就是因为使职无品秩，所以常以他官的身份去充任。例如，刘知几曾经在唐史馆任史官长达二十年。史官这种使职本身无官品，但刘是以他官（如著作佐郎、秘书少监等）去任史职。他

①赖瑞和《唐史臣刘知几的"官"与"职"》，《唐史论丛》第 13 辑（2011 年 2 月），页 138—150。

既然带有这些官,于是他也就"有官(钱当是指职事官)则有品",而且"官有迁转"。刘的职事本官便从最早卑品的著作佐郎,一直升迁到高品的左散骑常侍,但他在那二十年,始终是在史馆任史官这种使职,没有去做那些"本官"。这就是钱所说的,"供职(当指使职)如故也"。

第五,钱说,唐代宰相"亦无品秩",所以也是"差遣"(使职),"盖平章事亦职而非官也"。这点可能最令许多唐史学者大跌眼镜。但为了避免重复,这点且留待本书第四章《唐宰相的使职特征和名号》,再来细说,此不论。

综上所述,钱发现,唐代除了节度等使是使职外,还有其他几种官员也是使职,包括(一)方镇使府的文武僚佐;(二)翰林、弘文、集贤等文馆学士;(三)史馆史官;(四)宰相。其实,我们现在知道,唐代的使职还不只这些。不过,钱这篇考异,只是一篇小考证,他没有必要一一列出唐代的所有使职。但我们可以循着他的启示,去发现更多的使职,比如那些以"知"字开头的使职,如知制诰、知贡举、知吏部选事等等。这点本书以后各章将论及。

为何这些官职是使职?钱发现,唐使职最大的两个特征是:一是"皆无品秩",二是"常假以它官"(常以他官充任)。这两点对我们最有启发,也跟现代学者的着眼点很不一样。今人判断何官为使职,唯一的标准是,官名中有没有一个"使"字,失之于肤浅。钱则潇洒高深许多。他根本不理会使职中是否一定要有个"使"字。

在考异的最后一句,钱大昕"调侃"《旧志》作者,"似未达于官制",颇有几分得意之状。同样,细读过钱大昕的考异之后,再回过头来看许多唐史学者对使职的理解,仍停留在"出使在外"的层次,我们或许也可以模仿钱大昕的口吻,说他们"似未达于官制"。

二、唐代使职的定义

见识了钱大昕的使职论,又读过了白居易的《有唐善人墓碑》,我们现在可以为使职下个定义了。

为什么我们要给唐代的使职下一个定义,但又不需要给其他职官,如职事官、散官、勋官和爵号(简称"职散勋爵")等下定义?最简单的答案是:因为职散勋爵这四种官都不难理解,而且唐代的职官书如《唐六典》和《通典·职官典》,早就对这四种官做了清楚的界定,清楚说明何种官衔为职事官、散官、勋官、爵号,所以我们也就没有必要再给"职散勋爵"下定义。但使职却不同。它往往不载于《唐六典》等书。我们不清楚怎样的官职才算使职,是以我们必须观察使职的种种特征,给它下个很好的定义。这样使职的研究才能建立在稳固的基础上。

例如,唐穆宗长庆元年(821)二月,刑部侍郎李建(764—821)在长安去世,他的好友元稹为他写了一篇墓志,标题叫《唐故中大夫尚书刑部侍郎上柱国陇西县开国男赠工部尚书李公墓志铭》[1]。这里列了连串官衔,虽颇冗长,但却都很容易掌握,且包含了"职散勋爵"四种官。我们只要一查《唐六典》等书就知道:"中大夫"是散官;"尚书刑部侍郎"是职事官;"上柱国"是勋官;"陇西县开国男"是爵号。《唐六典》等书中对这四种官,也都有简要的说明,不构成任何问题。

不过,使职却不是如此清楚易认,问题比较多。最主要的原

---

① 《元稹集校注》卷五十四,页1333。

因是，《唐六典》和两《唐书》的职官志，通常都不记载使职，或记载很含糊。这导致今人经常不确定某某官是否为使职，而把它当成是职事官来处理，比如史馆史官。这样研究便会走上歧路。

实际上，唐代的使职可以分为两大类。第一类最常见，例如节度使、盐铁使等等，其职称上都带有一个"使"字。所以有学者就在唐代史料中爬梳，把所有这类带有"使"字的使职找出来，数量多达三百多个，再分门别类来讨论①。这一类使职通常很容易确认。

第二类使职，其职称上并没有一个"使"字，所以学者往往不能肯定，它们到底是不是使职。例如，集贤院学士是不是使职？答案：是。知制诰是不是使职？答案：是。但问题在于：《唐六典》等书并没有说这两者是使职，那我们怎么就知道集贤学士和知制诰都是使职？这便是本节要讨论的重点。换句话说，我们首先要建立起一个使职的定义。今后，我们在唐代史料中碰到任何唐代官名，只要它符合这个定义，那么它就是使职。这样可以解决唐代职官和官制研究中许多问题。

我曾经把第一类使职，称为"显性使职"；把第二类称为"隐性使职"②。目前在唐史学界，许多学者的研究都偏向第一类的显性使职，普遍忽略了第二类的隐性使职。原因是显性使职比较容易确认和理解。但这是极为可惜的，因为隐性使职的重要性，实不亚于显性使职。隐性使职当中，更有不少关键位高的官职（如宰相）。唐代士人任过隐性使职者，更比比皆是。如果我们不了解

---

① 例如宁志新的《隋唐使职制度研究——农牧工商篇》一书。
② 赖瑞和《再论唐代的使职和职事官——李建墓碑墓志的启示》，《中华文史论丛》2011年第4期，页181—182。

隐性使职,那我们又怎能去解读这些士人的仕历?希望厘清了使职的定义之后,今后会有更多学者去研究隐性使职。

大陆最通行的《现代汉语词典》,给"定义"的释义是:"对于一种事物的本质特征或者一个概念的内涵和外延的确切而简要的说明。"换句话说,定义都是一句描述性的话语,一句"确切而简要的说明"。说明什么?以使职来说,定义必须要能说明使职这种官制的"本质特征",它最关键的一些要素,而且要能涵盖所有使职。

定义有好坏之分。好的定义可以包含最核心的事物特征,可以放之四海皆准。坏的定义则只能涵盖某些片面的现象,只适用于某方面,不能面面俱到。过去的使职研究,其实从未讨论过其定义问题。据我所知,从来没有一个学者曾经尝试给使职下一个定义,顶多只是讨论使职的一些"特征",而非"定义"。现在且让我们检讨过去学者所提过的使职特征,如下列六种,看看它们是否可以用来建构一个使职的定义。

(一)使职就是指以"使"为名的官职。长久以后,这也是我们确认使职最简便的一种方法,那便是查看某某官名中是否有一个"使"字,如节度使、兵马使等等。但这特征恐怕不能用来作为使职的定义,因为它只适用于某一些使职,不适用于所有使职。唐代还有另一种使职(隐性使职),其职称上不带"使"字,如史馆史官等等。

(二)使职是指那些出使在外的官职,比如安抚使、巡边使等等。但如果以此来作为使职的定义,这肯定不会是一个好的定义,因为我们现在从其他史料知道,唐代有许许多多的使职,并不须"出使在外",而可以长驻京城,如神策军使、两街功德使等,甚至可以长年在唐宫廷中做事,如翰林待诏、内诸司使等。"出使在外"不适用于所有使职。

（三）使职为临时因事而设，事已则罢。唐代不少使职的确如此，最常见的例子有派往新罗的册封使，派往回纥的吊慰使等等。这些特使回国后，任务完成，使职也就停了。然而，唐代还有不少使职，当初是临时设置，但后来因为持续有需要，行政效率又佳，结果便长期行用。最知名的要算节度使，从景云二年（711）设置河西节度，一直行用到唐末五代和宋代。其他如史馆史官、翰林学士、盐铁使等，也常设不废，不能说是临时设置。因此，这个特征不适用于所有使职，也不能作为使职的定义。

（四）使职是"皇帝钦差，权力极大"。这是宁志新提出的新观点①。据我所知，其他学者似无此说法。但这只适用于像节度使、经略使等等由皇帝亲自挑选或认可的高层使职，不适用于像幕府使府僚佐那样的中低层使职，如巡官、推官、掌书记和判官等等。这些僚佐都由幕府或使府所"辟署"，等于是府主所聘雇的私人特助，不由"皇帝钦差"。

（五）使职常以他官去充任。这是钱大昕使职论的一个重点，也是使职相当常见的一个特征。比如，翰林学士、史馆史官等等，都是以现有编制内的职事官去充任。白居易曾以左拾遗的官，去出任翰林学士；韩愈曾以比部郎中，去充任史馆修撰，都是显例。可惜，这特征只适用于大约三分之二的使职，还不是放之所有使职皆准。例如，翰林待诏是一种使职②，但任待诏者，往往不是现有的官员，而是征召民间具有某些专门技艺者，如书法优美者，可

<hr>

① 宁志新《隋唐使职制度研究——农牧工商编》，页21。
② 详见赖瑞和《再论唐代的使职和职事官——李建墓碑墓志的启示》，《中华文史论丛》2011年第4期，页175。

召为翰林书待诏;医术精湛者,可征为翰林医待诏,并非以现有职事官去充任。此外,节度等使及其僚佐如巡官、推官等,官衔复杂,又有检校官等加衔,恐不易证明是"以他官去充任",所以这个特征还不能构成定义的一个要素。

(六)使职无官品。这是钱大昕文中四度提到的,也是使职最重要的一个特征,且适用于所有使职,没有例外。因此,我们可以用这个特征为核心,来建构一个最好的、最有效的使职定义,如下:

举凡没有官品的实职官位,都是使职。

定义通常须隐含一些条件。只要能符合定义的条件,那么某某官职便可算是使职。因此,在我们建构定义时,还需要加上一些条件,让定义更精确。这里加上的条件便是:使职除了没有官品之外,还必须同时也是个"实职官位"。

"实职官位"这个条件,实际上可分为"实职"和"官位"两个组成部分。如此一来,使职应当具备至少三大要素:(一)无官品;(二)有实职;(三)乃一种官位。这样我们就可以排除好些不属于使职的人员。比如,唐代中央和地方衙署有好些下层的胥吏,比如流外官令史、书令史、里正、乡长等等,他们亦无职事官品,但有实职,符合使职的其中两个要素,然而他们还不能算是使职,因为这些只能说是吏员,层级太低,不符使职的第三项要素,不属官位。官位表示一定程度的官阶,重点在"官",排除了"吏"。唐代的使职都算比较崇高(如盐铁使)、比较亲近皇帝的官位(如翰林待诏等),或皇帝特使的幕僚(如节度等使的巡官、掌书记、判官等),非吏员之流可比。

前面提过,使职有一项重要特征,就是"常以他官去充任"。那是否可以把这特征也写入定义内呢?可以,但有点画蛇添足。例如,我们可以这样下定义:

举凡常以他官去充任,没有官品的实职官位,都是使职。

这样的定义恐怕犯了"冗长"的毛病,因为定义贵在"精"和"简",不宜"繁"和"杂"。否则,我们把使职所有的特征都写入定义,看起来似乎可以"一网打尽",实际上是累赘的,有失精简原则。我们不如抓住使职最核心的要素(无官品、有实职的官位),单单以此来书写定义即可。只要定义可以适用于所有使职,我们的目的也就达到了。至于那些不适用于所有使职的特征,诸如以使为名、出使在外、皇帝钦差、以他官充任等等,大可以排除在定义之外,不必写入内。

当然,本书的使职定义,只是初步尝试,抛砖引玉,看看是否可以引出唐史同行学者更好的定义。任何定义都可以经过不断讨论后修改,以达到最完善的地步。

任何定义,当然都要经得起验证才行。我们不妨从大家熟知的使职开始验证,也就是那些显性的使职,那些职称上带有一个"使"字的使职,如节度使、采访使、盐铁使、转运使、神策军使、营田使、兵马使等等。这些包括了文武使职,全部都是"没有官品的实职官位",完全符合本节提出的定义,没有例外,没有问题。

第二类使职"隐性使职",也就是那些职称上没有"使"字的使职,诸如翰林学士、集贤学士、幕府里的所有文职僚佐(巡官、推官、掌书记、判官、行军司马等等)和武职僚佐(押衙、兵马使、虞候等等),也都符合这定义,因为这些使职全都具备使职定义的三大要素:(一)无官品;(二)有实职;(三)乃一种官位。这些也都是现代学者熟知的使职,没有争论,无须赘论。

至此,我们不妨提出一个反证。唐代的都水使者是不是使职?这看起来很像是个使职,因为它的职称上有一个"使"字,但此官实际上不是使职,因为都水使者有官品,是一种职事官,正好跟无官品的使职完全相反相对。《唐六典》等书清楚载明都水使者为正五品上的职事官,"掌川泽、津梁之政令,总舟楫、河渠二署之官属"①。由此我们可以申论,使职跟职事官的一个最重要差别,在于使职无官品,职事官有官品。

本节所下的使职定义,似乎出奇简单,简单到好像令人难以置信,但仔细思考,大家可以发现它背面的原因,其实也非常简单。唐代那些带有实职的官位,其实也就只有两大类:一类是职事官,另一类就是使职(散官、勋官、爵号和检校官等,都没有实职)。职事官最重要的特征,就是它有官品,而且全都载于《唐六典》等书中,清清楚楚,一查便知,也就是一般常说的三省六部官和寺监官等等。所以,如果某一官位不属于职事官,那么它就只能是使职了。一旦我们把职事官排除在外,那些没有官品但又有实职的官位,便是使职。这定义有三个明确的判断条件,避免了见仁见智的主观争论。

有没有鉴别职事官和使职的更简单方法?有,可以先查一查《唐六典》或两《唐书》职官志之类的书。假设我们在阅读唐人的墓志、史传或唐诗(唐诗标题中最多官名也),见到一个从未见过的官名,比如说"仓部郎中",查一查职官书,马上知道这是一个五

---

① 《唐六典》卷二十三,页598—599。

品官(从五品上)。既然有官品,那他便是个职事官了。接着,又遇见另一个官名"知制诰",再去查书,会发现整部《旧唐书》和《新唐书》的职官志部分,竟然都查不到这个官是几品官,职掌为何,那么这官极可能就是个使职了①。再细心求证一下,白居易的《有唐善人墓碑》,在"职"(使职)的分类下,便把知制诰列为是李建任过的使职之一,可证这是个使职无疑。

不过,用这个办法,有一点要小心。有些无法在职官书中查得的官名,可能不是使职,而是某个职事官的别称、雅号或甚至绰号。例如,唐诗中常见的"少府",见于王维的名诗《酬张少府》,是职事官县尉的别称。唐诗中的"明府"即县令,"赞府"即县丞。又如,唐人喜欢新创一些绰号式的官称,如"伴食宰相"、"南宰相"、"内宰相"等等,这种别称当然无法在职官书中查找到,但这类案例并不算太多,有一定的数量,而且已有学者做过整理和研究,不难在适当的工具书中查得②,或检索古籍电子资料库,马上可以找到答案。

---

① 目前西方汉学界最常用的中国官制词典是 Charles Hucker, *A Dictionary of Official Titles in Imperial China*. Hucker 书中有好些官名并未注明官品,或只说"官品不明确"。其实这正好就是使职的标准特征。我们大可把这类官名视为使职。Hucker 常用"duty assignment"一词来描述某些官名。这看来是"差遣"一词的英译。"差遣"类似使职,但它是宋代用语,唐人从来不用,所以本书也尽量避免使用。唐代的使职虽然类似宋代的差遣,但在细微处还是有一些区别。

② 龚延明《中国历代职官别名大辞典》。事实上,这本书不单收了一般的"职官别名",还收了不少历代的使职官名,因为龚延明把所有使职官名都当成是"职官别名"来处理,见书中《序论》,页 1—2。但这不是缺点,反而提升了本辞典的用处。

三、为何唐代使职皆无官品？

为何唐代使职皆无官品？这的确是让人迷惑的问题。但这问题也好比在问：为何女性没有 Y 染色体，男性才有？最简单直截了当的答案是：女性本来就没有 Y 染色体。同理，唐使职本来就没有官品，不必大惊小怪。

当然，今天的遗传学家，已经能够深入合理地解答为何女性没有 Y 染色体了①。这里且试检讨使职无官品的相关问题。

官必有品，是大家根深蒂固的观念，以致产生像九品芝麻官、三品高官的说法。但为什么使职也算一种官（至少是广义的官），却没有官品？这点不仅现代学者感兴趣，甚至连《旧唐书·职官志》的作者也深感迷惑。我们前面见过，他在记载了节度使等职之后，添了一句："皆天宝后置，检讨未见品秩。"结果招来钱大昕的嘲笑，说他"似未达于官制"。

唐的四大职官书（《唐六典》、《通典·职官典》以及两《唐书》的职官志），从未解释为何唐代使职无官品。唐代使职之所以没有官品，应当是出于皇朝的蓄意决定，不直接给予使职官品，而以间接的方式，让使职带有本官，由本官的官品来定使职的班序，并计其俸禄（见第六章）。这样一来，对今人反而有一大好处，那就是，举凡无官品的官职，便成了使职，更容易确认，跟有官品的职

---

①英国牛津大学的基因遗传学家 Bryan Sykes 所写的一本专书 *Adam's Curse：A Future without Men*，详细探讨了 Y 染色体的演化以及为何女性没有 Y 染色体等等大课题。

事官相对。这就好比说,凡是没有 Y 染色体的人类,都是女性。凡是有 Y 染色体的,则是男性。官品便好比是唐职官研究中,决定官员属性的 Y 染色体。

至此,我们要问:没有官品的使职,是不是比有官品的职事官低一等? 谁的职权比较大,地位比较高? 使职还是职事官?

今人常有一种看法,以为使职既然没有官品,那么他的职权和地位似乎不如有官品的职事官。而且,唐代的使职,都是所谓"非正规"的官员,经常不载于《唐六典》等职官书,但职事官却是"正规"官员,而且载于《唐六典》等书,似乎高人一等。其实不然。

使职好比现今社会上,因应网络时代的需要,新创出的不少新用词,例如"社交网络"、"微博"等新词。唐代的使职,在许多方面,就像这些新创用词一样,还属于所谓"非正规"、"不规范"的用语,在标准的词典中当然查找不到,但这些新词却充满创造力和想象力,富有时代精神,替代了旧的语词,或满足了新的需要。

现代唐史学者普遍重视职事官,忽略使职。这好比中学的语文老师,往往比较注重"规范用词",而抗拒和反对使用"不规范"的新词,认为这些新词新用法,乃年轻人的新玩意,"破坏了传统中文之美"。然而,新词往往比"规范用词"更有创意,更符合时代需求,更让人眼前一亮,就像使职比职事官更有权势,职能更有弹性,也更能应付当前的需要一样。

现代这种偏重职事官,轻视使职的现象,跟唐人的理解很不一样,甚至相背。比如,李肇在《唐国史补》中说过一段很有名的话:

开元已前,有事于外,则命使臣,否则止。自置八节度、十采访,始有坐而为使。其后名号益广,大抵生于置兵,盛于兴利,普于衔名,于是为使则重,为官则轻。故天宝末,佩印有至四十者;大历中,请俸有至千贯者。①

这里是说,在开元以后,唐代的使职越来越多,"名号益广",于是当时人"重"使职,"轻"职事官。当个职事官并没有什么了不起,出任使职才显威风,因为他是皇帝的特使。

实际上,使职没有官品,并不是什么"坏事"。任使职的唐代官员,应当不会在意使职无官品。原因在于,使职为特使,都是一批跟皇帝亲近的官员,接近权力中心,有无官品并不重要。使职接近皇权,可以享有不少特权,职务比职事官剧要,职权也比较大,且任官条件更有弹性,且举三点。

第一,他们不受任官年限的限制。唐代职事官一般是三四年一任,时限到了,便须改官或他调。但使职却可以长年任一职,甚至可以常年在宫中做事。例如,刘知几和唐代史馆的那批史官,像韦述、柳芳、蒋乂等知名史官皆如此,长期留驻京城达数十年,不必为做官四处宦游。再如唐代的内诸司使和各种翰林待诏,也莫不如此。

第二,职事官有避本贯、避亲等回避规定,但使职却无。这表示,使府僚佐可以在他们的本籍任职,无须远游他方②。使府更可以聘用自己的亲人,甚至自己的女婿为僚佐,如容管经略使房济,便曾辟他的女婿李建为判官③。李商隐曾在他岳父王茂元的幕府

①《唐国史补》卷下,页53。
②此种例证在墓志中尤其常见。这里简单举两例。像朱巨川和刘长卿,都曾经在他们的本籍任使府僚佐。
③赖瑞和《唐后半期一种典型的士人文官——李建生平官历发微》,《唐史论丛》第17辑(2013年11月),页17—45。

任僚佐,亦是佳例。如果是在职事官系统,州刺史属下的州县官,不可能是亲人。州县官也常要远游,无法在本籍任官。

第三,使职常可获得皇帝的赏赐,更可以带有各种加衔,比职事官的官品更显风光。例如,唐的节度等使,经常带有"检校某某尚书"和"兼御史大夫"的加衔,更拥有皇帝赐给金紫等章服的荣耀,更显尊贵。使府中的僚佐使职,也可获授各种检校郎官、御史衔或"试"衔,更可常获得"赐绯"等荣誉。

四、结语

现代唐史学者普遍对使职的认识不足,常以为使职只不过是"出使在外"者。但清代钱大昕的使职论,早已揭示了使职的最主要特征,不在于"使"或"出使",而在于使职无官品。本章重新发掘钱大昕此说的重要内涵,并以"使职无官品"这一特征,给唐代使职下了一个新的定义:举凡没有官品的实职官位,都是使职。

使职无官品,又多不载于《唐六典》等职官书,导致有学者常误以为,使职比不上有官品,又载于职官书的职事官。事实上,使职等于是皇帝的特使,远比职事官更接近权力的中心,有无官品并不重要。使职接近皇权,可以享有不少特权,其职务也远比职事官更专业且剧要,职权更大,任官条件也都更有弹性。这点在本书以后各章都将论及。

第三章　唐职官书不载许多使职的
　　　　前因与后果

其转运以下诸使,无适所治,废置不常,故不别列于篇。

——《通典》①

一、载与不载

凡研究唐史的研究生和学者,应当都有这样的经验:我们常常在唐代文献中见到一些官名,想多了解此官的官品和职掌等细节,而去翻检唐代的职官书,结果却遍寻不获,感到很挫折。例如,唐开成五年(840)的《唐故知盐铁转运盐城监事殿中侍御史内供奉范阳卢府君墓铭并序》,有一段话,记载唐后期一位盐官卢伯卿(774—840)的仕历如下:

时泉货之司愿移公猗氏之理以成榷筦之用,授大理评事,充东渭桥给纳使巡官,寻以本官知京畿云阳院,迁监察御

①《通典》卷十九,页473—474。

史,充两池使判官。俄以统职有归,不得专任,改知阆中院,
转殿中侍御史,领盐城监。①

　　这里共有十个官名。其中只有三个(大理评事、监察御史、殿中侍
御史),可以在唐四大职官书《唐六典》、《通典·职官典》、《旧唐
书·职官志》和《新唐书·百官志》中查得②,另七个都查检不到
(或不是四大职官书都有记载):东渭桥给纳使、巡官、知京畿云阳
院、两池使、判官、知阆中院、领盐城监(墓志标题则作"知盐铁转
运盐城监事")。有意思的是,三个能够查到的官名,全都是职事
官,在四大职官书中,都有清楚的官品和职掌记载。七个查不到
的官名,我们从其他史料得知,全都是使职,亦无官品。

　　"东渭桥给纳使巡官"包含了两个官名:"给纳使"和"巡官"。
卢伯卿曾经以大理评事(使府僚佐常带的京职事官衔),去充任过
某个东渭桥给纳使的巡官。职官书不载此两官,但我们知道,东
渭桥位于长安以东约四十公里(今高陵县),设有一座巨型粮仓,
也设有度支使属下的盐务单位渭桥院③。杜牧所写的命官文书

---

① 《唐代墓志汇编》,开成 049,页 2204—2205。
② 本书所说的"唐职官书",不包括《唐会要》和《册府元龟》,因为这两者的
　性质和体例,皆不同于《唐六典》等书。但两书收了不少职官史料,特别是
　《唐会要》,更收入大量唐代使职的实例材料。我常觉得《唐会要》和《册府
　元龟》比四大职官书更有用。
③ 度支在东渭桥设有一个院,称为"渭桥院",见白居易写的中书制诰《知渭
　桥院官苏洃授员外郎依前职;前进士王绩授校书郎江西巡官制》,《白居易
　集笺校》卷五十三,页 3089。关于东渭桥的考古发掘,见王翰章《唐东渭桥
　遗址的发现与秦汉以来的渭河三桥》,中国考古学会编《中国考古学会第
　三次年会论文集》(北京:文物出版社,1984),页 265—270;陈冰《唐代东渭
　桥建毁存废考——以东渭桥的三次营建为中心》,《唐史论丛》第 17 辑
　(2014 年 1 月),页 144—157 页。

《白从道除东渭桥巡官;陶祥除福建支使;刘蜕除寿州巡官等制》一开头就说:"敕。度支东渭桥给纳使巡官、将仕郎、试大理评事兼监察御史白从道等。"①由此我们得知,东渭桥给纳使是度支使属下的官员,是个使职,负责给纳事务;巡官则是给纳使的基层助理,也是使职,无官品。

这位卢公后来又去"知京畿云阳院"。本书前面提到,这种以"知"字开头的官名,往往都是使职。"院"可以指唐后期度支使和盐铁使,在各地设立的地方盐政单位"院",也可以指"监院"、"巡院"或"场院",须小心分辨,以免误判②。"知京畿云阳院"一职,便是负责管理在京畿云阳县所设的一个度支巡院,等于是这个巡院的主管(并非"巡官"那种低层官员)。

接着,卢伯卿所带的京衔,从大理评事升为监察御史,去"充两池使判官"。职官书不载"两池使",但从其他史料得知,是个使职,无官品,指今山西省运城地区解县和安邑的那两个巨大内陆盐池的主管③。"判官"不载于《唐六典》④和《旧唐书·职官志》,

---

① 《杜牧集系年校注》卷十九,页1099。卢伯卿到东渭桥院任某出纳使巡官,应当是管盐务,因为墓志前有一句说,"时泉货之司愿移公猗氏之理以成榷笼之用"。"榷笼"即榷管,意即"盐专卖"。

② 何汝泉《唐财政三司使研究》,页71。许多唐财政史论著把监院和巡院等院,混为一谈,不可取。何书页51—76,把度支使和盐铁使属下的组织,分为四大类:院、监院、场院和巡院,最为清楚。

③ 志文中的这个"两池使",很可能是个简称,其全名可能是"两池榷盐使"。此官名见于《唐代墓志汇编》,咸通101的"考讳从质,度支两池榷盐使兼御史中丞",以及《唐代墓志汇编续集》,咸通028,"两池榷盐使守太子右庶子兼御史中丞赐紫金鱼袋李从质文并书"。

④ 《唐六典》卷九,页272,在中书省的目次列了"知匦使一人、判官一人、典二人",但在内文页282,却只有"匦使院,知匦使一人"及其职掌细节,全无判官和典的材料,可能有脱文。

但载于《通典》和《新唐书·百官志》。这是一种"执行官",为各种使府所自辟的幕佐,也属使职,无官品,为中层等级的文官①。

卢接着又出任"知阆中院"。阆中院是设在山南西道阆中县的度支巡院,性质和云阳院相同,亦为盐政单位。最后,他的京衔从监察御史"转殿中侍御史(墓志标题作"殿中侍御史内供奉",更精确),领盐城监",不久就去世。盐城是淮南道楚州的四个县之一。《新唐书·地理志》说:"置盐城县。有盐亭百二十三,有监。"②这个"监"便是唐代地方盐务组织中的监院,比巡院更高一级(所以卢的京衔,这时升为更高层的殿中侍御史)。它主要设在产盐区(盐城正是一个很重要的产海盐大县),负责榷盐并把盐卖给盐商。卢的职务,便是去"领"(管理)这个"监",也是个使职,无官品③。但这个"领"字,是个俗称,意义类似正式的官称"知"。所以墓志的标题书他的正式官衔,为"知盐铁转运盐城监事"④,另一个以"知"字开头的使职。本书第十三章,表13.1"卢伯卿的五个盐政使职",把他的京衔和使职列为一表,更容易看出他的官历和升迁。

从以上的解读看来,如果我们只依赖四大职官书,那恐怕是没有办法把这段志文读通的。这些常不载于职官书中的官名,有

① 拙书《唐代中层文官》,第六章专论判官。关于此段墓志文的另一种解读,见李锦绣《唐后期的巡院》,《唐代财政史稿》,第4册,页364。
②《新唐书》卷四十一,页1052。
③ 李锦绣《三司使下的机构及财务行政》,《唐代财政史稿》,第4册,页242—265,对这类"监场官吏"有详细的讨论。
④ 新罗人崔致远在晚唐任淮南节度使高骈的掌书记时,曾经代高骈写过许多请官文书,其中两篇涉及这种"知某某盐监事"的使职:《王棨端公知丹阳监事》和《臧瀚知盐城监事》,见《桂苑笔耕集校注》卷十三,页443—445。

些比较常见（如巡官和判官），已有现代学者的研究，许多则还没有。许多也不收在《中国官名大词典》之类的大型参考书，或美国学者 Charles Hucker 所编那本颇详尽的 *A Dictionary of Official Titles in Imperial China*（《帝制中国官名词典》）。不过，龚延明那本《中国历代职官别名大辞典》，倒是收了不少此类不见于职官书的官名。龚书题上的"职官别名"四字，在书中含义非常广，包括许多使职官名，比如许多以"知"字开头的官名。

有感于此，我不禁要发出这样的感叹：如果有人去编一本《唐代官职词典》，把唐代文献中出现过的所有官名，不管大小，不管异称别名，不管正规的职事官名，还是不正规的使职官名，甚至流外官和胥吏等，一律都收入词典中，加以解释，保证任何在唐代文献中出现的官名，都不遗漏，都可在词典中查得，那该有多好！那真是功德无量的一个工作。理论上，这样的一本词典不难编成，可集一个研究团队之力完成。真盼望唐史学界将来可以编一部这样的词典。唯一要留意的是，唐代文献至今仍不断面世，墓志仍常有发现，吐鲁番等地仍有文书陆续出土。词典编好后，这些新获材料中，很可能又会冒出一些未及收入的"新"官名。不过，三五年出个修订版或电子版，应当可以解决这问题。

以我的经验来说，在所有唐代传世文献当中，碑志等石刻中出现最多这类在唐四大职官书中查找不到的官名，其次是出现在唐代诗文和两《唐书》列传部分的某些官名。为什么在唐代文献中出现的某些官名，竟在这四大职官书中都查找不到呢？或有些官名，可在《通典》中查到，却又不载于两《唐书》？或《新唐书》不载，只载于《旧唐书》或《唐六典》？诸如此类。

职官书编纂的目的，不就是一种词典的性质，不就应当全部收录唐代官场上所有行用过的官名吗？为什么常有"遗漏"？是职官书编得不好,不小心漏列了? 还是职官书的编者,都立下一个"筛选"的过程,只收入某些类官名,刻意不收其他类官名? 这种"收与不收"、"载与不载"的现象,反映了背后一种怎样的状况? 反映了编撰者的什么心态? 对于使用这些职官书的后世研究者,这又意味着什么? 它对我们研究和理解唐代官制和职官,产生什么样的后果? 这些正是下文要细论的课题。

二、职事书不承认使职

第一章说过,唐代官员(特别是唐后半期的官员),在他们一生中,经常有时任职事官,有时任使职。例如,上引的卢伯卿就是个好例子。墓志上说他"公尝尉三县,莅五职"。意思是说他曾经担任过三个县的县尉或主簿("既冠,擢明经第,始调补绛州万泉尉,秩满再补陕州安邑尉。……三补河中府猗氏县主簿")。这些都是职事官。接着,他就出任那五个使职,也就是上引那段话中的东渭桥给纳使巡官、知京畿云阳院、两池使判官、知阆中院、知盐铁转运盐城监事。县尉和主簿都有官品,且都载于四大职官书中,不成问题。但偏偏卢伯卿的那五个使职,不载于职官书(仅判官载于《通典》和《新志》,但甚略)。为什么? 这表示什么?

最直截了当的答案是:唐代明明在行用那些使职,这些都是卢伯卿确实拥有过的使职官衔,但四大职官书却似乎不肯"承认"这些使职。《唐六典》和《旧唐书·职官志》不载卢伯卿墓志中的那些使职,还可以理解,因为《唐六典》成书于 739 年,当时只有巡官和判官两使职在行用,还未有给纳使和两池使等一系列盐官存在。《旧唐书·职官志》虽成书于 945 年唐亡之后,但编撰时正逢五代乱世,只是照搬唐史官韦述、柳芳《国史》中的职官志,材料大抵只到760年左右,没有补充唐后期的内容①。然而,《通典》和《新唐书·百官志》编修时,卢氏墓志中的这些使职,从安史之乱以后肯定已经存在,且行用了一段时间,但这两书却不加载。这意味着什么?

这意味着,唐代官制的实际运作,和职官书所记载的官制,经常有一些距离和落差。我们也可以说,唐职官书都是"规范官志",宛如现今的"规范词典"那样,有强烈的规范意味,不认为当时新设新创的许多使职为正规的、"规范"的官职,所以不收载,就像今天一些具有某种"权威"地位的"规范词典",如北京商务版《现代汉语词典》,往往不肯收入社会上出现的许多新语词,认为这些新语词不"正规"、非"规范"用词,或不雅不洁,不宜收入"正规"的"规范词典"中。换言之,四大职官书的编撰目的,并不像今人编写职官词典那样,想尽力搜集唐代行用过的所有官衔,以方便读者读史,而是都立下一个"规范"标准,只收唐代官品令和职官令中所列的那些职事官,那些所谓"编制内"的官员,基本上不收"编制外"的使职,除了少数几个最常见通行者。

把《现代汉语词典》和《唐六典》等职官书拿来做比较,颇有启发意义。我们可以问:《现代汉语词典》,以最新的2012年第六版为例,是否反映了当前大陆社会上的语言使用状态? 答案:它确是记录了大陆汉语中最稳定的、最合乎规范的一些语词,如"点滴"、"矫正"等词,然而它同时也收了一些已经过时但偶尔仍会有人使用的"旧时用语"或"书面语",如"碍难"、"等衰"(等次)等。不过,它没有收录许多2012年之前就新创的词语,如"打脸"、"买

①Denis Twitchett, *The Writing of Official History under the T'ang*, pp. 229–231.

气"等等。它收了"宅男、宅女",但没有收"剩男、剩女";收了"泡吧",但没有收"泡妞",也没有收"超爽"等词。

同样,有不少学者也在问:《唐六典》是否就是玄宗朝开元年间正在行用的官制?我们可以模拟《现代汉语词典》的案例,这样回答说:《唐六典》确是记录了开元时仍在行用的最稳定、最合乎规范的一些职事官,如京官中的监察御史、郎官,外官中的刺史、县令和县尉等,但它同时又收了相当多已经失去职权,过时的,然仍属尊贵的闲官,如仆射、中书令、散骑常侍等。不过,它基本上不收录当时官场上新设的使职,只记载了极少数常见或编者熟悉的使职,如集贤学士、史馆史官等。

综上,我们可以得出一条大规律:职官书一般只载有官品的职事官,不载无官品的使职(或只有选择性的记载)。所以,如果我们在唐文献见到某一个官名,却无法在职官书中查到,那我们几乎可以肯定,这个官必定是使职无疑(或流外官和吏员之类的)。像卢伯卿墓志中那五个不载于职官书的"职",其他史料可以证实,全都是使职,没有官品,全都是唐后期盐政盛行时代因应而生的一些新型盐官。

三、四大职官书的原始材料

人类社会先有使职、职事官,还是先有职官书?答案很明确:不论中外,不论古今,人类社会都是先有使职,然后才设立不同阶层的官员编制(职事官),最后才把这些官员的官品、职掌和组织等细节,修撰成职官书,作为宫廷纪录或编入史书。关于使职的起源,以及使职如何演变为职事官,本书第一章已有论述,我在他处还有更详细的探讨①,这里不拟重复。这里要讨论的是,既然职事官和使职都是唐代(也是人类社会)两大类重要的实职官位,为何唐职官书却经常不载许多使职,只载职事官?

这要从这些职官书当初编撰时所根据的原始材料说起。

唐四大职官书当中,《唐六典》成书最早(约开元二十七年,739),其次是《通典》(贞元十七年,801),再来是《旧唐书·职官志》(约后晋开运二年,945),最后是《新唐书·百官志》(约北宋嘉祐五年,1060)。细心核对这些书,我们可以确定,两《唐书》的官志皆以《唐六典》为蓝本,两者沿袭了几乎全部《唐六典》的正文,只补充唐后期的若干官职资料,但增补的部分其实也都不多。《通典》亦在职官架构和组织上,仿照《唐六典》,但它成书的年代比较晚,根据的唐令等材料可能比较新。

关于《唐六典》的成书,此书的编撰者之一,集贤院学士兼史官韦述,曾经在他的《集贤注记》中留下一小段记载,清楚说明编撰的依据和办法:

> 以令式入六司,象《周礼》六官之制,其沿革并入注。②

这句话的意思是,他们把唐代的"令"和"式",分别列在"六司"之

---

① 赖瑞和《再论唐代的使职和职事官——李建墓碑墓志的启示》,《中华文史论丛》2011年第4期,页165—213,以及《为何唐代使职皆无官品——论唐代使职和职事官的差别》,《唐史论丛》第14辑(2012年2月),页325—339。

② 《集贤注记》(又作"集贤记注")大约在宋代以后失传,今无传本。但宋人著作屡有征引。此处用南宋藏书家陈振孙的引文,见其《直斋书录解题》卷六,页172。又见陶敏辑校《景龙文馆记、集贤注记》卷中,页255。

下，以模仿《周礼》六官的那种写法，并且把这些职官的历代沿革，放在注文中。现存的《唐六典》，在注文的小字中，确实颇详细说明了许多职事官的历代沿革。至于"六司"，照字面意义，原本指《周礼》的那种六官或六典，即所谓理典、教典、礼典、政典、刑典、事典。但我们知道，唐代的政府衙司，绝不只"六司"，而是三省六部一台九寺五监等数十个大类。

所以，韦述的所谓"六司"，我们或许不要看得太狭义，以为他仅指《周礼》的那六司。或许可以这样看：韦述只不过是在使用《周礼》六官的典故，泛指所有政府衙司罢了。其实，《唐六典》确实不像《周礼》那样，只分为六个事典，仅有六卷，而是分成多达三十卷，涵盖了唐代所有数十种政府衙司。是以严耕望有一个精湛的结论："名为《六典》，实非《六典》，名仿《周礼》，实未真仿《周礼》也。"①

换言之，《唐六典》并非编者们凭空新创出来的制度条文，然后才由皇帝下敕令去实行。它其实是拿当时就存在且已实施的各种令式，依三省六部九寺的政府架构编成。这些令式，早已行用，早已生效，甚至施行多时，都已经过时了，已经不再适用了。既然《唐六典》是根据这些令式编成，它所呈现的政府组织和职能，当然不是编者新创的，不是《周礼》那样的乌托邦。

只不过，《唐六典》在编撰时，常把其中一些已经"过时"或"不再适用"的令式条文，也照单全录，但却没有说明何者仍在行用，何者已不适用，没有提供最新的信息，比如没有告诉我们，仆射、中书令、散骑常侍等高官，在开元时，其实就已成了闲官，职权早已旁落，不再像隋代唐初那么重要了。

---

①严耕望《略论唐六典之性质与施行问题》，《严耕望史学论文集》，页403。

现传世的《唐六典》,常在文中引用"晋官品令"、"梁官品令","武德令"等等。现代学者根据这些材料,知道《唐六典》主要根据开元七年"令"编成。这些唐令大部分早已失传。仁井田陞等几代学者,便根据《唐六典》、《通典》、《唐会要》等唐代文献所引用过的这些唐令引文,重新辑佚复原了部分的唐令①。

综上所说,现代学者一般同意,《唐六典》是根据开元七年令编成②,而《通典》则根据开元二十五年令。两《唐书》官志主要沿袭《唐六典》,但有时也会引用年代较后的唐令。目前学界仍未有专文,详论四大职官书的史源与内容的异同。然而学界对此大抵皆有共识,且引用清代王鸣盛和现代严耕望的意见为代表。王鸣盛在《十七史商榷》中说:

> 官制之明备,莫过于(张)九龄之《六典》,《通典》本之,《旧书》亦本之。则知其均据开元也。《新志》虽不言其所据何时,要《新官志》皆本《六典》、《通典》,则必亦以开元为据。③

严耕望在其论文中说:

> 《旧唐书·职官志》及《新唐书·百官志》记载官司组织与职掌,甚至文章之组织,均以《六典》为蓝本。……两《志》所与《六典》异者,惟低级官之员额常有出入,其他虽亦偶有

---

①仁井田陞《唐令拾遗》;池田温等编集《唐令拾遗补》。
②但中村裕一最近对这个"开元七年说"有所批判,见其《〈大唐六典〉の検討——〈大唐六典〉の"開元七年令"説批判》,《唐令の基礎的研究》,页289—580。
③《嘉定王鸣盛全集》,第六册,《十七史商榷》卷八十一,页1123。

异者,什之八九皆已注明为天宝以后某年所改革,某年所增置,其改革增置以前仍与《六典》不异也。①

就本文目的而言,这四大职官书相同的部分,便是四书都详载职事官,不载许多使职。相异的部分,主要在注文和职掌叙述方面。《唐六典》因为成书于739年,材料截年较早。比如,它连738年才设立的翰林学士院,也来不及记载,也未载睿宗景云二年(711)设置的节度等使。

《通典》虽成书于801年,那时唐的使职已大盛,但《通典》其实也跟另三书一样,只记载所有唐代职事官,不载许多使职。编撰者杜佑本人知道使职的重要性,但他很可能为了遵守历代职官志的体例和编撰法,也受限于"规范官志"的旧思维,同样不载许多使职。只是,《通典》在记载职事官时,有时会引用一些具体的事证,告诉我们某职事官的职望如何崇高,如秘书省校书郎"为文士起家之良选"②之类,或告诉我们更多关于某职事官的任官细节,略微比另三书较为生动有趣。

唐亡于907年,但成书于945年的《旧唐书》,所载的官制,最迟却也只到760年左右,对唐后期近一百五十年的许多职官细节,一无所记。据英国学者杜希德的详细考订,这是因为《旧唐书·职官志》,本质上实源自唐史官柳芳于759—760年左右完成的《国史》职官部分③。

---

① 严耕望《略论唐六典之性质与施行问题》,《严耕望史学论文集》,页399—400。
②《通典》卷二十六,页736。
③ Denis Twitchett, *The Writing of Official History under the T'ang*, pp. 229-231.

至于四大职官书成书最晚的《新唐书·百官志》，完成于北宋嘉祐五年(1060)。那时唐朝已经灭亡一百多年了。我们原本可以期待最后成书的这部职官书，可以详载唐代的所有职官名，包括使职，可惜它还是让我们失望了。

四、为何只载职事官，不载许多使职？

前面我们见过，《唐六典》等四大职官书，主要根据唐令修撰。从这些书所引用的唐令看来，并且从仁井田陞等人根据所有传世唐代文献所复原的唐令看来，唐令皆只载职事官，不载使职。依此，我们的初步结论是：四大职官书不载使职，主要是受到当时所用的唐令材料的限制。唐令不载使职，于是四大职官书也跟着不载许多使职，只收了少数几个常见通用者。如《唐六典》所收，只有弘文馆、崇文馆、集贤院学士及一些集贤院官、史馆史官、知匦使、理匦使、朝集使，如此而已。《通典》和两唐志，则沿用采纳了《唐六典》所载的那几个使职，再新增几个，主要为节度观察等使及其僚佐。

唐令不载使职，我们还有一个很好的证据。陆贽在《又论进瓜果人拟官状》中，特别指出：

> 谨按命秩之载于甲令者，有职事官焉，有散官焉，有勋官焉，有爵号焉。①

————————

① 《陆贽集》卷十四，页450。

简言之,唐代的令只记载职事官、散官、勋官、爵号四种。陆贽这段话,是在呈给德宗的一篇奏状中所说的,为当时人的见证式证据,可证唐令确实不载使职。

然而,这又引申出三个问题:第一,为什么唐令只载职事官,不载使职? 不能载吗? 第二,即使是在职事官的部分,唐令就忠实呈现当时职事官实际施行的情况吗? 是否过时? 第三,既然四大职官书的编撰者,应当都知道唐令只有职事官的材料,没有使职,那么,他们为什么不去搜集更多唐令以外的其他材料,把当时实际在行用的唐代所有官职,完整地呈现出来? 这样做,有那么困难吗? 是什么原因导致他们不想去记载使职,即使是那些很关键的使职,比如盐铁使等等?

关于第一个问题,我们要知道,唐令的编修,是一种全面大规模的整理和规范的过程,也就是现代法学研究所谓的 codification(把当时众多纷乱的条规浓缩精简成法典)。语言学界也有这种“整理和规范”的过程。人类社会许多事物的运作,原本都是按照人类的本能,往往都在行用一种权宜办法在做事,比如头痛医头,脚痛医脚之类的办法。许多办法和条规,原本都是临时应运而生的,因应某种需要而产生,并无法事前规画得很好,特别是职官制度。这样时间久了,法规、条文和制度,便累积了许多额外增生的、“枝蔓”的东西,宛如一棵枝叶乱生的大树,需要修剪才会美观。

编修唐代职员令、官品令,就好比在“修剪枝叶”,要从当时众多纷乱的职官和官品中,整理出一套所谓的“正规体”(norm),去除那些琐碎的、临时性的东西,只选择纪录那些行用已久,历经数朝固定下来的官职。《唐六典》卷六刑部郎中员外郎条下,在辨别唐代法制的四大形式“律、令、格、式”时说:

凡律以正刑定罪,令以设范立制,格以禁违正邪,式以轨物程事。①

所谓"设范立制",便是一种规范的过程。因此,那些有官品的职事官,自然就会被收入唐令中,而那些无官品的使职,被视为是临时性的,还没有完全被纳入正规的职官系统,就会被视为是"蔓生"的枝叶,自然便遭到剪除。此之所以唐令在"设范立制"的精神下,都不载使职。但要留意的是,使职常出于皇帝的委任,权力往往都大于职事官,地位也比较崇高。但这点,却似乎不是唐代在修订职员令和官品令时所需考虑的。

关于第二个问题,有许多证据可以证实,唐令既未载许多使职,也在处理职事官方面,未能反映实际的施行状况。比如,在开元七年,唐代的宰相已不由三省长官来出任,而经常改以尚书六部的侍郎来充任。当时,尚书仆射的地位也大不如前。开元年间,许多战略地区的都督制度,已不能有效运作,唐皇室不得不改用节度等使去替代。据严耕望的研究,"唐自开元以来,使职繁兴,渐夺品官(即职事官)之权"。尚书省许多衙司,已慢慢丧失其职权,纷纷被各种使职所替代②。九寺是否还在运作,也不得而知,因为我们在两《唐书》的列传部分,竟找不到有什么官员,担任过九寺的许多职事官,特别是中低层的官职,比如鼓吹署丞、珍羞署丞之类。

然而,这一切,唐令都没有反映出来,反而保存了许多当时就已过时的、或丧失了职权的职事官名。《唐六典》等四大职官书,

①《唐六典》卷六,页185。
②严耕望《论唐代尚书省之职权与地位》,《严耕望史学论文集》,页261—338,特别是页329。

主要根据这些"过时的唐令"编撰,因而也都成了"过时的规范官志",让后世误以为,开元年间的那些职事官,似乎仍然还在正常有效地运作,其实恐怕不然,亟待学者的进一步研究。这种情况,就像现代的汉语词典,有时还保存了一些今已不常用、过时的词语,不过会特别注明为"旧时用语"或"书面语",表示今天已不常用,收入词典,仅供参考而已。然而,《唐六典》等书全无这类"今已不常用"的说明,容易让后世读者误会,以为某某职事官仍像书中所说的那么重要,仍在执行那些职掌。

至于第三个问题,为什么职官书的编撰者,不去搜集唐令以外的其他材料,来编成一本更完善的,更全面反映唐代职官实际运作的职官书?这一些材料在唐代或五代或宋代,都不难搜集,但为什么这四大书都不收许多使职?没错,材料应当是存在的,像《唐会要》就收了许多使职的材料,并不缺乏。但《唐会要》到底不是职官书,而是"材料汇编"一类的类书,其体例跟职官书不同。实际上,四大职官书不收许多使职,不是缺少唐令以外的材料,而是编者的目的,乃跟唐令的修订者一样,要做的是一种整理、规范的工作,一如现代大型中文词典的编撰,往往涉及一种"规范"的整理①。那些被认为是不规则的、新创的词语、不雅不洁的用语,都不会被收入规范词典中。同理,那些因事而置,事毕即罢,"随事立名"的使职,都被认为是不正规、不"规范",也不会被收入四大职官书这种"规范官志"中,但绝不是因为材料短缺。

---

① 比如北京商务版的《现代汉语词典》,一向被学界、教育界和出版界视为是一个中文使用的"规范"依据。凡是收在这词典中的语词,都是"规范词",可以在报章杂志书刊和学校作文中使用;凡是未收入的新词,则被视为是"不规范",一般不鼓励使用,甚至会被出版社的编辑改为"规范"用语。英文词典一般上比较不强调"规范"的一面。

职官书编撰者的这种"规范"心态,可以在《通典》编者杜佑的一段话中看出。杜佑本人其实深知使职的重要性。他曾经说过,唐"设官以经之,置使以纬之……于是百司具举,庶绩咸理,亦一代之制焉"①那样的话,但就在这句话的后面,他加了一段小字注,说明他何以没有把许多使职载入《通典》:

> 按察、采访等使以理州县。节度、团练等使以督府军事。租庸、转运、盐铁、青苗、营田等使以毓财货。其余细务因事置使者,不可悉数。其转运以下诸使,无适所治,废置不常,故不别列于篇。②

这里,杜佑只简单交代了按察、采访和租庸等使的职务,便算了事。至于"其余细务因事置使者,不可悉数",转运以下诸使,则"无适所治,废置不常",所以都"不别列于篇",不载于《通典·职官典》。杜佑以"不可悉数"和"无适所治,废置不常"为理由,就把他当时许多重要的使职,一笔勾销。这便是一种"规范"标准,类似现代"规范词典"常用的方法。如果现代唐史学者,也用这种方法来编一本唐官制词典,那肯定会产生严重的遗漏,等于在"偷懒","投机取巧",会遭到学界的责难。

跟"规范词典"相对的,是"描述词典"。如果杜佑没有传统"规范"的那种大包袱,有意开创新体例的话,他大可以去编一部"描述官志",也就是尽量照单全收,不管这些使职是不是"不可悉数"或"无适所治,废置不常",一一列出,分门别类编排,也不是什

---

①《通典》卷十九,页473—474。
②《通典》卷十九,页473—474。

么难事。比如,《宋史·职官志》便做到了,里面列了许多宋代的使职差遣职。宋志这样做,看起来的确像是"违背"了传统的体例,但它也等于开创了新体例,立下新的典范,是一种新型的"描述官志",已非唐以前和唐四大职官书这种"规范官志"可比,值得宋史学者好好从这个角度去研究。

同样,《新唐书·百官志》一开头也有一段话,跟《通典》的那一段话非常神似,说得很传神,很沉痛,正好反映了编撰者的那种"规范心态":

> 又有置使之名,或因事而置,事已则罢,或遂置而不废。其名类繁多,莫能遍举。自中世已后,盗起兵兴,又有军功之官,遂不胜其滥矣。故采其纲目条理可为后法,及事虽非正后世遵用因仍而不能改者,著于篇。①

这段话显示,《新唐书·百官志》的宋代编撰者,面对唐代数量庞大、枝繁叶茂的使职官名,首先感觉到一种莫可奈何的无力感。因为使职"名类繁多","莫能遍举",他们不知如何是好。但幸好只要祭出"规范"法则,便可以解决问题了。于是,他们定下了一个"规范"原则,那就是"采其纲目条理可为后法,及事虽非正后世遵用因仍而不能改者,著于篇"。这样一来,唐代那些"不胜其滥"的使职名,便很容易处理了。但经过这样的规范筛选,唐使职官名也跟着大量被淘汰了,以致本文前面引用过的唐卢伯卿墓志中,竟有七个使职官名,都无法在《新唐书·百官志》等职官书中查到。若不是靠了其他史料,我们简直无法把那一小段墓志读通。

---

① 《新唐书》卷四十六,页1181—1182。

综上,"规范官志"类似"规范词典",背后代表的是比较守旧的想法,主要是认为,古法古礼和"祖宗之法"最规范,最完美,一切制度最好永远一成不变,最好不要轻易去创新官职、新用语,"破坏"了旧的制度,"破坏"了"那优美的传统中文"。

但这是守旧的想法,行不通,因为人类社会的一切事物,包括官制和语言,都无可避免地会经常在改变,以应付不同的时代需求。古法古礼和"祖宗之法"难以持久永续,无法应付不断变化的新时代新社会。近代最好的一个例子是,现代英文词典,已摆脱传统英文的"规范词典"做法,全都变成了"描述词典",承认语言是会改变的,新词、新读音、新文法都有其可取之处,尽量收录那些已为社会大众采纳的用法,不要去做严格的"规范"①。

这里有必要指出,语文中新创的语词,往往是语言中最有活

----

①现今最通用的中文词典,比如台湾的《国语日报辞典》和北京商务版《现代汉语词典》,一般都还有相当强烈的"规范"(prescriptive)意味。英美的英文词典,传统上也是"规范式"的,如 Samuel Johnson 的 *Dictionary of the English Language*(1755)和 Noah Webster 的 *An American Dictionary of the English Language*(1828),但近代的英文词典,则几乎全变成了"描述式"(descriptive)的,如 *Oxford English Dictionary*(1924)和 *Collins COBUILD English Dictionary*(1995),尽量不作"规范",只做"描述",也就是语言怎样在社会上使用,就照实全录,照样收录。比如,一个字在社会上可能有好几种读音,照实一一列出,顶多只说明哪一种读音比较常用,而不去"规范审定"只有一种所谓的"正确"读音。英文新字新词也尽量收录(包括一些过去可能被认为不雅不洁者),不去"规范"何者为"规范词",也不去过滤掉那些所谓"不规范"的新词。关于"规范"和"描述"的深入讨论,见 Steven Pinker, "Telling Right from Wrong," *The Sense of Style*: *The Thinking Person's Guide to Writing in the 21st Century*, pp. 187–304. Pinker 最知名的著作是 *The Language Instinct*: *How the Mind Creates Language*(台湾有洪兰的中译本《语言本能:探索人类语言进化的奥秘》),在欧美大学常用作语言学的入门教科书。他的立场偏向描述,但也不完全一面倒。我的看法也如此。

力、最生动、最有创造力的新元素,正如使职也是官制中创新的元素一样,而且是推动官制改革的一大动力,好比生物世界的基因突变(gene mutation),乃促进生物演化的一大机制①。因此,这些"不正规"、"非规范"的使职,这些"令外之官",其实反而是现代研究唐代官制的学者,最应当留意者,否则难窥官制运作的全豹。可惜它们几乎全在四大"规范官志"中,遭到"剪除"。

《唐六典》等职官书的编撰者,在"整理和规范"的编修压力下,无法像《唐会要》的编撰者那样"自由",只要把所有使职材料,分门别类编入各衙司之下就行了,可以不管"规范"的问题,甚至可以不受历代职官志体例的约束,因为《唐会要》本来就不是职官书。但四大职官书却不能像《唐会要》那样"自由",因为从沈约的《宋书·百官志》开始,到《晋书·职官志》、《魏书·官氏志》和《隋书·百官志》,这些《唐六典》之前的职官书,早已建立了一种"典范",一种"范式",成了后世职官书编撰者不得不参考(甚至遵守)的所谓"体例",难以摆脱其影响。

此之所以《唐六典》并非仿照《周礼》六官的架构,而是沿用了沈约宋志到隋志的那种政府衙司架构,不同于《周礼》的框架。唐代的使职,由于不属三省六部九寺等衙署的编制(唐令所规定的那种官品和员额编制),而是在这些衙署编制外"分枝"额外"增生"出去的,难以纳入传统职官志(特别是《隋书·百官志》)的体例,因而遭排除在职官书之外。编撰者不载使职,一方面是因为这些新创的"临时官"非"规范",非"编制"内;另一方面,恐怕也是不想"破坏"了传统职官志的"体例"。从这观点看,四大

①赖瑞和《再论唐代的使职和职事官——李建墓碑墓志的启示》,《中华文史论丛》2011 年第 4 期,页 165—213。

职官书的编撰者都太保守了,包括杜佑,无大视野去大胆开创新格局,创造新典范,建立新体例。

直到《宋史·职官志》,才打破这种传统职官志的体例,特别新增了许多宋代的使职差遣、检校官和其他宋代新制的内容。但宋代的这些使职和新制,其实许多皆渊源于唐五代①。至于唐四大职官书的缺漏,将来恐怕要由现代学者来补正了,或索性另起炉灶,另外重新建构一个新的描述框架,重写一本全新的、"描述式"的唐职官志。

五、职官书所造成的后果

职官书编成之后,在当时与后世都享有某种"权威"。官修的如《唐六典》,更是如此。但唐代雕板印刷还未普及。《唐六典》编成之后,据我们所知,在有唐一代,从未开雕"出版"印刷过,只有手写本收藏在宫廷的藏书楼内。

然而,在唐代,特别是唐后期,某些士人官员显然又有机会读到《唐六典》,很可能是从藏书楼内抄写出来,再传抄于士人之间。最好的证据是,唐后期有些官员引用过《唐六典》,用以佐证、支持他们的某些主张,或反对某些政策。

例如,权德舆在《弘文馆大学士壁记》,便引用《唐六典》说:"按《六典》常令给事中一人判馆(指弘文馆)事。"②白居易《初授

---

①孙国栋《宋代官制紊乱在唐制的根源》,《唐宋史论丛》,页 256—270;龚延明《两宋官制源流变迁》,《中国古代职官科举研究》,页 139—148。
②《权德舆诗文集》卷三十一,页 479。此句引文见于今本《唐六典》卷八,页 255,弘文馆学士条下。

拾遗献书》也引《唐六典》："臣按《六典》,左右拾遗,掌供奉讽谏。"①唐文宗太和五年(831)十二月,国子祭酒裴通奏:"当司所授丞簿及诸博士助教直讲等,谨按《六典》云:丞掌判监事,凡六学生每(岁)有业成上于监者,以其业与司业、祭酒试之。"②

这类引用,在唐后期文献中常见,举不胜举。依此看来,唐后期官员如果需要征引职官书,他们似乎也只有《唐六典》一书可用,未见他们引用过《通典》。他们也不能引用两《唐书》的职官志,因为这两者都是在唐亡之后才编成的。韦述、柳芳等人所撰的《国史》职官志,也未见唐后期官员引用,想必还属稿本性质,深藏在御府藏书楼,未流通于外。

换言之,职官书把当时施行的官制编成一本书,按三省六部九寺的政府架构来排列,这就好比汉语词典,把当时社会上通行的各种语词,按照韵部、康熙部首或大陆的拼音制,加以编排、审音、释义一样。官制与语言,职官书与词典,因此都有不少可以相互比较互证之处,也可以因比较互证,更加发人深省。唐后期的官员喜欢引用《唐六典》为证,就好比我们今人引用《说文解字》、《康熙字典》、《汉语大词典》或《现代汉语词典》等具有某种"权威"性质的语文词典,来佐证某个字词的"正确"读音与定义,或用以驳斥某个字词的某个"不正确"的读音或用法。那些经由国家、教育部、或学界"认定"的语文词典,当然更具权威地位。

正因为唐职官书具有这种类似词典的权威地位,以致后世使

---

① 《白居易集笺校》卷五十八,页3323;《唐六典》卷八,页247,又见卷九,页277—278。

② 《册府元龟》卷六百四,页7255。此句出自《唐六典》卷二十一,页558。裴通的引文在《册府元龟》中缺一"岁"字,今据《唐六典》补。"六学生"指国子学、太学、四门学、律学、书学、算学六个学门的学生,不是"六个学生"。

用者,往往受其影响,造成一些意想不到的后果。例如,北宋神宗皇帝便在崇信《唐六典》的心态下,推行著名的元丰改制,想回到所谓的"古制","那完美的古制"。然而,到了宋代,《唐六典》不但是一本"规范官志",更成了一部"过时的规范官志",因为早从唐代中叶起,它里面所描述的职事官,就有许多已经不合当时的需求。书中所述的那些三省六部九寺等衙署的职事官,许多已经从开元年间起,就逐渐被各种新设的使职所取代,但《唐六典》却不载许多这些使职。到了宋代,更不符宋代所需。

然而,宋神宗一意孤行,强行以过时的《唐六典》官制,套在当时宋代官制上,导致行政效率低下。司马光当宰相时,便深以为苦,埋怨公文政事"皆困于留滞"。神宗也"颇悔改官制"。如果站在效率的立场,凡人做事都要讲效率,但宋神宗却为了要回到《唐六典》的那种古制,而在推行一种没有效率的官制,这确实是一种违反人类本能的行为。不过,据龚延明的研究,神宗这样做,也有他的理由,因为他的这个官制改革,其实是为了"保护"他的皇权,他的专制统治。这目的达到了,便无法兼顾到行政效率。总的来说,整个元丰官制改革,据研究过宋代官制的龚延明说,终归失败,是一次"不成功的官制改革"①。

由于四大职官书具有强烈的"规范"意味,宛如"规范词典",它们所呈现的便是一种"干净的、简化的"职官版本,不是最详尽、最全面的职官收录。职官现象跟语言现象和人类社会的许多现象一样,原本就无法那么工整,原本应当像一棵枝叶丛生蔓长的大树,不是那么井然有序,因为一种制度或一种语言在行用期间,必然会有许多权宜之计,许多变通办法,许多因临时需要或时代

---

①龚延明《北宋元丰官制改革论》,《中国古代职官科举研究》,页283—306。

需要而产生的新事物，新官职，新用词，甚至新文法。

　　然而，这一切，都无法在"规范官志"的职官书或"规范词典"中充分反映。研究语言使用的现代语言学家都深知，他们不能单靠词典（特别是"规范词典"）去做研究，必须实地去做田野调查，实际纪录当地人民的说话，或搜集报章杂志书刊上的实际用例，才能纪录到某一地区最真实的语言使用状况。同理，我们要了解唐代职官制度的实际运作，也绝不能单靠那些"规范官志"（虽然有不少用处）①，而必须到墓志、墓碑、正史列传、诗文小说这些日常实用文本中去，观察唐人如何在真正使用那些官职和官衔，比如前面引用的卢伯卿墓志，才能一窥全貌。

　　因为《唐六典》等职官书不载许多使职，导致许多现代学者误以为，使职远不如职事官重要。这是很大的误解。坊间有不少《中国历代行政制度》和《唐代政治制度》之类的书，几乎只根据职官书写成，读起来和我们在碑志史传等文献中所见到的实际唐制，有很大的出入。这些书亦无法解决许多唐代官制官名上的"谜团"，好比盲者摸象。

　　其次，四大职官书还造成另一种后果，让今人误以为唐代一直在依靠那些规范的职事官在治国，那么"工工整整"的，由三省六部一台官员，一直到九寺五监官员等等，井然有序极了。但细察之下，可以发现，这是一种"简化"和"净化"的结果，也就是把许多使职都剔除在官制之外以后，才能有的"假象"，是一种"修枝"以后的景象。这样"整齐"的职事官队伍，未能真实反映当时正在行用的官制，也就是杜佑所说，"设官以经之，置使以纬之"，

───────────────

①王永兴《读〈唐六典〉的一些体会》，《文史知识》2009 年第 2 期，页 17—23，谈到了《唐六典》的一些实用价值。

同时实行使职和职事官两套官制的办法。

例如,唐代的财赋和税收,在开元以前由尚书省的职事官(户部尚书和侍郎等)主持,开元以后则"权移他官",纷纷改由各种使职把持。然而,如此重大的变革及其主事者(转运使、度支使、盐铁使等),在《唐六典》中都没有记载,还情有可原,因为《唐六典》编于开元年间,或许当时还未能看清这些使职的重要性。但成书很迟的《通典·职官典》和两《唐书》官志,却也都不载这么重要的财税使职,不能不说是很大的缺憾(虽然这三书在《食货志》部分,对度支、盐铁转运和户部等使的起源和演变,有相当详细的记载)。而这一切,起因皆在于,四大职官书太过讲求"规范",过于遵守传统职官架构和职官书的体例,过于保守,无力开创新的体例典范,不敢把复杂的使职,拿来跟旧的职事官交融并行处理(像《宋史·职官志》所做的那样),以致不得不舍弃许多重要的使职,给后世制造了一个个官制施行运作的"假象"。

六、结语

唐代文献中常见到一些官名,无法在四大职官书中查到。这一类官名,照例都是使职,没有官品。四大职官书由于根据唐令编成,只记载正规的、规范的、有官品的职事官;至于使职,由于数量太多,又常"随事立名",难以全记,所以都"选择"性地只记载非常少量常见通行者,以致许多出现在碑志或正史列传等历史文献中的使职名,都无法在四大职官书中查得。我们有必要重新编撰一本唐代职官志或词典,收入所有唐代官名,包括使职官名。

四大职官书这种重职事官、轻使职,重规范、轻新创官制的编撰方式,可称之为"规范官志",类似现代的"规范词典",对后世产生一些意想不到的后果。第一,让后世研究者以为那些使职不重要,以为职事官比使职更重要。事实上不然。第二,让后人以为唐代只依靠那些职事官来治国,殊不知唐代(特别是唐后期)实际上是越来越依靠那些使职来管理国家。比如,在国家重要的财政税收上,使职如度支、盐铁转运使和户部使,在安史乱后更取代了唐前期的财政职事官。要言之,四大职官书所呈现的唐代官制,跟我们从其他史料所得知的实际运作官制,并不相同,有一个落差。职官书中的官制,是简化的、干净的、工整的"规范"版本。实际运作的官制,则像是从未经人工修剪过的、枝叶蔓生的大树,需要以新型的"描述官志",才能尽收尽录,比如唐以后的《宋史·职官志》。

四大职官书不但是"规范官志",不载许多新设的不规范使职,但即使在传统的规范职事官方面,四大书也显得过时,保存了许多在唐代玄宗时就已丧失职权的职事官名,未能呈现开元以来的官制实际运作真貌,因而也不免成了"过时的官志"。在研究唐代官制上,这四书固然仍有其用处,但也有相当的局限,绝不足够,不宜过分依赖。我们必须在碑志、正史列传、唐代诗文、《唐会要》、《册府元龟》等其他史料中,挖掘更多唐代使职的实际运作材料和实例,才能充分深透唐代职官制度的全貌,才能写出活泼生动的制度史。

第二部分

———— * ————

宰　臣

第四章 唐宰相的使职特征和名号

盖平章事亦职而非官也。

——钱大昕

把唐代宰相定位为一种使职，这在目前的唐史学界，可能还是一个很"新奇"的观点，或许会让大家感到有些吃惊，以为这是一种"标新立异"的说法。但其实，这观点一点也不新奇。我们在第二章见过，早在清代，史学大师钱大昕，就对唐代的使职有过一段精彩的分析。他不但指出，唐代的节度、采访、观察、防御、团练、经略、招讨诸使，"皆无品秩"，所以是使职，同时，他还指出，唐代的翰林、弘文、集贤等学士，甚至史馆史官诸馆职，"亦系差遣无品秩"，所以也全都是使职。接着，他笔锋一转，出人意表地这么说：

> 不特此也，宰相之职，所云平章事者，亦无品秩。自一、二品至三、四、五品官，皆得与闻国政，故有同居政地而品秩悬殊者；罢政则复其本班。盖平章事亦职而非官也。①

———————

① 《廿二史考异》卷五十八，页849。

这是钱大昕对唐代宰相制度的一个精湛新发现，言前人所未言。但历来研究唐代宰相的学者，似未注意到钱大昕这一说的重要内涵，也从来没有学者从使职的角度，去深入研究唐代的宰相①，以致"唐宰相为使职"的观点，一直没有在唐史学界受到应有的重视。本章尝试在这方面努力。

严耕望在《论唐代尚书省之职权与地位》一文中，有一段话，也跟钱大昕的说法颇有几分神似，特别是他说"中央宰相即是使职"这一句：

> 唐自开元以来，使职繁兴，渐夺品官之权。中叶以后，官与差职截然不同：设官有定额，重在品秩，多无事权；差职无常员，随事设置，无秩命而实掌事权，如中央宰相即是使职，此下有翰林学士、判度支、盐铁转运等使，地方则节度观察以下诸使名目尤多，诸使之属员有判官、推官、巡官、掌书记、进奏官等亦皆差职，非官也。②

然而，钱大昕和严耕望都只说了这么一小段话，言简意赅，略带玄机，却没有进一步的讨论，好像假设大家都知道他们的意思。但现代唐史学者和学生，恐怕都不易理解这些话的含义。比如，钱大昕说，"盖平章事亦职而非官也"，恐怕就有些难懂，除非我们先了解，原来唐人有"官"（职事官）和"职"（使职）的不同概念。官是官，职是职，两者不能相混。今人则往往官职不分，对唐人如此

---

① 就我所知，只有陈仲安、王素《汉唐职官制度研究》，页 101—105，有一小节论及"宰相制度的使职化"。虽然简略，但开了个头，可惜后继无人。
② 《严耕望史学论文集》，页 329。

细分官与职,自然难以体会。官与职的差别,本书第一章已详细论证过了。本章就从使职的角度入手,论析唐代宰相的种种名号和职称,并且为钱大昕和严耕望的简短提示,做点疏证、补证的工作。

传统上,学界一向都把唐代的宰相,放在三省制或中书门下体制的框架下来探讨,主因是唐初以三省实际长官为宰相①。但本章不拟重复前人所论,而想从另一个角度,从钱大昕和严耕望所提示的使职角度,来考察宰相制度,看看是否能有一些新意,或亦可供学界参考。

一、宰相的使职特征

依钱大昕和严耕望看来,唐代的宰相,说穿了就是个使职,不是职事官。宰相跟唐代其他使职,如节度使和史馆史官一样,都带有使职的几个特征。

第一,正如钱大昕所说,宰相没有品秩。这是唐代使职最关

---

①最早论及唐代三省制及宰相制,且对后来研究有深远影响的一篇论文是孙国栋《唐代三省制之发展研究》,原发表在香港《新亚学报》3 卷 1 期,1957 年,现收入他的论文集《唐宋史论丛》。近年涉及唐代宰相及相关课题的专书不少,当中以袁刚《隋唐中枢体制的发展演变》的论述最清晰有条理,且涉及宰相、翰林学士承旨与宦官枢密使的权力关系,最具说服力。其他主要论著有下列几本:王素《三省制略论》;吴宗国主编《盛唐政治制度研究》;刘后滨《唐代中书门下体制研究》;罗永生《三省制新探——以隋和唐前期门下省职掌与地位为中心》;王吉林《唐代宰相与政治》;雷家骥《隋唐中央权力结构及其演进》;谢元鲁《唐代中央政权决策研究》;周道济《汉唐宰相制度》。论文繁多不录。

键的特征,且是构成使职定义的第一要件(见第二章)。且唐宰相
又有实职,符合第二章讨论过的使职定义:举凡没有官品的实职
官位,都是使职。

第二,唐宰相皆以他官去充任,这正是使职的另一典型特征。
因为宰相本身无定员,无固定的官员编制,所以唐代宰相,必须由
他官去充任。钱大昕上引文说过,"自一、二品至三、四、五品官,
皆得与闻国政,故有同居政地而品秩悬殊者"。他的意思是,他官
品秩,从一品到五品,都可以被选为宰相。唐初,习惯是以三省长
官为宰相。但从太宗朝开始,也用侍郎等官去充任宰相。如此一
来,宰相便带有所谓的"本官",以及各种不同的宰相称号,如"同
中书门下平章事","同三品"等等。但这也造成唐代宰相的名号,
多达二十多个,为历朝之冠,以致欧阳修在《新唐书·宰相表》说:
"唐世宰相,名尤不正。"①

第三,宰相跟皇帝有某种"私"(personal)的关系,或得到皇帝
的信任,相对于职事官制的那种"无私"(impersonal)关系。这是
使职特征之一,表示宰相是获得皇帝授权的一个特使,"佐天子总
百官、治万事"②。

第四,宰相任期非常不固定,这也是使职特征之一,正如节度
等使和方镇使府的僚佐,任期都不固定一样。因为宰相只不过是
个使职,他的任期就全看皇帝的意思,可长可短:短的不到一个
月,如高祖的刘文静,长的可达十多年,如玄宗的李林甫,长达十
八年,全看他跟皇帝相处得如何,是否"得宠"。

第五,宰相全由"皇帝钦差",而在唐史上,妙的是皇帝可以任

---

① 《新唐书》卷四十六,页1182。
② 《新唐书》卷四十六,页1182。

命几乎任何人为宰相(或许除了女性之外),只要皇帝认为这个人合他心意即可①。这又是使职特征之一。例如节度等使,可以委任自己的女婿和其他血亲姻亲为幕佐一样,只因为幕佐是幕主自辟的使职,不受职事官制的约束。因此,唐代宰相当中,有非士人非清流出身者,如玄宗朝的牛仙客,"本河湟一吏典耳",遭到张九龄的激烈反对,但玄宗属意牛仙客,最后还是让他当了宰相②。宰相甚至也可以是阉人宦官,如代宗朝的李辅国,就因为他曾经有恩于代宗。

既然欧阳修说,"唐世宰相,名尤不正",且让我们从"宰相"一词说起。事实上,祝总斌说过,"除了辽代之外,'宰相'一直只是一个习惯用语,用以指辅佐皇帝行使权力,处理国家政务的主要官吏,而从来不是一个正式官名"③。更正确地说,除了辽代,它从来不是个正规的职事官名,甚至也不是个使职官名。在《唐六典》、《通典》等职官书,都没有把"宰相"当成一个职事官名来处理。宰相只不过是一个非正式的通称。类似通称还有宰辅、宰臣等等,意指皇帝身边某个或多个最亲近、最受信任的大臣。皇帝通常跟这些人商量军国要事,听取他们的意见。这些人便是宰相,负责统领百官,替皇帝治理国家。

但在唐代文献中,却常常可以见到某人被尊称为宰相。例如,《旧唐书》卷五《高宗纪》仪凤元年(676)十二月戊午条下说:

①廖伯源《使者与官制演变——秦汉皇帝使者考论》,页231—232,论及使者的特征:"使者之官职无限制,然多为亲近臣。""皇帝派遣何人为使者,无任何限制,合意即可,故使者可以是任何人。"

②刘肃《大唐新语》卷七,页104—105。

③祝总斌《两汉魏晋南北朝宰相制度研究》,页1。参阅龚延明《中国古代宰相名称的演变》,《中国古代职官科举研究》,页54—72。

遣使分道巡抚:宰相来恒河南道,薛元超河北道,左丞崔
知悌等江南道。①

这里是说,高宗皇帝派遣了三个特使到三个道去"巡抚"。派往河
南道的是宰相来恒,派往河北道的薛元超,也是宰相。《旧唐书》
此处为什么使用了"宰相"一词?因为高宗刚好在几个月前,在上
元三年三月癸卯这一天,以"黄门侍郎来恒、中书侍郎薛元超并同
中书门下三品",也就是授给两人"同中书门下三品"的使职官名,
委任两人为宰相②。"同中书门下三品"便是唐代宰相的其中一
个专称,一个使职称号。凡是带有这种使职官名的人,都可被通
称为宰相。上引文中的第三个特使崔知悌,倒不是宰相,因为他
只是个"左丞"(尚书省左丞的简称),没有"同中书门下三品"的
使职官名。

再如,《旧唐书·韦安石传》记载了下面一则故事:

尝于内殿赐宴,(张)易之引蜀商宋霸子等数人于前博
戏,安石跪奏曰:"蜀商等贱类,不合预登此筵。"因顾左右令
逐出之,座者皆为失色,则天以安石辞直,深慰勉之。时凤阁
侍郎陆元方在座,退而告人曰:"此真宰相,非吾等所
及也。"③

《资治通鉴》系此事在则天久视元年(700)十月④。韦安石把"蜀

①《旧唐书》卷五,页102。
②《旧唐书》卷五,页101。
③《旧唐书》卷九十二,页2956。
④《资治通鉴》卷二百七,页6553。

商宋霸子等数人"赶出内殿,令在座的陆元方看了大为叹服。他为什么称韦安石为"宰相"?因为,我们从其他史料知道,韦安石这时候的身份是"守鸾台侍郎、同凤阁鸾台平章事"①。这个"同凤阁鸾台平章事"便是武则天时代宰相的使职官名:凤阁即中书,鸾台即门下,为则天时代所改的别称。"同凤阁鸾台平章事"意即"同中书门下平章事"。

二、宰相的各种使职称号

从以上韦安石的例子,我们知道,唐代的宰相照例都带有某个使职官名。在高宗武则天时代,宰相的使职官名主要有两个:(一)同中书门下三品;(二)同中书门下平章事。那么,在唐朝其他时代,在高宗和武则天之前和之后,宰相的使职官名又有哪一些呢?

答案:从唐初到唐末,唐朝宰相的使职官名还真不少,难以精确统计。据宁志新的最新研究,大约有二十二个之多②。这些可以归纳为主要三种型态。(一)武德年间的"知政事",授给三省长官任宰相者,以及贞观年间的"参预政事"、"参议得失"、"参知政事"、"专典机密"、"专知机密"、"同掌机务"等此类"四字套语"。这一类名号最多,用词最不稳定,有时只是多一字或改一字,如"参知政事"改为"参预政事"等等。我们对这种现象,大可

---

① 《新唐书》卷六十一《宰相表》,页 1664。
② 宁志新《唐朝宰相称谓考》,《河北师范大学学报》2008 年第 3 期,页 122—126。

不必讶异,因为这正是使职命名的一大特色:一个朝代刚行用或沿用前朝的某一种使职时,其职称命名总是不固定的。我们把这些"知政事"和类似的"参知政事"等职称,全都归纳为一类即可。(二)同中书门下三品。这时宰相称号相当固定,可简称为"同三品"宰相。(三)同中书门下平章事,名号也很固定,但偶尔有些小变化,如"平章政事"、"平章军国重事"等,这些全可简称为"同平章事"或"平章事"宰相。这三大类型宰相,除了官称上有差别外,实质上并没区别:他们都只不过是皇帝的使职,皇帝身边重要的宰臣。

以上这些宰相专称,或许名目太多了,以致让宋代的欧阳修也感到眼花,使他不得不发出这样的感叹:"唐世宰相,名尤不正。"其实,我们不必像欧阳修那样哀叹,那样负面。以平常心看待,只要我们了解使职运作的大规律,这些宰相衔实际上都有相当明显、合理的命名逻辑。

唐代各种典志和职官书,在叙述宰相名号时,颇为混乱,但写得最清楚的,莫过于《唐六典》下面这段:

> 武德、贞观故事,以尚书省左、右仆射各一人及侍中、中书令各二人为知政事官。其时,以他官预议国政者,云"与宰相参议朝政",或云"平章国计",或云"专典机密",或"参议政事"。贞观十七年(643),李勣为太子詹事,特诏同知政事,始谓"同中书门下三品"。自是,仆射常带此称;自余非两省长官预知政事者,皆以此为名。永淳中,始诏郭正一、郭待举、魏玄同等与中书门下同承受进止平章事。自天后已后,两省长官及同中书门下三品并平章事为宰相;其仆射不带"同中书门下三品"者,但厘尚书省而已。总章二年(669),东

台侍郎张文瓘、西台侍郎戴至德等始以"同中书门下三品"著之入衔,自是相承至今。永淳二年(683),黄门侍郎刘齐贤知政事,称"同中书门下平章事";自后,两省长官及他官执政未至侍中、中书令者,皆称"同中书门下平章事"也。①

这段文字大抵把唐代宰相各种名号的起源和演变都交代了,虽然在某些细微处,仍有待疏证和补正。其要点有四。

第一点,唐初武德贞观年间,以"尚书省左、右仆射各一人及侍中、中书令各二人为知政事官"。这句话的重点是,皇帝"以"某某长官"为知政事官"。我们从其他史料知道,"知政事"实际上就是唐初宰相的一个使职官名。这里是说,武德贞观年间,宰相是"以"三省长官去充任,带有"知政事"职称。例如,《唐会要》记载:

> 武德元年六月,裴寂除尚书右仆射,知政事。②

换句话说,裴寂是以尚书右仆射的职事官位,即所谓"本官",去充任"知政事",也就是去当宰相。《唐六典》上引文所说"为知政事官",就等于说"为宰相官"。

《唐六典》此处以"尚书省左、右仆射各一人及侍中、中书令各

---

① 《唐六典》卷九,页 274—275。《旧唐书·职官志》卷四十三,页 1849 同。据陈仲夫的校注,《唐六典》"原本无此注,正德以下诸本皆然,此乃近卫据《旧唐志》以补明本者,因《旧唐书·职官志》多本于《六典》,且文中所载唐前期宰相沿革较详,故照录于此,以备参考"。

② 《唐会要》卷五十一,页 1036。又见《新唐书》卷一,页 6;《资治通鉴》卷一百八十五,页 5793。

二人"为宰相人选,但左右仆射其实只是尚书省的次官,长官为尚书令。为何《唐六典》"遗漏"尚书令?唐长孺早有一解。他指出,"不置尚书令隋代已然"。隋炀帝时,杨素一度短期被任命为尚书令,但那是"为了酬答他拥立大功,是个特例"。隋唐许多时候不置尚书令,"恐怕还是由于位高权重,有上逼君权之嫌"①。所以,"隋代就是以尚书省次官左右仆射为本省实际首长,并为宰相正官"。唐初李世民做过尚书令,但常年在外征战,不可能实际上去执行宰相任务,也属荣誉性质。因此,唐代和隋代一样,尚书省的实际首长是左右仆射,而非尚书令②。

第二点,应当留意的是,即使在唐初,宰相也不全是以三省长官去充任。这期间(特别是贞观年间),如果有人以"他官"(这里指三省长官以外的"其他官员")去出任宰相,比如魏徵以秘书监,杜淹和萧瑀以御史大夫,岑文本以中书侍郎,则他会带有"参议朝政"、"平章国计"、"专典机密",或"参议政事"等使职官名,表示他现在也是宰相,在执行宰相职务。

第三点,在贞观十七年(643),李勣任太子詹事时,皇帝特下诏令他"同知政事",也就是命他为相,并称他的宰相职位为"同中书门下三品",从此启用了一个新的使职官名。到了总章二年(669),东台侍郎(即门下侍郎)张文瓘、西台侍郎(中书侍郎)戴至德等,开始以"同中书门下三品"著之入衔,"自是相承至今"。按《唐六典》完成于玄宗开元二十七年(739)。所谓"相承至今"即是说,到739年时,这称号仍在使用。但我们从其他史料知道,

①唐长孺《读隋书札记》,《山居存稿》,页293—298。感谢刘啸兄告诉我此条札记。
②张国刚《唐代官制》,页3。

这称号其实一直用到安史之乱期间的上元二年（761），下面将细论。

第四点，在高宗永淳二年（683），宰相称号又多了一个，叫"同中书门下平章事"，从此这称号跟"同中书门下三品"一起行用。但安史之乱后，"同中书门下三品"慢慢不用，而"同中书门下平章事"则一直用到唐末，成了唐后半期宰相最常见的一个称号，以致等于唐代宰相的通称。钱大昕上引文，便以"平章事"来泛指唐代前后期所有宰相，并非只指唐后期那些带有"平章事"称号的宰相。

综合《唐六典》和其他史料，唐代宰相的各种使职称号和行用时间，可以列如表4.1。

表4.1　唐代宰相的种种使职称号及行用时间

行用大约时间	宰相人选	宰相使职称号	补充说明
武德年间（618—626）	尚书省左右仆射、侍中、中书令等三省实际长官	知政事	"知政事"即使到唐末仍用于某些场合，如宰相罢职，常称"罢知政事"
贞观年间（627—649）	亦以三省实际长官以外的"他官"去充任，如魏征的秘书监，杜淹的御史大夫等	参议朝政、参议得失、专典机密，参豫机务等衔	这期间的宰相使职称号最多，最不固定
贞观十七年至上元二年（643—761）	一般不再以三省长官去充任，多用侍郎、尚书、御史大夫等"他官"	同中书门下三品，或类似称号者	偶尔仍用参知政事、参豫朝政、参知机务等衔
永淳二年至唐亡（683—907）	同上	同中书门下平章事，或类似称号者	知政事仍在使用

《唐六典》所用的"知政事"三字,看起来好像不是个官名,只是个动词+宾语的动宾结构组合,在描述一种职务,但细察之下,它其实是个标准的使职名号,有专称意义。证据有三个。

　　第一,《唐六典》在上引那段文字中,总共使用了"知政事"一词达三次之多,每次都有特定意义,专指宰相职位,列举如下:

> 贞观十七年,李勣为太子詹事,特诏同知政事。
>
> 自余非两省长官预知政事者,皆以此为名。
>
> 永淳二年,黄门侍郎刘齐贤知政事,称"同中书门下平章事"。

以上三个"知政事",都专指宰相。

　　第二,唐代有不少以"知"字开头的使职官名,如"知制诰"、"知贡举"、"知吏部选事"等等,也都和"知政事"一样,属于这种动宾结构的官名,用法也都一样。例如:

> 制以太中大夫、前御史中丞裴贽为礼部尚书、知贡举。[1]
>
> (元和十年三月)己卯,以剑南西川节度行军司马李程为兵部郎中、知制诰。[2]

所以,"知政事"并非泛称,而是个有明确意义的使职官名,只是过去我们对使职的认识不深,没有注意到这类以"知"字开头的使职

---

[1]《旧唐书》卷二十上《昭宗纪》,页763。
[2]《旧唐书》卷十五《宪宗纪》,页452。

官名①。

　　第三,唐代文献中,也常可见到某某官员的名字之前,冠上"知政事"或"参知政事"之类的职称。在这类用例中,"知政事"就最为明显是个使职官名,可以用来描述某某官员的正式身份。例如《旧唐书·高宗纪》说:"上谓参知政事崔知温曰……"②,就是个好例子,因为崔知温这时正出任宰相,带有"参知政事"的职称。再如,《旧唐书·则天皇后纪》长安三年(703)秋九月条下说:"御史大夫兼知政事、太子右庶子魏元忠为张昌宗所谮,左授端州高要尉。"③这个用例显示,"御史大夫"、"知政事"和"太子右庶子"是三个正式官称,可以连在一起使用,是魏元忠这时候所带的三个官衔。

三、知政事和参知政事型宰相

　　知政事、参知政事、参知机密和参议得失等等这类使职官名,全都是以动词开始的动宾结构官名,跟正规职事官制的官名很不一样。正规官制的官名,几乎全是名词,如"吏部尚书"、"水部员外郎"等等,不含动词在内。但我们知道,最原始的官名往往会带有一个动词,且以动词来描写职务,简单易懂,从职称上就可以看出职务。例如,知政事等官名的意思,便是请某某现任的官员,以他现有的某个正规职事官,去"知"或"参知"政事,或"参知"机密。这些职称中的"知"或"参知",都是动词。唐代的使职官名,

①更多的例子见赖瑞和《再论唐代的使职和职事官》,页199—207。
②《旧唐书》卷五,页109。
③《旧唐书》卷六,页131。

当然不全是这种动宾结构,但却有不少是动宾结构,包括最知名的"同中书门下三品"和"同中书门下平章事",里面的"同"字都是动词。这正是使职命名的方法和特色之一。宋制承接唐制,以致宋代官名中,可找到更多这种动宾结构的使职差遣名,如知州、知县等等。

"知"的意思即"负责处理"。知政事者,即掌管军国大事之意。"知"和"参知"的意思大同小异。参知政事、参知机密和参议得失等词,表面字义上当然有些分别,但在宰相辅佐皇帝治国的场合,实质含义基本上是大致相同的。我们大可不必太过拘泥于它们表层字义上的差别。所以,这几个使职官名,表面上看似不同,其实是同一种类型,可通称之为"知政事型"。

唐代职事官衔的一大特色,就是名称相当固定,如吏部侍郎、御史大夫等,在正式的场合,都不会随意更换字眼。例如,唐人不可能把"吏部侍郎"改为"吏部侍臣","御史大夫"改为"御台大夫",虽然意思差不多,但却是不可思议之事。这是因为这类职事官名,经过长期(几朝甚至几百年)使用,早已固定下来,且都载于甲令,不可任意更动。

但唐代的使职官名,却不是如此固定,即使在正式场合,也可以机动性更动,端看当时各种情况而定。例如,派往吐蕃的"盟会使",亦可称为"会盟使"①。再如,宪宗朝才正式出现"枢密使"一词,但早在宪宗之前,便有不少宦官在担任"知枢密"、"掌枢密"等使职,这些全都指同一种使职,只不过一种使职开始设立时,官名还不固定,常在调整,行用一段时间后才固定为某一个专名。

---

① 可在台湾"中研院""汉籍电子文献资料库"或大陆"中国基本古籍库"等电子文本中,以"盟会使"和"会盟使"来检索得大量例子。

同理,知政事、参知政事、参知机密、参议得失等唐初宰相称谓,也应如此看待,可视为同一种使职在不同时间,颁授给不同人的机动性异称。

实际上,在这几个宰相称谓当中,最早的一个(知政事),反而在唐史料中相当常见,而且使用时间很长:从隋代唐初一直沿用到唐末昭宗朝仍不废。裴寂早在武德元年(618)六月即带有这个"知政事"的使职官名①。他原本只是唐高祖李渊在太原起义时,大将府中的一个长史。长史这个官在隋唐的职事官系统中,层级不高。但李渊攻下长安,建立唐朝后,为什么裴寂就迅速跃升为位极人臣的宰相?因为宰相是一种使职,委任全看皇帝的意思,不必按照正规的升迁管道,可以超升,而且像宰相这样重要的使职,任职者当然必须跟君主有某种程度的信任关系才行。

细读《旧唐书》裴寂的本传,我们发现他早在隋朝末年,在太原晋阳宫任副监时,就认识李渊。李渊的"义兵起"时,裴寂甚至"进宫女五百人,并上米九万斛、杂彩五万段、甲四十万领,以供军用"②,功绩显赫。李渊立国后,委任他为唐初的几个宰相之一,也就毫不出奇了,充分展现唐代的宰相,是如何跟皇帝有"私"关系,是如何委任的:李渊先把裴寂跃升为尚书右仆射,再请他以这个高层职事官的身份,出任宰相,并带有"知政事"的使职官名。

关键的一点是,唐代的使职,有相当的随意性,可以随时委任,随时撤换,更可以像《旧唐书·食货志》所说,"随事立名,沿革不一"③。因此,同一个使职,可以有种种不同的称号(或甚至没

———————————

①《唐会要》卷五十一,页 1036。又见《新唐书》卷一,页 6;《资治通鉴》卷一百八十五,页 5793。
②《旧唐书》卷五十七,页 2286。
③《旧唐书》卷四十八,页 2086。

有一个很明确的称号），并不奇怪。宰相正是这样的好例子。在这意义下，"知政事"、"参知政事"和"参议政事"这一类的名号，便是唐代宰相的使职官名。一旦我们在唐代文献中见到"知政事"或类似称号如"参豫朝政"、"参议得失"等等，我们就可以把这些称号，全都理解为宰相职称。

至此，我们不妨再提另一个更有力的佐证。那就是，唐代的宰相，到了开元以后，一般都不再称为"知政事"，而改称"同中书门下三品"或"同中书门下平章事"，但有趣的是，开元以后的宰相，一旦被解职时，两《唐书》上的写法却不是"罢同中书门下三品"，或"罢同中书门下平章事"，或"罢平章事"（宋人倒有这个说法）。检索两《唐书》，这样的用例一个也没有。那么，这时期的宰相罢相，史书上怎么说？

答案可能有两个。一是最简单的写法："罢相"。比如《旧唐书·关播传》说："播与卢杞等从驾幸奉天，既而卢杞、白志贞等并贬黜，播尚知政事，中外嚣然，以为不可，遂罢相，改刑部尚书。"[1]前面说"播尚知政事"，意即他还在任宰相，但"中外嚣然，以为不可"，所以他最后不得不"罢相"。又如《旧唐书·柳公绰传》："牛僧孺罢相镇江夏，公绰具戎容，于邮舍候之。"[2]

第二种写法是"罢知政事"，表示宰相罢职了。这种写法可以证明，即使到了唐后期，唐人仍然在使用"知政事"来指宰相，颇出人意料之外。在《旧唐书》等史料，这样的用例相当多，多达一百多条，举不胜举，可从检索得知。从如此众多的用例看来，"罢知政事"仿佛成了唐后期"罢职宰相"的一个专用代名词（当然，在

---

[1]《旧唐书》卷一百三十，页3628—3629。
[2]《旧唐书》卷一百六十五，页4303。

唐前期,宰相罢职也常说是"罢知政事")。许多时候,《新唐书》则把"罢知政事"改为"罢政事",但意思相同。这里且举三个唐后期的例子。第一例见于《旧唐书·皇甫镈传》:

> (元和)十三年(818),与盐铁使程异同日以本官同平章事,领使如故。镈虽有吏才,素无公望,特以聚敛媚上,刻削希恩。诏书既下,物情骇异,至于贾贩无识,亦相嗤诮。宰相崔群、裴度以物议上闻,宪宗怒而不听。度上疏乞罢知政事,因论之曰(下略)。①

"度上疏乞罢知政事"这一句,是说当时的宰相之一裴度,上疏请求辞去宰相之意,以示抗议宪宗皇帝委任皇甫镈为相。事缘皇甫镈"聚敛媚上",很讨宪宗的欢心,也被委为宰相("以本官同平章事"),但"诏书既下,物情骇异",引起许多人的不满。《新唐书》此处改写为"度乃表罢政事"②,省略了一个"知"字。

第二例见于《旧唐书·高郢传》:

> 贞元十九年(803)冬,进位银青光禄大夫,守中书侍郎、同中书门下平章事。顺宗即位,转刑部尚书,为韦执谊等所惮。寻罢知政事,以本官判吏部尚书事。③

高郢先是在贞元十九年冬,以中书侍郎的身份出任宰相,带有"同

---

① 《旧唐书》卷一百三十五,页3739。《资治通鉴》卷二百四十,页7752—7753,对这件事有颇详细的交代。
② 《新唐书》卷一百六十七,页5113。
③ 《旧唐书》卷一百四十七,页3976。

中书门下平章事"的宰相称号。但两年后，在顺宗即位时（805），
他"寻罢知政事"，也就是罢去宰相职。同一个宰相，任相时说他
"同中书门下平章事"，罢相时则又说他"罢知政事"，颇为别致。
史官可以如此变换用词，显示"同中书门下平章事"和"知政事"
这两个称号的意思是完全一样的，可以通用。

第三例见于《旧唐书·裴度传》：

> 上以李逢吉与度不协，乃罢知政事，出为剑南东川节度。①

这句话完全未提李逢吉为宰相，但史书用了"罢知政事"一词，明
眼者一看马上就知道，李逢吉必定是个宰相无疑，只是他跟另一
宰相裴度"不协"，皇帝于是罢去他的相位，改任他为剑南东川节
度使。《旧唐书·李逢吉传》证实此事："罢逢吉政事，出为剑南东
川节度使、检校兵部尚书。"②时在宪宗元和十二年（817）③。

综上所论，唐代文献中所见的"知政事"，是宰相的一个专称，
一种使职官名。它早在唐初高祖时代即出现，一直沿用到唐末昭
宗时代。跟"知政事"类似的，还有"参豫朝政"、"参知政事"、"参
议得失"、"专典机密"等等，都意指宰相。这就是为什么《唐会
要》在卷五十一《官号》部分记载宰相《名称》时，如此纪录：

> 武德元年六月，裴寂除尚书左仆射，知政事。贞观元年
> 九月，御史大夫杜淹除参议朝政。三年二月，魏征除秘书监，

---

① 《旧唐书》卷一百七十，页4418。
② 《旧唐书》卷一百六十七，页4365。
③ 《旧唐书》卷十五，页461。

参议朝政。四年二月,萧瑀除御史大夫,与宰相参议朝政。(中略)七年十二月,岑文本兼中书侍郎,专典机密。①

换言之,"知政事"、"参预朝政"和"专典机密"等职称,都是使职官名,都指宰相。事实上,这些宰相称号,也并非唐代初创,而是"因袭隋制"②。从这观点看,隋代的宰相也同样是使职,也以他官去充任,且带有"参预朝政"、"参掌朝政"等称号。到了唐代,尽管裴寂、杜淹、魏征、萧瑀和岑文本五人所带的这类称号不一样,他们也都是宰相。但在这几个名号当中,"知政事"在唐代文献中最常见,最常用,也跟后来的知制诰、知贡举、知吏部选事一样,是一种以"知"字开头的隐性使职。

四、同中书门下型宰相

太宗贞观十七年(643)四月己丑,以"兵部尚书、英国公李勣为太子詹事,仍同中书门下三品"③。这是唐代首次以"同中书门下三品"这个使职官名,来任命宰相。

这又是唐代使职可以"随事立名"的一个好例子。太宗取这个新的称号,主要是为了提升李勣的身份地位:

十七年,高宗为皇太子,转勣太子詹事兼左卫率,加位特

①《唐会要》卷五十一,页1036。
②唐长孺《读隋书札记》,《山居存稿》,页293—298。
③《旧唐书》卷三,页55。

进，同中书门下三品。太宗谓曰："我儿新登储贰，卿旧长史，今以官事相委，故有此授。虽屈阶资，可勿怪也。"①

给李勣取个与前不同的宰相称号"同中书门下三品"，是为了对他表示尊重，让他倍感荣誉，但在官制上，这个新称号和知政事等旧称号，实际上并没有什么差别，都指宰相，只是换个名目，或许可以让李勣感觉比较"有面子"而已。

从这时开始，宰相便可以带这个职称。例如，永徽二年（651），"正月乙巳，黄门侍郎宇文节、中书侍郎柳奭并同中书门下三品。"显庆元年（656），"三月丙戌，户部侍郎杜正伦为黄门侍郎、同中书门下三品。"②但两个案例，似乎又跟《唐六典》所说，"总章二年（669），东台侍郎张文瓘、西台侍郎戴至德等始以'同中书门下三品'著之入衔"，有些矛盾。在永徽二年和显庆元年，史料上已可见到宇文节、柳奭和杜正伦等人带有"同中书门下三品"，但为什么《唐六典》却说，这个同三品要到总章二年张文瓘和戴至德任相时，才"著之入衔"？

这涉及"入衔"一词的解释。《旧唐书·高宗纪》永徽二年八月条下说：

> 己巳，侍中、燕国公于志宁为尚书左仆射，侍中兼刑部尚书、北平县公张行成为尚书右仆射，并同中书门下三品，犹不入衔。③

---

① 《旧唐书》卷六十七，页2486。
② 《新唐书》卷六十一《宰相表上》，页1638，页1640。
③ 《旧唐书》卷四，页69。

这里清楚说于志宁和张行成两人,"并同中书门下三品",也就是出任宰相了,但紧接着又说,"犹不入衔"。从上下文看,"犹不入衔"的意思应当是,这个同三品的称号,还没有正式纳入他们的整套官衔中,一直到总章二年才正式"著之入衔",也就是可以用于正式的任命文书如告身等,或用于石刻题署。

《唐会要》卷三十七"礼仪使"部分有一则记载,也用了"入衔"一词:

> 高祖禅代之际,温大雅与窦威、陈叔达,参定礼仪。自后至开元初,参定礼仪者并不入衔,无由检叙。①

在高祖立国之初,温大雅与窦威、陈叔达,参与制定礼仪,是一个事实。他们都在执行一种使职,但从唐初一直到开元初,"参定礼仪者"的使职,"并不入衔",意即并没有纳入他们完整的全套官衔中,所以"无由检叙"(审定一个官员的官阶俸禄等事)。换言之,礼仪使最初是一种"有实无名"的委任。《唐会要》接着说,一直要到天宝九载(750)正月,才第一次设置"礼仪使"这个使职:"置礼仪使,以太子左庶子韦述为之",看来此时才可以"入衔",才可以"检叙"。

"同中书门下三品"这个职称最后一次行用,是在肃宗上元二年(761)二月:"癸未,中书侍郎、同中书门下三品李揆贬为袁州长史。"②从贞观十七年(643)算起,这个职称行用了一百一十八年

---

① 《唐会要》卷三十七,页784。

② 《旧唐书》卷十,页260;这个案例也显示,即使到了肃宗时代,中书侍郎任宰相,也可带"同中书门下三品",不一定是号称比较低阶的"同中书门下平章事"。

之久。从此,唐代的宰相职称,最通行常见的就只剩下一个:同中书门下平章事,简称"同平章事"或"平章事",但"知政事"这个旧宰相称号,在某些场合也还在使用。

五、同平章事型宰相

太宗贞观八年(634),名将李靖以"足疾上表乞骸骨",太宗派遣中书侍郎岑文本前去慰问:

> 乃下优诏,加授特进,听在第摄养,赐物千段、尚乘马两匹,禄赐、国官府佐并依旧给,患若小瘳,每三两日至门下、中书平章政事。①

在此之前,李靖已经任过宰相:在贞观四年八月,以尚书右仆射的身份为相。但他的《旧唐书》本传说他"性沉厚,每与时宰参议,恂恂然似不能言"②。他在贞观八年请求退休,皇帝虽然答应,但仍然希望他"患若小瘳"时,可以"每三两日至门下、中书平章政事",也就是仍然扮演宰相的角色。

李靖这个案例,最引人注目的一点是,唐代宰相的称号又多了一个,那就是"平章政事"。这点并不奇怪,因为使职正如《旧唐书·食货志》所说的那样,原本就可以"随事立名"。这次是因为李靖"足疾"行动不便,所以给他特别安排一个名目,请他"每三两

---

① 《旧唐书》卷六十七,页 2480。
② 《旧唐书》卷六十七,页 2480。

日至门下、中书平章政事"。

这个"平章政事",又正好是个动宾结构的官称("平章"为动词,"政事"为宾语)。它跟先前的宰相称号"知政事"显然有点关连,因为都带有"政事"两字。或许我们可以说,"平章政事"仿佛是"知政事"和"平章事"的一个"中间过渡型"职称,是一种"杂交"(cross),上承"知政事",下启后来更为常见的宰相称号"平章事"。

至于"平章政事",又如何演变为后来更常见的"平章事"?《唐会要》有一段记载说:

> (高宗)永淳元年(682)四月,郭待举等各守本官,并加同中书门下同承受进止平章事。初,上欲用待举等,谓参知政事崔知温曰:"待举等历任尚浅,未可与卿等同名称。"自是,外司四品已下知政事者,以平章事为名称。①

这件事不但清楚显示,唐朝皇帝在命相时,是如何在行使主导权力,同时也显示,他可以"随意"更换宰相名号,不受职事官制的约束。当时有一个宰相崔知温,自两年前即永隆元年(680)就任,正式职称是"同中书门下三品"②(但上引文又称他为"参知政事崔知温",足证唐代宰相各种称号,常可互相代换使用,意思都一样)。两年后,高宗想委任郭待举等人为相,考虑到他们地位和崔知温不相等,因而"贴心"地对崔知温说,"待举等历任尚浅,未可

---

① 《唐会要》卷五十一,页1037。
② 《旧唐书》卷五《高宗纪》,页106;《新唐书》卷六十一《宰相表上》,页1648。

与卿等同名称"，于是便给郭待举等人取了一个新的宰相称号"同中书门下同承受进止平章事"。

这样做的最主要目的，显然是为了"安抚"崔知温，因为在高宗眼中，崔的地位比郭待举等人来得高，屡立边功，使得党项"悉来降附"①。高宗在委任郭待举等人为相时，如果仍然给他们"同中书门下三品"的使职名号②，这样恐怕会让崔知温心里感觉不舒服，有些"受伤"，所以高宗给郭待举等人取了个新的职称"平章事"，堪称"体贴"。

崔知温这个例子，也让我们联想到他之前的李勣和李靖的案例。二李是将领，崔知温长期在兰州一带防御党项，也算是个将领。有趣的是，唐朝皇帝为了照顾这三人的感受，竟特别采用使职"随事立名"的大原则，给二李特别"量身打造"了新的宰相称号：为李勣取"同中书门下三品"，为李靖取"同中书门下平章政事"，又为了崔知温，特别给郭待举等人取了新名目"同中书门下同承受进止平章事"，从此逐渐不用较早"参知政事"和"参预机务"等"四字套语"型态的宰相称号。

"同中书门下同承受进止平章事"这个冗长的使职官名，在唐代似仅用于委任郭待举等人为相这一次，以后就不再见到，而简化为"同中书门下平章事"。比如，就在当年（永淳元年）十月，黄门侍郎刘景先任相时，便说是"同中书门下平章事"③。《旧唐

①崔知温名列《旧唐书》卷一百八十五上《良吏传》，页4791。
②《大唐新语》卷十，页150，亦载此事，谓"高宗欲用郭待举、岑长倩、郭正一、魏玄同等知政事"，无"参"字，可证"知政事"和"参知政事"意思都一样；"知政事"和"同中书门下三品"的意义也相同。这三个都是宰相使职官名。
③《册府元龟》卷七十二，页824；《资治通鉴》卷二百三，页6412。

书·高宗纪》记此事时,甚至用了简称"同平章事":"丙寅,黄门侍郎刘景先同平章事"①。这个职称及其简称,以后便成了唐宰相最常见的名号,更有省称为"平章事"者。这些全都是动宾结构的官名,颇能透露它的使职根源。

六、宰相的其他名号

前面细考了唐代宰相的种种名号,主要目的在于"多识唐代宰相之名"而已。这样一来,今后我们在唐代文献中见到"知政事"、"参知机务"、"同中书门下三品"和"同中书门下平章事"等等,就知道这些都指宰相。这些是比较正式的使职官名,可以"入衔",也就是可以当成正式职称来使用,作为某某官员全套完整官衔的一部分,用于任命文书、墓志和石刻题署。

唐代还有一些宰相别称,属于雅称一类的,例如"衡轴"、"宰辅"等等,也都指宰相。这一类别称,不能"入衔",不能列入某某官员的全套官衔内,但大抵为大家所熟悉,无须赘论。此外,唐史料中也常见"九龄当国"、"德裕秉政"一类的说法。"当国"和"秉政"一般都意指"当宰相"。这些用词可轻易从上下文去理解,也不须赘论。然而,唐代有另两个宰相别称,一为"执政",一为"丞相",比较特殊,且略为疏证。

(一)执政

"执政"今天常用作动词,但在唐代文献中,也常当名词来使

---

① 《旧唐书》卷五,页110。

用,意指宰相。最有名的一个用例,是在白居易的新乐府诗《官牛》中,诗题下有自注曰:"讽执政也",即讽刺宰相。这个"执政",并无现代汉语中"执政者"的模糊含义,而是专指宰相,所指非常明确。白诗很显然在讥讽当时的一个宰相:

> 官牛官牛驾官车,浐水岸边般载沙。
> 一石沙,几斤重,朝载暮载将何用?
> 载向五门官道西,绿槐阴下铺沙堤。
> 昨来新拜右丞相,恐怕泥途污马蹄。
> 右丞相,马蹄踏沙虽净洁,牛领牵车欲流血。
> 右丞相,但能济人治国调阴阳,官牛领穿亦无妨。①

唐代宰相新拜相,朝廷照惯例要动用"官牛",驾着"官车",从"浐水岸边"远道载沙来到京城,为新宰相铺一条"沙堤",从他的宅第一直延伸到宫城之南,免得泥泞路弄脏了宰相的马蹄。白诗写的正是当时官牛载沙的惨状:"牛领牵车欲流血"②。

在唐裴庭裕的《东观奏记》中,也有一段精彩生动的记载,写裴坦去谒见"执政"的一幕:

---

① 《白居易集笺校》卷四,页247。
② 陈寅恪《元白诗笺证稿》,页280—282,认为这首诗嘲讽宰相于頔。已故英国唐史学者 Denis Twitchett 把这首《官牛》诗翻译成英文,并附有更详细的讨论。他认为诗中所讽的宰相应当是裴均,而非于頔。见其"Po Chu-i's 'Government Ox'," *T'ang Studies* 7 (1989): 23–38. 关于沙堤,丸山茂有一详细研究,收在《唐代の文化と詩人の心:白樂天を中心に》。中译本见丸山茂《唐代长安城的沙堤》,《唐代文学研究》(中国唐代文学学会成立十周年国际学术讨论会暨第六届年会论文集)第5辑,页830—848。

以楚州刺史裴坦为知制诰，坦罢任赴阙。宰臣令狐绹擢
用，宰臣裴休以坦非才，不称是选，建议拒之，力不胜坦。命既
行，至政事堂谒谢丞相。故事，谢毕，便于本院上事，四辅送之，
施一榻，压角而坐。坦巡谒执政，至休厅，多输感谢。休曰："此
乃首台缪选，非休力也！"立命肩舁便出，不与之坐。①

"坦巡谒执政"，意思就是"坦巡谒宰相"，跟上文的"坦至政事堂
谒谢丞相"相呼应（"丞相"也是唐宰相的一个别称，详见下）。

不论是在唐前期或后期，唐史料常见到的"执政"，意思都很
明确，专指"宰相"，如下面三条用例：

敬德好讦直，负其功，每见无忌、玄龄、如晦等短长，必面
折廷辩，由是与执政不平。②

执政是之，以磻石为盐铁巡官。③

特荐之于执政，由是擢拜大理评事。④

以上三条史文中的"执政"，都当作名词使用，都意指宰相，明
确指某一位或多位宰相。

（二）丞相

白居易的《官牛》诗和裴庭裕的《东观奏记》，很巧也都用了

---

①裴庭裕《东观奏记》卷中，页115。又参见周勋初《唐语林校证》卷六，页
　579。
②《旧唐书》卷六十八，页2499。
③《旧唐书》卷十九上，页653。
④《旧唐书》卷九十八，页3076。

"丞相"一词。从上下文看,两处的"丞相"都指宰相无疑。

"丞相"在唐代文献中,可以有两个意思。第一,丞相原本是秦汉宰相的正式官名,分左右①。然而,唐人往往爱"古为今用",爱借用这个秦汉官名来代指唐代的宰相。这种用例在唐代诗文和小说中尤其常见,如上引白居易《官牛》诗和裴庭裕的《东观奏记》,但在两《唐书》等正统史书中则比较少见。

第二,从玄宗开元元年(713)到天宝元年(742)之间,"丞相"其实也是唐代的一个正式官名,并不泛指宰相,而专指尚书省的两个仆射,因为在这段期间,朝廷把尚书省的左、右仆射,改名为左、右丞相②。但白诗《官牛》和另一首《寄隐者》,皆以汉代的"右丞相"来代指唐宰相,并非意指唐代开天期间的右丞相(右仆射)。

岭南才子张九龄,曾在玄宗开元二十一年(733)十二月和裴耀卿一起出任宰相。《旧唐书·玄宗纪》记此事为:"京兆尹裴耀卿为黄门侍郎,前中书侍郎张九龄起复旧官,并同中书门下平章事。"③"同中书门下平章事"是这时候宰相的标准使职名号。三年后,在开元二十四年(736)十一月,张九龄和裴耀卿两人因李林甫的谗言,双双被罢去相职。《旧唐书·玄宗纪》记此事为:"侍中裴耀卿为尚书左丞相,中书令张九龄为尚书右丞相,并罢知政事。"④换句话说,两人不再任相,改任尚书左、右丞相(即仆射)。有趣的是,《旧唐书·张九龄传》甚至形容这是一种"迁":"二十

---

① 安作璋、熊铁基《秦汉官制史稿》,页 13—47。
② 《唐会要》卷五十七,页 1160,"左右仆射"条下,"开元元年十二月一日,改为左右丞相。天宝元年二月二十日,复改为左右仆射。"
③ 《旧唐书》卷八,页 200。
④ 《旧唐书》卷八,页 203。

四年,迁尚书右丞相,罢知政事。"①开元年间,宰相张说和萧嵩也曾经被"罢为右丞相",然而这种意义的左右丞相,都不指宰相,而指尚书省的仆射,此时成了一种闲差事。

尚书省的左右仆射,除了在玄宗时改名为尚书左右丞相之外,也曾经在武则天光宅元年(684)到长安四年(704)间,改名为文昌左右相。

除此之外,唐代还有"左相"和"右相",极易跟"左右丞相"和"文昌左右相"混淆。左相即门下省首长侍中,右相即中书省首长中书令,两者都是一时的改名,只行用于高宗龙朔二年(652)到咸亨元年(670)间,以及玄宗天宝元年(742)到肃宗至德元载(756)间(见表4.2)。玄宗朝的杨国忠曾任右相。

唐代还有一个官名"尚书左右丞",跟"尚书左右丞相"只有一字之差,亦须小心分辨,以免混淆。"左右丞"位居"左右丞相"之下,地位也在六部尚书之下。诗人王维曾任尚书右丞,所以他的诗文集又叫《王右丞集》。严耕望的名著《唐仆尚丞郎表》,书名便暗含四种高官,依高低顺序排列:"仆"指左右仆射;"尚"指六尚书;"丞"指尚书省的左右丞;"郎"指六部侍郎。

表4.2　尚书左右仆射、侍中及中书令改名异称

改名异称	正规官名	改名行用时间
文昌左右相	尚书左右仆射	684—704
尚书左右丞相	尚书左右仆射	713—742
左相	侍中	684—704;742—756
右相	中书令	684—704;742—756

①《旧唐书》卷九十九,页3099。

七、结语

有唐二百九十年,有宰相三百多人。不管他们带有怎样的宰相使职称号,他们的身份、名分都是一样的,都只是宰相,都只是一种使职,受命于皇帝,亦听命于皇帝。宰相若带有不同的使职官名,并不表示宰相的地位和权力起了什么变化,只表示宰相是使职,非正规的职事官,所以他的使职名号,像许多其他使职官名一样,可以随时代需要,更换不同职称而已。《新唐书·宰相表》前有一段小序,说得很中肯:"唐因隋旧,以三省长官为宰相,已而又以他官参议,而称号不一,出于临时,最后乃有同品、平章之名,然其为职业则一也。"①所谓"职业则一"的意思,就是名分则一,职掌相同。我们大可不必太过拘泥于种种宰相称号上的表面字义分别,或根据这些表面字义去揣测其职权,全视为宰相即可。

换句话说,种种不同的宰相使职称号,只表示"名分",不表示"权力"。宰相的真正权力,不能光看这些名号,而是要看个别宰相和皇帝的"信任关系"而定,取决于皇帝对他的信任程度。不同的宰相,当然会享有不同的权力,但职权的大小,不是由他的名号来决定,而是取决于皇帝对他的宠信。谁最能得到皇帝的宠信,谁的权力就最大,不管他的宰相名号为何,甚至不管他是否带有宰相名号。

唐代这三百多位宰相,有的权力看来很大,很有作为;有的看来无力掌权,没甚作为,但这跟他们所带的不同职称没有关系(若

---

① 《新唐书》卷六十一,页1627。

有,也纯属巧合),也跟他们的本官(三省长官或侍郎等他官)无关。真正决定宰相权力的,是皇帝对他的信任程度。毕竟,相权出自皇帝的授予。换言之,皇帝越是信任某位宰相,则这位宰相便自然更能掌握大权,更能左右政局。这一点,将在本书下一章详细论述。

第五章　唐宰相的权力与下场

昨日延英对,今日崖州去。

由来君臣间,宠辱在朝暮。

——白居易《寄隐者》

上一章厘清了唐代宰相的使职特征和种种名号之后,本章同样想从使职的角度,继续探讨下一个相关课题:宰相的权力与下场。过去,学界一向都把唐代的宰相,放在三省制或中书门下体制的框架下来考察,但这类研究往往强调三省制的发展演变,三省之间权力的消长,三省制如何逐渐遭到"破坏",如何"崩溃"等等"制度面"的问题,反而没有厘清宰相的本质和权力等实际运作问题。本章从使职切入,或可提供另一个新视角。论述重点是,既然宰相是一种使职,那么宰相的权力基础是什么? 他和皇权处于一种怎样的关系? 这种使职关系又如何影响到宰相的下场?

一、宰相的权力基础:皇帝的信任

皇帝和宰相的关系,重点在"信任"两字,讲求一定程度的私关系,如此君相之间的相处才能融洽,宰相才能获得大权来掌政。否则,君相关系如果不协或破裂,宰相往往会被贬官,甚至被赐死。相权来自君权;信任是整个权力的基础①。宰相是一种使职,是一种皇帝亲自任命合意者的命官方式,有相当程度的弹性和随意性,不是一种固定的职事官制,并无严谨的制度规章可言。皇帝和宰相的私密与信任关系,便决定了这位宰相的权力,他的任期长短,甚至他的最后命运:光荣退场,还是被贬,被赐死?

唐代宰相制度有一个最大特色:同一段时间内,往往有好几位宰相共事一个皇帝,即"群相"制。例如,在高祖武德年间,有名分的宰相就多达十六人:秦王李世民、裴寂、刘文静、萧瑀、窦威、窦抗、陈叔达、杨恭仁、封德彝、裴矩、高士廉、齐王李元吉、宇文士及、长孙无忌、杜如晦、房玄龄②。这十六人虽非同一时间委任,有些也仅是挂名性质(如秦王和齐王),但高祖身边任何时候,恐怕都有好几位宰相同时参政,不止一人,但各宰相的实权显然并不相同:有的深受高祖器重(如萧瑀和窦威),有的和高祖相处不协,最后落得被杀(如刘文静)和被贬(如裴寂)的悲惨下场。

我们要问的是,是什么因素,决定了这几位宰相的权力?

宰相是皇帝身边很重要的一个臣子,最亲近的使职之一。跟所有使职一样,唐代宰相的委任和权力,其实都建立在一种很强

---

① "信任"(trust)是现代政治和社会理论很重要的一个概念,也是现代社会日常运作上很关键的一种要素。详见 S. N. Eisenstadt and L. Roniger, *Patrons, Clients and Friends: Interpersonal Relations and the Structure of Trust in Society*; Francis Fukuyama, *Trust: The Social Virtues and the Creation of Prosperity*. 现代的银行体系,亦完全建立在"信任"的基础上。一旦存款户不再信任某一银行,这家银行马上会面对挤兑,面临倒闭。

② 各家的算法不一样,此据《唐会要》卷一,页2。

烈的"私"关系上。这种"私"关系,可能有好几个层面。最亲密的是血亲,其次是姻亲,再次是有恩于皇帝的旧臣(或甚至宦官),最后是皇帝信任或合意的其他人。高祖李渊武德初年委任几位宰相,便充分揭示这种私关系是如何影响到他的决定,以及他授予各宰相的权力。毕竟,君权是一种绝对的权力,虽然有时会受到宰相所领导的官僚制的某些制约,但这种限制到底有限。相权始终出自君权①。让我们以李渊和他最初的四位宰相为例,探讨这种君相权力关系。

隋炀帝大业末年,隋朝快要亡国时,裴寂在今山西太原一座隋皇帝行宫晋阳宫当一个副监。李渊这时正好也在太原,任炀帝的太原留守,当地的军政长官。裴寂原本认识李渊,在太原重逢李渊,是他命运中一个重要的转折点。这场友情不久发展迅速,最后让裴寂当上了唐代的第一批宰相之一。

裴寂和李渊有一点相同:两人都曾经在隋大兴(即唐长安)宫廷中当过皇帝的侍卫。这种侍卫有几种名号和等级。裴寂当的是"左亲卫",时在隋文帝开皇(581—600)的中期,年约20岁。李渊当的是"千牛备身",时在开皇初,年约15岁。两人或有可能在隋宫中见过面。当年隋宫中两个年少的皇帝侍卫,一个后来当了皇帝,一个当了这个皇帝的宰相。

等到李渊的"义兵起",裴寂更大胆了。他"进宫女五百人,并上米九万斛、杂彩五万段、甲四十万领,以供军用"。为了回报,李渊在他大将军府建立的时候,便委任裴寂为"长史,赐爵闻喜县公"②。长史是一个衙署内的总执行官员,好比现代的总干事。裴

---

① 余英时《"君尊臣卑"下的君权与相权》,《历史与思想》,页47—75。
② 《旧唐书》卷五十七,页2286。

寂获赐爵为"闻喜县公",因为闻喜(在今县略北)为裴氏郡望。等到李渊的军队攻入长安,平定京师后,裴寂更获"赐良田千顷、甲第一区、物四万段,转大丞相府长史,进封魏国公,食邑三千户"。

过了几个月,在武德元年(618)六月,李渊便委任"裴寂为尚书右仆射、知政事,刘文静为纳言,隋民部尚书萧瑀、丞相府司录参军窦威为内史令"①,也就是同时任命这四人为宰相。在这四人当中,裴寂和刘文静皆非李渊亲属,但李渊和裴寂却最有"革命情感"。另两位宰相(萧瑀和窦威),则是李渊的亲属。

裴寂任相,是因为他早在李渊当上皇帝之前,就跟李渊有非常亲密的"私"关系。他不但以隋朝的宫女去"私侍"李渊,还帮他打下李唐的天下。李渊命他为相,是一种感恩的回报:

> 高祖既受禅,谓寂曰:"使我至此,公之力也。"拜尚书右仆射,赐以服玩,不可胜纪,仍诏尚食奉御,每日赐寂御膳。高祖视朝,必引与同坐,入阁则延之卧内,言无不从,呼为裴监而不名。当朝贵戚,亲礼莫与为比。②

赐"服玩",赐"御膳",视朝"引与同坐","入阁则延之卧内",而且还亲切地叫他"裴监"。这种种私密的行为,只能存在于皇帝和亲信之间。皇帝和一个普通官僚(职事官),即使是高层的官僚,也不可能有这样的"亲礼"。但裴寂不是"官僚"。他是皇帝亲密而信任的特使。

刘文静跟裴寂一样,也是因为有恩于李渊而当上宰相。他最

①《新唐书》卷一,页6—7。
②《旧唐书》卷五十七,页2287。

初是在太原当一个隋末的官员,任晋阳令,即太原的县令。李渊当时任太原留守,是刘文静的上司。两人在官务上当然有不少接触,于是"文静察高祖有四方之志,深自结托"①,从此建立了感情。李唐建国后,李渊命他为相,也就有迹可循了。

但李渊第一批宰相当中,最受器重的,却不是裴寂或刘文静,而是两个跟李渊"私"关系更亲密的人,两个亲属:萧瑀和窦威。这两人在李渊太原起义时,反而没有裴寂和刘文静那样的功劳。他们都是在李渊攻入长安后,才从外地被召来任宰相的。

萧瑀任相,靠的又是什么"私"关系?李渊平定长安时,萧瑀正因为得罪隋炀帝,"出为河池郡守"。河池郡即唐代的凤州(治所在今陕西省凤县东北凤州镇),离长安大约 273 公里。《旧唐书·萧瑀传》说:"高祖定京城,遣书招之。"②好像轻而易举,萧瑀也就"以郡归国"。其实,李渊之所以能够"遣书招之",把萧瑀招降,并召他到长安来任相,靠是就是他跟萧瑀的亲属关系。这种关系,在《旧唐书》下面这段记载中表露无遗:

> 高祖每临轩听政,必赐升御榻,瑀既独孤氏之婿,与语呼之为萧郎。国典朝仪,亦责成于瑀,瑀孜孜自勉,绳违举过,人皆惮之。常奏便宜数十条,多见纳用。③

这里说"瑀既独孤氏之婿",所以李渊称他为"萧郎"。按萧瑀的妻子是隋文帝独孤皇后的娘家侄女,李渊是独孤皇后的外甥,因

---

①《旧唐书》卷五十七,页 2290。
②《旧唐书》卷六十三,页 2400。
③《旧唐书》卷六十三,页 2400。

此李渊与萧瑀之妻是姑舅表兄妹,李世民称萧瑀夫妇为表姑、姑父①。由此看来,李渊和萧瑀的"私"关系,犹胜于他跟裴寂者。"临轩听政,必赐升御榻",这是很高的礼遇。李渊呼裴寂为"裴监",却呼萧瑀为"萧郎",显得亲切亲密多了,完全是家人口气。李渊武德年间的几个宰相当中,萧瑀负责"国典朝仪",在执行宰相职务方面,出力最多,比裴寂和刘文静更受到器重。到了太宗朝,萧瑀仍然多次"参预政事",充任宰相。他死的时候,"年七十四。太宗闻而辍膳,高宗为之举哀,遣使吊祭。"最后还"陪葬昭陵"②。

这样的君相一场,比起裴寂和刘文静的不幸下场,更是强烈的对比。裴寂最后因涉及与妖人法雅和信行过往"亲密"等罪名,被流放到交州(治所在今越南河内)和静州(治所在今四川黑水县东南,羌族自治区)。刘文静则因为得罪李渊,又跟裴寂不合,最后竟跟弟弟文起一起被李渊所杀,并"籍没其家"。

同样,李渊和窦威的君相关系,应当也要放在亲属的角度下来观看,才能看得比较真切。李渊刚入关,便"召补"窦威为"大丞相府司录参军",看来也跟李渊当时"遣书"召萧瑀一样,稀松平常,轻而易举。两《唐书》没有进一步说明李渊何以能有这样大的魅力,可以把隋末一个饱读诗书的才子(他在隋皇家秘阁藏书楼读书"十余岁,其学业益广"③),"随手"召来为他效命。但这点后世读史者恐不能不去追问。追查下去,原来窦威大有来头。他跟李渊的关系匪浅。他竟是"太穆皇后从父"④。

①这点承北京大学中国古代史研究中心朱玉麒兄教示,特此感谢。
②《旧唐书》卷六十三,页2404。
③《旧唐书》卷六十一,页2364。
④《旧唐书》卷六十一,页2364,此处作"太穆皇后从父兄也",但据卷末校勘记,页2371,"兄"字当衍。

谁是"太穆皇后"？她不是别人，正是李渊最初的夫人窦氏，隋朝定州总管窦毅的女儿。隋大业年，李渊参与隋炀帝征讨高句丽的战争中，她病逝于涿郡（治所在今河北涿州市），年45岁。李渊立唐，行武德年号后，第一件事是命相，接着便是"追谥"这位窦氏"为太穆皇后，陵曰寿安"①。窦威身为"太穆皇后从父"，他跟李渊的"私"关系，当然非比寻常。

　　于是，就在这样的姻亲关系下，李渊入关，便召窦威为"大丞相府司录参军"，他也就以"帝戚"身份，应召前来，大展身手：

　　　　高祖入关，召补大丞相府司录参军。时军旅草创，五礼旷坠，威既博物，多识旧仪，朝章国典皆其所定，禅代文翰多参预焉。高祖常谓裴寂曰："叔孙通不能加也。"武德元年，拜内史令。威奏议雍容，多引古为谕，高祖甚亲重之，或引入卧内，常为膝席。又尝谓曰："昔周朝有八柱国之贵，吾与公家咸登此职。今我已为天子，公为内史令，本同末异，乃不平矣。"威谢曰："臣家昔在汉朝，再为外戚，至于后魏，三处外家，陛下龙兴，复出皇后。臣又阶缘戚里，位忝凤池，自惟叨滥，晓夕兢惧。"高祖笑曰："比见关东人与崔、卢为婚，犹自矜伐，公代为帝戚，不亦贵乎！"②

由此看来，窦威对李渊立唐，出力很多，"朝章国典皆其所定，禅代文翰多参预焉"。难怪李渊把他比成汉代的叔孙通（他帮助汉高祖制订宫廷礼仪），且"引入卧内，常为膝席"，"帝戚"之情，亲密

①《旧唐书》卷一，页7。
②《旧唐书》卷六十一，页2364—2365。

无比。虽然从武德元年六月正式命相那天算起,窦威只做了二十八天的宰相就病逝,但若从李渊入关时算起,他充当李渊的得力助手,远不止二十八天。窦威定"朝章国典",萧瑀负责"国典朝仪",这两个李渊的亲属,相互辉映,是李渊当时宰相班子中最重要的两个灵魂人物。

学界过去一般把裴寂、刘文静、萧瑀和窦威,都笼统划分为"关陇贵族集团"。高祖的十多位宰相当中,以这些关陇贵族占居多数,"说明关陇贵族在唐初政权中仍处于核心地位"①。表面上看来,这固然没错,但关陇毕竟只是一种很松散的"地缘"关系,恐怕远不如高祖和萧瑀及窦威的亲属关系,来得更为紧密。这或许更能说明,何以萧瑀及窦威能够得到高祖更多的信任和器重。

唐代这种同时委任几个宰相的制度,长期存在,显然出于皇室一种"需要"。看来,唐代(以及中国好些朝代)的皇帝,无法单单满足于一个宰相。他总是希望,身边能有好几个宰相来供他参议咨询,一方面可以集思广益;另一方面,也可以防止某个宰相权力过大,威胁到君权。在这几个宰相当中,如果有哪个宰相,因为某种原因(可能是他的才干,可能是他个人魅力,甚至可能是他跟皇帝的亲属关系),赢得了皇帝最多的宠爱和信任,他便可以成为几位宰相当中的"当红宠儿",主宰某一朝的国政至巨,任期也比较长久,例如太宗朝的魏征、德宗朝的陆贽、武宗朝的李德裕等。其他宰相则沦为"陪衬"的地位,任期也比较短。

在唐史上,这种现象常见,展现一种典型的使职任命特征:谁最能得到皇帝的宠信,谁的权力就最大。这跟宰相本官(唐前期的三省实际长官;唐后期常见的侍郎)的实权,没有什么关系。换

---

① 吴宗国《隋与唐前期的宰相制度》,《盛唐政治制度研究》,页 31。

句话说,我们不能只看"制度面",不能只根据某位宰相(比如说)原本是尚书省的实际长官,于是便以尚书省在唐初三省制政府架构中的崇高地位和权力,来假定他任宰相时的实权,也同样崇高。更重要的是,我们应当审视皇帝对个别宰相的信任程度,才能厘清君相之间的真正面貌,才能认清数位宰相当中,谁才是最有权势者。

高宗武则天时代,刘祎之的大起大落,很能反映唐代这种君相关系的现实、残酷一面。光宅元年(684),刘祎之任中书侍郎、豫王府司马时,他的主子豫王立为皇帝(睿宗),他"参预其谋",因而"擢拜中书侍郎、同中书门下三品",当上了宰相,想必是他最得意的时候。"时军国多事,所有诏敕,独出祎之,构思敏速,皆可立待",显然也是当时几位宰相中最得宠最有权势者。但过了短短三年,在垂拱三年(687)五月,他却惨遭武则天杀害,起因只不过是他一句话得罪了皇太后:

> 后祎之尝窃谓凤阁舍人贾大隐曰:"太后既能废昏立明,何用临朝称制? 不如返政,以安天下之心。"大隐密奏其言,则天不悦,谓左右曰:"祎之我所引用,乃有背我之心,岂复顾我恩也!"垂拱三年,或诬告祎之受归诚州都督孙万荣金,兼与许敬宗妾有私,则天特令肃州刺史王本立推鞫其事。本立宣敕示祎之,祎之曰:"不经凤阁鸾台,何名为敕?"则天大怒,以为拒捍制使,乃赐死于家,时年五十七。[1]

---

[1]《旧唐书》卷八十七,页 2848。刘祎之的墓志近年出土,可补两《唐书》的不足。见毛阳光《洛阳新出土唐〈刘祎之墓志〉及其史料价值》,《史学史研究》2012 年第 3 期,页 38—43;柳金福《唐刘祎之墓志疏证》,《乾陵文化研究》第 7 辑(2012),页 357—364。

所谓"相权",其脆弱程度,莫以此所见为最,可以为一句话轻易毁去。皇帝和宰相信任关系之重要,之决定一切,由此可见一斑。今人常好引用刘祎之临死前的"名言"——"不经凤阁鸾台,何名为敕?"——以为可以"证明"唐代君主的敕命,须受凤阁鸾台(即中书门下)的制约,不能任意行事。在例行普通公事上,这或许没错,但在关键时刻,却常不是这样。刘祎之在生死关头,不就也搬出这个"制度"来"试图对抗"君权吗?但则天根本不理会这样的"制度",且"大怒",并以另一种"制度",臣子不能"拒捍制使"为名,赐死于他。刘祎之这句话的力道,非常薄弱,抗拒不了君命。唐史上这样的例子还不少,不待赘论①。

二、皇帝—宰相—翰林学士—宦官

前面所论的"宰相",指那些以三省长官或以他官去出任宰相的高层官员。他们带有各种不同的使职官名,从唐初武德年间的"知政事",到贞观年间的"参议朝政"、"专典机密"和"同三品"等,再到高宗至唐末的"同平章事"。为了方便称呼,这些宰相可统称为"有名分的宰相",也就是那些经由皇帝正式委任,带有宰相使职称号的人。

但唐代的政治运作,却不是如此单纯(其他朝代也同样不单纯)。许多时候,特别是在武则天时代和唐中叶以降,真正掌握了"执政"大权的,往往不是这些"有名分的宰相",而是另有其人。

---

① 周道济《汉唐宰相制度》,页655—678,列了八十三位宰相,在居相位或罢相不久后"惨死"的例子,可参看。

这些人没有宰相之名分,没有带任何宰相的使职称号,但却拥有实权,真正在"执政"或参与"执政",并且得到皇帝完全的信任和支撑。在中宗武则天时代,这些人包括上官婉儿等人①。唐中叶以后,则是袁刚所说"新三头"的另"两头":翰林学士承旨和宦官(包括枢密使)②。他们都无宰相之名,但却有宰相之实,我们不妨称之为"实际(de facto)宰相"。

我们是否可以只注意那些有名分的宰相,把他们孤立起来研究,不理会实际宰相的重要功能和角色? 如果采用这样的研究方式,恐怕厘不清唐制的真正运作,还停留在静态的"制度"面。例如,常见的说法是:唐的宰相制度,前期是三省制,后期则是中书门下制。就制度面来说,这当然没错,但恐怕不足够。这种论述似乎只满足于有名分的宰相部分,不理会实际宰相带给宰相制度的冲击,更不能帮助我们理解,唐代那些有名分的宰相,究竟和皇帝处于一种怎样的权力关系,他们跟皇帝身边的其他重要亲信(比如宦官和翰林学士等),又处于一种怎样的对立或合作关系。换言之,在探讨唐代权力的最高层时,我们不能光看皇帝和宰相的关系,也同时要细看皇帝、宰相、翰林学士和宦官这四方的相互关系。

宰相并不是皇帝身边唯一的亲信使职。在许多时候,皇帝周围还有一批其他亲信,也同样在出任各种使职,而且是宫禁中比宰相更为亲近的一些使职,例如唐太宗朝开始任命的各种文馆学

---

①郑雅如《重探上官婉儿的死亡、平反与当代评价》,《早期中国史研究》4 卷 1 期,2012 年 6 月,页 111—145。上官婉儿的墓,2013 年 9 月在西安出土,连同墓志一通,见李明、耿庆刚《唐昭容上官氏墓志笺释》,《考古与文物》 2013 年第 6 期,页 87—93。
②袁刚《隋唐中枢体制的发展演变》,页 4—5。

士,以及各种名号的宦官使职,包括唐后期的枢密使。他们没有宰相的名分,但却往往拥有实权,变成实际宰相,特别是从唐宪宗朝到唐亡。

就亲近程度来说,皇帝身边最亲近的一种使职,应当是阉人宦官,特别是枢密使。照传统的理解,阉人宦官又称为"巷伯",因为他们就住在宫中的巷弄间,掌宫内事,典出《左传·襄公九年》:"令司宫、巷伯儆宫。"枢密使的一大使命,就是宣旨于学士院和中书门下(宰相),出纳帝命。据袁刚的研究,"枢密以出纳干政,是唐后期宦官专政的最重要形式"[1]。

跟皇帝亲近程度排第二位的,是翰林学士,因为翰林学士平日办公草诏和直宿的学士院,就位于宫禁内,靠近皇帝的便殿金銮殿和紫宸殿。李肇的《翰林志》说,翰林学士"凡郊庙大礼,乘舆行幸,皆设幕次于御幄之侧,侍从亲近,人臣第一"。元和以后,更设了翰林学士承旨一职,"或密受顾问,独召对"[2]。韦执谊的《翰林院故事》说,德宗朝增设了东翰林院,于"金銮殿之西,随上所在而迁,取其便稳"。"此院之置,尤为近切。左接寝殿,右瞻彤楼。晨趋琐闼,夕宿严卫,密之至也"[3]。李肇和韦执谊两人,都先后任职学士院,这应当是他们的亲身经验。

相比之下,宰相反而比翰林学士和宦官,跟皇帝较为疏远,因为宰相的议政办公地点,唐初是在政事堂,开元十一年起改为"中书门下"(唐文献中常省称为"中书"),两者都位于大明宫中朝宣政殿前侧,出了北部宫禁范围,皇帝一般不会到那里去。宰相跟

①袁刚《隋唐中枢体制的发展演变》,页124。袁刚此书对宦官专政,分四个历史阶段,作了详细的论述。
②《翰苑群书》卷一,页5。
③《翰苑群书》卷四,页16。

皇帝见面的场合时间，也不如宦官和翰林学士那么多，不能像他们那样"朝夕见"，也不像翰林学士和宦官见皇帝那样常属"私密"性质。

唐宰相见到皇帝，常在仪式性、非"私密"的大朝会，如每年正月一日的元正大朝，每月一日和十五日的朔望朝参。至于每日或隔日举行的常参御前会议，并非只有宰相，还有许多其他五品以上的常参官参与。到德宗以后，这种常参也"不过是一种礼仪性的会见了"①。所以，宰相若想见皇帝，可以请求，皇帝也可临时召见宰相。据谢元鲁的研究，在唐前期，这种会面"一般没有确定的地点，也未形成一定的制度，到唐肃宗以后，逐渐以大明宫的延英殿为固定的会议场所"②。这就是唐后期文献中常见的"开延英"、"延英奏对"，也正是白居易《寄隐者》诗中所说的"昨日延英对"。但整体一般而言，唐宰相能够和皇帝接触见面的时间，仍远不如宦官和翰林学士之多，虽然少数得宠的宰相可能例外。

主因在于宰相议政办公的地点，位在宣政殿前的政事堂（中书门下）。唐称这里为"中朝"（今人则多笼统称之为"外朝"）③，而皇帝、翰林学士及宦官，则都在宫禁"内朝"。翰林学士和宦官，才是真正处身于内朝，宰相只不过是在中朝（或今人所说的"外朝"）。因为长时间的相处和接触，皇帝很容易对宦官及翰林学士产生"日久而生"的信任和宠信，反而不容易跟宰相滋生太多密切关系。

<hr>

① 谢元鲁《唐代中央政权决策研究》，页59。
② 谢元鲁《唐代中央政权决策研究》，页61。
③ 唐大明宫有三个主要大殿，并以之区分内中外朝。紫宸殿为内朝，宣政殿为中朝，含元殿为外朝。关于此三殿的功能和地理位置，最详细的描述见傅熹年主编《中国古代建筑史》第二卷《三国、两晋、南北朝、隋唐、五代建筑》，页375—393，附有精细地图和复原图，皆根据考古资料绘制。

这就是为什么,在顺宗朝,王叔文掌大权时,他还要保留翰林学士的使职,因为这个使职,可以让他得以出入宫禁区。宦官俱文珍后来"削去"王叔文的翰林学士职,令他"见制书大惊"。这无疑等于断了他的一条臂:

> 初,叔文欲依前带翰林学士。宦者俱文珍等恶其专权,削去翰林之职。叔文见制书大惊,谓人曰:"叔文日时至此商量公事。若不得此院职事,即无因而至矣。"王伾曰:"诺。"即疏请,不从;再疏,乃许三五日一入翰林,去学士名。①

这令人想起在文宗朝,文宗任命李训为宰相时,也同样诏令李训在"平章之暇,三五日一入翰林"②。李训"三五日一入翰林"的作用,跟王叔文的"三五日一入翰林"一样,目的就是让李训身居宰位,原本不能常见到文宗,现在凭着"三五日一入翰林"的方便,也可以更常亲近皇帝。在武宗朝,宰相李德裕很受武宗的信任,宰相的权力大增,在晚唐少见地超越宦官和翰林学士。他这时候显然经常得到皇帝特许,可以出入宫禁区。有诗为证:

> 内官传诏问戎机,载笔金銮夜始归。
> 万户千门皆寂寂,月中清露点朝衣。③

这首《长安秋夜》,当是李德裕在会昌三年(843)讨回纥及讨

---

① 《顺宗实录》,收在《韩昌黎文集校注》文外集下卷,卷三,页708—709。
② 《旧唐书》卷一百六十九,页4396。
③ 《李德裕文集校笺》,别集卷三,页459。

泽潞节度使刘稹期间写的。"戎机"即指回纥与泽潞之乱。他以皇帝的名义,代笔写了许多赐书和诏书,给前方的将领、回纥首领及"泽潞军人",也写了好几篇疏状给皇帝,商讨这两件事(不少现仍保存在他的文集中),是以"内宫传诏问戎机"。他"载笔"的地点在"金銮",即禁省中的金銮殿,在紫宸殿之北,一般是宰相不会到的地方。但李德裕显然得到皇帝的特许,得以在这里办公写公文。他忙到夜深人静才能回家,回到他位于长安安邑坊的家。这时宫中的"万户千门皆寂寂",大家都歇息去了,只有"月中清露"点湿了这个夜归人的"朝衣",场面幽静感人。

传统上,历代帝王身边,除了宰相之外,还有不少文学词臣,随侍在旁,以供皇帝讲论文义、唱和文章、商较时政、批答表疏之用,都是很正常的事,不独唐代如此。这些词臣往往比宰相还要亲近皇帝。唐代李肇的《翰林志》对此历史背景,有非常清楚的叙述。"汉武帝时,严助、朱买臣、吾丘寿王、司马相如、东方朔、枚皋之徒,皆在左右"。南朝梁武帝的文德省、士林馆、北齐的文林馆、北周明帝的麟趾殿等文馆学士,也都属于这一类。到了唐代,李肇更说:

> 唐兴,太宗始于秦王府开文学馆,擢房玄龄、杜如晦一十八人,皆以本官兼学士,给五品珍膳,分为三番更直,宿于阁下,讨论坟典,时人谓之登瀛洲。贞观初,置弘文馆学士,听朝之隙,引入大内殿,讲论文义,商较时政,或夜分而罢。至玄宗,置丽正殿学士,名儒大臣,皆在其中。后改为集贤殿,亦草书诏。至翰林置学士,集贤书诏乃罢。①

---

① 收在《翰学三书》卷一,页1。

皇帝"给五品珍膳，分为三番更直，宿于阁下"、"听朝之隙，引入大内殿"，这几句话最值得注意的一点是："阁"和"大内殿"这几个字，表示皇帝和这些文馆学士会面的地点，位在宫禁深处皇室成员生活起居处，也就是"内朝"，远离宰相议政地点（政事堂、中书门下）。这种给"珍膳"的亲密待遇，恐怕连许多宰相都不能享有。

玄宗始建的学士院，也位于光顺门之北的右银台门内，邻近皇帝的便殿麟德殿等处①，远离宰相议政的中书门下"南衙"。简言之，文馆学士从武后临朝开始，越来越得到武后和皇帝的宠信，常常成了他们在禁中接触最多、最亲密的文臣，参与决策，有时等于是实际宰相，如上官婉儿等人，掌权便长达二十年。宪宗朝成立的翰林学士承旨，权力更大了，跟宰相和枢密使构成袁刚所说的"新三头"。

宦官在唐初没有展现什么势力，但到了玄宗朝，高力士和皇帝的亲密关系，使他成了唐史上第一个实际的宦官"内相"，权倾天下，连宰相都要听他的话。肃宗时，宦官李辅国因为在安史之乱期间，照顾皇帝有恩，成了宰相，唐代第一位有名分的宦官宰相。从此，宦官的势力越来越大，不但掌握了禁军神策军，而且还受命为一系列的二十四司内诸司使，如飞龙使、五坊使等等，构成所谓的"北司"，接管了许多过去原本属于尚书省的职务，和宰相领头的"南衙"相对②。德宗以降，有好几位皇帝（顺宗、宪宗、敬

① 辛德勇《大明宫西夹城南部遗址与翰林院和学士院的位置》，《隋唐两京丛考》，页 112—124；杜文玉《唐大明宫内的几处建筑物的方位与职能——以殿中内省、翰林院、学士院、金吾仗院、望仙观为中心》，《唐史论丛》第 19 辑（2014 年 10 月），页 23—42。
② 唐长孺《唐代的内诸司使及其演变》，《山居存稿》，页 244—272；杜文玉《唐代内诸司使考略》，《陕西师范大学学报》1999 年第 3 期，页 27—35；赵雨乐《唐宋变革期军政制度史研究——三班官制的演变》。

宗)都死于宦官之手,也有好几位皇帝(穆宗、文宗、武宗、宣宗等)是由宦官所拥立。宰相变得越来越没有实际权力。

当然,这只是就一般的趋势而言。特定的时代和环境,特别是在唐中叶以降,可能导致有些皇帝倾向宦官(或被宦官摆布);有些皇帝依赖翰林学士;但也有些皇帝仍然信任宰相(如武宗之于李德裕),以达到他想要的目的。换句话说,这四方都各有各的"盘算",并不一定永远都处于仇视对立状态。他们之间,又常分裂成几个小集团,在必要时常常也可以相互合作。例如,宰相并不一定就会抗拒整个宦官集团。宰相有时也会跟某些宦官"示好"(如李德裕之于杨钦义),来达到某个目标①。

三、宰相的命运下场

唐光宅垂拱年间的宰相刘祎之,被武则天"赐死"时,史书记载了他临终的一幕:

> 及临终,既洗沐,而神色自若,命其子执笔草谢表,其子将绝,殆不能书。监刑者促之,祎之乃自操数纸,援笔立成,词理恳至,见者无不伤痛。②

"赐死"意思是,皇帝命令臣子自杀。皇帝好像在赐宴,赐金紫,赐彩锦丝帛一样,现在把"死"这个"礼物"赐给臣子,格外开恩。深

①这点在前引袁刚和谢元鲁两书中,有许多论述和例证,此不赘论。
②《旧唐书》卷八十七,页2848。

一层细品玩味,自让人不寒而栗。但刘祎之竟然先去"洗沐",好像在进行一个庄严的宗教洁净仪式,"神色自若",且"命其子执笔草谢表",要写一封"谢表","感谢"皇帝赐给他"死"这种"珍品"。然而,他的儿子没有办法下笔。于是,刘祎之便再次展现他那不凡的文思和文采,"自操数纸,援笔立成,词理恳至,见者无不伤痛"。

唐史上的宰相或曾任宰相者,被赐死或被杀的人数不少。周道济的《汉唐宰相制度》一书,做过一些详细统计。唐代宰相共约三百多人①,"其中正居相位时,身遭惨死者(所谓身遭惨死,乃指被诛、被害、赐死及战死等而言)盖有四十一人",包括上官仪、刘祎之、魏玄同、萧至忠、杨国忠、元载、李训、王崖等人,让人看了触目惊心。"唐宰相于罢相后,身遭惨死者,则有四十二人",包括刘文静、长孙无忌、李辅国、刘晏、杨炎、窦参、杜让能等名人。至于唐宰相遭到贬谪的,更"不可胜纪"矣②。

最后,周道济的观察是:"唐世,若干宰相虽能幸获善终,然求其不曾遭受君主之斥责或处罚者,殆极少见。房玄龄、魏征及张说,贤相也,太宗、玄宗,明主也,但玄龄尝以微谴归第,征卒后,太宗犹怒踣所撰碑,说且蓬首下狱,他人更无论矣。"③

---

①唐代宰相的总人数,因各家的统计取舍方法不同,故有不同的结果。《新唐书·宰相世系表》卷七十五下,页3465,说唐代有宰相369人。袁刚《隋唐中枢体制的发展演变》,页209,附有一"唐宰相表",统计得唐宰相为372人。周道济《汉唐宰相制度》,附录一的唐宰相年表,列了373人,但附注一(页121)说:"如不将秦王世民(太宗)、安国相王旦(睿宗)、宋王成器(让皇帝宪)、平王隆基(玄宗)及雍王适(德宗)等五人计入,则唐宰相共得368人。"
②周道济《汉唐宰相制度》,页655—669。
③周道济《汉唐宰相制度》,页669。

不过,平心而论,唐代宰相也有不少获得皇帝相当的尊重,在死后得到皇帝为他们辍朝、废朝的礼遇。其实,周道济在上引文所提的房玄龄、魏征和张说三人,在他们去世时,皇帝都曾经为他们辍朝,以示哀悼。只不过魏征在下葬后,又被追究犯了某些过错①。张说则是在死前"蓬首下狱",稍后得到玄宗的宽容,死时"辍朝五日,废元日朝会"②。今人朱振宏研究过隋唐的辍朝制度,附有一详细年表,列出隋唐所有辍朝的年月日和辍朝的对象。从此表看来,唐代有不少宰相,例如刘仁轨、源乾曜、裴光庭、贾耽、王播、武元衡、王起等人,死后都得到皇帝的辍朝致哀,极尽尊荣③。再如宰相杜佑,一生任官长达六十年,七十多岁高龄时请致仕,宪宗皇帝"诏不许,但令三五日一入中书,平章政事"。他每入奏事,宪宗对他"优礼之"。他78岁去世时,宪宗特别为他"废朝三日,册赠太傅,谥曰安简"④,乃唐宰相当中少数得善终者。

唐代不少宰相被贬的制书,如张嘉贞、杜暹、第五琦、郑余庆、宋申锡、李德裕、李宗闵等人的被贬制书,今天仍保存在《唐大诏令集》和《文苑英华》等书。我们今天细读这些制书,颇有一种难得的历史临场感,又有一种"反常的阅读快感"。例如,《李德裕袁州长史制》,数落德裕的种种"罪状",说他"性本阴狡,材则脆弱,因缘薄艺,颉颃清途。既忝藩镇,旋处钧轴,靡怀愧畏,肆意欺诬"⑤。全文对仗工整,用典古雅,颇有可诵之处,应当是某位颇具

①《旧唐书》卷七十一,页2562。
②《唐会要》卷二十五,页549。
③朱振宏,《隋唐辍朝制度研究》,原刊大陆《文史》2010年第2辑,后收入他的论文集《隋唐政治、制度与对外关系》,页287—326。
④《旧唐书》卷一百四十七,页3982。
⑤《唐大诏令集》卷五十七,页305。

文采的草诏者所写。但我们知道,李德裕不是如此"阴狡"。这些制书暴露的,不是被贬者的"罪状",反而是当权者或其近幸的心思。

从这些被赐死、被贬或因其他原因被杀的宰相案例看来,唐的宰相制度和相权十分脆弱。皇帝还是所有军国大事中最关键的一个人物。君权始终至上,相权完全无法与之抗衡。即使是像顺宗那样中风且失音的皇帝,看似软弱无为,他还是扮演了十分重要的皇帝角色,影响了他身边的所有人,因为他还是整个皇权的象征和重心。怎么样的皇帝,就会产生怎么样的宰相和近臣,环绕在他身边。

以顺宗来说,一个中风的哑皇帝,就导致他从前的待诏二王,借皇帝病重这样难得的机会,来迅速夺权掌政,并引进韦执谊那样"急进"的宰相,推行一些新政,如革除宫市和除宦等等,但终究失败。

像文宗,年轻有冲劲,21 岁就做了皇帝,越过原本册立的太子,匆匆忙忙由宦官王守澄拥立,亲历过宫廷内斗的流血恐怖。他知道自己可以被宦官拥立,当然也可以被宦官废棹,甚至有可能像他父亲宪宗或哥哥敬宗那样,被宦官杀害,自有一种很深的忧患意识,一种危机不安感。于是,他想除去宦官,不但为父亲和哥哥复仇,也为了除去威胁到自身安危的宦官,除宦动机很强,"思欲芟落本根,以雪仇耻"①。于是,他就吸引到像李训那样的宰相,积极协助他达到"雪仇耻"的愿望,而文宗则让李训迅速升官,从原本的一个"流人","期年致位宰相,天子倾意任之。训或

①何灿浩《甘露之变性质的探析》,《宁波师院学报》1990 年第 1 期,页 1—
　　10。

在中书,或在翰林,天下事皆决于训。王涯辈承顺其风指,惟恐不逮;自中尉、枢密、禁卫诸将,见训皆震慑,迎拜叩首"①。这种升官迅速和掌权之快,不禁让人想起永贞事件的王叔文、王伾和宰相韦执谊的行事作风。但韦执谊和李训,一个最后被贬,死在崖州(今海南琼山市东南),一个被宦官所杀且遭赤族,命运都很悲惨。

至于武宗,坚定而果断,便可吸引到像李德裕那样出色的宰相,协助他大力平定泽潞和回纥之乱,做出一番好成绩。武宗死后,宣宗上台,但他"素恶李德裕之专,即位之日,德裕奉册;既罢,谓左右曰:'适近我者非太尉邪?每顾我,使我毛发洒淅。'"②一个令皇帝"毛发洒淅"的宰相,当然不可能会有好的命运。果然,不久李德裕便被贬到遥远的崖州。他到了崖州后,写了一首诗《登崖州城作》,纪录他的心境。开头就说,"独上高楼望帝京,鸟飞犹是半年程"③。李德裕最后贫病交迫,死在崖州。一个名相,竟落得如此下场,只因为他跟宣宗处得不好,"私"关系不佳。许多年后,他的后人才能把他归葬洛阳④。

白居易写过一首诗《寄隐者》,写韦执谊当年被贬的一幕,十分生动:

> 卖药向都城,行憩青门树。
>
> 道逢驰驿者,色有非常惧。
>
> 亲族走相送,欲别不敢住。

---

① 《资治通鉴》卷二百四十五,页 7909。
② 《资治通鉴》卷二百四十八,页 8023。
③ 《李德裕文集校笺》,别集卷四,页 500。
④ 陈寅恪《李德裕贬死年月及归葬传说辨证》,《金明馆丛稿二编》,页 9—56。

私怪问道旁,何人复何故?

云是右丞相,当国握枢务。

禄厚食万钱,恩深日三顾。

昨日延英对,今日崖州去。

由来君臣间,宠辱在朝暮。

青青东郊草,中有归山路。

归去卧云人,谋身计非误。①

这首诗从一个都城卖药者的观点,在长安城东门树下休息时,见到韦执谊被贬,驰驿赶路,匆匆相送别离的情景,"色有非常惧"。唐代被贬官者,当天即须启程,不能延误,是以"亲族走相送,欲别不敢住"。"驰驿发遣"是唐代宰相被贬制书结尾常见的用语,如韦执谊和李德裕当年被贬的制书,都有此词②。韦执谊昨天还在延英殿蒙皇帝召见,今天就要赶去崖州贬所。这位卖药者,估计还是不做官归隐比较安稳。白居易写这首诗时,才 34 岁,在长安任第一个官职,一个小小的校书郎。韦执谊被贬,他应当有所见闻,甚至很可能就目睹了卖药者所见的一幕。当时他离高层官职尚远,但对君臣间"宠辱在朝暮",似已深有体会了。

四、结语

宰相是唐代少数非常接近皇权的人物,也是最亲近皇帝的使

---

① 《白居易集笺校》卷一,页 69。
② 《唐大诏令集》卷五十七,页 304—305。

职之一。宰相能获得多少相权,关键在于皇帝对他的"信任"有多少,这牵涉到某种程度的私关系。有了皇帝的信任,宰相才能获得大权来掌政。否则,宰相如果和皇帝处得不好,他往往会被贬官,甚至被赐死。相权来自君权;信任是整个权力的基础。这点古今中外皆然,不独唐代如此。

唐代有三百多位宰相,权力大小不一,分别在于每位宰相跟皇帝的关系不一样,各人所能得到的君主信任和"宠爱"不一样,以致各人所能掌握的实权也不一样。这点在晚唐更为明显,如顺宗朝的韦执谊,文宗朝的李训,武宗朝的李德裕。

除了那些有名分的宰相,那些带有各种宰相使职称号者外,唐代还有一些人,没有宰相之名分,却有宰相之实,可称之为"实际宰相"。他们包括中宗朝的上官婉儿、玄宗朝的宦官高力士,以及宪宗朝前后的一系列宦官枢密使和某些翰林学士承旨。我们研究唐代宰相制度,不能孤立起来单看制度上那些有名分的宰相,不能光看政典和职官书中所描述的"宰相制度",更要细看"实际宰相"这个"历史现实面",才能厘清皇帝、宰相、翰林学士及承旨,以及宦官的四角权力关系。传统的三省制或中书门下体制论著,过于偏向讨论三省的发展演变和遭到"破坏"等等"制度面"问题,恐怕无法解释这种复杂的、动态的人际关系网。

宰相、翰林和宦官三方,并不一定是永远对立的,经常也可以是合作的、妥协的。深入探讨这种动态的关系,可以让我们更了解唐史上的几个重大事件,例如顺宗朝的王叔文事件、文宗朝的甘露之变、宪宗到武宗朝的牛李党争,以及宣宗朝以降,宦官何以亡唐。

宰相是唐代士人所能达致的最高官职,但臻此高位,未必是福气,可能还会带来祸害。不少宰相因而被贬、被杀、被赐死,是一种颇带风险的官职。白居易的诗《寄隐者》,有两句说,"昨日延英对,今日崖州去。由来君臣间,宠辱在朝暮",是不少唐代宰相的真实写照。所谓"制度",终究不免受到各种人事和人为的操纵。研究唐代士人如何在当时种种合理或不合理的制度下当官,求生活,求生存,永远是一件令人迷惑又感慨的事。

第三部分

*

词　臣

第六章　唐中书舍人的使职化

> 初,国朝修陈故事,有中书舍人六员,专掌
> 诏诰,虽曰禁省,犹非密切,故温大雅、魏征、李
> 百药、岑文本、褚遂良、许敬宗、上官仪,时召草
> 制,未有名号。
>
> ——李肇《翰林志》

中国传统的皇帝,除了需要宰相来帮他"知政事",治理军国大事,统率百官之外,还需要其他官员的协助。比如,皇帝总要发布种种"王言",如册书、制书、敕书、敕牒之类的文书①。这些文书便需要一位或多位官员来负责撰写。这种官员,需要受过相当精深的经典教育;更重要的是,必须擅长撰写这类高度公式化的王言,最好还能有一些文采,恐非任何士人所能为。

在历代的朝廷,这种官员扮演十分重要的角色,往往是皇帝身边一个很重要的助手。他除了撰写王言,经常还参议政事,预先审阅官员们上呈的奏议表章,提供审阅意见给皇帝参考,甚至

---

①李锦绣《唐"王言之制"初探》,《季羡林教授八十华诞纪念论文集》,页273—290。

可以成了皇帝的知己（confidant），进而干预国政。许多时候，这种官员等于是皇帝的机要秘书，可能比宰相更接近皇帝。

但他所带的官名，各朝都不相同。先秦的史料短缺，难以稽考。秦代的这种官员，一般认为是御史。汉代则为尚书郎。魏晋南北朝则主要为中书郎。到了唐代，则是中书舍人，但早在唐初，中书舍人就偶尔会被其他词臣所替代。安史乱后，更经常被翰林学士或其他带有"知制诰"使职称号的官员所取代。这是一种怎样的现象和演变？简单说，这就是一种"使职化"的过程。

一、中书舍人在唐代的演变大略

唐代有不少重要的、高层的职事官，从唐初就不断遭到使职化，最后演变成使职。例如，唐代的史官，最初为秘书省的著作郎和佐郎等职事官，但在太宗贞观三年（629），为了修撰好几部前朝史书如《陈书》和《梁书》等，于是便设立了新的史馆，任命新的史官（如李百药等人）来替代著作郎，以致著作郎等职事官被使职化（见第十一章），沦为白居易所说的"君为著作郎，职废志空存"①。在财政领域，这种使职化的现象更为明显，结果便出现了唐后期那些我们熟知的户部、度支、盐铁三司，主宰了唐后半叶的财政（见第十二至十五章）。

但唐代职事官的使职化，经常是一个十分缓慢且漫长的过程，其演变甚至可长达百年或以上。过去，学界普遍有一个认知，以为使职一出现，职事官就完全被替代，完全失去了作用。然而，

---

① 《白居易集笺校》卷一，页29。

这问题其实没有这么简单。较常见到的一个现象是,使职经常可以跟类似职务的职事官并存,有互补作用,相互演变很长的一段时间,可长达百年以上,直到唐亡都没有结束。在这种情况下,唐朝廷实际上是在采用一种"双轨制"来治国,有时在某些场合,以职事官来办事,有时在其他场合,又会任命使职来行事,互补所长,端视当时的情势和个别皇帝的需要而定,是一种非常有弹性的双轨行政手法,值得我们进一步注意和研究。

唐代的中书舍人,一个正五品上的高层职事官,便经历过这样的使职化,职权逐渐遭到翰林学士和知制诰等使职的替代,但三者却又同时存在很长的时间,相互补充,相互演变,直到唐亡,中书舍人始终未曾被废止,就像著作郎等职事官,始终没有被废除一样。本章要研究的,便是中书舍人的这种使职化,以及他跟翰林学士和知制诰并存行用的双轨制。

唐朝廷开始在高祖武德年间,委任中书舍人之后,这种职事官制便正式行用,一直到安史之乱前夕,时间长达约一百年。这期间,这个职事官制比较确立,比较稳定。但即使在这段时间,唐皇帝有时还是会因为本身的特殊需要,不理会正规的职事官制,又诉诸于所谓"不正规"的使职办法。例如,唐初太宗朝的那些旧臣、词臣(如温大雅等人),武则天时代的北门学士,中宗朝的上官婉儿,都曾经和中书舍人分掌制诰。玄宗朝渐以他官来掌制诰,称为"知制诰",有时亦把正规的中书舍人架空。同时,玄宗开元二十六年(738)设立学士院后,翰林学士成了固定常设的制度,更对中书舍人的地位,造成深远的影响。

这种现象,是否等于是中书舍人制度遭到"破坏",中书舍人被其他官员"夺权"了?这种看法当然有一些根据,但恐怕过于悲观和负面。其实,在历史上,不论中外,这种现象不但常见,且十分正常,我们不必讶异,因为皇帝总是站在自己的立场来行事,一旦认为正规的制度无法满足他的需要,或无效率时,他便会随时采取变通办法,也就是任命使职,来补充正规编制官员(中书舍人)的不足之处,不一定是有意图要剥夺中书舍人的职权。

安史之乱时,特别是肃宗在灵武和凤翔期间,因为整个行政架构是崩溃的,没有中书舍人可用,于是肃宗又回到"最原始"的使职办法,任命他身边的翰林学士来掌制诏。陆贽对这个历史过程有生动的描述,留下一些颇详细的记载(见下面第四节)。

安史乱后,虽然中书舍人体系又恢复运作,但唐后期几乎所有皇帝,在许多时候都依赖非正规编制的翰林学士或其他官员,以"知制诏"的使职方式,来掌王言制诏。到了晚唐,中书舍人几乎被边缘化,且经常成了翰林学士所带的本官,但没有被废除,依然还有一些作用。

这便是中书舍人体制在唐代演变的大略过程:原本是个职事官,后来慢慢被其他使职逐渐替代(被使职化),充分体现中国官制演变的大规律。我们要了解这个使职化的过程,了解唐代这些机要秘书官员,当然不能只孤立研究中书舍人一种官,更要同时探讨和中书舍人相关的另几种使职:唐初的词臣、北门学士、翰林学士和知制诏等,否则难窥全豹。

近年已有不少学者研究过中书舍人,特别是孙国栋的论文和宋靖的专书,厘清了不少细节,所论已详备①。翰林学士方面,近

---

① 孙国栋《唐代中书舍人迁官途径考释》,《唐宋史论丛》,页91—146;张连城《唐后期中书舍人草诏权考述》,《文献》1992年第2期,页85—99;宋靖《唐宋中书舍人研究》。

人的论述也相当丰富①。因此,本章不拟重复讨论中书舍人和翰林学士的职掌、选任、迁官等,而拟专注于这课题的另一面:中书舍人的使职化过程,以及另一些还有待于进一步厘清的问题,例如北门学士,以及中书舍人以本官充任翰林学士等。

二、中书舍人的使职化

唐人李肇的《翰林志》(元和十四年819作)有一段序文说:

> 初,国朝修陈故事,有中书舍人六员,专掌诏诰,虽曰禁省,犹非密切,故温大雅、魏征、李百药、岑文本、褚遂良、许敬宗、上官仪,时召草制,未有名号。乾封(666—668)已后,始曰北门学士,刘懿之、刘祎之、周思茂、元万顷、范履冰为之。则天朝,苏味道、韦承庆。其后上官昭容独掌其事。睿宗,则苏稷、贾膺福、崔湜。玄宗初,改为翰林待诏,张说、陆坚、张九龄、徐安贞相继为之,改为翰林供奉。开元二十六年(738),刘光谨、张垍乃为学士,始别建学士院于翰林院之南。②

研究唐代翰林学士的学者,一般都会引用李肇这段话,作为学士院成立之前的一段“前史”,但往往没有深考其中含义。研究唐代

---

① 毛蕾《唐代翰林学十》;傅璇琮《唐翰林学士传论》;傅璇琮《唐翰林学士传论·晚唐卷》。
② 收在《翰苑群书》,《翰学三书》本,傅璇琮、施纯德编,卷一,页1—2。

中书舍人的学者，一般则不太理会李肇的这段话，以为跟中书舍人无关。然而，站在本章的立论立场，这段话却非常有意义，因为它正好透露了唐初中书舍人设置后，就开始走向使职化的一个趋势。

李肇这段记载，表面上看来，是在叙述翰林院的起源，其实它也等于在追述中书舍人逐步使职化的过程。翰林院只不过是这个使职化过程中的一个中间阶段。序文一开始就说，"初，国朝修陈故事，有中书舍人六员，专掌诏诰"，明显是以中书舍人起头，在谈论中书舍人。接着，提到唐初高祖、太宗和高宗几个皇帝，经常以其他词臣，如温大雅、魏征、上官仪等人来参与草诏，"时召草制"，但"未有名号"。这表示，在唐初，中书舍人的使职化还不是很明显，皇帝只是偶尔召其他词臣来为他草诏，所以不必给他们什么名号，没有正式的使职官名。事实上，使职刚萌芽时，大抵皆如此，有很强烈的随兴意味，可以不需要"名号"，乃正常现象。

但到了高宗"乾封以后，始曰北门学士"，使职化的意味就比较明显；这些词臣有了"北门学士"的名号。北门学士是一种使职，是皇帝私自委任的一批文学之士，除了为他撰写诏书，侍奉左右，分担了不少中书舍人原有的职务，身份也比中书舍人更为显贵。在中宗朝，甚至还有上官仪的孙女，以一个女儿之身，长年"独当书诏之任"的奇事。这在在显示这批词臣的使职特质。

到了玄宗朝，这些词臣的使职称号，变为"翰林待诏"，"翰林供奉"等。这都符合使职"随事立名"的特征。最后，在玄宗开元二十六年，学士院正式设立后，才固定为"翰林学士"。从此，翰林学士这个使职，便跟中书舍人这种职事官，经常处于一种微妙的关系，视个别皇帝和时代环境而定。有时候，翰林学士可以完全取代中书舍人，如安史之乱期间；有时候，双方的职权互补，由翰林学士撰写"内制",由中书舍人撰写"外制"①。

李肇《翰林志》中还有一句话,颇发人深省。他说,唐初设置中书舍人六员,专掌诏诰,"虽曰禁省,犹非密切"。我们不禁要问:既然中书舍人是"禁省",为什么又"犹非密切"? 禁省即宫中,宫中事应当跟皇室很"密切"才对,但为什么皇帝却认为舍人"犹非密切"? 今人引用这段话时,似从未发现或解释这句话中所含的"吊诡"之意。这点李肇本人也没有解释,似乎假设唐人应当都知道他的意思。但隔了一千多年的历史变迁,今人恐怕难以理解这句话的含义了,值得细读细考。

从李肇的行文看,他所说的"禁省",指的是"中书舍人院"和那些掌制诰的舍人们,不成疑问。唐人也常称舍人院、中书省、门下省这几个相关的官署为"禁省",或"禁垣",例证很多,唐代诗文中尤其常见。例如,皇甫曾有一首诗《和谢舍人雪夜寓直》一开头就说:

> 禁省夜沉沉,春风雪满林。
> 沧洲归客梦,青琐近臣心。
> 挥翰宣鸣玉,承恩在赐金。

---

① 中书舍人(或唐后期的知制诰)掌"外制",翰林学士掌"内制",这只是大略而言;这种分工并非绝对一成不变。唐后期也有中书舍人掌内制白麻的案例,见张连城《唐后期中书舍人草诏权考述》,《文献》1992年第2期,页85—99。由于唐代的制诰,传世者只占一小部分,我们难以统计中书舍人掌外制或内制的数量究竟有多少,不易掌握确实情况。但从其他方面看,唐后期的中书舍人,是个职权不断被知制诰和翰林学士替代的职事官。到了北宋初年,中书舍人沦为单纯的寄禄官,不再有职事,完全由知制诰和翰林学士取代,可知此官在唐末虽未废除,仍有草诏职务,但已经是个"夕阳职官"。

建章寒漏起，更助掖垣深。①

皇甫曾是天宝十二载（753）的进士，大历十大才子之一。这首诗是他跟一位姓谢的中书舍人友人唱和之作。谢舍人雪夜在中书省舍人院值班（"寓直"），诗中的"禁省"即指他值班过夜的地点。

再如《旧唐书·权德舆传》所载：

独德舆直禁垣，数旬始归。尝上疏请除两省官，德宗曰："非不知卿之劳苦，禁掖清切，须得如卿者，所以久难其人。"德舆居西掖八年，其间独掌者数岁。②

权德舆是德宗时代的知制诰和中书舍人，这时居西掖（中书省）已八年，"其间独掌者数岁"，所以他有许多时候要"直禁垣，数旬始归"。这里的"禁垣"和"西掖"，都指中书省舍人院，位于长安大明宫的宫城范围内，故可称"禁省"，和其他衙司所在的皇城有别。

李肇说中书舍人六人，"虽曰禁省，犹非密切"，意思应当是说，中书舍人虽然位处禁省，但在唐朝许多时候，皇帝犹未视他们为"密切"，因为皇帝身边，经常还有其他一些词臣，比中书舍人更受到皇帝的青睐，可以为他起草诏书，不一定非靠中书舍人不可。皇帝和这些人的关系，往往比他跟中书舍人更为私密。原因可举三个。

第一，皇帝和那些词臣有"私"关系。他们可能是先朝旧臣，早已跟皇帝熟识，或因皇帝闻其文名而征召而来。皇帝可以随时

---

①《全唐诗》卷二百十，页2180。
②《旧唐书》卷一百四十八，页4003。

传召他们入禁中草诏。但中书舍人却往往通过其他管道(比如由宰相推荐),进入舍人院任官,跟皇帝并没有太多亲密互动,疏远一些。在职官编制上,中书舍人属于中书省,长官最初为中书省的长官中书令,后来则属中书门下政事堂的宰相。但北门学士、弘文馆学士和翰林学士,不隶属于任何衙署或三省六部,无"长官"可言。皇帝就是他们的直接长官。

第二,一般而言,这一些唐初的词臣和文馆学士,像陆贽所说,乃外界公认的"天子私人",直接侍奉皇帝,但中书舍人,作为一种正规职事官,和皇帝的关系略显疏远,一般被视为是宰相的判官,"佐宰相判案"而已①。

第三,皇帝可以经常见到那些词臣,但不一定可以常见到中书舍人。以大明宫的地理位置考之,中书舍人院位于大明宫的南部,所谓的"南衙",离皇帝生活起居的大明宫北区,还有一大段距离,但上官仪、北门学士等人,却可以长年在北门候进止,直接进入北区,比起中书舍人无疑更接近皇帝。玄宗朝设立的学士院,更位于北区银台门内,十分接近皇帝生活起居之处②。

李肇所列的那一长串名单中,有些其实担任过中书舍人,如岑文本、许敬宗、李百药、张九龄等人,但李肇还是把他们列入,看来并没有把他们视为单纯的中书舍人。原因可能是,他们并非经常出任中书舍人,且他们任舍人为期都很短,但他们却更常以其他身份,例如岑文本和李百药以史馆史官,张九龄以集贤学士等身份,和皇帝长期保持密切的关系,所以常被召入禁中草诏。《唐

①《新唐书》卷四十七《百官志》,页1211。
②杜文玉《唐大明宫内的几处建筑物的方位与职能——以殿中内省、翰林院、学士院、金吾仗院、望仙观为中心》,《唐史论丛》第19辑(2014年10月),页23—42。

大诏令集》中,收有不少岑文本、李百药、张九龄等人所写的制诰,
都不是作于他们任中书舍人期间,可为明证。

皇帝和这些词臣的私密关系(也就是构成使职的一个基础),
我们不妨举上官仪(约 608—665)为例。《旧唐书·上官仪
传》说:

> 举进士。太宗闻其名,召授弘文馆直学士,累迁秘书郎。
> 时太宗雅好属文,每遣仪视草,又多令继和,凡有宴集,仪尝
> 预焉。①

上官仪一考中进士,太宗就"闻其名",委任他为弘文馆直学士,这
是很高的荣誉,也是唐人"无不以文章达"的绝佳例子。上官仪考
中进士,在贞观初年,大约只有 30 多岁。唐人一般都要在 40 多
岁,历经数官之后,才能在仕宦的中途,被选为弘文馆学士。这种
官照例由皇帝委任,和后来的集贤学士与翰林学士一样,是一种
使职,皆以本官充任。太宗"闻其名"就"召授"上官仪任此官,完
全符合此官的使职性格。上官仪这么年轻就出任这个由皇帝钦
任的使职,和太宗这么亲近,荣耀无比。他后来更升任为西台(中
书)侍郎和宰相,但仍然"兼弘文馆学士如故"②。

弘文馆位于宫城,是唐初建立的一座藏书楼,"实际上是秦王
文学馆的翻版"③,藏书丰富,还附设一所宫廷学校,教导皇室贵族
子弟。上官仪长期任弘文馆学士,几乎长年在宫中陪伴皇帝左

---

① 《旧唐书》卷八十,页 2743。
② 《旧唐书》卷八十,页 2743。此"学士"比上官仪最初的"直学士"高一等
　级,表示他在学士任上多年,到高宗时已有所升迁。
③ 李锦绣《唐代的弘文、崇文馆生》,《唐代制度史略论稿》,页 242。

右,不但"视草",参与宫廷"宴集",还写过不少和皇帝唱和的应制诗,以他的"上官体"诗名见闻于唐初诗坛,并参与宫中的讲学和图书编纂。太宗和高宗朝的制诏,有不少由他起草。现传世可考的,便有《册殷王旭轮文》①、《黜梁王忠庶人诏》②、《册赠渤海王文》③等篇,收在《唐大诏令集》,署有他的名字。

问题是,上官仪是以什么身份在"视草"?是以弘文馆学士的使职身份,还是以中书舍人的职事官身份?他的《旧唐书》本传,未记载他曾任中书舍人,但他孙女上官婉儿的墓志,2013年在西安出土,却明确记载上官仪曾任中书舍人④。不过,这并不能证明说,他是以中书舍人的职事官去草诏,因为中书舍人草诏,是在南衙的中书舍人院,离皇帝的起居生活区,颇有一段距离。上官仪若以中书舍人身份去草诏,表示他跟皇帝的关系,反而疏远了,不再那么亲近了。最好的解释是,他应当是以中书舍人为本官,去出任弘文馆学士草诏。

事实上,上官仪考中进士后,被太宗"闻其名","召授"为弘文馆直学士后,他就几乎长年在宫中任学士,跟皇帝草诏、唱和、宴集。最后,在高宗朝,他才以中书侍郎的本官,去出任宰相。而即使是他任宰相时,他的本传也清楚告诉我们,他仍"兼弘文馆学士如故",仍然同时带有学士身份。至于他本传和他孙女墓志中,说他曾任过一系列的职事官,诸如秘书郎、给事中、起居郎、秘书少监等,这些都只不过是他任弘文馆学士时所带的本官,用以定

①《唐大诏令集》卷三十四,页143。
②《唐大诏令集》卷三十九,页179。
③《唐大诏令集》卷三十九,页183。
④李明、耿庆刚《唐昭容上官氏墓志浅释》,《考古与文物》2013年第6期,页87—93。

俸禄,序班次而已,一如宋代的寄禄官。他并没有离宫去出任这些职事官。他始终在任弘文馆学士这种使职。这个弘文馆学士,比起他那些有官品的本官,更为重要。事实上,他那些本官,都是闲官,几乎是空衔,不职事。

上官仪此例,也像玄宗朝一些翰林学士,以中书舍人的本官,到学士院去掌诰一样(见下面第五节"中书舍人作为本官")。这样看来,上官仪以非正规的使职身份,为皇帝草诏,才能说明何以他那么亲近太宗和高宗,更深得高宗的宠信。但也正因为他太接近权力中心,很容易牵扯上皇室内斗,结果他后来涉及欲草诏废武后之事,而遭到高宗诬杀,儿子庭芝也跟他同时被杀,妻子和家口被籍没入宫为奴①。

因此,上官仪的孙女(庭芝的女儿婉儿),"时在襁褓,随母配入掖庭。及长,有文词,明习吏事。则天时,婉儿忤旨当诛,则天惜其才不杀,但黥其面而已。自圣历(698—700)已后,百司表奏,多令参决。中宗即位,又令专掌制命,深被信任"②。这便是李肇在《翰林志》中所说的"上官昭容独掌其事"。身为女性,她不可能出任中书舍人,但她在中宗朝的那些年,却在宫中"专掌制命",是名符其实的中书舍人,唐史上罕见的"女舍人",职权和地位都比正规的中书舍人,有过之而无不及。

---

①《旧唐书》卷八十,页 2744。
②《旧唐书》卷五十一,页 2175;参见《资治通鉴》卷二百八,页 6587。郑雅如《重探上官婉儿的死亡、平反与当代评价》,《早期中国史研究》4 卷 1 期,2012 年 6 月,页 111—145。上官婉儿的墓,2013 年 9 月在西安出土,有墓志一通,见李明、耿庆刚《唐昭容上官氏墓志浅释》,《考古与文物》2013 年第 6 期,页 87—93。更精细的论证见仇鹿鸣《碑传和史传:上官婉儿的生平与形象》,《学术月刊》2014 年 5 月号,页 157—168。

上官仪和他孙女上官婉儿的这个案例,连同唐初温大雅、魏征等一系列被李肇点名的词臣掌诏制,在在显示唐朝廷,经常是以一种"双轨制"来治国。在正式的官制上,掌制诏原本属于中书舍人的职权,但皇帝却经常因为种种原因,把中书舍人架空,改派跟自己更亲近私密的词臣,甚至女性(如上官婉儿)来草诏。

　　这便是一种任命使职来草诏的办法。这种命官办法,不一定只属"临时"性质,还可以是长年如此,形成一种制度,可称之为"使职"(或宋人所说的"差遣")。唐初的几个皇帝,都有过这种举动,无一例外,经常以身边亲近、熟识的词臣来草诏,避开那些他可能不认识,或无关系的中书舍人。唐玄宗以降的皇帝,更经常诉诸这种使职办法。这种使职是随兴的,随皇帝意思施行,显示唐代的官制有相当的弹性和"私"因素在内。

　　在唐初,草诏者可以是弘文馆学士(如上官仪),可以是其他具词彩的职事官,甚至可以像李肇所说,"未有名号",比如温大雅、魏征、上官婉儿等人,不必带任何使职称号,就能草诏。到高宗武则天朝,他们的"名号"则是北门学士,但这只是"时人谓之"的"绰号"(见下),还不是使职官名。玄宗朝开始,更有翰林学士,集贤等文馆学士掌制诰。这些文馆词臣,才有了正式的使职官名,大抵以文馆命名。除此之外,从唐初到唐后期,也有不少文词典丽的官员,以其他职事官的身份(如中书侍郎、主客郎中等),去充任知制诰,负责草诏。

　　这便是唐的"双轨制":正式的职事官中书舍人和非正规的其他词臣草诏使职,同时并行,不一定会互相排斥,反而可以形成一种"互补"的状态。有些皇帝可能偏好使用中书舍人;有些皇帝可能更喜欢采用使职,全看个别皇帝的性格和时代环境而定。这也就是杜佑在《通典》中所"表扬"的唐"一代之制":"设官以经之,置使以纬之"的双轨办法①。双轨制无疑让皇帝多了一些选择，多一些弹性，未尝不是提高行政效率的好办法。

三、北门学士

李肇说，唐初的词臣"时召草制，未有名号。乾封以后，始曰北门学士"，好像北门学士是个正式的使职官名，好像当年武则天把刘祎之、周思茂、元万顷、范履冰等人，召入禁中从事草诏、编纂等活动时，曾经给过他们一个"北门学士"的使职官名。事实上恐怕并非如此。武则天应当不曾给过他们这样的使职官名。北门学士也不是正式官名，应当不能用于题署自己全套官衔的场合。所以，我们在唐代序文祭文或碑志石刻等需要题署自己正式官衔的地方，从来没有见过有北门学士这个官名②。

那么，北门学士算是什么"名号"？这应当是一种"绰号"式的称谓。因为刘祎之、元万顷等人，经常在大明宫的北门出入"候进止"，所以"别人"便给了他们北门学士的名号。武后恐怕不会称他们为北门学士，他们自己应当也不会说自己是北门学士，但别人（比如其他官员好事者）却"调侃"他们为北门学士，带有一种"戏谑"的意味，因为北门学士实际上有点"走后门"的味道，在"逃避"正规管道（南衙）。

---

① 《通典》卷十九，页473。

② 近年有一唐代墓志出土，志文中有"北门学士"一词，但经学者考证，这个北门学士和李肇所说的不相同。见李方《唐李元轨墓志所见的北门学士》，《文物》1992年第9期，页60—61；梁尔涛《唐李元轨墓志所涉北门学士问题献疑》，《中原文物》2010年第6期，页92—95及页109。

唐代的"北门",有与"南衙"相对的意思。最好的一个例证,涉及武后的男宠"阿师"薛怀义。他在南衙朝堂遇见宰相苏良嗣,"怀义偃蹇不为礼;良嗣大怒,命左右捽曳,批其颊数十",怀义脸颊被打了数十个巴掌。他诉于武后,武后教他应付之道:"阿师当于北门出入,南牙宰相所往来,勿犯也。"①这段插曲,清楚揭露了"北门"的深层含义。武后的这五六个北门学士,正好是在"北门出入"。

　　唐大明宫的宫门,从未以方向命名,并无一道门叫"北门"或"南门"。所谓"北门",应当只是当时一种俗称,指进入宫禁区的某一道北门(很可能指大明宫西侧北部,出入禁中的右银台门),和南衙相对。胡三省注北门学士,便如此解释:"不经南衙,于北门出入,故云然",可谓深得个中奥妙②。

　　因此,所谓"北门学士",乃指从北门出入,不经南衙,专门侍奉武后的词臣,带有浓厚的"私密"性质。唐代文献提到北门学士时,都会特别注明这是一种"时号"、"时人谓之"等语,显然当作是一种戏称来使用。例如《旧唐书·职官志》说,"刘懿之刘祎之兄弟、周思茂、元万顷、范履冰,皆以文词召入待诏,常于北门候进止,时号北门学士。"③《资治通鉴》则说:"天后多引文学之士著作郎元万顷、左史刘祎之等……时人谓之北门学士。"④如果北门学

①《隋唐嘉话》卷下,页37;《资治通鉴》卷二百三,页6441。
②《资治通鉴》卷二百二,页6376。关于北门学士的设置时间、权限和下场等课题,见刘健明《论北门学士》,《中国唐史学会论文集》,页205—218。较新的研究见李福长《唐代学士与文人政治》,第四章《北门学士与武则天革命》,页145—176。
③《旧唐书》卷四十三,页1853。
④《资治通鉴》卷二百二,页6376。

士是个正式的使职官名，又何必加上"时号"、"时人谓之"等语？

其实，唐人颇喜这种绰号。例如，《旧唐书·卢怀慎传》说："怀慎与紫微令姚崇对掌枢密，怀慎自以为吏道不及崇，每事皆推让之，时人谓之'伴食宰相'。"《新唐书》此处更说，"时讥为'伴食宰相'"①。可知这种"时人谓之"的绰号，不可不慎，不可误以为是正式官称。又如，《因话录》记载了一则故事：司徒郑贞公（即宰相郑余庆），"与其宗叔太子太傅绸，俱住昭国（坊），太傅第在南，出自南祖；司徒第在北，出自北祖：时人谓之'南郑相'、'北郑相'"②。这里"南郑相"和"北郑相"也显然只是绰号，不是官称。再如，玄宗朝的"纵横之士"王琚，"在帷幄之侧，常参闻大政，时人谓之'内宰相'，无有比者。"③这个"内宰相"无疑是个绰号，跟北门学士一样。玄宗断不会称王琚为"内宰相"，正如武后断不会称元万顷等人"北门学士"一样。李肇沿用时人的称谓"北门学士"，实际上只是一种绰号，不是个正式使职官名，不像翰林学士那样。本章也纯以绰号方式，来使用"北门学士"一词。

《旧唐书·刘祎之传》说，武后经常"密令"这些北门学士"参决，以分宰相之权"④。"以分宰相之权"这句话，也见于《旧唐书·元万顷传》和《新唐书》、《资治通鉴》等处。这导致现代学者，不免受到这些史籍的影响，高估了北门学士的权力。武后或许有这样的意图，但未必能做到。据刘健明的研究，"北门学士只侵蚀了宰相的部分决策权力，而且是间接的，对宰相的施政权力并没有直接的影响"。这些学士都是中级官员，"在朝廷上也没有

① 《旧唐书》卷九十八，页3068；《新唐书》卷一百二十六，页4417。
② 赵璘《因话录》卷二，页76。
③ 《旧唐书》卷一百六，页3251。
④ 《旧唐书》卷八十七，页2846。

重要的影响力",实力远不如后来的翰林学士①。

至于北门学士是否"侵中书舍人起草国家诏书之权"？刘健明引用《旧唐书·郭正一传》的记载,"正一在中书累年,明习旧事,兼有词学,制敕多出其手",认为高宗时,"国家正式的诏书,仍是操于中书舍人之手"②。此时的制诰,不出北门学士之手,当是事实。他们的主要任务,是在编纂《臣轨》等书籍,而在草诏和参政方面,作用不大。所以到了武则天正式掌政时,她显然不再需要元万顷等北门学士。这些人也就消失不见,从此唐史上再也没有所谓的北门学士。

然而,从制度的意义上看,高宗朝武后干政,曾经常把北门学士召入禁中使唤,在在显示她擅长运用唐代的"双轨制",有时用中书舍人这种职事官,有时用北门学士这种使职,来弹性互补,以达到她想要的目的。这也正是唐代和历代中国皇帝都会使用的办法,亦符合人类最原始的本能,断不会画地自限,把自己限定在律令制,只用"令内之官",不用"令外之官"③。

四、翰林学士和中书舍人的纠葛情结

我们前面见过,唐初就设立正规的职事官中书舍人,负责掌

---

①刘健明《论北门学士》,页214。
②刘健明《论北门学士》,页214。
③日本学者深受唐代律令制影响,称职事官(载于律令)为"令内の官",称使职(不载于律令)为"令外の官"。见砺波护《唐の官制と官职》,《唐代政治社会史研究》,页238—244。日本官制亦有令外之官,指日本律令以外的官。

制诰。但即使在唐初，皇帝经常还是会因种种原因和需要，以"无名号"或有名号的词臣来草诏，分割了中书舍人的职权。无名号的词臣包括温大雅、魏征、上官婉儿等人。有名号的词臣则指弘文馆学士、集贤学士、翰林学士，以及以他官充任的知制诰。这些词臣，不管有无名号，全都可视为皇帝钦任的使职。一种使职在刚行用时，往往带有一些临时、随兴意味，所以常常可以像李肇所说的"未有名号"。但在唐初这几批词臣当中，最后"脱颖而出"，能够跟中书舍人分庭抗礼，且形成一种常设使职制度，直到唐末五代和北宋者，则只有翰林学士和知制诰。关于知制诰，本书第七章和第八章会有详细论述，此不赘论。这里要问的是，为什么从唐玄宗以降，皇帝要以翰林学士这种使职来为他撰写制诰？这种工作不能由正规的中书舍人来做吗？翰林学士的突然壮大，其真正的原因和背景是什么？

玄宗开元二十六年（738）虽然设立了学士院，但据德宗贞元四年（788）陆贽呈给德宗的《论翰林学士不宜草拟诏敕状》，玄宗时代翰林学士的职务，也仅"止于唱和文章，批答表疏"而已，"其于枢密，辄不预知"。陆贽进一步指出，翰林学士草拟诏制，始于安史之乱期间：

> 肃宗在灵武、凤翔，事多草创，权宜济急，遂破旧章，翰林之中，始掌书诏，因循未革，以至于今。①

陆贽这段话，把翰林学士这个使职的突然壮大，描写得入木三分。正因为肃宗当时正逢安史之乱，在灵武、凤翔行在，正规行政架构

---

① 《陆贽集》补遗，页 774。

几乎崩溃,没有正规的职事官(中书舍人)可派上用场。"事多草创,权宜济急",于是就以当时他身边仅有的翰林学士来"始掌书诏",完全符合使职产生的规律。

其实,翰林学士在安史乱前,也未尝没有掌书诏的案例。例如,李肇《翰林志》便提到一个好例子:"天宝十二载,安禄山来朝,玄宗欲加同中书门下平章事,命张垍草制,不行;及其去也,怏怏滋甚。"[1]张垍当时正是翰林学士,玄宗命他草制,但安禄山最后因有人反对,没有成功拜相。依此看来,当时玄宗命翰林学士草诏,应当至少是偶有之事,但可能未成风气。陆贽此处说翰林学士是在安史之乱才掌书诏,应当是指他们草诏之权,突然因战争壮大增长,才开始形成一种固定的制度。肃宗回到长安后,习惯了这种使职,也就"因循未革,以至于今"。

陆贽在此奏状中还提到,"顷者物议尤所不平,皆云学士是天子私人,侵败纪纲"。这反映在德宗时代,翰林学士和皇帝的关系变得更为密切,以致外界认为学士是"天子私人,侵败纪纲"。不过,陆贽写这篇奏状,其实他是有"私心"的。他当时跟充任翰林学士的吴通微、通玄兄弟不和,于是写了这篇状,希望德宗把掌诰的职权,归还给中书舍人,借以排挤通微、通玄两人。他在另一篇奏状《论翰林学士所掌制诏宜还中书舍人状》中,把这层意思表达得更为露骨:

> 学士私臣。玄宗初令待诏内庭,止于唱和诗赋文章而已。诏诰所出,本中书舍人之职,军兴之际,促迫应务,权令学士代之。今朝野乂宁,合归职分。其命将相制诏,请付中

---

[1]《翰苑群书》卷一,页3。此事亦见于姚汝能《安禄山事迹》卷中,页19,但年代则为"天宝十三载三月一日"。

书行遣。①

表面上,陆贽好像大节凛然,在为中书舍人发声,希望皇帝把草诏权还给舍人,但真正原因是,吴通微、通玄两人当时正在任翰林学士,陆贽和他们有私怨,想借此打击两人。

德宗当然看出陆贽的私心,最后并没有采纳他的建议。《旧唐书·陆贽传》说:

> 德宗以贽指斥通微、通玄,故不可其奏。②

德宗一方面知道陆贽写这篇奏状,是针对通微、通玄而言,"故不可其奏"。但另一方面,德宗不答应,恐怕也有他的"私心"考虑,也就是不愿轻易放弃这种以"私臣"来掌制诰的权力,把"命将相制诏"归还给中书舍人。毕竟,"私臣"比较好使唤。

实际上,肃宗以后的中书舍人,权力大为削弱,在德宗时常缺员不补,呈独员状态,以致权德舆任中书舍人时,须"独直禁垣,数旬一归家"。中书舍人原有的佐宰相判案职权,也被剥夺,以致穆宗在元和十五年(820)闰正月刚即位时,就主张让中书舍人"便令参议,知关机密者,即且依旧"。但似未实行,或成效不大,所以在武宗会昌四年(844)十一月,中书门下(宰相)又上奏,"请复中书舍人"③。中书舍人地位的下降,其部分肇因就在安史之乱期间,因形势所需要,翰林学士得到肃宗的完全信任,以后的几个皇帝,

---

① 《陆贽集》补遗,页775。
② 《旧唐书》卷一百三十九,页3818。
③ 以上三事,俱见《唐会要》卷五十五,页1111—1112。

也就"因循未革",喜用"学士私臣",不想再走回头路。毕竟,中书舍人跟许多职事官一样,乃正规官僚的部分,跟皇帝没什么关系可言,最后得不到皇帝的青睐。陆贽的这两篇奏状,凸显了翰林学士和中书舍人的种种纠葛情结。

五、中书舍人作为本官

在唐后期,中书舍人越来越使职化,逐渐被知制诰和翰林学士所取代之后,产生了一个结果。那就是,中书舍人本身的职事官位,又可拿来当作所谓的"本官",让他们以此本官去充任其他使职,主要是充任知贡举和翰林学士。例如,崔瑶"大和三年登进士第,出佐藩方,入升朝列,累至中书舍人。大中六年,知贡举,旋拜礼部侍郎,出为浙西观察使"①。再如郑从谠,"寻迁中书舍人。咸通三年,知贡举"②。以中书舍人去知贡举,在晚唐颇常见,一般也不构成什么理解上的问题。

但以中书舍人为本官去充任翰林学士,却又似乎有些"奇特",主因是中书舍人和翰林学士,都同样掌制诰,似乎有些"角色混乱"。然而,正如李肇所说,翰林学士"皆以他官充,下自校书郎,上及各曹尚书,皆为之"。既然校书郎和郎官等人,可以充任翰林学士,中书舍人当然也可以。实际上,唐朝以中书舍人来充任翰林学士,早在学士院的初期,即玄宗时代就开始了,并非唐后期才有。例如,丁居

---

①《旧唐书》卷一百五十五,页4119。
②《旧唐书》卷一百五十八,页4169。又见孙国栋《唐代中书舍人迁官途径考释》,页103—104。

晦的《重修承旨学士壁记》，列出了开元后出任翰林学士的八人，其中便有三人的本官是中书舍人，比如张渐，"中书舍人充"，另两人是吕向和窦华①。至于德宗朝以后，以中书舍人本官去充任翰林学士者，就更多了，不胜列举，可查丁居晦的《壁记》。

这就产生了两种中书舍人。第一种是旧有的，在中书舍人院实任职事的中书舍人，主要负责撰写"外制"（中书制诰）。第二种是在学士院内的中书舍人，以中书舍人本官充任翰林学士，负责起草"内制"（翰林制诰）。内制一般比外制重要。第二种中书舍人，或可称为"学士院中书舍人"，以别于第一种"舍人院中书舍人"。例如，晚唐的两位才子元稹和李德裕，都是以中书舍人作为本官，到学士院去任翰林学士；他们从来没有在舍人院任中书舍人。至于另两位晚唐知名文士权德舆和白居易，则是在舍人院当实任的中书舍人；他们从来没有以中书舍人的本官，去学士院任翰林学士（见第九章）。这是个重要的区别，不可不慎。若不小心分辨，很容易混淆。例如，近年有一些关于中书舍人升迁研究的著作，便把学士院中的中书舍人，当成是舍人院的中书舍人来统计，难免影响到结论。

舍人院的中书舍人，为一般的职事官，有官品（正五品上），属高官，实任其职，简单明白，一般不构成问题。但学士院的中书舍人，却有些复杂。它虽然不算是"真正"的中书舍人，只是个本官，但这个中书舍人官衔，却是有意义的，并非"空衔"。它实际上类似宋代的寄禄官。唐制也正是宋制的渊源。它至少有两个作用。

第一，一旦有了此衔，便可以被人尊称为"中书舍人"，也可以自称为"中书舍人"。所以，唐代文献和诗文中，经常可以见到"中

---

①丁居晦《重修承旨学士壁记》，《翰苑群书》卷六，页29—30。

书舍人翰林学士"这样"奇特"的官名组合。例如,元和二年
(807)三月的《李吉甫平章事制》,便称他为"银青光禄大夫,行中
书舍人翰林学士、上柱国李吉甫"[1],他是学士院的中书舍人。再
如,权德舆在《祭故徐给事文》中,称吴通微为"中书舍人翰林学士
吴通微"[2],意思跟李吉甫情况相同。唐代酬答诗的诗题中,这样
的称谓更是十分常见。这些都不是"真正"的舍人院中书舍人,而
是带有中书舍人本官的翰林学士,在学士院中服侍皇帝。

第二,在学士院中,中书舍人此衔的作用,也跟其他本官一
样,在于计俸料,定班序。例如,白居易在年轻时曾任翰林学士,
最初是以盩厔县尉去充任,来年在院中升为左拾遗,又两年后再
升为京兆府户曹参军[3]。这三个都是他的本官(寄禄官),只是用
以计俸料,定班序,所以白居易得到这些官衔之后,曾经十分感恩
地写下《初授拾遗》、《奏陈情状》等诗文,纪录他升官加薪的喜
悦。他在《谢官状:新授京兆府户曹参军、翰林学士臣白居易》,更
十分"露骨"地说,他得了京兆府户曹参军此官,"位望虽小,俸料
稍优,臣今得之,胜登贵位"[4]。而且,他还说,他升了此官,俸钱增
多了,更足以照顾年老的母亲,可证这种本官的一大作用是计俸
料。为此他还特地写了一首诗《初除户曹喜而言志》,来表达他的
喜悦。诗中提到他的"俸钱四五万"和得官后"贺客满我门"的
事,十分生动[5]。可惜,白居易中年以后是在舍人院任实职的中书

①《唐大诏令集》卷四十六,页229。
②郭广伟校点《权德舆诗文集》卷四十九,页778。
③丁居晦《重修承旨学士壁记》,《翰苑群书》卷六,页33。
④《白居易集笺校》卷五十九,页3376。
⑤见赖瑞和《唐代基层文官》,繁体版页274—276;简体版页193—196的详
  细讨论。

舍人,不曾在学士院任中书舍人。如果他是在学士院升为中书舍人,他想必又会再写一篇谢官状来感谢皇恩,因为中书舍人远高于京兆府户曹参军,俸料钱更多,他应当会加倍欢天喜地才对。

至于本官的另一作用(定班序),白居易倒是没有为我们提供像计俸料那样生动的纪录。但《唐会要》记载,"其翰林学士,大朝会日,准兴元元年(784)十二月二十九日敕,朝服班序,宜准诸司官知制诰例"①。这是说,翰林学士没有自己的班序,朝会时依照各学士所带的不同本官,回到其本官的司署去排班,就像知制诰回到他们原本"诸司"的班序那样②。依此看来,到了朝会时,那些带有中书舍人本官的翰林学士,又会回到舍人院中书舍人那一组的班列当中,形成两类中书舍人又齐聚在一起的微妙状况。

中书舍人在唐后期可以这样使用,变成一种本官,用以寄俸禄和定班序,好像变成了"阶官"一样。此官在晚唐虽未废除,但也成了一种无甚作为的职事官,职务几乎都被另两个使职(翰林学士和知制诰)所取代。到了北宋初期,中书舍人更进一步演变成了纯粹的寄禄官,也就是宋制"官、职、差遣"当中的"官","无职事,为文臣迁转官阶"③,不再有草诏实职。宋初掌诰者,仅剩下知制诰和翰林学士。直到北宋元丰年大改官制,宋神宗才又把中书舍人的职事恢复过来④。

---

① 《唐会要》卷二十五,页 564。
② 见毛蕾《唐代翰林学士》,页 54—56 的详细讨论。
③ 龚延明《宋代中书省机构及其演变考述》,《中国古代职官科举研究》,页 171。
④ 陈振《关于宋代的知制诰和翰林学士》,《宋代社会政治论稿》,页 34—47。

六、结语

　　唐代职事官的使职化，是个非常缓慢且漫长的过程。就中书舍人而言，唐代许多时候，其实是在施行一种"双轨制"，一边采用旧有的中书舍人这种职事官，一边又行用新的知制诰和翰林学士这两种使职，直到唐亡，中书舍人都没有完全被废除。这种双轨制，让皇帝有更多的选择，可以有时用中书舍人来草诏，有时又用其他词臣使职来掌诰，端视当时的形势（如战争）和文书种类需要（如内制和外制）而定，有互补作用。但整个趋势是，中书舍人的职权越来越小，使职最后占了上风，以至中书舍人甚至演变成了一种本官（类似宋代的寄禄官）。不少中书舍人就以此本官去充任翰林学士和知贡举等使职。这是中书舍人使职化最明显的一个征兆，也是使职化的自然结果。

　　这个漫长的使职化过程，到了宋代，终于完成。北宋初期的中书舍人，已经不再有职事，彻底被使职化了，演变成"文臣迁转官阶"，成为单纯的寄禄官，和唐代的本官一样，只是用以计俸禄，定班序而已。其草诏职事，则由唐代长期发展而来的知制诰和翰林学士所取代，直到元丰改制，才又刻意恢复中书舍人的职事。常言道，宋制源于唐制。本章所考的中书舍人使职化，正好可以为宋制如何源自唐制，提供一些实例，或可供研究唐宋官制源流的学者参考。

第七章　唐知制诰的使职本质

崔融,长安四年除司礼少卿,知制诰。融
为文典丽,当时罕有其比。

——《册府元龟》

　　"知制诰"这个官衔,常见于唐宋文献,但唐代的含义不同于宋代;唐制和宋制也有不少差别。为免混淆,本章只专论唐制,不拟涉及宋代的用法。然而,即使在唐代,知制诰也是相当复杂的官职。虽然有学者发表过一些论述①,但问题仍然不少,还有待进一步的探讨。本章主要想厘清一点:知制诰有实职,但却无官品,也不载于《唐六典》等职官书中,是一种典型的使职。这点学界似从未申论。钱大昕精湛的使职论,也没说知制诰是使职(见第二章)。相对地,中书舍人有官品(正五品上),也载于《唐六典》等职官书中,是一种典型的正规职事官。两者泾渭分明,不可混淆。

　　知制诰虽不载于《唐六典》等职官书中,但在两《唐书》列传

---

①张东光《唐宋的知制诰》,《文史知识》1993 年第 1 期,页 27—30;张东光
　《唐宋时期的中枢秘书官》,《历史研究》1995 年第 4 期,页 135—150;刘万
　川《唐代"知制诰"辨析》,《燕赵学术》2011 年秋之卷,页 77—84。

和近世出土唐代墓志中,却经常见到有唐代士人出任这个官职,显示这是一种行之有年的官制,且有实职,职务是撰写制诰,但又没有官品。通常,我们一见到这种有实职,却无官品的官位,便可以"大胆假设",它必定是个使职(或宋人所说的差遣)。接着要做的事,便是"小心求证"。

本书第二章细论过使职的定义,结论是:"举凡没有官品的实职官位,都是使职。"但单凭有实职,无官品,就判定知制诰为使职,有读者或以为,证据或许还不够充分。下面就从另外三点,来求证此官的使职本质。今后,我们也可以用本章的论证方法,来求证其他官职是否为使职。

一、动宾结构的官名

知制诰这个官名,属动词加宾语的组合,往往正是使职的特征之一。"知"字,即"负责、主管"之意。皇帝指派某官去"知制诰",便是命他去负责草拟制诰。从结构上看,"知"是动词,"制诰"是宾语,这是一个动词加宾语的组合,可以称之为"动宾结构的官名"。这种动宾型官名,往往意味着,它是一种使职,不是正统、正规的职事官。所以,单看官名,几乎就可以确定,知制诰应当是一种使职。当然,除了官名本身,我们还有其他的证据可佐证,底下将细论。

唐代颇有不少以"知"字开头的官名,例如知贡举、知吏部选事、知枢密、知内省事,都是佳例。我们从其他史料知道,这些全都是使职。唐代的宰相,常称为知政事(罢相则称作"罢知政事"),也正是使职(见第四章)。宋制源自唐制。宋代这种以

"知"字开头的使职差遣,就更多了,比如知州、知丞事、知司录、知礼院等等①。

这类动宾结构使职官名,跟正规职事官的官名很不一样。正规官制的官名,几乎全是名词,如"吏部尚书"、"水部员外郎"等等,不含动词在内。但使职是一种比较"原始"的官职,往往会带有一个动词,且以动词来描写职务,简单易懂,从职称上就可以看出职务。例如,单看知制诰这个官名,就知道此官必定是负责草诏的。唐代还有一种掌诰的正规职事官,叫中书舍人,便跟许多职事官名一样,不含任何动词,但也就不容易从中书舍人的官名上,看出此官原来是掌诰的。唐代的使职官名,当然不完全是动宾结构,然而却有不少是动宾型,包括最知名的另两种宰相称号,"同中书门下三品"和"同中书门下平章事"。这两个官名,都有个动词"同"字。这是使职命名的常见方法。

所以,知制诰这个典型的动宾型官名,意味着此官必定是从使职开始,至今也仍然保持着它的使职本色,还没有演变成正式编制的职事官,所以也没有官品。如果这种使职演变成职事官,则它原先的动宾型官名,很可能也会跟着变为名词型,且专指某官某人,不再提及其职务②。例如,魏晋南北朝常见的官名"都督诸州军事",起初是个使职,按照使职典型的命名法,以动宾短语描述职务的方式来命名。"都督"为动词,接着描述此官的职务。都督什么?都督诸州军事也,清楚明白。到了唐代,这个使职终

①见龚延明《中国历代职官别名大辞典》,页 420—421。
②汉代的官制也有这种特征。廖伯源《使者与官制演变——秦汉皇帝使者考论》,页 327—328 说:"官制演变之一现象是有些官职之出现,先有其职务之事实,然后才设置该官职,故其官名是从动词转变而来。"换言之,汉代的使职官名也常带有一个动词。

于演变成正规职事官,于是改为单纯的名词型官名"都督"两字而已,专指这种官员,但这新官名却不易让人看出其职务,不知他都督什么。换言之,从使职官名,很容易看出它的职掌,但成了职事官名后,反而不容易看出其职掌。

一种使职刚设置时,有一个相当常见的命名方式,就是以"描述职务"的办法来取名,于是就产生了"知制诰"这种动宾结构的组合。西周金文中颇多这种带有动词的官名①。我们不妨从使职的角度去研究发微。再如,唐史官刘知几,当年到史馆任史官使职时,他就只有一个非常简单的动宾结构官名,称为"修国史",乍看之下简直不像是官名。但他自己在《史通·原序》中说,"长安二年(702),余以著作佐郎兼修国史"②。又在《史通·自叙》中说,"长安中,以本官兼修国史"③。这就明确表明,他那些年是以著作佐郎为本官,兼(意谓同时)带有"修国史"这个使职。本书第十章和第十一章,将进一步论证,刘知几的这个"修国史",是一个使职官名。这里暂且不论。这种动宾型官名,便是使职最显著的标志之一。唐代宰相常带有的"监修国史"官衔,亦为动宾型官名,也属使职(见第十一章)。

像知制诰这类动宾结构的官名,有点类似英文的"动名词"(gerund),即有动词的属性,又有名词的特质。所以,这种官名不但可以当名词来使用,更可以当动词来描述一种职务。例如,《旧

<hr />

① 张亚初、刘雨《西周金文官制研究》;Li Feng, *Bureaucracy and the State in Early China: Governing the Western Zhou*;中译本:吴敏娜等译《西周的政体:中国早期的官僚制度和国家》。
② 《史通通释》《原序》,页1。
③ 《史通通释》卷十,页269。

唐书·崔融传》说："四年,除司礼少卿,仍知制诰。"①意即崔融被任命为司礼少卿,但这只是他的本官,他仍然在出任"知制诰"这种使职,仍旧在知制诰。再如,《旧唐书·刘子玄传》说："景龙初,再转太子中允,依旧修国史。"②意思是,子玄再迁转为太子中允,但他依旧在出任"修国史"这个使职,依然在修国史。又如,《旧唐书·高宗纪》永徽四年(653)九月条下说："甲戌,吏部尚书、河南郡公褚遂良为尚书右仆射,依旧知政事。"③意思是,褚遂良升为尚书右仆射,但他依旧在出任"知政事"这个使职,也就是依然在当宰相。

然而,唐代的职事官名,一般不能直接当成动词来使用。因此,我们在史书中,可以找到许多"仍知制诰"、"依旧修国史"、"依旧参知政事"的用例,但找不到"仍中书舍人"、"依旧吏部郎中"、"依旧兵部侍郎"的例子。

二、使职常以他官充任

这是钱大昕使职论的一个重点:"常假以它官"的官职,亦是使职(见第二章)。道理很简单,因为使职本身没有正规的员额编制。比如,唐代的史馆,本身并无员额编制,所以它的史官,当然必须由其他有史才的官员去充任。中书舍人是正规职事官,有员额编制,所以不必召他官去出任。同理,知制诰是使职,无员额编

①《旧唐书》卷九十四,页3000。
②《旧唐书》卷一百二,页3168。
③《旧唐书》卷四,页72。

制,所以在有需要任命时,便不得不召其他有文采的官员来担任。因此,须由他官去充任的官职,也都是使职。

知制诰之所以出现,主因是皇帝觉得,某某官员有文词之美,远胜当时现有的中书舍人,想借重他的才华来撰写制诰,于是便请这位官员,以他当时的某某职事官,作为本官,来充任知制诰。这便是"以他官充某职","以他官知制诰"的典型使职任命办法。

唐前期就有一些文词典丽的官员,以他官的身份去知制诰,分化了中书舍人的一部分草诏职权。例如,中宗武后时的崔融,曾以司礼少卿(太常少卿)充知制诰。玄宗时,苏颋以紫微侍郎,李义以刑部尚书,张九龄以工部侍郎,韩休以礼部侍郎,都曾经出任过知制诰(详见第八章)。

唐前期这种以他官知制诰的做法并不常见,案例不多,还不是一种常设的使职,只偶尔委任。但安史乱后,以他官(特别是郎中和员外郎)去知制诰的案例,就十分普遍,举不胜举,成了一种常设使职。例如,李宗闵曾以驾部郎中知制诰之后,才出任中书舍人[1]。诗人白居易,曾以主客郎中,牛僧孺曾以库部郎中,也都充任过知制诰[2]。

唐穆宗以后,以他官知制诰的办法依然在行用,成了一种固定的制度,一直到唐末哀帝朝都如此。这里且引几个唐末的案例,以见一斑。例如,《旧唐书·昭宗纪》乾宁元年(894)十月庚寅条下:

> 以翰林学士承旨、礼部尚书、知制诰李磎为户部侍郎、同

①《旧唐书》卷十六《穆宗纪》,页481。
②《旧唐书》卷十六《穆宗纪》,页484。

平章事。宣制之日,水部郎中、知制诰刘崇鲁出班而泣,言碣
奸邪,党附内官,不可居辅弼之地,由是制命不行。①

刘崇鲁是以水部郎中的他官去知制诰,可知唐末仍有此制。再
如,唐末代皇帝哀帝天祐二年(905)十二月,当时的宰相柳璨被任
命"充魏国册礼使",随行的官员有十六位之多,其中就有两位知
制诰,"祠部郎中知制诰张茂枢、膳部员外知制诰杜晓":

> 敕右常侍王巨、太常卿张廷范、给事中崔沂、工部尚书李
> 克助、祠部郎中知制诰张茂枢、膳部员外知制诰杜晓、吏部郎
> 中李光嗣、驾部郎中赵光胤、户部郎中崔协、比部郎中杨焕、
> 左常侍孔拯、右谏议萧顷、左拾遗裴璆、右拾遗高济、职方郎
> 中牛希逸、主客郎中萧蘧等,随册礼使柳璨魏国行事。②

以上种种以他官知制诰的案例,说明了唐朝廷是如何以中书舍人
以外的官员来掌诰。这些实际案例,可以证实知制诰是一种
使职。

相对地,中书舍人是一种职事官,有固定的员额编制,所以在
正常的情况下,此官从来不必由其他职事官去出任。唐史上有一
些例外,如杜鸿渐以兵部郎中,和崔漪以吏部郎中,"并知中书舍
人"的事③。但这是一种特殊状况,因为这时肃宗刚在灵武即皇帝
位,流亡期间,没有中书舍人可用,所以就暂时以身边的两个官员,

---

①《旧唐书》卷二十上,页752。
②《旧唐书》卷二十九下,页802—803。
③《旧唐书》卷十《肃宗纪》,页243。

以他官的身份去"知中书舍人"。此外,唐史上还有几个"权知中书舍人"的案例,如唐扶,在文宗太和九年(835),"转职方郎中,权知中书舍人事。开成初,正拜舍人,逾月,授福州刺史、御史中丞、福建团练观察使"①。从"权知"两字可知,这些都是暂时性的安排,等于要这几位官员,"暂时代行"中书舍人的职务,并非在任命使职。

三、白居易的见证

知制诰是一种使职,还有一个极佳的证据,那就是唐人白居易本人的见证。我们在第一章见过,他为好友李建所写的《有唐善人墓碑》,把李建一生的官衔分为五大类。李建中壮年时,曾经以兵部郎中的他官去知制诰。白居易在碑文中,便把兵部郎中列在"官"(职事官)的分类下,又把"知制诰"列在"职"(使职)的分类下②。这是唐人对知制诰的使职身份做的最明确不过的表述了。研究知制诰的唐史学者,没有注意到此官是一种使职,把它当成职事官来处理,颇不易看出此职的真貌。然而,白居易如此肯定说,李建的知制诰是使职。以他的唐代官员身份,这是最强有力的证据了。

四、结语

本章从使职定义、官名结构、任命方式,以及白居易的唐人见

①《旧唐书》卷一百九十下《文苑传》,页 5062。
②《白居易集笺校》卷四十一,页 2677。

证,论证知制诰是一种使职,就像翰林学士、史馆史官为使职一样。今后,我们一旦怀疑某某官是个使职时,不妨以本章所用过的方法,去进一步求证。

厘清了知制诰的使职本质,有什么意义? 第一,这在品读唐人的官衔时,会更有左右逢源的理解之乐,因为唐人在自署那些长串完整官衔时,都会把知制诰写入官衔中。若不了解知制诰的意义,则这些完整官衔也不易解读。第二,弄清了知制诰的使职本质,我们也将看出,这个使职从唐初到唐末,一直在逐步替代中书舍人的职务,逐渐把中书舍人使职化,以致到了五代北宋初,中书舍人成了一种虚衔,不再有职事,只用作文臣迁转的寄禄官罢了①。第三,由此我们也就理解到,唐代掌诰的词臣,主要有三大类:第一是正规的职事官中书舍人,第二是使职知制诰,第三是翰林学士(也属使职)。这三者的作用、轻重地位和相互关系,值得再细考评估,且留到第九章来论述。下一章,将先厘清唐代知制诰复杂的一面。它有三大类型,各有各的特征。

---

① 龚延明《宋代中书省机构及其演变考述》,《中国古代职官科举研究》,页171。

第八章　唐三大类型知制诰的特征与区别

> 臣忝迹集贤，久无成效，幸免咎责，伏用兢
> 惶。忽蒙特恩，令知制诰。
>
> ——张九龄《谢知制诰状》

上一章厘清了知制诰是一种使职，所以它没有官品，也不载于职官书中。本章拟进一步论证唐代有三大类型的知制诰。第一型在唐前期，大多以高官（如侍郎）去充任，其本官的官品比中书舍人的正五品上高，跟皇帝的关系密切，往往由皇帝亲自钦点任命。第二型在唐后期，特别是宪宗以降，多以郎中和员外郎充任，本官的官品比中书舍人的低，跟皇帝比较疏离，而跟宰相的关系密切，常由宰相荐任，一般负责草外制。第三型则是学士院中带有知制诰衔的翰林学士，跟宰相没有什么关系，而跟皇帝亲近，一般负责草内制。本章也探讨翰林学士带知制诰的意义，认为这只是一种加衔。最后，亦将申论唐宋的中书舍人，照惯例不带知制诰衔，但后人有时会误用"中书舍人知制诰"那样的职称。

一、第一型知制诰

第一型知制诰,出现在唐前期。据史料中所见,唐最早的一个知制诰,可能是李秦授。《资治通鉴》武则天长寿二年(693)二月条下,《考异》部分引潘远的《纪闻》说:"补阙李秦授……即拜考功员外郎,仍知制诰,赐朱绂。"①史书上说他是"周朝酷吏"之一,于中宗神龙元年(705)被流放到"岭南远恶处"②。除此之外,我们对他任知制诰,一无所知。

下一个有事迹可考的知制诰,则是中宗、武则天时代的崔融。《旧唐书·崔融传》说:"中宗在春宫,制融为侍读,兼侍属文,东朝表疏,多成其手。圣历(698—700)中,则天幸嵩岳,见融所撰《启母庙碑》,深加叹美,及封禅毕,乃命融撰朝觐碑文。"崔融凭着他的文采,吸引了武则天的青睐。因此,他不久就"迁凤阁舍人",负责草诏。"久视元年(700),坐忤张昌宗意,左授婺州长史。顷之,昌宗怒解,又请召为春官郎中,知制诰事。长安二年,再迁凤阁舍人"③。

从这段记载看来,崔融是因"忤张昌宗意",被外贬。但他贬官又被召回,看来是因为他文采典丽,皇帝仍需要他草诏而召回,但把他降为春官郎中(礼部郎中,官品从五品上)。此官并不草诏,所以命他一个使职知制诰去草诏。这应当是崔融外贬后复官

---

①《资治通鉴》卷二百五,页6491—6492。
②《旧唐书》卷七《中宗纪》,页138。
③《旧唐书》卷九十四,页2996。

的暂时安排,也是他第一次以一个卑官(比中书舍人卑)去出任知制诰。不久,他在长安二年(702)"再迁凤阁舍人",又回复到贬官前的中书舍人。隔两年,武则天长安四年(704),他升为司礼少卿的时候,他依然在草诏,但不再是以中书舍人的职事官,而是以知制诰的使职办法:

> 崔融,长安四年除司礼少卿,知制诰。融为文典丽,当时罕有其比,朝廷所须《洛出宝颂》、《则天皇后哀册文》,及诸大手笔,并手敕付融撰之。①

为什么崔融要以司礼少卿的本官,去知制诰?因为他此时官资已够,应当升到一个比中书舍人更高的官,但武则天还是希望他继续掌制诰,原因在于崔融"为文典丽,当时罕有其比"。其中一个办法,便是用使职的方式,任命他一个比中书舍人更高的官(司礼少卿),然后再让他以这个本官去知制诰,但不必去执行司礼少卿的职务。司农少卿即太常少卿,正四品上②,比中书舍人的官品高,所以崔融这时候是以一个比中书舍人更高阶的高官身份,充任知制诰。

换言之,任知制诰这种使职者,其本官可以是高官,也可以是卑官(例如崔融先前的春官郎中),只要有文采,都可以知制诰。这跟翰林学士,可以是高官(如三品的尚书),也可以是卑官(如九品的校书郎),只要文词雅丽即可,情况完全相同。我们在第六章见过,这种本官有计算俸禄的作用。崔融这时任知制诰,承担的

---

①《册府元龟》卷五百五十,页6603。
②《唐六典》卷十四,页394。

职务跟中书舍人一样,都在掌诰,但他却可以领司礼少卿的俸禄,比中书舍人的俸禄更优,符合他此时更高的官资。这便是以使职命官的妙用之一。

知制诰这个使职名号,乃正式的官名,可以连同散官、职事官、勋官和爵号等,一起写入唐代官员长串的完整官衔中,最常见于官员自署官衔、序文和祭文的场合。可惜,我们找不到崔融这时的完整官衔,不能确定他是否带有一个知制诰的使职官名。但从上面引自《册府元龟》的一句话("崔融,长安四年除司礼少卿,知制诰")看来,这个"知制诰"应当就是他所带的使职官名。

睿宗时代的贾曾,也曾当过知制诰,但有个特殊原因。睿宗皇帝原本是"特授曾中书舍人",但他"以父名忠,固辞,乃拜谏议大夫、知制诰"①。依史书这个写法看来,贾曾是以谏议大夫为本官,去出任知制诰这种使职。原因是他要避父讳,不愿就任中书舍人这种职事官。据《通典》,这是睿宗延和元年(712)的事②。于是,朝廷改以知制诰的使职方式,用不同的官名,来委任他相同的掌诰工作,解决了贾曾的个人问题,不失为一个好办法。按谏议大夫的官品为正五品上,跟中书舍人的官品一样,然唐前期以谏议大夫知制诰者,仅贾曾此例。不过,贾曾的完整官衔同样找不到,还不能完全证实,知制诰在睿宗时已成了一个正式使职官名。

知制诰作为一个正式的使职官名,最早最明确的例证之一,出现在玄宗开元初苏颋写的《高安长公主神道碑》。里面有一段

①《旧唐书》卷一百九十中,页5028—5029。但到了玄宗"开元初,复拜中书舍人,曾又固辞,议者以为中书是曹司名,又与曾父音同字别,于礼无嫌,曾乃就职"。

②《通典》卷一百四,页2734。

话,不但列出苏颋自己完整的官衔,还包含知制诰衔,更提到他撰此碑的缘起:

> 乃制银青光禄大夫,行紫微侍郎兼知制诰、上柱国、许国公苏颋为铭刻石。臣颋不敏,扬言拜命云。[1]

这是苏颋自署官衔,最可信。按高安长公主即高宗的第二女,玄宗之姑,死于开元二年(714)五月。苏颋此碑文写于这一年,这时他的完整官衔中,已有一个知制诰的使职官名。他此时的散官是银青光禄大夫,职事官是紫微侍郎(即中书侍郎,正四品上),但他却是以这个高官去兼(同时出任)"知制诰",在执行一种使职,因为他是当时的"大手笔",有文采,玄宗需要他来继续掌诰。实际上,苏颋曾经在中宗神龙(705—707)中任过中书舍人,但他写《高安长公主神道碑》时,官已过中书舍人,所以他要以一个比中书舍人更高的本官(紫微侍郎)去草诏,并且带有知制诰的使职衔。

另一个类似的例子,是跟苏颋同时代的李乂。他的全套完整官衔,也包含知制诰,保存在苏颋所写的《授李乂刑部尚书制》中:"银青光禄大夫,行紫微侍郎,兼检校刑部尚书、兼知制诰、昭文馆学士、上柱国、中山郡开国公李乂。"[2]按李乂在中宗景龙(707—710)中,做过中书舍人。到了开元初,他也跟苏颋一样,原本以紫微(中书)侍郎的身份去知制诰。这时皇帝又给了他一个加官(检校刑部尚书),所以苏颋写了这篇命官制文。但李乂这两官都不职事,只是一种本官。他真正的职务,反而是两种使职:知制诰和

---

① 《文苑英华》卷九三三,页 4907。
② 《文苑英华》卷三八六,页 1971。

昭文馆学士。他和苏颋两人，是玄宗最看重的其中两个大手笔。

　　玄宗朝的张九龄，也是个好例子。早在开元十一年到十三年（723—725），他46—48岁，就当过中书舍人，接着官位步步高迁。到开元二十年（732），他55岁时，玄宗仍看重他的文笔，但他的官已过中书舍人（这点跟苏颋、李乂一样），所以玄宗便以使职委任办法，命张九龄以他当时的高品职事官，为本官去知制诰：

　　　　始，（张）说知集贤院，尝荐九龄可备顾问。说卒，天子思其言，召为秘书少监、集贤院学士，知院事。会赐渤海诏，而书命无足为者，乃召九龄为之，被诏辄成。迁工部侍郎，知制诰。数乞归养，诏不许。①

当时玄宗要"赐渤海诏，而书命无足为者"，于是便"召九龄为之"，命他以高于中书舍人的本官（秘书少监，从四品上，不久又升为工部侍郎）去知制诰。这是皇帝基于当时的特别需要，任命的一种使职，不免也分割了中书舍人的草诏职权。

　　徐浩写的《唐尚书右丞相中书令张公神道碑》，对九龄知制诰，有一段生动的描写，提供了好些史书所无的细节："渤海国王武艺违我王命，思绝其词，中书奏章，不惬上意。命公改作，援笔立成，上甚嘉焉，即拜尚书工部侍郎兼知制诰。扈从北巡，便祠后土，命公撰赦，对御为文。凡十三纸，初无稿草。上曰：'比以卿为儒学之士，不知有王佐之才。今日得卿。当以经术济朕。'累乞归养，上深勉焉。"②

---

①《新唐书》卷一百二十六，页4428。
②《全唐文》卷四百四十，页4490。

知制诰是个正式的使职官名,还有一个很好的证据,那就是在张九龄文集中,保存了一篇他在玄宗开元二十年(732)获授知制诰官衔的敕文:

> 敕:中大夫、守尚书工部侍郎、集贤院学士、仍副知院事、上柱国、曲江县开国男、赐紫金鱼袋张九龄,宜知制诰。开元二十年八月二十日。①

可证知制诰是个正式官衔,皇帝可以把它授给大臣。张九龄得到这个官衔后,也写了一篇《谢知制诰状》如下:

> 右:臣忝迹集贤,久无成效,幸免咎责,伏用兢惶。忽蒙特恩,令知制诰。臣学业既浅,识理非长,述宣圣旨,诚恐不逮;跪受严命,伏增悚惕,无任戴荷之至!②

在玄宗时代,以侍郎高阶本官去知制诰的,还有韩休。《旧唐书·韩休传》:"休早有词学,初应制举,累授桃林丞。又举贤良,玄宗时在春宫,亲问国政,休对策与校书郎赵冬曦并为乙第,擢授左补阙。寻判主爵员外郎,历迁中书舍人、礼部侍郎,兼知制诰,出为虢州刺史。"韩休任刺史年余,"以母艰去职,固陈诚乞终礼,制许之。服阕,除工部侍郎,仍知制诰,迁尚书右丞"③。依此看来,韩休在任过中书舍人之后,却以更高品的本官(礼部侍郎和工部侍

---

① 《张九龄集校注》附录,页1138。
② 《张九龄集校注》卷十五,页803。
③ 《旧唐书》卷九十八,页3078。

郎,皆正四品下),去出任知制诰,仍继续草诏,正因为他有文翰之美,在开元时代跟许景先、王丘、张九龄、孙逖等人齐名,甚得当时的大手笔张说所称美①。玄宗仍需要他来掌诰,但他的官已过中书舍人,故以知制诰使职的方式来任命他。

那么,唐前期有没有官员,以低阶卑官(比中书舍人官品更低者),去出任知制诰的?有,但史料中案例不多(不如高官那么多),而且都有特别原因。第一例又是崔融。我们前面见过,他曾经以春官(礼部)郎中的卑官身份知制诰,但这是因为他贬官刚被召回的缘故。不多久,他就以司礼(太常)少卿的高官去知制诰。

第二例是卢藏用。他"少以辞学著称",隐居终南山。长安中,为武则天"征拜左拾遗",见知于皇帝。他在中宗神龙中,"累转起居舍人,兼知制诰,俄迁中书舍人"②。他之所以能知制诰,当是他有文采,又为武则天赏识征召。但因为他的资历还浅,官还未到中书舍人,只是个起居舍人(从六品上),所以朝廷也同样先以知制诰的使职办法,来任命他草诏。等他稍后官资到了,才"迁中书舍人"。

第三例是杨绾。他年轻时就"尤工文辞,藻思清赡"。安史之乱时,玄宗奔蜀,"绾自贼中冒难,披榛求食,以赴行在。时朝廷方急贤,及绾至,众心咸悦,拜起居舍人、知制诰。历司勋员外郎、职方郎中,掌诰如故。迁中书舍人,兼修国史。"③杨绾跟卢藏用一样,也是因文词之美,先以一个卑官(起居舍人)去出任知制诰,接着本官再升为郎官,等到官资到了,才正式除为中书舍人。

---

① 《旧唐书》卷一百九十中《许景先传》,页5033。
② 《旧唐书》卷九十四,页3001。
③ 《旧唐书》卷一百一十九,页3430。

《新唐书》记载：贾至"从玄宗幸蜀，拜起居舍人，知制诰"①。似乎贾至也跟杨绾相同，以卑官任知制诰。然而，《旧唐书》却有不同的记载：贾至"天宝末为中书舍人。禄山之乱，从上皇幸蜀。时肃宗即位于灵武，上皇遣至为传位册文"②。《册府元龟》所记亦同《旧唐书》③。看来贾至在入蜀之前，已任中书舍人，并非知制诰。据《旧唐书·韦见素传》，肃宗即位后，"肃宗使至，（玄宗）始知灵武即位。寻命见素与宰臣房琯赍传国宝玉册奉使灵武，宣传诏命，便行册礼……仍以见素子谔及中书舍人贾至充册礼使判官"④，可证贾至这时的官衔是中书舍人。

综上，唐前期第一型知制诰，一般都是高官，如崔融、苏颋、李乂、张九龄和韩休等人，都是以相当高层的职事官，如侍郎等（其官品都高过中书舍人的正五品上），去充任知制诰，只有卢藏用和杨绾例外。然而，他们都有词藻之美，都是皇帝欣赏的词臣，由皇帝委任，跟皇权的关系密切（这也正是构成使职委任的一个基础条件）。例如，崔融草诏，乃"手敕付融撰之"。苏颋为高安长公主撰神道碑，"乃制……苏颋为铭刻石"。九龄草诏，乃玄宗"召九龄为之，被诏辄成"。《旧唐书·苏颋传》有一段话，更能透露玄宗跟李乂和苏颋的亲近程度：

> 时李乂为紫微侍郎，与颋对掌文诰。他日，上谓颋曰："前朝有李峤、苏味道，谓之苏、李；今有卿及李乂，亦不让之。

①《新唐书》卷一百一十九，页 4298。
②《旧唐书》卷一百九十中，页 5029。
③《册府元龟》卷八百四十，页 9972。
④《旧唐书》卷一百八，页 3277。

卿所制文诰,可录一本封进,题云'臣某撰',朕要留中披览。"
其礼遇如此。①

即使卑官如卢藏用和杨绾,跟皇帝的关系也匪浅。卢藏用早已为
武则天所赏识,被"征召"入朝,跟一般的卑官不同。杨绾则在玄
宗奔蜀,危难时及时赶到,"众心咸悦",甚得玄宗欢心。他官资尚
浅,故先命他以起居舍人的卑官去知制诰,也符合唐人任官,一般
都必须按部就班的惯例。

从以上诸例来看,在唐前期,高官和卑官都可任知制诰,这意
味着什么? 这便是使职制度的灵活运用。使职本身无官品,任职
者是以其本官去出任,俸禄依本官。这样一来,高官或卑官,都可
以被任命去执行某个职务(如掌诰),只要有能力,有文采就行。
至于俸禄,那就依各人的高卑本官。换句话说,官资较浅的卑官,
依其本官领比较低的俸禄;官资较高的高官,领比较高的俸禄,各
依资历高低受俸,合情合理。

张东光把知制诰视为"中书舍人的试用期",恐怕不妥②。即使
卑官,都早有文词之美,才华早经肯定,时人皆有共识,名声又为当
时皇帝所知(如上引卢藏用和杨绾),才有可能被命为知制诰,为无
比的荣耀,何需再"试用"? 恐贬低了他们。至于高官知制诰,其
本官都已过了中书舍人,有不少甚至还当过中书舍人,才来任知
制诰,如上引李乂、苏颋和张九龄等人,难道还要再"试用"他们
吗?"试用"之说,难以成立。唐代史料中,也从无"试用"的说法。

---

① 《旧唐书》卷八十八,页 2880—2881。
② 张东光《唐宋时期的中枢秘书官》,《历史研究》1995 年第 4 期,页 135—
150。

至于唐前期这些第一型知制诰的草诏地点,史无明文,无法确知。以张九龄来说,他应当是在集贤院草诏,因为他当时兼集贤学士且知院事,他视事的地点就在集贤院。李乂则可能在昭文馆(即弘文馆)草诏,因为他当时是昭文馆学士。唐代职事官兼文馆学士,一般都在文馆视事,不理本司事。苏颋任中书侍郎,"加知制诰。有政事食,自颋始也"[①]。所谓"政事食",指中书门下政事堂每天中午特别提供给宰相们的精美午饭。由此看来,苏颋很可能在中书省草诏。至于崔融等人,则不详,有可能在他原本职事官的本司署,或如杨绾,就在蜀中"行在"。

唐前期这种主要以高官知制诰的案例不多,只有在必要时,才偶尔委任,还未形成固定常设的制度,所以也不需要固定的草诏地点。不过,值得注意的是,中书舍人此时还是最重要的草诏官员,但这种偶尔委任知制诰的做法,也等于是中书舍人的职权,遭到分化的开始,也就是遭到使职化的一个迹象,虽然这时的使职化才萌芽,还没有形成一个趋势。

二、第二型知制诰

在唐后期肃、代、德三朝,以他官知制诰的案例开始增多,多以起居舍人、员外郎、郎中和谏议大夫知制诰。到了宪宗朝,则多以卑官(更常用郎中和员外郎)去知制诰,案例越来越多,举不胜举,成了一种固定常设的使职。这便是第二型的知制诰。

例如,《旧唐书·宪宗纪》元和五年(810)八月,以"起居舍人

---

①《旧唐书》卷八十八,页2880。

裴度为司封员外郎、知制诰。"元和七年（812）六月乙丑，"以兵部员外郎王涯知制诰"①。唐穆宗以后，以他官知制诰的办法依然在行用，成了一种常见的使职，一直到唐末哀帝朝都如此。

第二型知制诰，和第一型最大的不同，在于第一型的知制诰，多为高官，也就是其本官官品都高过中书舍人的正五品上，如崔融和苏颋等人，而第二型的知制诰，则绝大部分为卑官，也就是其本官官品都低于中书舍人。但这两种类型知制诰，都有一个共同点，那就是他们必定是文词典丽者，才有可能被选上为知制诰。文词典丽者，可以是高官，也可以是卑官。一个官员是否有文采，年少时即浮现，是一种天赋的才华，不是单靠后天的努力可得，所以也不会因官阶高低而有差别。只不过在唐前期，武则天和玄宗偏爱用较资深年长的官员。到了唐后期，宪宗和以后的皇帝，则喜用较资浅年轻者。这可能也因为中书舍人，越到唐晚期，越遭到进一步的使职化，需要更多资浅的知制诰来填补。

唐人重文学词章，在官场上以文章达者，比比皆是。在这方面，唐后期一个最典型的人物，莫过于权德舆。他从未去考科举，却单凭他出色的文采，年轻时就在他成长的江淮地区，被几个大幕府和盐铁使府，争相礼聘，宛如一个当红人物。接着，在德宗贞元七年（791），他33岁那年，他又以他的文词之美，为德宗"雅闻其名"，被征召到长安京城，最先出任太常博士，"朝士以得人相庆"。跟着，升任补阙。到贞元十年（794），他36岁时，便以起居舍人的本官，首次出任知制诰。37岁，他的本官才升为驾部员外郎。到40岁，本官再升为司勋郎中。到贞元十五年（799）秋，他

---

① 《旧唐书》卷十四，页432；卷十五，页443。

41岁，才升任中书舍人①，从此不再知制诰。他前后以三种本官任知制诰约五年，又任中书舍人约三年，总共八年多。他在《送建州赵使君序》中自言，"顷予忝职西垣（中书省），殆将十岁"，②好像他在西垣"几乎将十年"，其实有一点点"夸大"，应当是他把那草诏的八年多，化整为零，跟他的朋友赵使君，说成是整数的"殆将十岁"。

权德舆是典型的第二型知制诰，在于他知制诰时，官阶还低，年龄还轻，虽然被皇帝看重，征召到京，但他还是得按照唐人做官的顺序，从卑官做起。所以，他知制诰时，甚至还不具唐后期许多初次知制诰者所带的郎官（员外郎和郎中）的身份，只是以起居舍人的本官任知制诰。知制诰约一年后，他才升任驾部员外郎；到第四年，才升为司勋郎中。

权德舆任知制诰和中书舍人时的草诏地点，在《旧唐书·权德舆传》中有明确的记载：

> 独德舆直禁垣，数旬始归。尝上疏请除两省官，德宗曰："非不知卿之劳苦，禁掖清切，须得如卿者，所以久难其人。"德舆居西掖八年，其间独掌者数岁。③

所谓"西掖"，即中书省，更明确地说，指中书省的舍人院，这也同样是中书舍人草诏的地点。权德舆本传此处说他"居西掖八年，

---

①郭广伟校点《权德舆诗文集》附录四《权德舆简谱》，页906—916；蒋寅《权德舆年谱略稿》，《大历诗人研究》，页617—623。
②《权德舆诗文集》卷三十六，页547。
③《旧唐书》卷一百四十八，页4003。

其间独掌者数岁"。这里的"八年",才是权德舆确实掌诰的年岁,比他自己所说的"殆将十岁"更精确。这也意味着,他前五年任知制诰,就在西掖掌诏;后三年升任中书舍人,也依然在西掖。由此可知,唐代第二型知制诰的草诏地点,跟中书舍人一样,都在西掖的舍人院。权德舆在《送建州赵使君序》中所说,"顷予忝职西垣,殆将十岁",除了"十岁"两字略有夸大之外,倒也更进一步证实了,他不管起初任知制诰,或后来任中书舍人的那些年,他草诏的地点,始终都是在"西掖"的中书舍人院。或许正因为这些第二型的知制诰,跟中书舍人一样,都是在中书舍人院草诏,以致他们在唐代诗文中,常常也可以被人尊称为"舍人"。

唐后期这些第二型知制诰的视事和草诏地点,在中书省的舍人院,还有一个极佳的例证,见于晚唐裴庭裕的《东观奏记》:

> 以楚州刺史裴坦为知制诰,坦罢任赴阙。宰臣令狐绹擢用,宰臣裴休以坦非才,不称是选,建议拒之,力不胜坦。命既行,至政事堂谒谢丞相。故事,谢毕,便于本院上事,四辅送之,施一榻,压角而坐。坦巡谒执政,至休厅,多输感谢。休曰:"此乃首台缪选,非休力也!"立命肩舁便出,不与之坐。两阁老吏云,"自有中书,未有此事也。"人多为坦羞之。①

这是研究唐第二型知制诰的一段极佳史料,透露了许多丰富的细节。首先,就知制诰的视事和草诏地点来说,它清晰记载了,知制诰第一天去上班,依"故事"要先到中书省的政事堂去拜谒几位宰相,然后才到隔邻的舍人院视事:"谢毕便于本院上事"。

---

①《东观奏记》卷中,页115。

其次，这段记载也明确显示，知制诰和宰相的关系非常密切。荐任是由宰相主导，裴坦便是由"宰臣令狐绹擢用"。而另一宰相裴休，则认为裴坦"非才，不称是选，建议拒之"，但没有成功。于是，裴坦便从楚州刺史"罢任赴阙"，以职方郎中的本官就任知制诰①，且依照旧例，第一天上任时，"巡谒执政（即宰相），至休厅，多输感谢"。但裴休因不能阻止裴坦任知制诰，非常生气地告诉裴坦说，他是由另一宰相令狐绹举荐，"首台缪选"，"非休力也"，最后还叫人抬出肩舆，把裴坦轰出去，没让他坐榻②。中书门下的老吏很为裴坦感到羞耻。

　　从以上如此生动的细节看来，唐代这些第二型的知制诰，跟宰相的关系非常密切。举荐既然是宰相所为，两人应当早有私交，而这私交又是促成这种命职的一大关键。这就跟使府幕主辟署幕佐非常类似。知制诰第一天去视事，除了到政事堂"谒谢丞相"外，宰相对知制诰还有一个"送"的仪式，"施一榻压角坐"，准备一张榻让坐某一角。李涪《刊误》对"压角"有一解："两省官上事日，宰相临焉。上事者设床几，面南而坐，判三道案。宰相别施一床，连上事官床，南坐于西隅，谓之'压角'。"③但反对知制诰任命的其他宰相（裴休），却对受命者（裴坦）充满敌意，实在也是一种相当"私人化"情绪的爆发，颇可反映知制诰这种使职，常带有

---

①裴坦知制诰时的本官为职方郎中，见《旧唐书》卷十八下，页637；《唐语林校证》卷六，页579。
②唐代还没有现代形式的椅子，一般坐在比较低矮的"榻"上，或席地而坐。让客人坐榻上是一种敬客的礼仪。例如，《旧唐书》卷一百五十五《窦群传》，页4120—4120说："群尝谒王叔文，叔文命撤榻而进"，便是王叔文对窦群到访深为不悦的表现，于是"撤榻"后才让窦群进来。
③李涪《刊误》今无传本，这里引自《唐语林校证》卷八，页684。

强烈的私因素,跟正规职事官任命的无私特征,很不相同。如果是职事官制度的公事公办,裴休何苦如此生气?

第二型知制诰常由宰相荐任擢用,唐史上还有不少案例,这里且再举两例,以见其一斑。第一例,《旧唐书·裴垍传》:"垍在翰林,举李绛、崔群同掌密命,及在相位,用韦贯之、裴度知制诰,擢李夷简为御史中丞,其后继踵入相,咸著名迹。"[1]第二例,《旧唐书·李汉传》:"韩愈子婿,少师愈为文,长于古学,刚讦亦类愈。预修《宪宗实录》,尤为李德裕所憎。大和四年(830),转兵部员外郎。李宗闵作相,用为知制诰,寻迁驾部郎中。"[2]

长庆年间,元稹"常通结内官魏宏简,约车仆,自诣其家,不由宰臣,而得掌诰。时人皆鄙之,莫敢言者"[3]。这表示知制诰得官,正途应当是通过宰相的荐任才是。但元稹不经由宰相,而通结宦官得官,结果便遭到当时士人的鄙视。

以上裴垍等人的案例,也显示第二型知制诰,还有一点跟第一型知制诰的不同。我们前面见过,唐前期第一型知制诰,如崔融和苏颋等人,跟皇帝的关系都很密切,都由皇帝亲自钦点去出任知制诰,未见有宰相的介入。但到了唐后期的第二型知制诰,他们反而多由宰相主导荐任擢用,而跟皇帝的关系疏远。为什么?

其中一个最可能的原因,在于玄宗在开元年间设立的学士院,到安史乱后权势越来越大。唐后期的皇帝便有了一批专任的翰林学士,来帮他草诏,特别是皇朝诏令中比较重要的一部分,即

---

[1]《旧唐书》卷一百四十八,页3992。
[2]《旧唐书》卷一百七十一,页4454。
[3]《唐会要》卷五十五,页1111。

所谓的"内制"（内容多为德音、建储、立后等大事，又称翰林制诰）。到德宗时代，陆贽甚至在一篇奏文中提到，"顷者物议尤所不平，皆云学士是天子私人，侵败纪纲"①，可证翰林学士和皇权关系之深。在唐代，学士院更常被美称为"内廷"，于是皇帝更对"外廷"的第二型知制诰，依赖越来越少。至于宰相跟第二型知制诰，关系却越来越密切，那是因为在唐后期，原本担任"宰相判官"的中书舍人，逐渐失去职权，于是宰相便主动荐任第二型的知制诰，作为替代，以致第二型知制诰，跟宰相更为亲近，好比"宰相的私人"，并负责撰写"外制"（内容多为一般官员的除授，又称中书制诰），分量比内制轻②。

第二型知制诰，都是在中书舍人院草诏，亦可称之为"中书舍人院的知制诰"，或简称"舍人院知制诰"。

三、第三型知制诰

第三型知制诰，指唐后期学士院中那些带有知制诰官衔的翰林学士，亦可称之为"学士院知制诰"，跟第二型的"舍人院知制诰"相对。两者有一些区别，亦有一些共同点。

关于学士院中的知制诰，李肇在《翰林志》有一段话说：

> 学士无定员，皆以他官充，下自校书郎，上及诸曹尚书，皆为之。所入与班行绝迹，不拘本司，不系朝谒。常参官二

---

① 《陆贽集》补遗，页774。
② 张连城《唐后期中书舍人草诏权考述》，《文献》1992年第2期，页85—99。

周为满岁,则迁知制诰。①

李肇本人曾经当过翰林学士,《翰林志》是他在元和十四年(819)任学士时所作,以他亲身的经历来写这本书,乃第一手史料。然而,《新唐书·职官志》却有一个截然不同的新说法,历来颇多学者引用,但却未细考,值得商榷:

　　　　凡充其职者无定员,自诸曹尚书下至校书郎,皆得与选。入院一岁,则迁知制诰,未知制诰者不作文书。②

此段记载的源头,很可能是李肇的《翰林志》,不过李肇文中的"二周为满岁",在这里作"入院一岁",且《新唐书·百官志》的撰者,还加上一个崭新的解释:"未知制诰者不作文书",但李肇的《翰林志》并没有这句话。《新唐书》的意思是,翰林学士刚入院,并不能草诏,须等"入院一岁",迁知制诰后,才能"作文书"。然而,这是唐代的实情,还是宋人作《新唐书》时的理解?

　　这恐怕是宋人的推测居多,非唐制如此。宋代洪遵《翰苑遗事》也说,唐代"学士未满一年,犹未得为知制诰,不与为文,岁满迁知制诰,然后始并直"③。宋费衮《梁溪漫志》也有相同理解,谓唐代翰林学士,"入院一岁,则迁知制诰,未知制诰者,不作文书",且比《新唐书·百官志》多添加了一句,"但备顾问参侍行幸而已"。费衮又说,"唐之学士,必带知制诰之三字者,所以别其为作

----

①《翰苑群书》卷一,页4。
②《新唐书》卷四十六,页1184。
③《翰苑遗事》卷下,页71。

文书之学士也"①。然而，这些恐怕都是宋人以宋制来看唐制所得到的理解。唐代的实情恐非如此。

考唐代实情，最有名的一个案例是白居易。他三十多岁，在宪宗元和二年（807）十一月六日，以盩厔县尉充任翰林学士。丁居晦的《重修承旨学士壁记》，记他在学士院期间的官衔甚详：元和"三年四月二十八日，迁左拾遗。五年五月五日，改京兆府户曹参军，依前充"②，都没有任何纪录显示白居易在学士院期间曾经带过知制诰的官衔。白居易中年以后，以主客郎中在舍人院草诏，才带有知制诰。他在学士院从未带知制诰。如果照宋人和《新唐书·百官志》的说法，白居易不可在学士院中草诏作文书。但现存的白居易文集，却有多达一百多篇他写的"翰林制诰"，显示他一入翰林就在"作文书"。此外，他在贬官江州期间，曾经写过一封信给崔群《答户部崔侍郎书》，追忆他和崔群两人，元和二年同在学士院的情景："顷与合下在禁中日，每视草之暇，匡床接枕，言不及他。"③这句话中的"视草"两字，可证白居易在学士院，确曾草诏，虽然他没有带知制诰衔。由此看来，《新唐书》和宋人的说法，都颇可疑。

同样，白居易的好友李建，当年以校书郎和左拾遗的本官身份被召入翰林时，也没有带知制诰，但"顺宗立，李师古以兵侵曹州，建作诏谕还之，词不假借"④，显示他没有带知制诰，但照样可以在学士院作文书。李建跟白居易一样，中年以后才带知制诰，

---

①《梁溪漫志》卷二，页5。
②《翰苑群书》卷六，页33。
③《白居易集笺校》卷四十五，页2806。
④《新唐书》卷一百六十二，页5005。

但那是他在舍人院，以兵部郎中本官知制诰的事①。

其实，唐代翰林学士，必草诏书，还有一个更强有力的证据，那就是唐人刘禹锡的见证。他在《唐故中书侍郎平章事韦公集纪》中写道：

> 长庆四年（824）春，敬宗践阼，以公用经术左右先帝五年，稔闻其德，尤所钦倚。内署故事，与外廷不同，凡言翰林学士，必草诏书；有侍讲者，专备顾问。虽官为中书舍人，或他官知制诰，第用其班次耳，不审言于训词。至是，上器公，且有以宠之，乃使内谒者申命，去侍讲之称。虑未谕于百执事，居数日，降命书，重举旧官，以明新意。寻真拜夏官贰卿，由是，内庭词臣，无出其右者。②

刘禹锡此文写于文宗开成二年（837），序他朋友韦公（韦处厚）的文集，叙述了不少韦处厚的生平传记细节，特别是韦处厚在学士院的经历。他原本任"先帝"（穆宗）的翰林侍讲学士，长达五年。长庆四年，敬宗即位后，想命韦处厚草诏，于是要"内谒者申命，去侍讲之称"，改任他为翰林学士。上引文便在解释，翰林侍讲学士和翰林学士的不同。学士是"必草诏书"的，而侍讲者，只是"专备顾问"，讲述经术而已，并不掌诰。

更可贵的是，刘禹锡还透露一个细节：在学士院虽然升官至

①赖瑞和《再论唐代的使职和职事官——李建墓碑墓志的启示》，《中华文史论丛》2011 年第 4 期，页 199—203。
②陶敏、陶红雨校注《刘禹锡全集编年校注》卷十九，页 1223。参瞿蜕园笺证《刘禹锡集笺证》卷十九，页 486。

中书舍人，或"他官知制诰"，这些官也只不过是用来定班次而已，并"不豫言于训词"，也就是不参预掌诰。这完全"颠覆"了《新唐书·百官志》所谓"未知制诰者不作文书"的说法。实际上，考丁居晦的《重修承旨学士壁记》，韦处厚在元和十五年（820）被召入学士院，即以"户部郎中、知制诰充侍讲学士"①，早已带知制诰。但据刘禹锡说，侍讲学士不草诏，即使带中书舍人和他官知制诰，也只是"第用其班次耳"，并不草诏。因此，敬宗要"内谒者申命，去侍讲之称"，好让韦处厚"重举旧官"，回到翰林学士的身份，再赐给他一个"夏官贰卿"（兵部侍郎）的加衔。这样，韦处厚才能以学士身份去草诏，"由是，内庭词臣，无出其右者"。

以常理推论，唐代翰林学士皆工文词，作文书乃本职之事。《新唐书·百官志》所谓"未知制诰者不作文书"，想必是宋人以宋制来看唐制，只能存疑，不可轻信。以刘禹锡的唐人身份，又以韦处厚的亲身经验，来做如此明确的见证，则唐代"翰林学士，必草诏书"，当是实情，远较《新唐书》和其他宋人的说法可信。

此外，李肇"二周为满岁"始"迁知制诰"的说法，还可进一步考订。李肇这样说，可能有敕令的根据。但唐代的敕令，正像古今中外的许多法律条文一样，往往都很有"弹性"，未必真的如实施行。因此，我们也可以找到不少唐翰林学士不依条规，升迁快速的实例，此乃政府机构运作的"常态"，不足为奇，不可处处以敕令度之。例如，晚唐的翰林学士韦表微，就是个好例子。他的《旧唐书》本传说："时自长庆、宝历，国家比有变故，凡在翰林，迁擢例无满岁，由是表微自监察六七年间，秩正贰卿，命服金紫，承遇恩

---

① 《翰苑群书》卷六，页35。参见岑仲勉《翰林学士壁记注补》，《郎官石柱题名新考订》（外三种），页268—271。

渥,盛于一时。"①

有"违规"的皇帝,就有"守法"的皇帝。晚唐的宣宗就是如此。《东观奏记》有一条记载说:

> 上(指宣宗)雅重词学之臣,于翰林学士恩礼特异,宴游密召,无所间隔,惟于迁转,皆守彝章。皇甫珪自吏部员外召入内廷,改司勋员外,计吏员二十五个月限,转司封郎中、知制诰;孔温裕自礼部员外改司封员外,入内廷,二十五个月,改司勋郎中,知制诰。动循官制,不以爵禄私近臣也。②

据此,皇甫珪和孔温裕,都是在入学士院二十五个月,才获得知制诰。但《东观奏记》的这个说法,却无法在丁居晦的《重修承旨学士壁记》中获得证实,不知何据,只能存疑。据丁居晦的记载:

> 皇甫珪,大中十年六月五日,自吏部员外郎充。其月七日改司封郎中。十一年正月十一日,三殿召对赐绯。其年十月二日,加司封郎中、知制诰。③
>
> 孔温裕,大中九年二月二十九日,自礼部员外郎、集贤院直学士充。其年三月三日,加司封员外郎、知制诰。④

依此,皇甫珪是在入院约十六个月后,"加知制诰";孔温裕则是在

---

① 《旧唐书》卷一百八十九下,页4979。
② 《东观奏记》卷中,页112。
③ 《重修承旨学士壁记》,《翰苑群书》卷六,页46。
④ 《重修承旨学士壁记》,《翰苑群书》卷六,页45。

入院约三天,即"加司封员外郎、知制诰",升迁更快。这也不符合李肇的说法。但应当指出的是,丁居晦的《壁记》乃根据学士院当时厅壁上的任命起讫日期抄录,是当时的实际纪录,最为可靠,应当以之为准①。李肇的说法,不能毫无保留地接受,须有其他史料佐证才行。

结合以上的史料,李肇"二周为满岁"始"迁知制诰"的说法,可能有敕令上的根据,但唐代在实行时,很有弹性,翰林学士有入院三天即可加知制诰者,如孔温裕,但也有入院十六个月才加知制诰者,如皇甫珪,似乎没有一个定制,难以一概而论。

但最重要的问题,不是入院多久才能迁知制诰,而是学士院中知制诰这个官衔,其性质是什么?是否如《新唐书》等宋代的说法,翰林学士要带知制诰,始能"作文书"?从上引白居易和李建的实例看来,以及刘禹锡所叙的韦处厚经历,答案应当是否定的。我认为,学士院的知制诰,不同于舍人院的知制诰,最好视之为一种"加衔"。最好的依据是,丁居晦的记载,每每在记载各学士获得知制诰时,前面都会有一个"加"字,如上引皇甫珪和孔温裕的例子,显示这是一种"加衔",也未说加衔后他们才能"作文书"。这种加衔应当有其作用,可惜史料短缺,其真正作用为何,不得而

①在两《唐书》列传中,特别是在《新唐书》,这些翰林学士所带的知制诰,乃至他们所带的各种本官,往往会被删除,因此两《唐书》的记载,变得极不可靠,以致这些翰林学士的官历常会遭到误读。因此,若以两《唐书》列传中的官历史料来做迁转途径研究,那往往会深陷错误而不觉。研究翰林学士(乃至知制诰和中书舍人)的改官迁转和官衔,也是如此,应当以丁居晦所记为准,再校以其他近世出土的碑志,才比较妥当。岑仲勉对丁居晦的记载做过补注,见《翰林学士壁记注补》,收在《郎官石柱题名新考订》(外三种),页 195—392。傅璇琮《唐翰林学士传论》及《唐翰林学士传论·晚唐卷》,对唐代翰林学士的生平和官历,做了更进一步的考释。

知,只能推测或许是为了增加俸禄,或是一种更高的荣誉。

更进一步观察,还可发现,翰林学士的这个知制诰,仿佛如魅影一样,会"时隐时显",经常跟随一个学士许久,且有一个规律可循。一般而言,翰林学士在学士院中,通常本官升为员外郎或郎中时,就可获"加知制诰"。这点丁居晦记之甚详,不具引。接着,他们很可能会继续在学士院中升为中书舍人,但"依前充",也就是仍然留在学士院任翰林学士,并非出院到舍人院去任中书舍人。然而,就在他们本官升为中书舍人时,有一个奇特但又很有规律的现象出现了,那就是,他们原先所带的那个知制诰衔,就好像"突然"消失不见了。然而,如果这些学士,本官又从中书舍人升为侍郎等更高层的官位,且仍然留院"依前充"翰林学士时,则那个"时隐时显"的知制诰,又像魅影一样,跟着回来了。且举翰林学士杨知温的案例,以见一斑:

> 杨知温,大中十一年九月八日,自礼部郎中充。十二月十九日,加知制诰。十二年五月十二日,三殿召对赐绯。十月十一日,拜中书舍人,依前充。十三年九月十三日,召对赐紫。十四年十月,拜工部侍郎、知制诰,依前充。①

杨知温从宣宗大中十一年(857)起,一直到大中十四年十月,都在学士院。他最初是以礼部郎中去充学士,三个多月后即"加知制诰"。次年"十月十一日,拜中书舍人,依前充",即依然充任翰林学士,没有出院,但这时他原先那个知制诰衔不见了。又两年后,在大中十四年十月,"拜工部侍郎、知制诰,依前充"。这时他的知

---

① 《重修承旨学士壁记》,《翰苑群书》卷六,页46。

制诰又像魅影般回来了。再看另一例：

> 侯备，咸通五年（864）六月五日，自吏部员外郎、赐紫充。其月八日，加司勋郎中充。九月五日，加知制诰。十二月二十六日，加承旨。六年二月二十三日，迁中书舍人，依前充。五月二十□日，迁户部郎，依前知制诰充。九月十七日，加朝散大夫、兵部侍郎、知制诰充。七年三月九日，授河南尹，出院。①

侯备在懿宗咸通五年六月入院，七年三月出院，任翰林学士将近两年。这期间，他的本官从吏部员外郎，升为司勋郎中，再升为中书舍人，户部、兵部侍郎，最后升为河南尹出院。他入院刚好三个月，就"加知制诰"，比李肇所说两年才能加知制诰的时限短许多。这个知制诰，在他升为中书舍人时，突然消失，又在他升为户部和兵部侍郎时，重新回来。这一切，都相当有规律，显示翰林学士的官衔相当复杂，容易误读。今人最常把他们在院内的本官，当成是院外的职事官，以致在做迁官途径统计时，常出差错。重点是，要留意"依前充"这几个字眼。这三字表示他们依然像以前一样充任翰林学士，还未出院。但丁居晦的记载，有时也会省略这个"依前充"，或有传抄之误。岑仲勉的《翰林学士壁记补注》有所校正。

为何翰林学士的知制诰，会如此"时隐时显"？最好的解释是，因为中书舍人，不管是学士院的中书舍人，还是舍人院的中书舍人，都有一条大规律，照例不带知制诰也。但此规律涉及的事

---

① 《重修承旨学士壁记》，《翰苑群书》卷六，页49。

太多太广，且留待下一节"中书舍人不带知制诰"，再来细论细考。

翰林学士视事、宿直和草诏的地点，位于大明宫宫城北区右银台门内的学士院，邻近皇帝生活起居的寝殿和便殿，以致翰林学士（包括那些带有知制诰官衔者），常跟皇帝保持非常密切的关系，这点近人的论述已详①，不必赘论。在此要补充的一点是，第三型学士院中的知制诰，跟皇帝的关系，远胜于第二型舍人院中的知制诰，而跟唐前期第一型高官知制诰跟皇帝的关系，不相上下。

综上所论，第二型舍人院的知制诰，和第三型学士院的知制诰，主要有两点区别，一点共同。

区别一，舍人院的知制诰，是一种使职官名，若以中书舍人以外的本官去掌诰，他们都可以称为知制诰，并立即带有这个官衔。学士院的知制诰，常在入院一段时间后，才能获得，亦可视为一个使职衔。但丁居晦的记载，称之为"加衔"，就像"翰林学士承旨"也被称为"加衔"一样，显示学士院的知制诰，跟舍人院的知制诰，虽同为使职属性，但却不完全相同。

区别二，就作用而言，舍人院的知制诰，简单易懂，凡是非中书舍人的官员，原本职务不是掌诰，现在受命去掌诰，即马上获得知制诰的官衔，让他可以立即执行草诏的使职。但学士院的知制诰，比较难理解。按翰林学士原本就是掌诰的使职，不带知制诰其实也可草诏，如上引白居易、李建和韦处厚的案例。但有不少（非全部）翰林学士，在入院一段时间（可短至数天，或长至二年）后，亦可获得知制诰衔，似乎这两个掌诰的使职（翰林学士和知制

① 辛德勇《大明宫西夹城与翰林院学士院诸问题》，《隋唐两京丛考》，页112—124；毛蕾《唐代翰林学士》；袁刚《隋唐中枢体制的发展演变》。

诰)在重复重迭使用。这导致学士院知制诰的性质,有些暧昧,以致宋人以宋制看唐制,认为不带知制诰,则"不作文书",但唐人如李肇,并无此种说法,且唐代亦有翰林学士不带知制诰,却仍作文书的实例,如白居易等人,故宋人的说法,只能存疑。从唐人丁居晦称之为"加衔",推论这或许是一种额外加官荣誉,或许用以增加俸禄。

共同点有一:舍人院和学士院的知制诰,只要他们升官至中书舍人时,就不带知制诰。下一节细论此事。底下表 8.1 先将唐代三大类型知制诰的特征和区别列出,方便一览。

表 8.1　唐代三种知制诰的特征和区别

类型	主要特色	草诏地点	和皇帝关系	属性
第一型:唐前期的知制诰	多以高官充任,如崔融、苏颋等,官阶比中书舍人的正五品上高。案例不多,只在必要时委任,非固定常设使职。	不固定,可能在集贤院,如张九龄;在昭文馆,如李乂;在中书省,如苏颋。	常由皇帝亲自委任,关系密切。	使职,无官品。
第二型:唐后期舍人院中的知制诰	多以郎中和员外郎充任,官阶比中书舍人的正五品上低。案例颇多,为固定常设使职。	在宫城南区中书省的舍人院,属外廷。	跟皇帝关系比较疏远,常由宰相荐任,跟宰相关系密切。	使职,无官品。
第三型:唐德宗以降学士院中的知制诰	翰林学士照例以他官充任,入院期间,有时带知制诰衔,有时不带。	在宫城北区右银台门内的学士院,亦称内廷。	常由皇帝委任,常与皇帝相处,关系密切。	使职,无官品,是一种加衔。

四、中书舍人不带知制诰

前面提过，第二型舍人院的知制诰，和第三型学士院的知制诰，有一个共同点，那就是他们一旦升官至中书舍人时，就不带知制诰官衔。换言之，这等于说唐代的中书舍人，不管是在舍人院或学士院，从不带知制诰。这可说是一条定律。宋人亦论之甚详。

上一节已举了几个学士院中的翰林学士，升官至中书舍人时，便不带知制诰的案例，如杨知温和侯备。这里不妨再举一例。丁居晦的《重修承旨学士壁记》，如此记载柳公权在学士院中的升迁和官衔：

> 柳公权，大和八年（834）十月十五日，自兵部郎中、弘文馆学士充侍书学士。九年九月十二日，加知制诰充学士、兼侍书。开成元年（836）九月二十八日，迁中书舍人。二年四月，改谏议大夫、知制诰。三年九月十八日，迁工部侍郎、知制诰，加承旨。五年三月九日加散骑常侍，出院。①

这里清楚显示，柳公权的本官在兵部郎中时，可以带知制诰。但到了开成元年九月，他迁中书舍人时，便不再带知制诰。然而，等他在开成二年，改迁谏议大夫和工部侍郎时，他又可以带知制诰了。这种案例，在丁居晦的《壁记》中非常之多，举不胜举，一查便

---

① 《翰苑群书》卷六，页39。

知,不必多引,在在可证唐代学士院中的中书舍人皆不带知制诰。

至于舍人院的中书舍人,可以举权德舆为例。他是在贞元十年到十五年(794—799),以各种本官(起居舍人、驾部员外郎和司勋郎中)任知制诰,长达五年多。贞元十五年秋,他升任为中书舍人,从此再也没有带知制诰官衔。

最好的证据,是权德舆自己所署的官衔。唐人自署官衔,常见于序文、祭文和墓志等文类中,是很精确的记录。权德舆在贞元十五年之前,以各种本官去出任知制诰,他在这时期所写的祭文,都非常精准地记录了他是以何官去知制诰。例如,他在贞元十一年所写的《祭故外姑河东县君文》,自署官衔为"子婿起居舍人知制诰权某"①;在贞元十四年写的《祭故徐给事文》中自署"尚书司勋郎中知制诰权某"②。然而,到了贞元十五年,他升任中书舍人之后,他所写的祭文中,这个知制诰便不见了,如贞元十六年写的《祭故卢华州文》,仅说是"从表弟朝议郎守中书舍人云骑尉赐绯鱼袋权德舆"③;在贞元十七年写的《祭故房州崔使君文》,也只说是"侄女婿朝议郎守中书舍人赐绯鱼袋权某"④,皆无知制诰官衔。这些都如实记载了他这些年的官历,可证他升任中书舍人后,就不再带知制诰。事实上,不仅权德舆的官衔如此,在传世的唐代文献中,同样找不到中书舍人又带有知制诰使职官衔的案例。

在官制上,中书舍人是职事官,有官品,在《唐六典》和两《唐书》职官志中有详细的记载。知制诰则是使职,无官品,且不载于

---

①《权德舆诗文集》卷五十,页785。
②《权德舆诗文集》卷四十九,页778。
③《权德舆诗文集》卷四十八,页760。
④《权德舆诗文集》卷五十,页787。

这些职官书中。这原本是泾渭分明的两种官。但现代学者,却因不了解知制诰的使职本质,常把知制诰和中书舍人混淆,把两者的角色混为一谈,也忽略了唐(以及宋)代的中书舍人,照例不带知制诰的惯例。比如,郭广伟在写权德舆年谱时,说权在德宗贞元十五年秋,"迁中书舍人、知制诰";又在次一年"在中书舍人任,知制诰"①。如果这里的意思是,权德舆在这些年,任中书舍人,又同时带有知制诰的官衔,则恐怕说不通,等于将两种官职混在一起。实际上,权德舆在贞元十五年秋以后所自署的官衔,从未说他带有知制诰。但如果这里的意思,只是说权德舆那些年任中书舍人,在负责撰写制诰,则不误,然而这种写法最好还是避免,因为它很容易让读者以为,权德舆出任中书舍人时,带有知制诰的官衔。

清人对唐中书舍人不带知制诰,亦不甚明了,常有误用。例如,清代所编的《全唐文》,在作者小传部分,便有至少四处如此表述。卷二百五十苏颋小传:"举进士,拜中书舍人知制诰";卷二百七十七贾曾小传:"开元初拜中书舍人知制诰";卷五百一十二李吉甫小传:"转中书舍人知制诰";卷六百三十三韦表微小传:"累擢中书舍人知制诰",都是显例②。本文前面已有考订,苏颋和贾曾任中书舍人时,都未带知制诰。至于李吉甫,丁居晦《重修承旨

---

① 见《权德舆诗文集》后所附的《权德舆简谱》,页913—914。

② 《全唐文》卷二百五十,页2524;卷二百七十七,页2809;卷五百一十二,页5198;卷六百三十三,页6387。戴伟华《评〈翰学三书〉》,《古籍整理出版情况简报》2004年第2期,最先指出《全唐文》的这四个错误。若以"中书舍人知制诰"这几个字,去检索一些大型电子文本资料库,如台湾"中研院"的"汉籍全文电子资料库"或大陆的"基本古籍库",也可以检索到《全唐文》的这四个错误用例,以及宋元明清的好些其他误用实例,不具引。

学士壁记》这样记录他在学士院的官历升迁："永贞元年十二月二十四日,自考功郎中、知制诰充。二十七日,迁中书舍人,赐紫金鱼袋。"①可知他是以考功郎中去知制诰,迁中书舍人后,便不再带知制诰。韦表微的记载则是:"(长庆)三年九月三十日,拜库部员外郎。四年五月二十四日,赐紫。二十七日,加知制诰。宝历元年五月二十五日,拜中书舍人。三年正月,迁户部侍郎、知制诰。"②这清楚显示,韦表微是在"拜库部员外郎"约八个月后,加知制诰,但他迁为中书舍人时,便不带知制诰。等他再迁户部侍郎时,他又可以带知制诰了,再次展现知制诰这种"魅影"特征。

但为什么唐宋的中书舍人,皆不带知制诰衔? 此事在宋代有过热烈的讨论。两宋之际的叶梦得,曾经两度出任翰林学士。他在《石林燕语》一书中,有一段颇有名的话:

> 唐翰林学士结衔或在官上,或在官下,无定制。余家藏唐碑多,如大和中李藏用碑,撰者言"中散大夫、守尚书户部侍郎、知制诰、翰林学士王源中"之类,则在官下;大中中王巨镛碑,撰者言"翰林学士、中散大夫、守中书舍人刘瑑"之类,则在官上。瑑仍不称知制诰,殊不可晓。不应当时官名而升降,庞杂乃尔也。③

此处的"官",有特定意义,指职事官,乃宋代所谓"官、职、差遣"三大分类中的"官",在宋代专指寄禄用的职事官(类似唐代的本

①《翰苑群书》卷六,页33。
②《翰苑群书》卷六,页36。
③《石林燕语》卷四,页54—55。

官)。唐代翰林学士的整套官衔,其"翰林学士"部分,有时写在职事官之上,有时写在职事官之下。这点在近世出土的唐代墓志中,都很常见,不足为奇。正如叶梦得自己所说,此"无定制"也。但唐代《王巨镛碑》的撰碑者刘瑑,其官衔"翰林学士、中散大夫、守中书舍人刘瑑",则让叶梦得感到"殊不可晓",因为刘瑑身为翰林学士,又是学士院的中书舍人,竟未带知制诰官衔。

宋人洪遵在《翰苑遗事》中引用叶梦得此条说,"瑑不称知制诰,唐以来至国朝熙宁,官至中书舍人则不带三字"①("三字"是宋人对知制诰的美称)。换言之,刘瑑不带知制诰,是因为他当时在学士院,有中书舍人的本官,所以不必再带知制诰。考丁居晦的《重修承旨学士壁记》,刘瑑于宣宗大中元年(847)"加知制诰",但他在大中三年"拜中书舍人"时,就不带知制诰②。前一节引用过皇甫珪和孔温裕的例子,指出这是知制诰"时隐时显"的"魅影"特色:翰林学士的本官为员外郎、郎中,甚至比中书舍人更高层的六部侍郎时,都可以带知制诰衔,但此官衔一旦遇见中书舍人,就会像"魅影"般消失无踪。而且,不仅学士院的中书舍人从不带知制诰,甚至连学士院外舍人院的中书舍人,也都从不带知制诰,如上引权德舆例。

另一宋人李心传,在《旧闻证误》中也引叶梦得此条说:"学士官至紫微舍人,则衔内不系知制诰三字,所从来远矣。"③李心传这句话说得好,因为不仅宋代的中书舍人不带知制诰,其实唐代的中书舍人,也同样是不带知制诰的,由来久矣,不只宋代如此。

---

① 《翰苑群书》卷十一,页108。
② 《重修承旨学士壁记》,《翰苑群书》卷六,页43。
③ 《旧闻证误》卷四,页58—59。

洪遵的"官至中书舍人",和李心传的"学士官至紫微舍人",意思一样,紫微舍人即中书舍人的别称,但"官至"两字,却很容易引起误解,以致有学者以为,升官到了中书舍人,就不必带知制诰(这就引申出知制诰为中书舍人"试用期"的说法),以后再迁更高层的官(如六部侍郎)时,也不必再带知制诰。但从唐宋的实际案例看,洪遵和李心传的意思不是这样。他们的意思是:只有中书舍人,才不带知制诰。其他官,不管是比中书舍人卑的官(如员外郎),或比中书舍人高的官(如侍郎),依然可带知制诰①。上引唐代皇甫珪、孔温裕以及丁居晦《重修承旨学士壁记》中的许多其他详细官历记载,都证实这一点:只有中书舍人才不带知制诰,其他官可带知制诰衔。甚至连唐前期第一型知制诰,如苏颋和李乂等人,官至侍郎高官,都可以带知制诰。

但问题是,洪遵和李心传,只是指出唐宋的中书舍人,都不带知制诰这个事实,借以帮助叶梦得解惑,但他们其实并没有解释,何以中书舍人就不带知制诰。理由安在?

据我看,唐宋的中书舍人,都不带知制诰,最大的原因是:知制诰和中书舍人,是两种不同属性的官职(一为使职,一为职事官),但职务却相同,都在掌诰草诏。中书舍人的本职便是掌诰,所以不必再带知制诰这种使职,就可以草诏,否则等于重复了,多此一举。但其他官因为其本官职务并不草诏,必须以其本官去充任知制诰这个使职来掌诰,所以要带知制诰衔。这是本文从使职的任命办法,来研究知制诰之后所作的解释。

岑仲勉对此亦有一解,虽未提知制诰为使职,然亦可供参照:

①陈振《关于宋代的知制诰和翰林学士》,《宋代社会政治论稿》,页42,对此点有详细的讨论。

"余按知制诰犹云司制起草之事务,是中书舍人本职,惟以他官代执舍人事务时用之:一为官卑于舍人者,如员外、郎中等皆曰知制诰,既真除舍人,则知制诰正其本务,故不复用此三字。二为官高于舍人者,舍人既擢诸司侍郎等而仍命执行舍人事务,则不曰兼中书舍人而以知制诰字易之,其实一也,叶氏不明舍人本职,故以不称知制诰为讶矣。"①

综上所述,唐宋中书舍人不带知制诰,当是官场通例。在唐宋正史和命官文书中,未见有中书舍人和知制诰连用者。检索唐代史料,也未发现有唐人把中书舍人和知制诰连在一起书写。但在五代和北宋,可以找到少数几个连用的案例。例如,《金石萃编》卷一百二十四所收《张仲荀抄高僧传序》碑,署衔"翰林学士中书舍人知制诰陶谷撰"②。考陶谷(903—970)为五代北宋人。《旧五代史·晋书·少帝纪》开运二年(945)六月条下:"以太常少卿陶谷为中书舍人"③,未说他还带知制诰。同年八月甲子朔条下,"日有蚀之。中书舍人陶谷奏,请权废太常寺二舞郎,从之"④,亦未带知制诰。《金石萃编》此处作"翰林学士中书舍人知制诰陶谷撰",恐是不规范用例。《金石萃编》卷一百二十六《赠梦英诗碑》,亦有一署衔"翰林学士中书舍人知制诰王著"⑤。考王著亦五代北宋人。洪遵《学士年表》建隆元年(960)条下,清楚记载王著"正月,自翰林学士、金部郎中为中书舍人,依前充

①《翰林学士壁记注补》,《郎官石柱题名新考订》(外三种),页325。
②王昶《金石萃编》卷一百二十四,页13。
③《旧五代史》卷八十四,页1108。
④《旧五代史》卷八十四,页1109。
⑤《金石萃编》卷一百二十六,页2。

职"①,并未记他带知制诰。《赠梦英诗碑》上署衔"中书舍人知制诰",恐亦不规范用例。

同样,五代王定保《唐摭言》,引用咸通四年一篇制书,撰者说是"中书舍人知制诰宇文瓒"②。宋王楙《野客丛书》有一条札记说:"仆观白乐天为中书舍人知制诰,元简为京兆尹,官皆六品,尚犹着绿。"③这两条材料,皆为笔记,记事或不免有欠严谨,恐又是五代宋人不规范用法。宇文瓒的事迹无可考。但白居易任中书舍人,史书皆未说他还带有知制诰。如《旧唐书·穆宗纪》长庆元年(821)十月条下:"以尚书主客郎中、知制诰白居易为中书舍人"④,并未记他升为中书舍人后,还带有知制诰。白居易本人写《杭州刺史谢上表》,提到这件事:"生归帝京,宠在郎署。不逾年擢知制诰,未周岁正授舍人"⑤,也未说他正授中书舍人后,还带有知制诰。五代宋人的这些用例,跟前面讨论过的清代《全唐文》小传中的四个误用案例一样,皆不可依。

五、知制诰的双重含义

知制诰此词,有双重含义,会造成一些误读。它可以是一个专用的使职官名,但也可以是一个普通的动宾结构短语,犹言"掌

①收在《翰苑群书》卷十,页73。
②《唐摭言校注》卷十四,页284。
③王楙《野客丛书》卷二十七,页311。按唐代中书舍人为正五品上,京兆尹为从三品,此处皆作"六品",亦误。
④《旧唐书》卷十六,页492。
⑤《白居易集笺校》卷六十一,页3428。

制诰",用来描述中书舍人当时正在负责的草诏职务。例如,《唐六典》有一段话,颇为有名,常为今人引用:

> 其中书舍人在省,以年深者为阁老,兼判本省杂事;一人专掌画,谓之知制诰,得食政事之食。①

有学者引这段话,认为唐代的中书舍人,也称为知制诰,好像唐初这样的中书舍人,还带有一个知制诰的使职名号。这就跟本文前一节所考,唐宋官员官至中书舍人,则不带知制诰衔,颇相违背。要怎样解读《唐六典》这句话?

在官制上,中书舍人已经是正规的职事官了,主要职务又是撰写制诰,没有必要再带一个知制诰这样的使职官衔。所以,这里的"知制诰",应当不是个专用的使职官名,只是《唐六典》的撰者,用"知制诰"这个动宾结构短语(好比是"掌制诰"的同义词),来描写中书舍人的职务罢了。换言之,这句话的意思是:中书舍人有六员,其中一人"专掌画",负责撰写制诏,以进呈给皇帝画可。此处的"知制诰",不是这位中书舍人所带的使职官名,只是他负责的职务。他专门掌制诰,其职权跟其他不草诏的中书舍人有别。

从其他史料以及本文前面所考,我们知道,凡任知制诰使职者,应当要先有一个"本官"才行,如崔融以司礼少卿的本官去知制诰,张九龄以工部侍郎的本官去知制诰,权德舆以司勋郎中的本官去知制诰,这样的知制诰才能说是使职官名。崔融"长安四年除司礼少卿,知制诰",就是以司礼少卿的本官身份,去出任知

---

① 《唐六典》卷九,页276。

制诰。草诏并非司礼少卿的职务,所以崔融这时是以他官在出任一种使职。如果知制诰者不带这种本官,只是史书提到中书舍人时,用了"知制诰"三字,那应当是史书把"知制诰",当成是一般的动宾短语"掌制诰"来使用,描写中书舍人本身原有的职掌,并非把知制诰,用作一个专用的使职官名。

知制诰这三字,组合特殊,既可以是个专用使职官名,也可以只是个普通的动宾短语,因此一词二义,容易误导人。在《旧唐书·李乂传》中,就有一个这样的例子,可供分辨参照。此传第二段说李乂"知制诰凡数载"①。乍看之下,这好像是一个使职官名,好像在说,李乂担任过第一型的知制诰使职数年,但细读全文,其实不然。这里只是指李乂在中宗景龙(707—710)中,"累迁中书舍人"的事。这些年他一直在任中书舍人,不可能再出任同样工作的知制诰使职。他的本传并没有说,他在这些年以其他本官去知制诰。因此,李乂本传此处的"知制诰"三字,不应当视为一个使职官衔,并不是说他在出任第一型的知制诰,只是说他这段期间任中书舍人,在"掌制诰","负责撰写制诰凡数年"罢了。

不过,前面引过苏颋写的那篇《授李乂刑部尚书制》,透露李乂在开元初,的确又曾出任过知制诰使职。他这时的全套官衔为"银青光禄大夫,行紫微侍郎,兼检校刑部尚书,兼知制诰、昭文馆学士、上柱国、中山郡开国公"②。此处把"知制诰"写入李乂的全套完整官衔内,那就明白表示,这个"知制诰"是个使职官名无疑,可以是一个官员完整官衔的一部分,也就是说,李乂曾经任过知制诰,而且带有本官(紫微侍郎、刑部尚书),乃第一型的知制诰,

---

① 《旧唐书》卷一百一,页3136。
② 《文苑英华》卷三八六,页1971。

文意明确。但细考其年代，这却不是指他在任中书舍人之时（707—710），而是指他在"开元初"（713— ）任紫微（中书）侍郎，"俄拜刑部尚书"的事。这篇任命制中的官衔，明白标示他当时是以紫微侍郎兼检校刑部尚书的本官，去"知制诰"的，并非以中书舍人的身份。由此可证，知制诰既然是个使职，应当都是以其他官员的本官去充任的。任此职者，必须要先有个本官才行，就像上引崔融、苏颋和张九龄的案例。因此，要分辨知制诰到底是个专用的使职官名，还只是个描述职务的普通动宾短语（犹云"掌制诰"），其中一个最简便的办法，便是先细考任此知制诰者，当时有没有一个本官（中书舍人以外的本官）。有本官的，其知制诰才是官名。

同理，《旧唐书·孙处约传》有一段话，也容易造成误解："其年，中书令杜正伦奏请更授一舍人，与处约同知制诰，高宗曰：'处约一人足办我事，何须多也。'"①若不细读，这句话中的"知制诰"好像是个使职官名，其实它只不过是个简单的动宾短语，等于说是"掌制诰"罢了。这整句话的意思是，中书令杜正伦请求再多委任一个中书舍人，以便跟孙处约一起掌制诰，但高宗回答说，孙处约一个人就足够办他的事了，何必再多一个？

类似的例子还有一些，如《旧唐书·梁载言传》："梁载言，博州聊城人。历凤阁舍人，专知制诰。撰《具员故事》十卷、《十道志》十六卷，并传于时。中宗时为怀州刺史。"②凤阁（中书）舍人本来的职务就是掌诰，这里只是说梁载言"专知制诰"，即"专掌制诰"而已，不是说梁载言任中书舍人，又带有一个知制诰的使职官衔。

---

① 《旧唐书》卷八十一，页2758。
② 《旧唐书》卷一百九十中，页5017。

再如，韩休撰《唐金紫光禄大夫、礼部尚书、上柱国、赠尚书右丞相、许国文宪公苏颋文集序》曰："时中书令李峤执笔曰，考功郎非苏君莫可，遂拜考功员外郎。迁给事中，特制授修文馆学士，迁中书舍人，专知制诰。金议允归，制命敕书，皆出自公手，笔不停缀，思无所让，及是见君，深所叹伏焉。"①此例跟前面梁载言的案例，完全相同。苏颋迁中书舍人，"专知制诰"，即"专掌制诰"之意，并非又带一个知制诰的使职衔。苏颋是在后来升官到紫微（中书）侍郎，又以此高官为本官继续掌诰，才需要带有知制诰的官衔，见前面所考。

再举最后一例。《旧唐书·王丘传》说王丘"三迁紫微舍人，以知制诰之勤，加朝散大夫，再转吏部侍郎。典选累年，甚称平允"②。这是说，王丘经过三次迁转，升为"紫微舍人"（即中书舍人）；他以"知制诰之劝"，也就是"撰写制诰"之劝，再升为吏部侍郎。此句中的"知制诰"，跟李乂传中的"知制诰凡数载"一样，不是专用的使职官名，因为王丘此时并没有带任何中书舍人以外的本官，并非在任知制诰使职。这里只是以"知制诰"作为一个普通的动宾短语，意为"掌制诰"，来描写王丘任中书舍人原有的工作内容。但王丘后来升任黄门侍郎、怀州刺史，尚书左丞等高官后，"丁父忧去职，服阕，拜右散骑常侍，仍知制诰"③。这时，他的这个知制诰才是使职，因为他是以右散骑常侍的本官去出任。

阅读唐代文献时，知制诰的这个双重含义，容易造成误解。它在唐代文献中，绝大多数时候会是个专用的使职官名，但在某

---

① 《唐文粹》卷九十一，页 1。
② 《旧唐书》卷一百，页 3132。
③ 《旧唐书》卷一百，页 3133。

些时候(如上引数例),也可能只是个普通的动宾短语,犹言"掌制诰",单纯描述草诏职务,并不是说中书舍人又带一个知制诰官衔。事实上,本文上一节已详考,唐代(和宋代)的官员,官做到中书舍人时,都不会带知制诰。

六、出土墓志中的知制诰

前文考唐代知制诰,皆根据传世的历史文献。至于近世的出土文献中,是否也有知制诰的材料呢? 有,但不多,远远不如历史文献丰富。据所知,敦煌吐鲁番出土文献中,没有知制诰的材料。在出土墓志中出现的知制诰,大多只是撰碑者或书碑者的官衔题署。例如,开元三年的《大唐故特进中书令博陵郡王赠幽州刺史崔公墓志铭并序》,题"银青光禄大夫,行紫微侍郎、知制诰兼刑部尚书、昭文馆学士、中山郡开国公李乂撰"[1],提供了第一型知制诰李乂的全套完整官衔。这个全衔,跟前引苏颋《授李乂刑部尚书制》所记的李乂同时代官衔,不完全相同:"银青光禄大夫,行紫微侍郎,兼检校刑部尚书,兼知制诰、昭文馆学士、上柱国、中山郡开国公李乂。"[2]墓志题衔有些省略,特别是略去"检校"两字,似不如制文所记的精确。

文宗太和六年的《唐故朝散大夫守尚书吏部郎中兼侍御史知杂事上柱国临沂县开国男食邑三百户琅琊王府君墓志铭并序》,题"承议郎,守尚书库部郎中、知制诰充翰林学士、上柱国、赐绯鱼

---

① 周绍良主编《唐代墓志汇编》,开元 026,页 1168—1170。
② 《文苑英华》卷三八六,页 1971。

袋李珏撰"①,则让我们见到一个第三型知制诰的身影,但也仅止于他的这个全衔,没有其他更多细节。李珏是以库部郎中、知制诰的身份,在学士院充任翰林学士。这跟丁居晦在《重修学士承旨壁记》所记相同:"李珏,大和五年九月十九日,自库部员外郎、知制诰充。"②出土文献中所见的知制诰,大率类此,以全衔居多,可用来佐证传世文献的记载,但没有令人惊喜的新材料。

为免累赘,这里不拟一一论及墓志中的知制诰,且举比较有意义的一个出土案例来结束本节。这见于唐末昭宗乾宁二年(895)刑部尚书崔凝的墓志《唐故刑部尚书崔公府君墓志并序》,1991年在河南偃师出土③。崔凝在新旧《唐书》中皆无传,此志可补传世文献之缺。志文长达一千四百余字,对他的官历记载甚详,特别是第十一行,记崔凝"迁祠部郎中、知制诰。未周月,拜中书舍人,面赐金紫,即以本官充翰林学士,仍转户部侍郎、知制诰,依前充职"④,跟本文的论题最有关联,可以进一步印证本文的一些论点。

崔凝先是出任第二型的知制诰,以祠部郎中的本官知制诰,在舍人院草诏。"未周月",就正拜中书舍人,表示他这时官资已到中书舍人,或获得皇恩提前超升,可以从知制诰正授中书舍人,但却不是在舍人院拜中书舍人,而是在学士院以中书舍人的"本

---

① 《唐代墓志汇编》,大和054,页2134—2135。
② 《重修承旨学士壁记》,《翰苑群书》卷六,页38。
③ 考古发掘简报和墓志拓片复印件,见偃师商城博物馆《河南偃师县四座唐墓发掘简报》,《考古》1992年第11期,页1004—1017。
④ 林集友《唐刑部尚书崔凝墓志考释》,《考古》1994年第11期,页1037—1042。释文亦见于周绍良、赵超主编《唐代墓志汇编续集》,乾宁003,页1160—1161,但有些误释,如"依前充职"误为"前充职时"。

官充翰林学士"。这里可以申论两点。第一是他因而获得皇帝"面赐金紫"。这是因为他当上翰林学士,成为皇帝亲近臣,才获得这种御赐。如果他只是在外廷的舍人院任正规的中书舍人,他恐怕不会被"面赐金紫"。这是使职(翰林学士)比职事官(中书舍人)清贵的一个例证。此外,此事发生在僖宗奔成都之时,崔凝赶赴行在,面赐他金紫的是僖宗。唐末此时,中书舍人已沦为闲散虚位,草诏职务,早由崔凝这些翰林学士接手了。

第二,崔凝在学士院官拜中书舍人本官时,志文并没说他带知制诰。这正好为本章第四节所考,增添一个出土证据:唐代官员不管是在外廷的舍人院,还是在内廷的学士院,官做到中书舍人时,都不会带知制诰衔。志文下一句"仍转户部侍郎、知制诰,依前充职",是说崔凝的本官,接着从中书舍人升转到更高的户部侍郎,但此时知制诰又像前文所考,"魅影"般出现了。崔凝这时又可以带知制诰衔了,成了学士院中的第三型知制诰。然而,崔凝并未离开学士院。他升官了,但仍"依前充职"。此"职"指使职,意谓他仍留在学士院充翰林学士这个使职①。

七、结语

唐代有三大类型的知制诰。第一型在唐前期,大多以高官(如侍郎)去充任,其本官的官品比中书舍人的正五品上高,跟皇帝的关系密切,往往由皇帝亲自钦点委任。第二型在唐后期,特

---

① 傅璇琮《唐翰林学士传论·晚唐卷》,页 477—480,考崔凝的生平事迹甚详,惜未及参考这篇出土墓志。

别是宪宗以降,多以郎中和员外郎充任,本官的官品比中书舍人的低,跟皇帝比较疏远,而跟宰相的关系密切,常由宰相荐任,一般负责草外制。第三型则是学士院中带有知制诰衔的翰林学士,跟宰相没有什么关系,而跟皇帝亲近,一般负责草内制。翰林学士当中,有些带有知制诰衔,有些不带;若带则只是一种加衔,似为定俸禄之用。此外,唐宋中书舍人照例从不带知制诰官衔,且知制诰可以有双重含义,容易令人误读。

第九章　唐后期三大类词臣的升迁与地位

> 自永淳(682)巳来，天下文章道盛，台阁髦
> 彦，无不以文章达。故中书舍人为文士之极
> 任，朝廷之盛选，诸官莫比焉。
>
> ——杜佑《通典》

唐代那些负责草拟皇朝诏令的官员，唐人统称为"词臣"，此词常见于唐代文献。我们在前面几章见过，在唐前期，词臣主要指中书舍人。间中有其他文词雅丽的高官，会以弘文馆等文馆学士的方式(如上官仪等人)，或以他官知制诰的方式(如崔融和张九龄)，来担任草诏的工作，分割了中书舍人的一部分职权。但整体而言，唐前期中书舍人仍然是最核心的掌诰官员，其地位始终最崇高、最清望。这是一种正规的职事官，在唐初即设立，有官品(正五品上)，但在唐末职权逐渐萎缩，沦为闲官，被知制诰和翰林学士这两种新的使职所取代。

但唐代中书舍人的使职化，是一个十分缓慢的过程(见第六章)。唐初上官仪、崔融、张九龄等人以他官去草诏，便是使职化的萌芽，但尚未成定制，只有在必要时才偶尔委任使职。到了玄宗开元年间设立了翰林学士，使职化的过程才比较明显。安史乱

后,特别是从德宗建中年间(780—783)开始,这种使职化便加速。德宗多以翰林学士(如陆贽等人),来议政并草诏。翰林学士在宫城北区的学士院视事和宿直,又称"内廷",邻近皇帝的生活起居处,成了皇帝最重要的机要秘书。中书舍人虽然继续草诏,但主要是在宫城南区中书省的舍人院,属于"外廷",跟皇帝比较疏远。另一方面,德宗以降的知制诰,也跟中书舍人一样,在舍人院草诏,也跟皇帝比较疏离,但成了固定常设的使职,一直到唐末最后一位皇帝哀帝都如此,进一步分化了中书舍人的职权。因此,唐后期德宗以降,我们常可见到三大类的词臣:中书舍人、翰林学士、知制诰,散见于史书、墓志和其他文献。三者的关系错综复杂,颇令人眼花,极有待厘清。

本章拟以白居易、元稹、权德舆和李德裕,出任过词臣的案例,来探讨唐后期这三大类词臣的一些升迁细节和地位。三种词臣当中,何者的权力最大,地位最剧要?何者官"最美"?这问题主要是因杜佑《通典》中的一句话引发:"自永淳(682)已来,天下文章道盛,台阁髦彦,无不以文章达。故中书舍人为文士之极任,朝廷之盛选,诸官莫比焉。"[1]中书舍人真的是"文士之极任"吗?《通典》这句话,应当放在一个怎样的背景下来理解才比较恰当?

一、郎官知制诰的升迁:白居易和元稹的案例

唐前期从武则天到玄宗朝,就开始有了知制诰,如崔融、张九龄等人,大都以高官(如侍郎,官品高于中书舍人的正五品上)的

---

[1]《通典》卷二十一,页564。

本官去知制诰。这些早期的知制诰,可归纳为第一型知制诰,未固定常设,跟唐后期的那些第二型知制诰不同(见第八章)。

本节要讨论的是,德宗以降,那些第二型郎官知制诰的升迁和地位。由于这一型的知制诰,其本官官品都低于中书舍人,所以他们在任知制诰一段时间后,如果继续出任词臣掌诰,则他们可能会有两个升迁途径:一是升任为中书舍人,但继续留在舍人院草诰;二是同样升为中书舍人,但以中书舍人的本官,被召入学士院草诰,成了翰林学士。这两大类中书舍人,学界一般都没有划分清楚,容易混淆。为免混用误解,可分别称之为(一)舍人院中书舍人;(二)学士院中书舍人。

唐代史书对第二型知制诰升迁为中书舍人,有一个很常见的套语,往往形容他们是"正拜中书舍人"或"正授中书舍人",且不管是在舍人院或学士院升为中书舍人,都可以用"正拜"或"正授"两字。例如,杨嗣复,"长庆元年(821)十月,以库部郎中知制诰,正拜中书舍人"①。赵骘,"咸通初,以兵部员外郎知制诰,转郎中,正拜中书舍人"②。刘太真,"名著南宫,望归西掖,迁驾部郎中知制诰。……建中四年(783)夏正授中书舍人"③。以上是在舍人院正拜中书舍人的例子。

至于在学士院正拜中书舍人,可举两例。高钺,长庆"四年(824)四月,禁中有张韶之变,敬宗幸左军。是夜,钺从帝宿于左军。翌日贼平,赏从臣,赐钺锦彩七十匹,转户部郎中、知制诰。十二月,正拜中书舍人,充职如故"④。所谓"充职如故",就是高

①《旧唐书》卷一百七十六,页4556。
②《旧唐书》卷一百七十八,页4622。
③裴度《刘府君神道碑铭并序》,《全唐文》卷五百三十八,页5467。
④《旧唐书》卷一百六十八,页4386—4387。

钋在正拜中书舍人后,依然充任翰林学士这个"职"(使职)如故,可知他是在学士院升任中书舍人。宋申锡,"文宗即位,拜户部郎中、知制诰。大和二年(828),正拜中书舍人,复为翰林学士。"①检丁居晦《重修承旨学士壁记》,可证实高钋和宋申锡,确实是在学士院"正拜"中书舍人②。

白居易任知制诰后升中书舍人,也属"正拜"(他自己则形容为"正授",意思相同),但他是继续留在舍人院草诏,没有被召入学士院。《旧唐书·穆宗纪》长庆元年(821)十月条下说:

> 以尚书主客郎中、知制诰白居易为中书舍人。③

这便是一种"正拜中书舍人"的现象。白居易稍后又从中书舍人出守杭州,写了《杭州刺史谢上表》时,提到这件事:

> 生归帝京,宠在郎署。不逾年擢知制诰,未周岁正授舍人。④

从白居易的行文语气看来,他显然对他能以主客郎中知制诰,未满周岁就"正授舍人",颇感得意,因为按照敕令,知制诰"正授"中书舍人,须有一定的时间:

> 大和四年(830)七月,中书门下奏:"伏以制诰之选,参用

---

① 《旧唐书》卷一百六十七,页4370。
② 丁居晦《重修承旨学士壁记》,《翰苑群书》卷六,页36;页37。
③ 《旧唐书》卷十六,页492。
④ 《白居易集笺校》卷六十一,页3428。

高卑,迁转之时,合系劳逸。顷者,缘无定制,其间多有不均。准长庆二年(822)七月二十七日敕,始令自员外以上及卑官知者,同以授职满一年后,各从本秩递与转官。……自今以后,从前行郎中知者,并不许计本官日月,但约知制诰满一周年即与正授。其从谏议大夫知者,亦宜准此。即迟速有殊,比类可遵,并请依长庆二年七月二十七日敕处分。"敕旨依奏。①

上文所谓"知制诰满一周年即与正授",其中"正授"两字,即指正授中书舍人之意。"正授"两字和"正拜"一样,表示任知制诰者,原都是在出任一种使职,一种"不正规"的使职,所以他们在任使职满岁后,便可以正式升任为正规的职事官(即中书舍人)。这个"正授",有"扶正"的意思,也就是说,某某官员,原先担任不正规的使职,现在转为正规的职事官了。如果按照砺波护等学者常见的说法,所有使职(包括知制诰),乃"令外の官",那么他们现在任知制诰满岁后,便可"正授"、"正除"为中书舍人,成为"令内の官"了②。

据上引长庆二年七月敕,知制诰到底要任职满多少年后,才能正授中书舍人,"缘无定制,其间多有不均",也就是没有定规。从长庆二年起,才定为一周岁。白居易正授中书舍人在长庆元年十月,那时还没有这条敕令,但他对自己能够在知制诰未满周岁的情况下,即正授中书舍人,感到自豪,看来当时正授中书舍人,虽说无"定制",应当也要一两年的等待时间。

---

①《唐会要》卷五十五,页1111—1112。
②砺波护《唐の官制と官职》,《唐代政治社会史研究》,页238—244。

白居易从主客郎中迁任中书舍人，在职事官阶上固然是一次颇快的升迁奖励，但从"接近皇权"的观点看，他在舍人院任中书舍人，恐怕远远不如他的朋友元稹那样，任知制诰后迁中书舍人，但却是在学士院，成了翰林学士，更接近皇权。白居易任中书舍人的时间也非常短，从长庆元年十月，到长庆二年七月，任期不到一年，就调守杭州刺史。这以后，他做过苏州刺史、秘书监、刑部侍郎、河南尹等官，品阶虽高，但不外乎闲散或牧守一类的高官。他从来没有做过节度使或宰相，在唐史上不算是一个接近皇权的高官。

　　然而，白居易的好友元稹，同样以郎中充任过知制诰，但后来他的权势，就比白居易大多了，官至宰相和节度使，主因是元稹显然比白居易善于"营钻"。陈寅恪即形容他为"极热中巧宦之人"①。例如，他从荆州江陵士曹贬官回京后，便平步青云，在宪宗元和十五年（820）五月，以祠部郎中知制诰，约两年后就官至宰相，升迁神速，靠的就是他跟几个宦官的亲密关系。《旧唐书·元稹传》对此有颇详细的记载：

　　　　穆宗皇帝在东宫，有妃嫔左右尝诵稹歌诗以为乐曲者，知稹所为，尝称其善，宫中呼为元才子。荆南监军崔潭峻甚礼接稹，不以掾吏遇之，常征其诗什讽诵之。长庆初，潭峻归朝，出稹《连昌宫辞》等百余篇奏御，穆宗大悦，问稹安在，对曰："今为南宫散郎。"即日转祠部郎中、知制诰。朝廷以书命不由相府，甚鄙之，然辞诰所出，夐然与古为侔，遂盛传于代，由是极承恩顾。尝为《长庆宫辞》数十百篇，京师竞相传唱。

①《元白诗笺证稿》，页113。

居无何,召入翰林,为中书舍人、承旨学士。中人以潭峻之故,争与稹交,而知枢密魏弘简尤与稹相善,穆宗愈深知重。河东节度使裴度三上疏,言稹与弘简为刎颈之交,谋乱朝政,言甚激讦。穆宗顾中外人情,乃罢稹内职,授工部侍郎。上恩顾未衰,长庆二年(822),拜平章事。诏下之日,朝野无不轻笑之。①

此段记载,写元稹的官历和得官过程,值得细读,可大大加深我们对唐代知制诰、中书舍人和翰林学士的认识。元稹先以祠部郎中知制诰,这点跟白居易以主客郎中知制诰相似,但接下来,两人的官历便大不相同了。白居易知制诰后,只不过升迁为舍人院的中书舍人,便出守杭州,从此远离皇权中心。元稹则一步一步向皇权靠近。关键就在于他知制诰时,诰文写得"夐然与古为侔,遂盛传于代,由是极承恩顾",跟着被穆宗"召入翰林"。在翰林时,他得到两个升迁。他的本传只简单记载"为中书舍人、承旨学士"。如此轻描淡写,一笔带过,乃正史典型的写法,没有其他细节,但此事涉及唐后期知制诰、中书舍人和翰林学士及承旨这几种官职的微妙关系和轻重地位。元稹的这段官历是很生动的案例,值得再细考。

元稹在学士院时,写过一篇《承旨学士院记》,里面记录了他自己的官历:

> 元稹,长庆元年(821)二月十六日自祠部郎中知制诰、行中书舍人翰林学士,仍赐紫金鱼袋。其年十月十九日,拜工

---

① 《旧唐书》卷一百六十六,页4333—4334。

部侍郎出院。二年二月,拜本官、平章事。①

换言之,元稹在 820 年五月任知制诰,历时不到一年,就在 821 年二月被召入翰林,可谓神速,甚得恩宠。更让人讶异的是,他一入翰林那天,竟同日得到三样东西:迁为中书舍人,升为翰林学士,赐紫金鱼袋。这点,在他的《承旨学士院记》自述中,还未能清楚表达出来(须细考补充才清楚)。但他的好友白居易为他写的《元稹除中书舍人翰林学士赐紫金鱼袋制》中,就很清楚地呈现了:

> 尚书祠部郎中、知制诰、赐绯鱼袋元稹,去年夏拔自祠曹员外,试知制诰。而能芟繁词,划弊句,使吾文章言语与三代同风。引之而成纶綍,垂之而为典训。凡秉笔者,莫敢与汝争能。是用命尔为中书舍人,以司诏令。尝因暇日,前席与语,语及时政,甚开朕心。是用命尔为翰林学士,以备访问。仍以章绶,宠荣其身。一日之中,三加新命。尔宜率素履,思永图,敬终如初,足以报我。可中书舍人、翰林学士、赐紫金鱼袋。②

所谓"一日之中,三加新命",即指元稹一天之内,同时得到中书舍人、翰林学士和赐紫金鱼袋这三样无比的荣耀。紫金鱼袋是三品高官才能有的章服。元稹的官品未到,原不能衣紫,现在由皇帝赐给他紫服金鱼袋,自然是一种特殊的"皇恩"。这一年,他才不

---

①岑仲勉《元稹翰林承旨学士厅壁记校补》,《郎官石柱题名新考订》(外三种),页 466。
②《白居易集笺校》卷五十,页 2954。

过 43 岁,就能衣紫,非常年轻。

不过,白居易所写的这篇制文,对研究唐代官制的学者,最珍贵的一点是,它清楚告诉我们,元稹是以中书舍人的本官,去充任翰林学士。他不是到舍人院去当中书舍人,而是到学士院去当翰林学士,本官为中书舍人。这篇制文也收在宋代所编的《文苑英华》,在此关键处的文句为"可守中书舍人充翰林学士"①,清楚记载元稹是以中书舍人的本官去"充翰林学士",文中有个充任使职的典型用语"充"字,文意明确。

实际上,元稹被召入学士院,不但是任翰林学士,而且还是翰林学士承旨。所谓"承旨",即众翰林学士的"头目",权力更远大于一般的翰林学士。据元稹自己的描述,任承旨者,"凡大诰令、大废置、丞相之密画、内外之密奏,上之所甚注意者,莫不专对,他人无得而参"②,可谓大权在握。唐史上有不少翰林学士承旨,后来都因此升任为宰相,包括元稹。他本人在任命后,写了一篇谢表《谢恩赐告身衣服并借马状》,毫无保留地表达了他对皇恩的感谢:

> 选居近地,便令入院。当日召见天颜,口敕授官,面赐章服,拔令承旨,不顾班资,近日宠荣,无臣此例。发言感泣,指日誓心,苟无死节之诚,愿受鬼诛之祸。③

元稹一入翰林,便如此神速被任命为承旨,从他的官历看,确实如他自己所说,"不顾班资,近日宠荣,无臣此例"。他如此得宠,以致其

---

①《文苑英华》卷三八四,页 1957。
②《元稹集校注》卷五十一,页 1289。
③《元稹集校注》卷三十五,页 948—949。

他宦官"争与稹交，而知枢密魏弘简尤与稹相善，穆宗愈深知重"。这种高调作风，自然引起其他人的忌妒。河东节度使裴度便"三上疏，言稹与弘简为刎颈之交，谋乱朝政，言甚激讦。穆宗顾中外人情，乃罢稹内职"（翰林学士又别称为"内职"），授他工部侍郎出学士院了事。但"恩顾未衰"，不久又任命元稹为宰相。"诏下之日，朝野无不轻笑之"，反映了当时人对他营钻之功的鄙视和醋意①。

元稹之善于结交，在《唐会要》还有一段记载：

> （长庆元年〔821〕）六月，武儒衡以谏议大夫知制诰，膳部郎中元稹继掌命书。稹常通结内官魏宏简，约车仆，自诣其家，不由宰臣而得掌诰。时人皆鄙之，莫敢言者，独儒衡一日会食公堂，有青蝇入瓜上，忽发怒命掣去之曰："适从何所来，而遽集于此？"一座皆愕然，儒衡神气自若。②

元稹之所以能掌制诰，靠的是他的诗名与文采，以"文"为进身之阶，但他牵扯上宦官的关系，终不免令"时人皆鄙之"。

二、两种中书舍人：权德舆和李德裕的案例

从元白此两例，再参照许多其他唐人的官历看，唐后期的中

---

① 参考周相录《元稹与宦官之关系考辨》，《元稹年谱新编》，页284—299。
② 《唐会要》卷五十五，页1111。《资治通鉴》卷二百四十一，页7779—7780，也有一段类似记载，写元稹从江陵返回长安后，靠他在江陵时所熟识的宦官监军崔潭峻，把他的诗百余篇，献给穆宗而得到皇帝青睐，不久就以祠部郎中知制诰。

书舍人其实有两种。一种像白居易,是在舍人院任中书舍人实职,没有被召入翰林;另一种则像元稹,以中书舍人的本官去学士院充翰林学士,并没有到舍人院去任舍人。元稹所带的这个中书舍人衔,其最大的作用是计算他任翰林学士时的俸禄,类似宋代的寄禄官,只是唐代还没有寄禄官这种说法,只称之为"本官",但这无疑是宋代寄禄官的源头。唐后期的翰林学士当中,以中书舍人本官去充任的,比比皆是。丁居晦的《重修承旨学士壁记》,有详细的记载,特别是在德宗以降的数朝。这也是中书舍人被逐渐使职化的一个迹象:它已经变得越来越不重要,越来越没有实权,逐渐被翰林学士和知制诰取代,所以可以用来当作是翰林学士的本官,以寄俸禄而已。

从这个角度看,白居易知制诰后,只升任舍人院中书舍人,未被召入翰林,他的仕途其实不如元稹那样"飞黄腾达",那样得意。从元白的这两个案例,再结合许多其他唐代高官的官历①,我们可以得出一个结论:在唐后期,一个官员如果只是任舍人院的中书舍人,他的仕历其实并不怎样。即使他再往上升迁,迁为侍郎和

①例如,陆扬在《论唐五代社会与政治中的词臣与词臣家族——以新出石刻资料为例》,《北京大学学报》2013年第4期,页5—16,详细讨论了六个"有代表性"的唐前后期词臣。其中三个(孙行、徐齐聃、韦承庆)在唐前期,三人都是中书舍人,可佐证本章所说,中书舍人在唐前期是最崇高清望的词臣。但陆扬所论的另三个玄宗末年和唐后期的词臣(窦华、杨收和卢文度),则全都是翰林学士。更有意义的是,这三人都曾带有中书舍人官衔,但他们并不是在外廷的舍人院任中书舍人草诏,而是以中书舍人为本官,在内廷的学士院任翰林学士来掌诰(情况就跟本章所论的元稹和李德裕一样)。这亦可证越到唐后期,翰林学士的地位,就越远远超越了中书舍人,且唐后期高官,必须接近内廷皇权,才有可能走入权力中心。若单单只是接近宰相,在舍人院任知制诰或中书舍人,那也只不过是在外廷,政治权力有限。

尚书等官,他也不过是个闲散高官,在当时的政坛并无实权和影响力。这是我们在研究唐中书舍人的迁转时,应当留意的一点,否则如雾里看花①。唐后期的政治权力,始终掌握在翰林学士(特别是翰林学士承旨)、宰相、盐铁转运使、节度使以及诸宦官使职(如内诸司使)手上。正规的职事官如中书舍人、仆射、尚书、丞郎、侍郎、谏议大夫等,都慢慢被边缘化,虽然都没有被废止,且行用到唐亡,但都逐步被各种使职取代,大多沦为闲官。

像白居易这种实权渐失的中书舍人,我们不妨再举唐后期另一才子权德舆的官历为例。权德舆从未考进士,早年以他杰出的文才,争相为江淮几个地方节度使聘用为幕佐,宛如政坛上闪耀的一颗明日之星。到了德宗贞元八年(792),他34岁那年,德宗"雅闻其名",征召他到京师出任太常博士。这当然反映德宗喜好文学,善待文士。贞元十年(794),权德舆36岁时,他迁起居舍人,才开始兼知制诰。在接下来的五年,他的本官有迁转(驾部员外郎、司勋郎中),但他一直以这些本官去知制诰。在后来的约三年,他便从知制诰升任为中书舍人,但依然在中书省的舍人院草诏。《唐会要》有一段记载说:

> (贞元)十八年(802)八月,中书舍人权德舆,独直禁垣,数旬一归家。尝上疏请除两省官。诏报曰:"非不知卿劳苦,以卿文雅,尚未得如卿等比者,所以久难其人。"德舆居西掖八年,其间独掌者数岁。②

①关于前人所作的中书舍人升迁研究,见孙国栋《唐代中书舍人迁官途径考释》,《唐宋史论丛》,页91—146,以及宋靖《唐宋中书舍人研究》,附录。
②《唐会要》卷五十五,页1110。《旧唐书》卷一百四十八,页4003,也有一段相似记载,但无贞元"十八年八月"这个明确年月,失之含糊,今不取。

权德舆从贞元十年(794)五月起,即在"西掖"(即中书省的舍人院)任知制诰,五年后,在贞元十五年(799)秋升任中书舍人,但仍在舍人院草诏。贞元十八年(802)八月时,他已任中书舍人约三年了,故上引文说他"居西掖八年"。历来引用此段的学者,皆认为权德舆在这八年当中,"独掌者数岁",显然很受到德宗的重视,宛然成了德宗朝最重要的唯一掌诰者。德宗对他所说的那一番话,"以卿文雅,尚未得如卿等比者,所以久难其人"云云,更加深了这种印象,好像朝中除了权德舆外,再也无他人可以草诏。但放在一个比较大的视角来看,实情恐非如此。

实际上,德宗这时候,有好几位翰林学士在为他草诏议政,例如郑絪、卫次公、郑余庆等人。丁居晦的《重修承旨学士壁记》记载甚详①。这些学士深居大明宫北区"内廷",更接近德宗的便殿寝殿,远比舍人院中的那些中书舍人和知制诰,更靠近皇权,更得皇恩。正如陆贽所说,外界都认为,翰林学士乃"天子私人",而中书舍人只不过是"佐宰相判案"的宰相私人,和德宗的关系比较疏远,知制诰也是如此。我们从其他史料知道,权德舆和德宗的关系并不密切,在他掌诰期间,除了奏状和书表往来,并无面对面会面的记载,远不如陆贽和德宗,曾经朝夕相处。

权德舆为什么会"独直禁垣,数旬一归家"?传统的解读,是认为他有文词之美,冠于当时,皇帝只希望全由他来草诏,看不上其他词臣,所以由他"独直禁垣"。然而,若放在唐后期中书舍人逐渐失去职权的角度,其实反映了朝廷此时不再重视中书舍人,遇缺不补。中书舍人原本有六个员额,在德宗时代却常是"独员"状态,以致权德舆要"独直禁垣"。事实上,权德舆就曾为此"上疏

---

① 《翰苑群书》卷六,页32。

请除两省官"，看来正是因为中书舍人遇缺未补，他常一人独掌，有些吃力，所以上疏希望皇帝补官。但德宗给他的答复，"尚未得如卿等比者，所以久难其人"云云，恐怕是德宗在以"柔言"来"安慰"他，恐怕有些敷衍，不宜信以为真，须考虑到德宗当时还有更亲近的翰林学士可用，并不缺掌诰者，因而任由中书舍人出缺不补。

至于权德舆"上疏请除两省官"后，德宗亲自给他回复，表面上看起来，好像皇帝很看重权德舆这位掌诰者。但实际上，德宗之所以亲自响应权德舆，应当不是因为上奏者是权德舆，而是因为德宗这时的习惯，就是对朝中官员的委任，抓得很紧，喜欢亲力亲为处理这些琐事。《旧唐书·权德舆传》有一段话可以佐证：

> 是时，德宗亲览庶政，重难除授，凡命于朝，多补自御札。[1]

既然当时官员的除授，"多补自御札"，德宗又在"亲览庶政"，这也就难怪他会亲自给权德舆的上奏回复，如此而已。

另一点要考虑的是，权德舆任知制诰和中书舍人，他都是在舍人院草诏，所掌的其实都是所谓的"外制"，也就是中书制诰，多属于一般的官员任命文书，其内容并不如翰林学士所掌的白麻"内制"，那么重要。所以，权德舆独直禁垣，"独掌"制诰数年，要放在这个角度来看，不宜过分夸大他掌诰的重要性。

权德舆没有像陆贽或元稹那样，受到皇帝的"深知"，最好的证据就是，权德舆知制诰五年后，在贞元十五年（799）升为中书舍

---

[1]《旧唐书》卷一百四十八，页4003。

人,但他并没有像元稹那样,被召入翰林。权德舆文采虽雅丽,却始终没有充任过翰林学士。他是在舍人院任知制诰和中书舍人,和白居易一样,属于舍人院中书舍人,属于比较不接近皇权的那种掌诰者。他好比是现今替世界各国总统,撰写演讲稿的那些专业撰稿人(speechwriter),纯属文翰工作,并未参与议政,并无多少政治实权。

权德舆在任知制诰和中书舍人期间,曾经以本官身份知贡举或充"进士策试官",掌握了一定的取士大权①。这使他成了当时士人举子,纷纷干谒行卷和投书示好的对象,如刘禹锡和柳宗元等人,皆曾投书于他,向他靠近,使他获得了"词宗"、"文宗"等大名②。但词宗、文宗这种声名,也要放在适当的语境下来看,并不等同他在政治上拥有硬实力。他的文章,固然获得士人举子的仿效,使他宛然成为文坛盟主,但这充其量也只是一种软实力,一种文化权力,有别于政治权力。他始终未能(或不愿)接近皇权,以致他并未能掌控政治实权。他最后虽官至宰相和山南西道节度使,但都没有大的作为。

相比之下,晚唐另一才子李德裕,就比权德舆更善于运用他的"文"资产。他也跟权德舆一样,从未去考进士,只是以他家的门荫入仕,然后以他的"文"作为进身之阶,一起家就任校书郎,此乃"文士起家之良选"也③。跟着,他在张弘靖的河东幕府掌文翰,当一个掌书记,几年后随张弘靖入朝,任监察御史。不久,穆宗即位,他就被召入任翰林学士。几天后就"赐紫"。这一年他才

①蒋寅《大历诗人研究》,页412—418,特别是页416。
②李宝玲《唐代"文宗"现象观察》,谢海平主编,《唐代学术研讨会论文集》,页318—325。
③《通典》卷二十六,页736。

不过34岁,比起元稹43岁衣紫,犹有过之,是个出奇年轻的衣紫官员。在学士院两年两个月,他的本官步步高升,从屯田员外郎、考功郎中到中书舍人,最后以御史中丞的高官出院,并获得两个加衔:知制诰和承旨①。他的这个中书舍人,是他在学士院中升迁所获,和权德舆跟白居易的中书舍人不一样。他是以中书舍人为本官,去充任翰林学士,也始终留在学士院。他从未在舍人院草诏,但今人有不少误读了他的官历,以为他当过舍人院的中书舍人。

李德裕在三十多岁就如此靠近皇权,且获得赏识,全靠他的"文"起家。此后他出任过好几个重要方镇的节度使,在浙西、西川、淮南等地掌握地方大权,又在文宗和武宗两朝,两次出任宰相。宣宗即位时,李德裕就是那位在登基殿上"奉册"者,让宣宗感到"毛发洒淅"②。这样一位掌握文武两朝大权者,且是所谓牛李党争的李派首领,倒符合《通典》所说,"台阁髦彦,无不以文章达"的最佳案例之一,但也正因为他太接近皇权,有一定的风险。宣宗上台后,他得不到新皇帝的宠爱,便被贬官长流崖州,客死他乡。

三、翰林学士的权位

据孙国栋的研究,"中书舍人再上,以迁中书、门下、尚书三省

---

① 丁居晦《重修承旨学士壁记》,《翰苑群书》卷六,页35。参岑仲勉《翰林学士壁记注补》,《郎官石柱题名新考订:外三种》,页263—266;傅璇琮《唐翰林学士传论》,页543—550。
② 《资治通鉴》卷二百四十八,页8023。

侍郎为主",是"进入三省领袖的一个最重要门户"①。但问题是,三省领袖仅在唐初有实权,大约从玄宗朝开始,就跟唐代其他重要的职事官一样,不断被使职化,被其他使职逐渐取代,如户部侍郎,被各种财政使职替代。到了唐后期,大部分侍郎更成了闲官②。因此,唐后期的中书舍人,即使升任三省侍郎,也没有多少实权可言,大抵处于闲散。

相反,翰林学士的权位却颇大。当然,并非所有翰林学士都拥有同样的权位。唐代使职的特征之一,就是任职者跟主子有很强烈的人身依附关系,有很亲密的关系。翰林学士的权力,端看他跟皇帝的亲近关系,以及皇帝对他的信任程度而定。因此,唐史上有不少翰林学士,只是单纯的词臣,草诏而已,没有受到皇帝的重用,或在年轻时就出任翰林学士者,如白居易和李建,任校书郎后不久,即被召入翰林,但因为还年轻,还不足以争权势。但唐史上也有不少翰林学士,权位很大,影响当时的政局深远,因为他们得到皇帝的宠信。例如,德宗朝的陆贽;顺宗朝的韦执谊、王叔文、王伾;文宗朝的李训、郑注,都是大起大落的人物。傅璇琮有一个生动的描述:"翰林学士,那是接近于朝政核心的一部分,他们宠荣有加,但随之而来的则是险境丛生,不时有降职、贬谪,甚至丧生的遭遇。"③在这方面,中书舍人无法与之相比,主因是中书舍人作为一种正规职事官(好比正规公务员),原本就跟皇帝保持一种距离,不像使职(好比皇帝的特使或特助)跟皇权那样亲近。

①孙国栋《唐代中书舍人迁官途径考释》,《唐宋史论丛》,页91—92。
②严耕望《论唐代尚书省之职权与地位》,《严耕望史学论文集》,页261—338。
③傅璇琮《唐翰林学士传论》,前言,页1。

如果以"是否官至宰相"为标准，那么翰林学士当中，最后能做到宰相的人数，就相当可观。据毛蕾的统计，唐后期从德宗到懿宗朝，共有宰相159人，其中就有67人曾经任过翰林学士。任过翰林学士承旨的，出任宰相的机率更大①。袁刚研究过唐代的中枢体制，结论是，在唐后期，翰林学士、枢密使和宰相，形成了"新三头"，完全取代了唐前期旧有的三省制②。

四、文士之极任

从前面的论述看来，唐代士人若以文章达，进身词臣，在唐后期的三大类词臣当中，当以翰林学士的地位最高，最接近皇权，也最有可能升任宰相或其他大位，且掌握政治实权，左右政局，如元稹、李德裕等人。若在舍人院任中书舍人，如权德舆和白居易等人，将来升任侍郎或刺史，虽位居清要，其地位则恐不如翰林学士，且无政治实权，但他们却因词臣所具有的"文"资产，而拥有一种文化权力，足以开创文风，领导文坛。此类词臣，可能亦无意追求翰林学士的那种权位，而安于固守其传统文化价值，自有其安身立命之道，亦为当时士人所尊重。若士人只能做到郎官知制诰，则犹有上进空间，或许尚需努力，方能成为翰林学士或中书舍人。

但为什么杜佑《通典》，仍形容"中书舍人为文士之极任，朝廷之盛选，诸官莫比焉"，似乎把中书舍人的地位，抬得太高，看来还

①毛蕾《唐代翰林学士》，页50—51。
②袁刚《隋唐中枢体制的发展演变》，页4。

高过翰林学士？我们可以从几个角度，来探讨此事，并进一步厘清唐后期的官制，以及士人对某些官职的评价。

《通典》于德宗贞元十七年(801)进呈给朝廷，编者杜佑还为此特别写了一篇《进通典表》，仍附于今本《通典》之前。乍看之下，《通典》说"中书舍人为文士之极任"这句话，似乎反映杜佑在德宗晚期，对中书舍人的看法，或也反映他当时一般士人对此官的评价。但其实，《通典》有过一段很长的编纂期，且材料来源复杂，很可能也取自刘秩(刘知几之子)的《政典》等书，并非杜佑一人的功劳①。因此，这句话的来源和年代，难以确定，可能亦非杜佑所说，而只是他沿用前人的说法。

如果《通典》这句话"立言"的年代，是在唐德宗以前的肃宗、代宗等朝，仅指德宗以前的中书舍人，倒也贴切，因为德宗之前的中书舍人，还没有遭到大规模的使职化，还保有相当多的职权，地位崇高，确实是清望的高官，把它形容为"文士之极任"，倒无不妥。但如果这句话包含德宗及后来的中书舍人，则有商榷的余地。

唐代士人(特别是唐后期者)，在谈到他们当时官职的清望和地位等事时，往往有一个时代的特征，那就是，他们只关注那些正规的、有官品的职事官，不太理会那些不正规的、无官品的使职。例如，最有名的封演"八儁"说，和白居易在他一篇《策林》中所描述的升官图，在列举唐后期士人的理想升迁途径和美官时，莫不如此，大多仅列职事官，不列使职。

所以，当《通典》说"中书舍人为文士之极任"时，其深层含

---

① 北川俊昭《〈通典〉编纂始末考：とくにその上献の時期をめぐって》，《東洋史研究》57卷1号，1998年，页125—148。

义,应当跟当时士人的态度一样:中书舍人乃正规的职事官,而翰林学士只是一种使职,又无官品,虽然权位比较大,但两者在官制上,实为不同属性的官职,不宜相提并论。单就正规职事官而言,中书舍人的官品在正五品上,又属高层文官,带有五品官的所有崇高荣耀(包括死后可以在墓前立神道碑等),且是官至侍郎等更高品官的枢纽,不愧是士人以文章达,出任词臣所能到达的"极任","朝廷之盛选"。

《通典》此话中的"诸官莫比焉",也颇有深意。这里所谓的"官",可能不指一般的官员,而是一个狭义的专称,专指职事官的"官"。唐人对官(职事官)与职(使职),早有严格且明确的区分。最有名的例子,便是白居易在《有唐善人墓碑》中所作的分类(见第一章)。如果此处的"官"字可以这样理解,那么,中书舍人这种词臣,的确没有其他"职事官可以相比",因为职务跟中书舍人相似的另两类词臣(翰林学士和知制诰),都不是"官"(职事官),而是"职"(使职)。

然而,我们今人无须拘泥于正规或不正规、职事官或使职的差别,纯以实际职务(同为词臣)和实际"权位"的观点去审视,自然便会以为,翰林学士比中书舍人的地位更高。这是今人观点和《通典》不同之处,也因角度不同而产生评价上的落差。

晚唐不少重要的职事官,纷纷被不少使职分化职权,逐渐沦为闲官。李肇在《唐国史补》中,更有"为使则重,为官则轻"的说法。但在杜佑晚年的时代(德宗后期),这种使职化现象,还不是十分彻底。使职还没有完全取代职事官。这两种官制同时在使用,形成一种双轨制。以中书舍人来说,它在德宗时代虽然逐渐被郎官知制诰和翰林学士分割职权,但中书舍人仍在负责草诏,仍有一定的职务,还没有像晚唐五代那样成为闲散,或在北宋初成了寄禄官。在这个背景下，《通典》在德宗晚期约801年，仍谓"中书舍人为文士之极任"，也是可以理解的。

从《通典》对中书舍人的评价之高，我们也可看出，唐人始终对有官品的正规职事官，怀抱着一种难以舍弃的、长久以来的传统崇敬，而对无官品的使职，一般抱持一种"暧昧"的态度。这点在知制诰升任为中书舍人时，史书纷纷冠以"正拜"、"正授"或"正除"等字眼，最可看出。换句话说，中书舍人这种职事官，即使已经成了闲官，它到底还是"正"的，知制诰却不是"正"的，反映了唐人对使职的那种典型"暧昧"态度。

五、结语

唐代后半叶掌诰者，主要有三种词臣：中书舍人、知制诰和翰林学士，但三者的地位和权力大不相同。唐后期的文士，如果任官只到中书舍人，固然是相当不错的高官，在某种意义上，也算是杜佑所说的"文士之极任"，但未必有政治上的实权。他们即使能再往上迁为侍郎或尚书等，也只能算是闲散一类的高官，因为侍郎和尚书等官，在唐后期大都已成闲差，但他们往往拥有一种文化权力，可以引领士风、文体、学术和文坛（如权德舆和韩愈等人）。如果真的要掌握政治实权，那最好能进身学士院充翰林学士，才能接近皇权，获得皇帝的青睐，才有可能逐步走向权力中心。这也符合唐朝官制的发展大势：在唐后半叶，许多重要的职事官都被使职化，逐步失去实权，任侍郎和尚书这类职事官者，大多无大作为。左右朝政的实权，都掌握在各种使职手上，如翰林学士、盐铁转运使、节度使、内诸司使等使职。

第四部分

———— * ————

史　官

第十章　刘知几和唐史馆史官的官与职

> 设官量才,固须称职。比来委任,稍亦乖
> 方。遂使鞫狱推囚,不专法寺。撰文修史,岂
> 任秘书？营造无取于将作;勾勘罕从于比部。
> 多差别使,又着判官。在于本司,便是旷位。
> 并须循名责实,不得越守侵官。
>
> ——《中宗即位赦》①

一、撰文修史,岂任秘书？

神龙元年(705)中宗即位,赦天下,发表一篇即位赦文。这种赦文,好比今天新任总统的就职演说,不免会讲到一些未来的施政方针,有时也会谈及一些比较具体的当前时政弊端。上引中宗即位赦文的这一小段话,就是他针对当时官场现象(或曰"乱象")的一些批评和纠正。

所谓"乱象",指当时任命官员,"稍亦乖方",违背常规。结

---

①《唐大诏令集》卷二,页7。

果便是"鞫狱推囚，不专法寺。撰文修史，岂任秘书?"审理法案，原本应当是"法寺"(大理寺别称)的职务，但在武后时，却不是由大理寺这样的正规衙署主持，而是改由临时委派的特使(比如周兴和来俊臣等酷吏)，去审讯并执行死刑等大狱。撰写碑志、祝文、祭文和修史，原本应当是秘书省著作郎和著作佐郎的职权，但这些正规的史官，早在太宗贞观三年(629)设立另一个独立的史馆之后，就被那一批特别任命的史馆史官所取代，是以中宗不禁要发出这样的质问："撰文修史，岂任秘书?"同样，"营造"(工程建设)也不再由传统的"有司"将作监负责;"勾勘"(现代的审计)也"罕从"于传统的尚书省刑部的比部司①。这些职务，都"多差别使，又着判官"，不但有特使在负责，且特使还能差使自己的"判官"去做事，等于拥有个人的办事班子。

中宗在这里提到的，正是唐代官制上的一大变革，也就是本书的主题之一：各种重要职事官的使职化。在中宗那个时候，他已经目睹了不少传统正规的职事官，逐渐被各种"别使"(即使职)替代。用现代学者常爱说的话，那便是"使职侵夺了职事官的职权"。于是，那些"本司"(原本的职事衙署)，便沦为"旷位"的状态，职权旁落，成了闲司闲官。因此，中宗即位时，他提出的纠正方案便是："并须循名责实，不得越守侵官"，也就是要回到旧的职事官制(宋朝人爱说的"祖宗之法")，不可让使职对职事官构成"越守侵官"的行为。

问题是，中宗这种纠正有效吗? 能够做到吗? 从后来的历史发展看，答案是否定的。中宗不但无法回复"祖宗之法"，他自己甚至还在次年，神龙二年(706)，仿照前朝的做法，采用使职的方

---

① 关于唐代的勾勘、勾检制度，最佳的论述见王永兴《唐勾检制研究》。

法来任命官员,设了十道巡察使这种使职,以按察诸州府①。在中宗朝,史馆史官依然存在,且继续行用到唐亡。比部司的勾勘没有恢复。将作监大抵为各种宦官主掌的内诸司使所取代。中宗即位赦文的这段话,没能实现。

本章及下一章拟探讨唐代传统的史官,特别是著作郎和著作佐郎,如何也像传统的职事官词臣(中书舍人)、财臣(户部尚书和侍郎),以及地方长官(刺史)那样,经历过一个使职化的过程,早在唐初太宗贞观三年起,就遭到新设立的使职(史馆史官)逐步取代。研究这批史馆史官有几个重要意义。

第一,这是唐代重要的文职事官,最早遭到使职化的案例之一,远比词臣、财臣及地方长官的使职化时间,约在睿宗景云二年(711)之后,早了将近一个世纪,且其使职化的细节,班班可考,可以为唐代官制演化的轨迹,提供不少生动的证据。

第二,我们今天所使用的好几种南北朝隋唐史书,如《梁书》、《陈书》、《北齐书》、《周书》、《隋书》,甚至《旧唐书》等正史,都曾历经过这批唐代史馆史官之手,由他们整理、编修过,甚至最后完稿。理解了这批史馆史官的各个面貌,我们也将对我们日常使用的中古史书,会有更好的掌握。

第三,近三四十年来的唐代史学史研究,几乎无一例外地把唐代的史馆史官,不是当成正规职事官来论述,便是语焉不详,从未厘清他们的使职本质和特征②。现在,我们若能还原他们原本

---

① 《唐会要》卷七十七,页 1674。
② 张荣芳《唐代的史馆与史官》;Denis Twitchett, *The Writing of Official History under the T'ang*,中译本见《唐代官修史籍考》,黄宝华译;岳纯之《唐代官方史学研究》;谢保成《隋唐五代史学》;瞿林东《中国史学史·第 3 卷:魏晋南北朝隋唐时期》。

第十章　刘知几和唐史馆史官的官与职　｜　257

真正的使职身份,应当也就可以改写这一部分的唐代史学史。让我们先从唐代最知名的一个史学家和史馆史官刘知几说起。

二、奇异的插曲

说来有趣,我最初发现刘知几的"官"与"职"问题,进而去研究整个唐代高官的使职化,以及唐史馆史官的使职官名、本质及其特征,因缘竟是一场硕士论文的口试答辩。

2010 年 6 月底,台湾清华大学历史所的硕士生徐梦阳,在我的指导下,完成了一篇硕士论文"唐代史官:以蒋乂父子为个案"。在硕论答辩会上,这篇论文获得颇高的评价,顺利通过,没有问题。但答辩会上,却有过一场相当激烈的争论。双方僵持不下,场面有些火爆,几乎快闹到不欢而散了。然而,争辩双方却不是学生和考官,而是两个考官在争论:一是受邀前来主持这场论文答辩的某位校外口试委员,另一就是硕论指导老师的我。两考官相争,恐怕是颇为罕见的场面。

长话短说,我们争论的重点,在于如何解读唐代史料中常常提到的"官"与"职"问题。其中触发最热烈辩争的,就是《新唐书》卷一百三十二《刘子玄传》中的这句话:

> 子玄领国史且三十年,官虽徙,职常如旧。①

子玄即唐代著名的史官和史学家刘知几(661—721)。过去几年,

---

①《新唐书》卷一百三十二,页 4522。

我一直在研究唐代的文官和官制,深刻体认到唐代官场上有一个不成文的习惯,就是常常以某某"官"去"充"某某"职"。比如,韩愈是以"比部郎中"这个官,去充任"史馆修撰"这个职。杜牧曾经三次任史馆史官这种使职,都带有不同的"官",即九品三十阶的流内职事官。他第一次是以左补阙的"官"去任史馆修撰。第二次是"转膳部、比部员外郎"这两个本官,但都"皆兼史职"。第三次是他"迁司勋员外郎"这个本官后,却还是留在史馆任"史馆修撰"①。

值得注意的是,杜牧任史职这些年所带有的好几个官:左补阙、膳部员外郎、比部员外郎和司勋员外郎,都不是"散官",而是职事官。这些官在这种场合,通常称为"本官"(原本的官),因为史馆职是一种无品秩的使职,好比是皇帝的特使,非正规的九品官位,因此出任这些使职者,照例要带有一个"本官",也就是一个职事官,以定班序,计俸禄,好比宋代的寄禄官。这点在本书前面几章,都一再论述过了。

所以,当我读到"子玄领国史且三十年,官虽徙,职常如旧"这句话时,我的理解是很清楚的,几乎是"本能"的。这里是说,子玄任史馆职"且三十年"(约三十年),虽然他的"官"(指"本官",如韩愈的"比部郎中"或杜牧的"左补阙")转换了好几个,但他的史

①关于韩愈和杜牧以某某"官"去"充"史馆"职"的详细讨论,见拙书《唐代中层文官》,第三章第九节"郎官和史馆修撰"。这里我用"充"这个字,当然不是我的发明,乃模仿唐代丁居晦在《重修承旨学士壁记》中的用法。例如他记梁肃任翰林学士:"贞元七年,自左补阙充。"记凌准:"贞元二十一年正月六日,自侍御史充。"见《翰苑群书》卷六,页 32。两《唐书》中也常见这样的"充"字用例。翰林学士和史馆职一样,乃一种使职,故照例以一"本官"去"充"。

馆职却常常如旧。换句话说，子玄始终没有去做那些"官"。那些官只是他的"本官"，他"原本的官"。他真正的工作是在史馆修史。

然而，另一位考官对这条史料的解读，却大大出我意料之外。他说，这里的"职"是使职，是"差遣职"。这点我们两人都同意，没有争议（虽然我知道，"差遣"其实是宋人用语，唐人无此说法，但意思和"使职"类似）。然而，他说，这里的"官"，指的是"散官"，却让我大吃一惊。他又说，这句话的意思是，刘子玄在史馆约三十年，散官虽然换了好几个，然而却经常在任史职。表面上看起来，这似乎也有道理，很可能也是许多传统唐史学者的理解，但这应当是一种颇为常见的"误解"。

我当然无法接受"此官即散官"的说法，于是便跟这位校外口委辩论了起来。场面一时变得有些紧张失控。学生们好像都在等着看热闹了。争论了一会，我觉得这样争辩下去不是办法，便打圆场说："这是一场硕论的口试。我想我们考官不适合在这样的场合争论这个问题。让我们改天再继续交流吧。"这样总算结束了一场意外的小插曲。

这场硕论答辩结束后，我不免常常想起这场争论，开始意识到，唐史学界可能对这个"本官"和"使职"问题并不熟悉，不但没有多少了解，恐怕还存在着不少误解。所以，我决定做进一步的研究，解读刘知几史官生涯中的一些官制细节，提出一个新论：他的史馆史官其实是一种"使职"，其身份就像翰林学士或节度使等常见使职一样。他不是一般的正规九品文职事官。

为了拉近刘知几和我们今人的距离，下面我想模仿两《唐书》的写法，以他的字（子玄）来称呼他。

三、解谜之乐:子玄的官历

我做唐史研究,不喜空言大论,最爱把唐史上的大小问题,都当成是一个一个"疑案"来逐一破解,以求一种解谜之乐,一种"发现的惊喜"。

像"子玄领国史且三十年,官虽徙,职常如旧"这么简单的一句话,现在竟然可以引发一场争论,显示它里面存在着一些问题。那就可以当成一个"谜"来破解了。它也好比是一起刚发生的凶杀案一样,正等待警方的鉴识专家前来搜集现场证据,再带回去研究,以便破案。我常把历史学家看成跟警方的鉴识专家一样。两者在搜证、研究、破案的一整套程序和方法,如果不是完全相同,应当也是非常相似的。

像许多命案现场一样,历史上的疑案往往也会残留下一些蛛丝马迹,让史家有一些初步的线索,可以入手侦办下去。那么,子玄"官虽徙,职常如旧"这个案子,它留下有助于破案的线索又是什么呢?

答案应当是呼之欲出的了。既然《新唐书》说"子玄领国史且三十年",那我们便可以去查找现有的刘知几年谱或传记,看看他到底是不是真的"领国史且三十年"? 如果是,那么是从哪一年开始,哪一年结束? 如果不是"且三十年",那便是《新唐书》的记载有误,但证据又在哪里呢? 也需要找出来。接着,我们要查考他在史馆那些年,到底在做些什么"官"? 他的那些"官",是我所说的"本官",还是我另一位唐史同行所说的"散官"? 这些"官"是不是换过好几个("官虽徙"三字给的线索)? 他在什么年任某

"官",什么年又"徙"某官？最后,他的史"职"又到底是一种怎样性质的官职？如果我们能逐一解开这些问题,这个谜就可以揭晓了。

因此,办案的第一步,我们要找出子玄的所有传记和官历资料。

这种资料约有五大类。一是子玄自己写的自传文章,包括《史通》里的《原序》、《自叙》、《忤时》等名篇,都相当详细告诉我们,他的几乎所有官历和生平事迹。二是当时史料或其他唐人传记中,有意无意间提到他的一些事。例如《旧唐书·吴兢传》便涉及子玄的一些事迹和官历;再如《旧唐书·徐坚传》无意中提到他任过"定王府仓曹"这个官。三是两《唐书》中的子玄传,但两者几乎全根据子玄自己写的《自叙》、《忤时》等更原始的史料,且还有一些小错误,须小心再考订求证。四是现代学者根据前三类史料所写的现代评传和年谱,包括最早傅振伦的《刘知几年谱》、晚近许凌云的《刘知几评传》和赵俊、任宝菊的《刘知几评传》。五是专考子玄官历的论著,如陈金城的精心考订①。

现在,根据子玄的自述文章和其他可以证实的史料,我们可以重新建构,子玄的生平事迹和他的所有官历和史职。但为了避免枝蔓,这里只列出他从约42岁到61岁外贬去世,出任史官期间的官历,如表10.1。

---

①陈金城《刘知几学行官历考辨》,(台湾)《中国历史学会史学集刊》第43期(2011年10月),页111—142。此文只考子玄的职事官,依传统体例,不涉其使职部分,但职事官部分和年代的考订极精细,证据充分,足资参考。

表 10.1　刘知几任史官时的本官和史职

年代	岁数	本官	史馆史职
702—703 长安二至三年	42—43	著作佐郎	修国史
		《史通·原序》:"长安二年,余以著作佐郎兼修国史,寻迁左史,于门下撰起居注。"①	
704—705 长安三年至 神龙元年	44—45	中书舍人	修国史
		《史通·自叙》:"长安中,以本官(应指著作佐郎)兼修国史,会迁中书舍人,暂罢其任。神龙元年,又以本官(应指中书舍人)兼修史,迄今不之改。"②	
705— 神龙元年,中宗 上台以后开始	45—	著作郎、太子中允、率更令	修(国)史
		《史通·原序》:"今上(指中宗)即位,除著作郎、太子中允、率更令,其兼修史皆如故。"③	
707 景龙元年	47	太子中允	修国史
		《旧唐书》本传:"景龙初,再转太子中允,依旧修国史。"④	

①《史通通释》《原序》,页 1。此处的"修国史"是个使职官名。"兼修国史",
意思是"同时带有修国史使职",并非"兼职去修国史"。"兼"字,应当作
"同时"解,其含义复杂,见第十一章的详细讨论。"寻迁左史"的"左史"
并非"本官",因为子玄当时是在"门下撰起居注"任职事官,并非在史馆出
任使职。门下省是传统衙司,左史是他当时的职事官衔。

②《史通通释》卷十,页 269。

③《史通通释》《原序》,页 1。子玄此处所说的"修史",应当是"修国史"的省
称,或《史通》传抄时漏书一字,因为"如故"两字,常见于唐代(及其他朝
代)的命官文书,照例跟官衔连用,如"知制诰如故"、"中书舍人如故"等
等。因此,这里"皆如故"之前的"修史"两字,应当是个官名,即"修国史"
的省称。

④《旧唐书》卷一百二,页 3168。

年代	岁数	本官	史馆史职
709 景龙三年	49	秘书少监	（专知史事）
		《史通·原序》："驿征入京，专知史事，仍迁秘书少监。"①	
713 先天二年	53	太子左庶子	修国史
		《旧唐书》本传："景云中，累迁太子左庶子，兼崇文馆学士，仍依旧修国史，加银青光禄大夫。"②	
714 开元二年	54	左散骑常侍	修（国）史
		《旧唐书》本传："开元初，迁左散骑常侍，修史如故。"③	
721 开元九年	61	《旧唐书》本传："贬授安州都督府别驾。子玄掌知国史，首尾二十余年。""至安州，无几而卒，年六十一。"④	

从以上如此明确的官历和史职看来，我们几乎可以解开《新唐书》那句话之"谜"了。

首先，要更正《新唐书》的一个错误。子玄从 702 年才开始担任史职，到 721 年外贬去世时，掌国史刚好是二十年，不可能是《新唐书》所说的"领国史且三十年"。当然，这个"且三十年"（约三十年）可能不是《新唐书》编撰者之误，而是后世传抄刻书之误。

---

① 《史通通释》《原序》，页 1。
② 《旧唐书》卷一百二，页 3171。子玄累迁太子左庶子的年代，《旧唐书》本传说是"景云中"，但陈金城《刘知几学行官历考辨》，页 121—127，搜集了许多证据，考订为先天二年。此依陈考。
③ 《旧唐书》卷一百二，页 3173。
④ 《旧唐书》卷一百二，页 3173。

《旧唐书》说他"掌知国史,首尾二十余年",比较接近事实。确实的年岁,应当是二十年。

其次,从上表看来,子玄这二十年来,换了好几种官,但他经常都在出任史职。这不正符合《新唐书》所说的"官虽徙,职常如旧"吗?细考他任史馆史官时期的这些"本官",计有(1)著作佐郎;(2)中书舍人;(3)著作郎;(4)太子中允;(5)率更令;(6)秘书少监;(7)太子左庶子;(8)左散骑常侍。这些全部都是九品三十阶的流内文职事官,绝非"散官"。

四、刘知几的"官"与"职"

表10.1告诉我们什么?最明显的一点是,子玄常带的"修国史"(或省称"修史"),乍看之下似乎不像是正式的官名,只是他职务的一种描述,但这其实是一个标准的使职官名(详见下一章)。其特征便是本书前面几章所说的"动宾结构官名":"修"是动词,"史"或"国史"乃宾语。这种动宾组合,在使职行用初期很常见。例如,宰相的使职称号之一为"知政事",词臣常见的使职官名为"知制诰",都是以动词描述职务的方式,来构成一个动宾结构使职官名。

这样的官场现象意味着什么?为什么唐代的史馆中,没有所谓"正规"的修史职事官,而需由带有"本官"的其他官员去"充任"史官?

这体现了中国官制史上,一条非常重要的运作规则。说穿了,唐史馆史官并非一种正规的文职事官。他只是皇帝的"特使",在执行某种特定的职务(使职)。其实,中国历代皇朝,都很

"善用"这种使职制度,来达到某些特殊的目的,特别是在皇帝想要掌控某些重要权力时。唐后半期那些权势很大的节度使、盐铁使、监军使等等,便是这种使职制度的最佳例证。他们等于是皇权的代表。历朝皇帝都常通过这些使职性质的官员,来更灵活地行使他的皇权。

关于唐史馆史官之为使职,清代史学大师钱大昕早就说过:"翰林学士、弘文、集贤、史馆诸职,亦系差遣无品秩,故常假以它官。"①钱大昕这里所用的"差遣"一词,乃借用宋人用语(唐人不用此词),即唐人所谓的"职"(使职)。可惜他没有进一步申论,何以唐史馆史官是一种使职。这里且略为疏证,补充两点如下。

(一)外司他官

为何要以他官来充任史馆史官?最主要的原因,在于史馆史官是一种新型的史官,且需要高度的专业,初时专门负责修撰唐以前的五朝史。这部分的任务完成后,便转而修撰唐本朝的实录和国史,有别于传统普通的史官,如秘书省的著作郎等。事实上,太宗贞观三年之所以要设立一个新的独立史馆(有别于旧的秘书省著作局),正是因为皇廷想要修撰前朝的五代史。这是一种全新的"需要",有此需要便会产生新的使职。

本书前面几章论及,唐朝在应付新的需要时,往往是以任命特使即使职的方式去处理。其具体做法,便是在现有的职事官当中,精选那些有史才之士,然后请他以原本的职事官(即本官)去充任新的史馆史官。所以,使职的特征之一,便是常以(或全以)

①《廿二史考异》卷五十八,页849。又见第二章详细的讨论。

外司他官中具有某种专长的官员去出任,且带有其本官,以定班序,计俸禄。子玄和唐初的那些史馆史官,便是在这种情况下,以他们杰出的史才专业,进入史馆去修史。这正如唐初的词臣知制诰(使职),都是以外司他官中文采典丽的官员去充任一样。使职之所以要以外司他官去充任,主因是使司并非正规的衙署,没有自己固定的官员编制,非征召他官来任职不可。

使职以外官去充任,这点不独唐代如此,从汉代到魏晋南北朝,也都如此。《唐六典》和《通典》等书常会说,唐以前某某官,"多以他官兼领"时,那往往表示,这些"他官兼领"的官职,其实都是使职,有待研究发微。例如,《通典》卷二十一"中书省·中书舍人"项下,说"梁用人殊重,简以才能,不限资地,多以他官兼领"①。这便表示,中书舍人此官,在梁朝仍旧还是个使职,后来才演变为职事官。

子玄本人在《史通》第十一篇《史官建置》中,对外司他官如何进入史馆修史,有一段动人的描写。首先,他描述他当时修史的工作场所史馆,显示皇帝是如何重视这批史官,正因为他们是使职,有专长专业,非一般的通才型职事官僚可比:

> 暨皇家之建国也,乃别置史馆,通籍禁门。西京则与鸾渚(即门下省)为邻,东都则与凤池(即中书省)相接。而馆宇华丽,酒馔丰厚,得厕其流者,实一时之美事。②

所谓"皇家之建国也,别置史馆",是指太宗贞观三年,把史馆从宫

---

① 《通典》卷二十一,页563。
② 《史通通释》卷十一,页294。

城外的著作局,移到宫城禁中事①。"通籍禁门",表示要记名于门籍,才可以进出宫门,守卫森严。清代浦起龙解释此段引文,说是"国典敦崇史职,密近清华",甚是。至于"馆宇华丽,酒馔丰厚"一句,更可圈可点,足证皇廷是如何关心子玄这批史官的物质生活,不但提供"华丽"馆舍,还更供给美酒佳肴,连子玄都不禁要记上一笔,"实一时之美事"也。相比之下,在宫城外秘书省旧史局(著作局)修史的那些史官(著作郎等),从未闻有皇帝照顾过他们的"馆宇"和"酒馔"。

接着,子玄笔锋一转,提到史馆史官,是如何由"史司"去"精简堪修史人",也就是在现有职事官员当中,精选有史才者去充任:

> 至咸亨年(670—673),以职司多滥,高宗喟然而称曰:"朕甚懵焉。"乃命所司曲加推择,如有居其职而阙其才者,皆不得预于修撰。原注:诏曰:"修撰国史,义存典实,自非操履忠正,识量该通,才学有闻,难堪斯任。如闻近日以来,但居此职,即知修撰,非唯编辑讹舛,亦恐泄漏史事。自今宜遣史

---

① 唐史馆的所在地,颇有几次变动。据《旧唐书》卷四十三《职官志》,页1852:"历代史官,隶秘书省著作局,皆著作郎掌修国史。武德因隋旧制。贞观三年闰十二月,始移史馆于禁中,在门下省北,宰相监修国史,自是著作郎始罢史职。及大明宫初成,置史馆于门下省之南。馆门下东西有枣树七十四株,无杂树。开元二十五年三月,右相李林甫以中书地切枢密,记事者宜官附近,史官尹愔奏移史馆于中书省北,以旧尚药院充馆也。"换言之,唐史馆虽有多次移动,且有京师和东都史馆之别,更有西内太极宫、东内大明宫和玄宗兴庆宫等史馆,但自贞观三年新设史馆后,各史馆始终紧随着皇帝所在地移动,都位处禁中。更详细的考订见张荣芳,《唐代的史馆和史官》,页65—76。

司,精简堪修史人,灼然为众所推者,录名进内。自余虽居史职,不得辄闻见所修史籍及未行用国史等之事。"由是史臣拜职,多取外司,著作一曹,殆(一作"始")成虚设。①

这段话首先追述高宗咸亨年以降,严选史馆史官,"阙其才者,皆不得预于修撰"。为了严选,高宗曾下诏:"宜遣史司,精简堪修史人,灼然为众所推者,录名进内。"因而史馆史官,"多取外司",也就是任命其他官署"堪修史"的现任职事官,以其某某"本官"的身份,去充任史职,以致旧的著作局成了"虚设",成了闲司。这便是著作郎等传统史官,被史馆史官这种使职,逐步取代的过程。到子玄写《史通》的时候(约 710 年撰成),这个传统史官被使职化的过程,看来已经完成,因为子玄告诉我们,"著作一曹,殆成虚设"。

不过,子玄在这里说"史臣拜职,多取外司,著作一曹,殆成虚设",后人恐不易通解,或须解读②。我们不妨以子玄自己的官历来做疏证说明。高宗下诏的旨意,是要"史司"去"精简堪修史人",也就是不管这位"修史人"当时正在做什么"外司"他官,只要他有史才,就可"录名进内",选入史馆修史。子玄入史馆之前,在 39 岁那年,以"定王府仓曹"的本官,跟右补阙张说在宫中同修《三教珠英》。他应当是大约在这时,表现出他的修撰才华,获得赏识,所以他在 42 岁那年,便被"史司"看上"精简","录名进内",于是"以著作佐郎"的本官,"兼修国史"(同时带有修国史的

---

① 《史通通释》卷十一,页 294。
② 例如,清代的浦起龙,在《史通通释》中解读这四句,便只含糊说是"此四句,即制诰中'虽居史职不得辄闻见所修'等句之意",似未达一间,似未了解唐史馆史官"多取外司"他官之意。

使职),到史馆去"修史"(见表 10.1)。这应当就是他说"史臣拜职,多取外司"的意思。这也可以解释,何以唐代史馆史官,多以或全以外司他官去充任,因为史职讲求史才,只要有史才,就有可能被"精简"去修史,不管他当时在做什么外司的他官,就像唐初的知制诰,讲求文采,只要有文词,不管当时他正在做什么他官,都有可能被皇帝青睐,请去知制诰一样,如崔融和张九龄等人的案例。

从这种种"精简堪修史人"的细节看来,唐史馆对史官的专业要求,显然非常高。这恐非一般普通的职事史官(如著作郎)所能胜任,也难怪唐皇廷要将如此专业的官职使职化,以特使的方式,去征召当时最好的学者官员来修史。这种使职化,也可以说是一种专业化的表现。到高宗咸亨年,皇帝更对当时修史官员的水平不甚满意,于是下诏改善,同样沿用典型的使职办法,广征其他外司有史才的官员来修史。从这个历史背景看,贞观三年初设史馆修唐前五代史,当时请来修史的官员,许多便是当时鼎鼎有名的史家和学者,如姚思廉、李百药和令狐德棻。

子玄当时或许还不能跟姚、李、令狐等年长资深史家相比。他入史馆时,虽很年轻(约 42 岁),但早有修撰《三教珠英》的实际经验。事实上,子玄修史的准备,早在他少年时代就开始,一如他自己在《史通·自叙》中所透露的,颇有几分得意:

> 予幼奉庭训,早游文学。年在纨绮,便受《古文尚书》。每苦其辞艰琐,难为讽读。虽屡逢捶挞,而其业不成。尝闻家君为诸兄讲《春秋左氏传》,每废《书》而听。逮讲毕,即为诸兄说之。因窃叹曰:"若使书皆如此,吾不复怠矣!"先君奇其意,于是始授以《左氏》,期年而讲诵都毕。于时年甫十有二矣。所讲虽未能深解,而大义略举。父兄欲令博观义疏,

精此一经。辞以获麟已后,未见其事,乞且观余部,以广异
闻。次又读《史》、《汉》、《三国志》。既欲知古今沿革,历数
相承,于是触类而观,不假师训。自汉中兴已降,迄乎皇家实
录,年十有七,而窥览略周。①

他"年十有七",就已经读过那么多前朝史书,这在图书取得极为
不易的中古时代,是件非常了不起的事。他甚至还读过"皇家实
录",也就是他本朝唐朝的实录,是一种外界罕见的史书,足见他
兴趣之浓厚,修史准备功夫之精深,连他本朝的实录都能取得②。
难怪他从中年起,便得以被选入史馆,且长期待在史馆二十年,参
与修撰本朝的国史,并完成了《武则天实录》等史书。

(二)直属皇权掌控

唐史馆史官,其权力虽然不及宰相和盐铁使等,但其使职本
质和特征,却跟宰相及盐铁等使没有两样。最明显的一点是,他
们跟宰相、节度使、盐铁使一样,不隶属于任何传统的三省六部政府
机构,既不属尚书省,或中书省,也不属门下省,而是在宫禁区一个
新设且独立的史馆内修史,直属皇帝控管,跟翰林学士、集贤学士等
使职,各在禁中有其独立的文馆(学士院和集贤院),完全相同。

唐代最早的职官书《唐六典》,把唐史馆放在中书省下面来描
述(两《唐书》职官志沿袭这做法),以致有现代学者误以为,史馆
隶属中书省。实际上,细读这三种职官书的描述,并无一处说史

---

①《史通通释》卷十,页 267—268。
②关于此点的讨论,见赖瑞和《刘知几与唐代的书和手抄本——一个物质文
　化的观点》,《台湾师大历史学报》第 46 期(2011 年 12 月),页 111—140。

馆"隶属"中书省。《唐六典》等书把史馆置于中书省之下,其实只是一种"不得已"的权宜做法,因为这些职官书原本要按照三省六部九寺那种正统政府衙署的框架来编写,难以容纳唐代那些不正规的使司和使职。当它们遇到那些新设立的独立使职衙署时,便显得"不知所措",不知该把这种新使司,划归哪一个正规的衙署才好。但由于唐史馆有一度曾经设于宫城的中书省之北,于是《唐六典》便把史馆放在卷九"中书省"的部分来描述,但这并不表示史馆属于中书省管辖①。洪业在他那篇论唐代史馆的著名英文论文中,得出的一个最重要结论便是:"唐史馆从来不是门下省或中书省的附属机构。它可以被视为一种常设的皇室使司("a kind of permanent imperial commission"),不依属任何朝廷或政府的部门。"②这点言前人所未言。我完全同意。

换言之,唐史馆史官是一种由皇权掌控的使职,一如本书前面

---

① 事实上,《唐六典》会记载史馆及其史官,这件事便有些"不寻常",有些"蹊跷",因为《唐六典》原则上只记载那些有官品的职事官,那些载于律令的职事官,不记载无官品,律令之外的所谓"令外之官"(使职),但它却"反常"记载了少数一些使职,但也只及弘文馆、史馆、集贤院和瓯使院中的学士和史官等使职,不及其他使司。为什么?学界过去似从未注意过这问题。这点看来跟《唐六典》的主要编撰者韦述,有极大的关系,因为韦述恰好曾经长期任过史官,又曾在集贤院任过学士,他应当非常熟悉这两司之事。《旧唐书》卷一百二《韦述传》,页3184,说他"在书府四十年,居史职二十年,嗜学著书,手不释卷"。既然他长年任职于集贤院和史馆,恐不免爱屋及乌,于是特别"破例"记载了这些使司中的使职,想亦属情理之中的事。

② William Hung, "The T'ang Bureau of Historiography before 708," *Harvard Journal of Asiatic Studies* 23 (1960–61): 100. 关于这个问题,亦可参考 Denis Twitchett, *The Writing of Official History under the T'ang*, pp. 13–20 的讨论。洪业所用的英文字 commission,便是"使司"一词的标准英文翻译;"使"则一般译为 commissioner, 如盐铁使即英译为 Commissioner for Salt and Iron.

几章所论及的宰相、翰林学士、知制诰等使职一样。它的官署不管怎样多次迁移，总设在宫禁宫城的中书省或门下省附近，也跟宰相的官署（中书门下）邻近。这反映史馆史官跟皇帝亲近的程度，而跟皇帝亲近，正是使职的特征之一。相反，职事官著作郎和著作佐郎的官署，是在秘书省的著作局，已出宫城范围，位于宫城之外的所谓"皇城"，跟大理寺、尚书省等普通政府衙署设于皇城一样①。

子玄在唐史馆二十年，长期修史，乃十足专业的史官。他没有像其他士人文官一样，必须在仕宦中途去出任地方官。他拜使职之赐，无须去宦游，而可以长年待在"馆宇华丽，酒馔丰厚"的史馆，过着一种想必优游的修史生涯，并在任职期间，完成了他最知名的史学名著《史通》。他在史馆那些年，他的本官当然要有升迁，才能配合他的年资和俸禄，所以他也按照使职任命的办法，每隔几年，本官便有所迁转，从最初的著作佐郎，到最后的左散骑常侍。但正如上面表10.1所示，这二十年中，不管他的本官为何，他始终是在史馆"修史如故"，仍依旧出任"修国史"这个使职。

子玄在唐史馆任职那么多年，他经历的便是这样的一个过程。这就是《新唐书·刘子玄传》，说他"领国史且三十年，官虽徙，职常如旧"的真正意义，也是唐代许许多多其他史馆史官所走过的一条路。

五、结语

唐史学界过去从未讨论过唐代史馆那些史官的特殊身份，更

①《增订唐两京城坊考》卷一，页16。

没有把他们定位为"使职"。本章细考刘知几任史馆史官时所带的"本官"和"史职",结合唐代的使职制度来考察,发现他具有使职的身份。他所担任的史官,并非九品三十阶的正规文职事官,而是一种使职,就像唐节度使、盐铁使、监军使等常见使职一样。

厘清了唐史馆史官的使职身份,我们不但可以解开《新唐书·刘子玄传》中那句话"官虽徙,职常如旧"的玄机,而且还更能看清这批史馆史官的真实面貌。下一章将继续论述唐初设置史馆和史官的历史背景,其使职化的过程(实际上也是一种专业化),兼及史馆史官的使职官名,以及他们所带的"兼"、"充"等官衔解读问题。

第十一章　唐史官的使职化

　　由是史臣拜职，多取外司，著作一曹，
殆成虚设。

——刘知几《史通》①

　　初，著作郎掌修国史及制碑颂之属，
分判局事，佐郎贰之，徒有撰史之名，而实
无其任，其任尽在史馆矣。

——杜佑《通典》②

一、唐史馆史官的任命

　　上引刘知几《史通》和杜佑《通典》，都提到唐史馆史官，取代
旧有的著作郎。我们上一章见过，早在神龙元年（705），中宗在他
的即位赦文，也发出过"撰文修史，岂任秘书"的感叹。白居易后

---

①《史通通释》卷十一，页294。
②《通典》卷二十六，页737。

来写了一首诗《赠樊著作》，更提醒他这位朋友，"君为著作郎，职废志空存。虽有良史才，直笔无所申"①。不过，唐人提及此事，都未交代原因，未逐步推演传统史官的使职化过程。究竟著作郎是如何变成"徒有撰史之名"？如何被史馆史官所取代？为何"其任尽在史馆矣"？

这整个使职化过程，有一个历史背景，起源于当时的"修史需要"。这符合本书常说的：使职起源，皆出于某种"需要"，断不会无端端为了"破坏"旧有的"美好制度"而新创。唐初之所以要任命新的使职来修史，主因是起居舍人令狐德棻，向高祖建议，修撰唐以前的魏、梁、陈、北齐、北周和隋等六代史。有了这个修史需要，便得任命有史才的其他官署官员（即上引文刘知几所说的"多取外司"），来执行这项使命。《唐会要》卷六十三《修前代史》部分，对这历史背景有详细的交代：

> 武德四年（621）十一月，起居舍人令狐德棻尝从容言于高祖曰："近代已来，多无正史，梁、陈及齐，犹有文籍，至于周、隋，多有遗阙。当今耳目犹接，尚有可凭。如更十数年后，恐事迹湮没，无可纪录。"至五年十二月二十六日诏："司典序言，史官纪事，考论得失，究尽变通。所以裁成义类，惩恶劝善。自有魏至乎陈、隋，莫不自命正朔，绵历岁祀，各殊徽号，删定礼仪。然而简牍未编，纪传咸阙，炎凉已积，谣俗迁讹，余烈遗风，泯焉将坠。顾彼湮落，用深轸悼，有怀撰次，实资良直。中书令萧瑀、给事中王敬业、著作郎殷闻礼，可修《魏史》。侍中陈叔达、秘书丞令狐德棻、太史令庾俭，可修

①《白居易集笺校》卷一，页29。

《周史》。中书令封德彝、中书舍人颜师古，可修《隋史》。大
理卿崔善为、中书舍人孔绍安、太子洗马萧德言，可修《梁
史》。太子詹事裴矩、吏部郎中祖孝孙、前秘书丞魏征，可修
《齐史》。秘书监窦琎、给事中欧阳询、秦王府文学姚思廉，可
修《陈史》。"绵历数载，竟不就而罢。①

这条史料，可让我们清楚看到，使职是如何因"需要"而产生。当
时，高祖接纳了令狐德棻的建议，修撰唐以前的几朝史书。但修
撰这几朝史，是项大工程。传统的史局（秘书省著作局），在正规
官员编制上，只有寥寥两位著作郎和四个著作佐郎，如何足够？
且修撰这种史书，需要一批有史才、有史识、有修撰专业者，恐怕
也不是一般著作郎那种普通职事官所能胜任。于是，高祖便下诏
委任了一大批其他官署的官员来修史，命这批"外司"他官，以他
们原本的职事官为本官，去修撰这六代史。这便是唐史官使职化
的开始，而使职为什么都要以他官去充任，在这里也就充分展露，
不难理解，因为使职的任务，常常是比较特殊的（如这次为了修撰
六代史），需要特殊的专业或才干才行，不能靠一般职事官。高祖
任命的这批史官，都是从现有的"外司"职事官中，去精挑细选那
些有史才或特殊修撰才华者。细读他们的名单和官历，对我们很
有启发意义。

第一，这名单包含了唐初一批最有才情才学者。如陈叔达，
不但是陈朝皇室的后裔，也早有修史经验，曾经把他私修的《隋

①《唐会要》卷六十三，页 1287。又见《旧唐书·令狐德棻传》卷七十三，页
2597—2598。高祖的诏书《令萧瑀等修六代史诏》，仍保存在《唐大诏令
集》卷八十一，页 466—467。

纪》手稿,借给诗人王绩,以助王绩完成他的兄长王度未修完的《隋书》①。再如中书舍人颜师古,乃北齐高门颜之推之孙,唐初的大经学家和史学家,考订过《五经》,注过《汉书》。这不是一张普通官员的名单,而是一张唐初知名史家和大学者的菁英名单。

第二,名单中的官员,官品高低不一。有三品高官,如中书令萧瑀和封德彝、侍中陈叔达等,但也有五品官员,如秘书丞令狐德棻和魏征。年龄也悬殊不一。如令狐德棻(583—666),当时约40岁,但姚思廉(557—637)却是约66岁高龄,然而,他有深厚的修史家学传统,年龄不是任职的障碍。这是任命使职的一个重要特征,因为使职只讲求真本事,不在意一个官员的官品和年龄高低。本书前面几章讨论过,知制诰、翰林学士等使职,重点在于有无文采,年龄和官品都不太重要。再如第十二章要论及的宇文融,一个八品的监察御史,也可以任括户使这种掌握大权的财政使职,只因为他懂得括户、收税的门窍,能够完成使命,很讨玄宗皇帝的欢心。

第三,名单中有一位"著作郎殷闻礼",值得留意和讨论。著作郎原本就是传统正规史官,为什么又被召去任使职?这点看似诡异,却不难理解,因为使职委任的重点是,"皆以他官充"。既然侍中、中书舍人等官是"他官",著作郎当然也算是"他官"。这就跟唐代的中书舍人,从玄宗朝开始,就常以"他官"身份,被召去任翰林学士一样。两者的职务同样是草诏,但草诏地点不一样:一在中书舍人院,一在宫禁中的学士院。身份地位也不一样:中书舍人是职事官,翰林学士是使职。使职常由皇帝任命,比较亲近皇权,比职事官荣耀。殷闻礼任著作郎,和他被召去任修撰《魏

---

① 金荣华校注《王绩诗文集校注》卷四,页298,陈叔达写给王绩的回信。

史》的使职,虽然职务都是修史,但他却有了新的身份和地位。这也表示,殷闻礼可能是当时著作郎当中,比较杰出者,有史才,才会特别被召去修《魏史》。一般著作郎可能没有像他那样的才具。

第四,名单中有一位是"秦王府文学姚思廉"。秦王府文学并非职事官,而是一种使职,文馆职,为什么又能被召去当另一种使职?姚思廉任秦王府文学,应当有他原本的职事官(本官),只是这里漏书或省略。唐代一个官员,一般不会同时任两种职事官,但可以同时任两个或以上的使职。例如,唐代的宰相,本身就是一种使职,但唐宰相中有不少还兼"监修国史"(另一种使职)。唐财政使职,也常一人兼多个使职,如杨国忠、刘晏等人。就姚思廉此例来说,也有可能在他被召去修史后,便不再出任秦王府文学。

然而,高祖这次任命了这一批菁英学者来修前代史,后来却"绵历数载,竟不就而罢",没有完成使命。修史未成的原因,史书不载,不得确知。从种种迹象推论,可能有两个。第一,经验不足,修史官员或太多,协调不佳。毕竟,唐以前的史书,如《史记》、《汉书》、《后汉书》和《三国志》,都是以私家或家学名义修撰,官方并未组织大批史官来修撰。但高祖拟修前六代史,却是中国历史上第一次由官方征召官员来修史,为历史上官修史书的开始,没有前例可循。第二,高祖这次修史,似未像后来太宗贞观三年那样,设立一个新的史馆,也未任命总编纂一类的官员来总其事,修史可能因而条件欠佳,群龙无首,以致"绵历数载,竟不就而罢"。

但唐皇室并没有放弃这项修史大工程。唐太宗即位后不久,又在贞观三年(629),重整旗鼓,再次任命了一批新的官员,来修这几朝前代史,跟武德年间的修史官员略有不同。《旧唐书·令狐德棻传》中保存了一张详细名单：

> 贞观三年，太宗复敕修撰，乃令德棻与秘书郎岑文本修《周史》，中书舍人李百药修《齐史》，著作郎姚思廉修《梁》、《陈史》，秘书监魏征修《隋史》，与尚书左仆射房玄龄总监诸代史。众议以《魏史》既有魏收、魏澹二家，已为详备，遂不复修。德棻又奏引殿中侍御史崔仁师佐修《周史》，德棻仍总知类会梁、陈、齐、隋诸史。武德已来创修撰之源，自德棻始也。①

这里可留意者有几点。

第一，这次决定不再修《魏史》，所以高祖时拟修的六代史，便减为五代史。

第二，太宗的这张修史官名单，比高祖的精简许多，基本上以一人负责修一史，至多亦仅二人修一史。高祖名单一般以三人修一史。但修史这种工作，讲求个人风格、文采等事，未必"人多好办事"，就像子玄在《史通·忤时》所批评的，史馆中史官太多，反而掣肘坏事："每欲记一事，载一言，皆阁笔相视，含毫不断。故头白可期，而汗青无日。"②

第三，贞观这批修史官，比武德时挑选得更为精细、专业。例如，姚思廉的父亲姚察，曾在陈朝任吏部尚书高官，"在陈尝修《梁》、《陈》二史，未就，临终令思廉续成其志。丁继母忧，庐于墓侧，毁瘠加人。服阕，补河间郡司法书佐。思廉上表陈父遗言，有

---

① 《旧唐书》卷七十三，页 2598。这里我略为改变北京中华本的标点符号，把《周史》、《齐史》等史书都加上书名号，以求醒目，仿《唐会要》1992 年上海古籍校点本和 2012 年西安三秦出版社牛继清校证本之体例。
② 《史通通释》卷二十，页 555。

诏许其续成《梁》、《陈史》"①。换言之,姚思廉修梁、陈二史,乃中国史学传统上父子相承的典型家学家业。贞观三年,他的官已做到著作郎,且高龄达 73 岁。太宗仍特地把他召到宫城内的史馆来修梁、陈二史,显然想充分利用他已有的家业,继续他父亲的遗志,完成梁、陈二史的修撰。

同样,李百药(565—648)的《齐史》,也是家业。他的父亲李德林,早在北齐至隋开皇年间,撰成《齐史》初稿,藏于秘府。李百药在贞观元年(627),召拜中书舍人时,就"受诏修定《五礼》及律令,撰《齐书》"②,继承他父亲未竟之业。贞观三年,他被召入史馆修史时,已高龄达 65 岁,跟姚思廉一样,是位元老级的史家。

第四,在这批史官当中,有三位领导人物:令狐德棻"总知类会梁、陈、齐、隋诸史",负责体例和协调各史,并修撰《周史》。他有丰富的修撰经验,曾参与修撰著名的类书《艺文类聚》,看来他的工作分量最重,贡献最大。尚书左仆射房玄龄"总监诸代史",但房玄龄的专长并非修史。他任"总监",看来只不过因为他是当时的宰相。这个"总监"任务,好比后来宰相的"监修国史",实际上多属挂名或监督性质,往往不参与实际修撰。魏征则"受诏总加撰定,多所损益,务存简正。《隋史》序论,皆征所作,《梁》、《陈》、《齐》各为总论,时称良史"③。

第五,为了修这五朝史,唐皇朝特别在宫城禁中设了一个修史机构,最初似称为"秘书内省"。最明确的事证在《旧唐书·敬播传》:"贞观初,举进士。俄有诏诣秘书内省佐颜师古、孔颖达修

---

① 《旧唐书》卷七十三,页 2592。
② 《旧唐书》卷七十二,页 2572。
③ 《旧唐书》卷七十一,页 2550。

《隋史》。"①但"秘书内省"这名称非常少见,只有寥寥几个用例,见于新旧《唐书·敬播传》、《新唐书·百官志》和《唐会要》等处,细节不得而知。至于《唐六典》,从未提这个"秘书内省",只说"贞观初,别置史馆于禁中,专掌国史,以他官兼领"②。这导致有些学者认为,唐初禁中有两个修史机构:一是修前五代史的"秘书内省",另一是修唐本朝国史的"史馆"。前五代史修完后,"秘书内省"即解散,只剩下"史馆"。但还有另一种可能性:史馆其实只有一个,修五代史时期称"秘书内省",修完后就只称"史馆"。"秘书内省"的性质,原本也就只是个史馆③。

唐以前的这五代史书,终于在贞观十年,开馆七年后完成,进呈给皇帝。这五代史只有本纪和列传,后来加上高宗显庆元年(656)修成的《五代史志》,便成了今天二十四正史中的《梁书》、《陈书》、《北齐书》、《周书》和《隋书》。这批史官,大大丰富了我们现在所能拥有的中古史料。他们的运作模式(以外司他官充使职,开馆修史),也树立了一种典范,成了后世修史的榜样。

二、史官的使职化及专业化

从以上贞观初年修前五代史的过程看来,我们可以得到几点

---

① 《旧唐书》卷一百八十九上,页 4954。

② 《唐六典》卷九,页 281。

③ 关于秘书内省和相关问题,更详细的讨论见洪业的英文论文:William Hung, "The T'ang Bureau of Historiography before 708," *Harvard Journal of Asiatic Studies* 23 (1960-61): 96-98 以及 Denis Twitchett, *The Writing of Official History under the T'ang*, pp. 20-22,中译本见《唐代官修史籍考》,黄宝华译,页 17—20。

启示。第一，史书的修撰，特别是前代纪传体正史的修撰，是一项非常专业（也是非常学术）的工作，不是任何普通的官员所能为。这种工程，交由像姚思廉、李百药和令狐德棻那样专业的史家来负责，最为合适不过。唐史官的使职化，实际上有其必要（并非要"破坏"正统官制），也是一种专业化的表现。

第二，除了宰相之外，史官是唐最早设置的使职之一。地方长官使职，如采访使、节度使等，初设于大约睿宗景云年间。财政使职，如括户使、转运使等，初设于玄宗开元初年。在时间点上，这两者都比史官使职来得晚，晚了将近一百年。

第三，为了安置这一大批修史官，唐皇朝特别在宫城禁中设了新的史馆。从此以后，这一批史官，便称为"史馆史官"。值得注意的是，史馆在最初修前五代史时，可能称为"秘书内省"，但随后却没有专名，没有像其他唐代文馆一样，命名为弘文、广文、集贤之类的。《唐六典》等书和唐代的史料，提及这史馆时，都仅称之为"史馆"。显然"史馆"就是个专用名词，专指宫禁中新设的那个修史机构。刘知几在《史通·史官建置》中，也仅称这个他长年修史的地方为"史馆"，并形容它"馆宇华丽，酒馔丰厚"[1]，生动描绘其工作场所。这彰显了这种新型的史馆史官，如何接近皇权，也得到皇帝的特殊照顾和礼遇。

第四，唐史官的使职化，不仅仅是专业化，也是一种"政治化"，可以为皇权服务。《史通·忤时》甚至说："近代史局，皆通籍禁门，幽居九重，欲人不见。寻其义者，盖由杜彼颜面，防诸请谒故也。"[2]政治意味浓厚。官方修史不但是一种学术工作，也是

---

①《史通通释》卷十一，页294。
②《史通通释》卷二十，页555。

一种政治活动①。

第五，史馆设置后，从此它便随着皇室四处移动。太宗时，先是设在长安西内（太极宫）。等到东内（大明宫）建成后，便随高宗迁移到那里。武则天长驻东都洛阳期间，史馆也跟着移到洛阳②。刘知几最早便是在洛阳的史馆就任史官；中宗景龙三年（709），他才转任长安大明宫的史馆③。史馆甚至在玄宗的行宫兴庆宫，也有个分馆和大批藏书，包括已修成的一些起居注、实录和国史，在安史之乱时不幸焚毁④。

这在在显示，唐皇室重视这所史馆，视其为得以伸张权力的资源之一。唐初修完《五代史》和《五代史志》后，史馆依然没有解散，仍然继续修撰其他前朝史书，如《晋书》、《南史》和《北史》。接着，史馆更以全副精力，修撰其本朝史，也是唐最重要的两种史书：实录和国史。唐代的史馆史官，从开始时属"临时"设置、因事而设的状态，演变到后来常设不废，直到唐亡，展现了使职从"临时到固定"的整个过程。然而，值得注意的是，唐史馆史官始终是个使职，任史官者始终没有官品，全都以他官去充任，从来没有转变为有官品的职事官。至此，我们不免要问：为什么唐皇朝不把这些史馆史官，都纳入九品三十阶的文职事官系统内？

因为这始终是一种重要的使职。从许多事证看来，唐皇朝对所有重要或机要的官员，如本书所论及的宰相、知制诰、翰林学士和一系列财政使职等，都采用使职的方式来任命，不肯让他们"沦

---

①Denis Twitchett, *The Writing of Official History under the T'ang*, p. 17.
②关于各史馆的位置和迁移，更详细的考订见张荣芳《唐代的史馆和史官》，页 65—76。
③《史通通释》《原序》，页 1。
④《唐会要》卷六十三，页 1292。

为"普通的职事官。史馆史官太重要了，以致唐皇室还不愿放手，让他们成为"外廷"的一般普通职事官，而要他们留在禁中"内廷"修史，继续为皇权服务。这些既然是钦差的使职，他们也就等于是皇帝自己的使者，可以更有效、更灵活的任命、调派和运用，正像皇室紧紧掌握着翰林学士和那些财政使职一样。如果纳入正规文职事官系统，他们和皇帝的关系，反而会疏远一些，反而无法达成使命。

唐代的正式文职事官，一般都有固定任期，大约每一任四年，更往往会被派往地方上去出任州县官。然而，史官修史（特别是实录和国史），是项长年累月的工作，需要长期供职于史馆才行，以使职的方式来任用，最为理想。这样一来，他们便可以长期留在史馆，不受普通文官每四年一任的限制，也没有外调之虞。因此，像子玄，在史馆一待就是二十年。他如吴兢、韦述、柳芳、蒋乂等人，亦莫不如此，长期留驻京城史馆，不必为做官四处奔波远游①。这也是正规职事官享受不到的好处。

三、唐史馆史官的使职官名

既然唐史馆史官是一种使职，那么我们不禁要问：这些官员的使职官名是什么？

我们在本书前面几章见过，某使职初设时，因临时草创，有可

---

① 唐代一般正规士人文官须四处宦游的现象，近年已引起学者的注意。见胡云薇《千里宦游成底事，每年风景是他乡——试论唐代的宦游与家庭》，《台大历史学报》第41期（2008），页65—107；拙书《唐代基层文官》，第六章第四节"宦游"。

能没有一个正式的使职官名。例如，唐初太宗时代，温大雅等人在禁中草诏，实际上等于在取代中书舍人，在出任一种使职，但李肇在《翰林志》中却说，"温大雅、魏征、李百药、岑文本、褚遂良、许敬宗、上官仪，时召草制，未有名号"[1]。这点是使职初设可能有的现象。等到使职稍后比较常设时，它便可能以动词来描写职务，带有一种"不像官名的官名"，即本书常说的那种"动宾结构官名"，如知制诰。最后，等到使职成了一种更为固定的制度，如玄宗朝设立学士院后，这些慢慢取代中书舍人的使职，还会带有一个更正式的使职官名，即翰林学士。

同样，唐代的史馆史官，也经历过一个类似的过程。

贞观初，令狐德棻等人修五代史，乍看之下，好像正应了李肇所说，"未有名号"一样。德棻等人修史时所带的本官，在上引的一段记载中，都有清楚说明，如姚思廉是以著作郎的本官去修《梁史》和《陈史》，李百药是以中书舍人的本官去修《齐史》，但他们此时的使职名号，我们过去却不是很清楚，有人或以为是史书失载，或此时的史馆史官还没有一个使职官名。

不过，从种种史料和证据看来，他们其实还是有名号的，应当就单单称为"史官"或"史馆史官"。换句话说，"史官"这样"平凡"又像只是泛称的官名，应当就是他们这时期的使职官名。在这方面，我们有一些证据如下。《旧唐书·高宗纪》显庆元年(656)条下说：

> 五月己卯，太尉长孙无忌进史官所撰梁、陈、周、齐、隋《五代史志》三十卷。[2]

---

[1]《翰苑群书》卷一，页2。
[2]《旧唐书》卷四，页75。

这里明确称呼修撰《五代史志》的这批史馆官员为"史官",看来这应当就是他们的使职官名。

实际上,从唐初一直到唐末,"史官"常常具有这样的专称意义,是一个专用的使职官名,可以冠在某某官员的名字前面,不可忽略。例如,《旧唐书》卷六十五《长孙无忌传》说:

> 显庆元年,无忌与史官国子祭酒令狐德棻缀集武德、贞观二朝史为八十卷,表上之,无忌以监领功,赐物二千段,封其子润为金城县子。①

这里的"史官国子祭酒",便是令狐德棻此时的官衔。"史官"是他此时的使职官名,国子祭酒则是他的本官。他是以这个本官去出任史官。再如《旧唐书·裴光庭传》记载:

> 太常博士孙琬将议光庭谥,以其用循资格,非奖劝之道,建议谥为"克",时人以为希嵩意旨。上闻而特下诏,赐谥曰忠献,仍令中书令张九龄为其碑文。史官韦述以改谥为非,论之曰:"春秋之义,诸侯死王事者,葬之加一等,嘉其有功而不及其赏也。"②

这里提到的每一个官员的名字前面,都带有他们的正规官衔:"太常博士孙琬"、"中书令张九龄"、"史官韦述"。由此看来,"史官"撰在这个位置,不就跟"太常博士"和"中书令"一样,是个正式官

---

① 《旧唐书》卷六十五,页 2455。
② 《旧唐书》卷八十四,页 2807—2808。

名吗？只是，专用官名的"史官"，很容易跟一般通称的"史官"混淆，不易分辨。然而，在唐代史料中，"史官"常常被当成一个正式官名来使用，甚至到唐后期都如此。

例如，《旧唐书·宪宗纪》元和二年（807）十二月条下说："己卯，史官李吉甫撰《元和国计簿》。"①《旧唐书·宪宗纪》元和五年（810）冬十月条下，"庚辰，宰相裴垍进所撰《德宗实录》五十卷，赐垍锦彩三百匹、银器等，史官蒋武、韦处厚等颁赐有差。"②李吉甫、蒋武和韦处厚，这时都在史馆中担任史职，所以都带有"史官"这个正式官衔。

"史官"是个正式官名，最好的证据是，从唐代最早的职官书《唐六典》开始，到后来的《通典》和两《唐书》职官志，都把"史官"当成一种正规官名来记载和描述。例如，《唐六典》卷九《中书省》部分，在记述起居舍人、通事舍人和集贤殿书院中的学士诸官之后，便接着写"史馆史官"："史官掌修国史，不虚美，不隐恶，直书其事。"这里所用的"史官"两字，显然都不是泛称，而是个专用官名，专指在唐史馆中出任史职的那些官员。

"史官"之所以看起来不像是个正式的使职官名，整个症结，就出在唐代的史馆，从唐初到唐末，一直没有一个正规的、专称的馆名。唐代的文馆，都有正式专称的馆名，如初期的弘文馆、修文馆、广文馆、集贤院、翰林院，都有馆名，所以在这些文馆中出任学士的，他们的正式使职官名，看起来都很正规，如弘文学士、修文学士、集贤学士、翰林学士等等。但唐代史馆却没有专称馆名，所以在史馆中担任史官的官员，便只好也跟着单单称为"史官"了

---

① 《旧唐书》卷十四，页 424。
② 《旧唐书》卷十四，页 432。

事。假设唐的史馆有一个正规的专称馆名，比如"天禄史馆"之类的，则它的史官便可以称为"天禄史馆史官"，简称"天禄史官"。这样，这个官名看起来便很像是个正式的使职官名了。但很可惜，从南北朝到唐宋，历朝的史馆始终没有一个专称，就叫"史馆"，好像一个没有招牌的官署，里面的史官也好像没有专称官名。其实，官署外挂着的"史馆"两字，就是它的招牌；史官就是馆中史官的正式官衔。

《通典》在叙述起居舍人、通事舍人和集贤殿书院中的学士诸官之后，接着便提到"史官"，也仅仅这两字，似乎不像是正式的官名，但要注意的是，"史官"这两字，是跟前面的"起居舍人"、"通事舍人"，以及后面提到的"主事"摆在同等的位置。既然"起居舍人"、"通事舍人"和"主事"是正式官名，那么"史官"应当也是正式官名。

《旧唐书·职官志》在此处几乎全沿用《唐六典》的旧文，情况相同。《新唐书·百官志》则记为：

> 史馆修撰四人，掌修国史。①

这里未使用"史官"一词，却改用了"修撰"（即"史馆修撰"）。这是宋人所编的《新唐书》，喜好改动唐史料的一个好例子。它把《唐六典》、《通典》和《旧唐书》所记的"史官"，几乎都改为"史馆修撰"。但我们知道，"史馆修撰"其实是唐天宝以后才有的官名。唐后期常见，唐前期则未见（详下文）。《新唐书》在这里以"史馆修撰"，来取代《旧唐书》所用的"史官"，间接证明了，在宋人眼

①《新唐书》卷四十七，页1214。

里,"史官"是一个正式官名,跟唐后期的正式官名"史馆修撰"一样。

孙逖(696—761)写的《授尹愔谏议大夫制》,也为史官作为一个正式官衔,提供了另一种证据。此制的最后一句说:尹愔"可朝请大夫守谏议大夫、集贤院学士兼知史官事"①。严格说来,制文中的"知史官事",跟"史官"当然不完全相同,但正如本书常说的,唐人在处理使职官名时,常会有一些"随兴"的改动,不像处理职事官名时那样严谨。这可以解释为,使职正像《旧唐书·食货志》所说,可"随事立名,沿革不一"②,可以机动性改变官名的一种常见现象。

例如,孙逖的制文称尹愔的官衔为"知史官事",但《旧唐书·职官志》提到尹愔时,却称他为"史官":"史官尹愔奏移史馆于中书省北,以旧尚药院充馆也。"③《通典》和《唐会要》同④。《新唐书·百官志》则称他为"史馆修撰":"于是谏议大夫、史馆修撰尹愔奏徙于中书省。"⑤这显然是宋人的改动,恐"时代错乱",因为在尹愔的时代,还没有"史馆修撰"这个官名。但《新唐书·尹愔传》,又称他为"修国史":"拜谏议大夫、集贤院学士,兼修国史,固辞不起。"⑥尹愔一人,竟有四种不同的官名。其中"史官"是最常用的使职官名。孙逖的"知史官事",是他"独创"的"史官"别

①《文苑英华》卷三八一,页1944。
②《旧唐书》卷四十八,页2086。
③《旧唐书》卷四十三,1852。
④《通典》卷二十一,页568,称尹愔为"史馆谏议大夫尹愔",此"史馆"当为"史官"之误。《通典》校点本此处有一校注指出,"馆"字在《唐会要》卷六十三作"官"。
⑤《新唐书》卷四十七,页1214。
⑥《新唐书》卷二百,页5703。

称,乃"随事立名"的一种。"修国史"则是更精确的使职官名,为
"史官"总类下的一个"分级官名"(详见下)。《新唐书》所用的
"史馆修撰",则是宋人的改动,替代"史官"。

　　唐代史料中,亦偶尔可见"修史官"此词,如《唐会要》的一条
记载:

　　　　至德二载(757)十一月二十七日,修史官太常少卿于休
　　烈奏曰:"《国史》一百六卷、《开元实录》四十七卷,《起居注》
　　并余书三千六百八十二卷,在兴庆宫史馆,并被逆贼焚烧。"①

此外,亦有"修史学士"的称谓,如宋之问在桂州写给史官吴兢的
一封信,在他的文集中便题为《在桂州与修史学士吴兢书》②。吴
兢当时的正式使职官衔,应当是"直史馆"("史官"的一种,详
下)。宋之问并未在信中称吴兢为"修史学士"。书信原本应当无
标题。他文集中的这个标题,可能是后人所拟(宋人所编的《文苑
英华》已如此)。或许当时人以为,史官既然是一种使职,又是文
馆职,故仿照弘文馆、集贤院学士之例,把吴兢的"史官"改称为
"修史学士"。这也反映了使职官名,应用时比较随意,不若职事
官名之严谨。然而,在唐代文献中,"修史官"的用例不多;"修史
学士"的用例更少,都远远不如"史官"之多。这两者或可视为
"史官"的别称。

　　更进一步考察,我们可以更精确地说,唐代"史官"是一个"总

─────────────

①《唐会要》卷六十三,页1292。《唐会要》此卷中还可找到好几个"修史官"
　的用例。
②《宋之问集校注》卷七,收在《沈佺期宋之问集校注》下册,页710—711。

类官名",泛指那些在史馆中出任各级史职的所有官员。但在唐朝的不同时代,在总类官名"史官"之下,又有更精细的几个"分级官名",总共有四种:(一)"监修国史";(二)"修国史";(三)"直史馆";(四)"史馆修撰",代表了史官的不同层级和地位,亦可从官名看出其时代先后。

(一)监修国史

这个使职官名出现很早,早在贞观初刚设史馆,尚书左仆射(宰相)房玄龄"总监诸代史"时,他就带有此衔。《旧唐书·房玄龄传》:"(贞观)三年,拜太子少师,固让不受,摄太子詹事、兼礼部尚书。明年,代长孙无忌为尚书左仆射,改封魏国公,监修国史。"[1]从此以后,监修国史照例由宰相兼领,往往只是监督、挂名性质,鲜少参与史书的修撰,但有些监修国史的宰相,也会对国史的修撰,有一些政治上的干预。史书撰成后,按惯例由监修国史,代表所有修撰的史官,进呈给皇帝,大家并获得赏赐。

跟许多其他使职官名,例如知政事(宰相)、知制诰、知贡举一样,监修国史也是一个典型的"动宾结构官名":"监修"为动词,"国史"为宾语。这种官名,看起来不像是正式官衔,好像只是在描述职务,特别是在史书某些叙述场合。例如,《旧唐书·高宗纪》上元二年(675)条下说:"八月庚子,太子左庶子、同中书门下三品、乐成侯刘仁轨为左仆射,依旧监修国史。"[2]乍看之下,就一般的理解,这里的"监修国史"四字,不像官名,好像只是说,刘仁轨当了宰相,依旧负责监修国史而已。其实,我们最好把这句话,

---

① 《旧唐书》卷六十六,页2461。
② 《旧唐书》卷五,页100。

理解为"依旧带有监修国史使职",才对得起"监修国史"这个官名。

再如《新唐书·蒋伸传》:"懿宗即位、兼刑部尚书,监修国史。"①这句话读起来,好像说蒋伸这时兼刑部尚书,在负责监修国史而已。其实也应当读为"兼带有刑部尚书和监修国史使职"才是,要把"监修国史"视为官名才对。

监修国史乃正式官名,最好的证据便是,它可以连同一个官员所带的其他官名(如职事官、散官、勋官等),一起写入他长串的完整官衔中。这种例证太多,不必多举,且提两例。睿宗皇帝即位,就下诏任命苏瑰左仆射,第一句提到苏瑰,就透露他的完整官衔:"尚书右仆射、同中书门下三品、监修国史、许国公苏瑰。"②从如此明确的上下文,"监修国史"无疑是个正式官名,跟前面的"同中书门下三品"和后面的"许国公"一样是官名。再如,《旧唐书·宪宗纪》元和九年(814)条下:"冬十月甲辰朔。丙午,金紫光禄大夫、中书侍郎、同平章事、集贤大学士、监修国史、上柱国、赵国公李吉甫卒。"③这一天李吉甫去世,《宪宗纪》特别提到他生前的完整官衔,里面就包含"监修国史"一项,跟中书侍郎、同平章事、集贤大学士等官名一样,是他生前所带的另一个正式官衔。

这两个案例提醒我们,像"监修国史"、"知制诰"这种典型的动宾结构使职官名,很容易被人忽略,更常被人误以为不是官名。下面要论及的另两个唐史馆史官的重要使职官名"修国史"和"直史馆",也属这种动宾结构。

①《新唐书》卷一百三十二,页4535。
②《册府元龟》卷一百三十三,页1605。
③《旧唐书》卷十五,页450。

（二）修国史

这又是个使职官名,而且又是典型的动宾结构:"修"为动词,"国史"为宾语。它比"监修国史"只少了一个字。分别是,唐代出任监修国史者,照例都是宰相,监督挂名居多,往往不参与修史;出任"修国史"者,其地位比宰相低,但却实际参与修史。

《唐六典》等职官书,在记载史馆史官时,都列举了史馆中的三种使职:监修国史、直史馆和史馆修撰,然而却都偏偏遗漏了"修国史",以致后世学者往往忘了,唐史馆史官中还有"修国史"这种使职。这个使职官名,在唐代诏制和两《唐书》列传等史料中,处处可见,其存在不必怀疑。

"修国史"这官名,多用于唐前期,大约在玄宗天宝之前,屡见不鲜。最早的一个用例,是在太宗贞观六年(632),令狐德棻就带有这个使职官名:

> 六年,累迁礼部侍郎,兼修国史,赐爵彭阳男。①

意思是说,他在这一年,多次迁转升为礼部侍郎,"同时带有修国史使职",赐爵号为彭阳男。唐初不少史馆史官,都曾经以种种本官他官,出任过修国史这个使职,如许敬宗,"贞观八年,累除著作郎、兼修国史,迁中书舍人"②。再如李义府,"高宗嗣位,迁中书舍人。永徽二年,兼修国史,加弘文馆学士"③。

---

① 《旧唐书》卷七十三,页 2598。
② 《旧唐书》卷八十二,页 2761。
③ 《旧唐书》卷八十二,页 2766。

"修国史"在唐后期仍偶尔可以见到。例如,《旧唐书·代宗纪》大历十二年(777)条下:"夏四月壬午,以朝议大夫、守太常卿、兼修国史杨绾为中书侍郎。"①再如文宗的《李固言崇文馆大学士等制》:"固言可银青光禄大夫、崇文馆大学士兼修国史。"②但总的来说,唐安史乱后,唐史馆史官资深者一般多带"史馆修撰"的官名,资浅者则带"直史馆",比较不常见到带"修国史"者。

由于"修国史"乃动宾结构,好像只是在描述某某官员的职务,不像是他所带的正式官名,我们不妨深一层考掘。玄宗先天元年(712),河南府告成县主簿徐锷写的《大宝积经述》,是一篇十分珍贵的史料,因为它列举了好几位当时协助"润色"这部翻译佛经的当朝大学者的名字,以及他们的长串官衔。其中徐坚就带有"修国史"此官:"银青光禄大夫、太子詹事、崇文馆学士兼修国史、上柱国、东海县开国公徐坚。"另一位学者魏知古,他的全套官衔中也包含"修国史"一职:"银青光禄大夫,守侍中兼太子左庶子兼修国史、上柱国、巨鹿县开国公魏知古。"③这应当足以证明,"修国史"乃正式官名无疑,可以写入唐代官员的全衔中。

在《唐大诏令集》中,还保存了好几篇唐代官员,获授"修国史"这种使职官衔的制文。如《齐抗修国史制》说,齐抗"可兼修国史,余并如故"④,意即他"可以同时带修国史使职,其他的官职照旧"。"修国史"用在这样的场合,它作为正式官衔的属性,更无疑问。同书中所收的《萧嵩集贤院学士修国史制》说,萧嵩"可兼

①《旧唐书》卷十一,页311。
②《唐大诏令集》卷五十一,页265。
③《全唐文》卷二百九十五,页2992—2993。
④《唐大诏令集》卷五十一,页264。

集贤院学士知院事兼修国史"①,也显示"修国史"是个正式官衔。

厘清了"修国史"乃正式官名,正如"监修国史"那样,这点在我们阅读唐人的官历时,应当会有新的领悟。例如,子玄在《史通》中,常常喜欢提起他自己的官历,至少有两处:

> 长安二年(702),余以著作佐郎兼修国史,寻迁左史,于门下撰起居注。②
>
> 长安中,以本官兼修国史,会迁中书舍人,暂罢其任。神龙元年(705),又以本官兼修国史,迄今不之改。③

这两段文字,都提到他曾经做过"修国史"这种史职,带有这个正式官名。我们千万不要掉以轻心,误以为他只不过不经意提到,他那时"以本官兼职修国史"罢了。他其实是要告诉我们,他那些年做过"修国史"这个使职官,不免带有几分得意,想要"炫耀"一下。子玄"以本官兼职修国史",跟他"以本官同时任修国史使职",这两者的含义是不同的,差别也不小,值得细细玩味。

我们在上一章见过,子玄在史馆任史官长达二十年。《新唐书·刘子玄传》说他的"官"(本官)换了好几个,但他的"职"(史职)却"常如旧",一直没有改。的确,子玄在史馆二十年,他的使职官名确实也就只有一个,那就是"修国史"这一个,因为在子玄的时代,史官还没有严格区分为资深或资浅,多以"修国史"名之,不像唐后期,资浅者称为"直史馆",资深者为"史馆修撰"。

---

① 《唐大诏令集》卷五十一,页263。
② 《史通通释》《原序》,页1。
③ 《史通通释》卷十,页269。

因此,在唐前期,出任"修国史"者,可以是高官,也可以是卑官。本官官品不一,亦使职特征之一也,不足为怪。例如,《旧唐书·高宗纪》调露元年(679)条下:

八月丁巳,侍中郝处俊、左庶子高智周、黄门侍郎崔知温、给事中刘景先兼修国史。①

这一天,皇帝同时任命四位官员出任"修国史",但四人的本官官品则不一。侍中郝处俊为正三品、左庶子高智周为正四品上、黄门侍郎崔知温为正四品上、给事中刘景先为正五品上。

出任"修国史"者,亦有可能低至六品者。如《旧唐书·李延寿传》:"延寿尝撰《太宗政典》三十卷表上之,历迁符玺郎,兼修国史。"②再如《旧唐书·顾胤传》:"永徽中历迁起居郎,兼修国史。撰《太宗实录》二十卷成,以功加朝散大夫,授弘文馆学士。"③李延寿的符玺郎为从六品上,顾胤的起居郎也是从六品上。未及五品者,唐史料常称之为"卑官"(应当无贬意),跟五品或以上的"高官"相对,但他们也都可以出任"修国史"这样的重任,参与修撰《太宗实录》那样的史书,可证使职重真才实学,史官这种使职更重史才,官品高低,并不重要。顾、李两人,后来皆成唐代知名史官。李延寿更"尝删补宋、齐、梁、陈及魏、齐、周、隋等八代史,谓之《南》、《北史》,凡一百八十卷,颇行于代",即今二十四史中的《南史》和《北史》。

①《旧唐书》卷五,页105。
②《旧唐书》卷七十三,页2600。
③《旧唐书》卷七十三,页2600。

（三）直史馆

"直史馆"跟前面讨论过的"监修国史"和"修国史"一样，又是个动宾结构的使职官名："直"为动词，即"当值"之意（"直"通"值"），"史馆"为宾语。乍看之下，"直史馆"也不像官名，但它可以写入官员的完整官衔之内，乃官名无疑。例如，《唐会要》载：

> 长安三年（703）正月一日敕："宜令特进梁王三思与纳言李峤、正谏大夫朱敬则、司农少卿徐彦伯、凤阁舍人魏知古、崔融、司封郎中徐坚、左史刘知几、直史馆吴兢等修《唐史》，采四方之志，成一家之言，长悬楷则，以贻劝诫。"①

这里提到每一位官员，其名字前面都有他的正式官名：比如徐坚为"司封郎中"，刘知几为"左史"，吴兢则为"直史馆"，因此"直史馆"便是吴兢当时的正式使职官名。

吴兢此例，也是"直史馆"这官名，在唐代的最早用例之一，以后便一直沿用到唐末，甚至五代及宋。唐后期的用例更远远多于唐前期。例如，《旧唐书·宇文籍传》："登进士第，宰相武元衡出镇西蜀，奏为从事。以咸阳尉直史馆，与韩愈同修《顺宗实录》，迁监察御史。"②宇文籍是以咸阳尉的本官，去出任"直史馆"这个使职。他这时还很年轻，刚考中进士不久，虽有史才，但官资尚浅，照唐人按部就班做官的方式，本官当然不会太高，符合他此时的官资。再如唐后期的另一才子杨嗣复，"七八岁时已能秉笔为

---

① 《唐会要》卷六十三，页1291。
② 《旧唐书》卷一百六十，页4209。

文",才华洋溢。他年二十,便"进士擢第。二十一,又登博学宏词科,释褐秘书省校书郎。迁右拾遗,直史馆"①。也是官资尚浅,以一个低层的本官右拾遗,去出任"直史馆"。

(四)史馆修撰

这是唐后期新设的一个史官使职官名,授给官资比较高的史官。前面论及的"直史馆",则授给像宇文籍和杨嗣复那样的年轻士人,约30岁上下的基层史官。关于这两职的区别,《旧唐书·职官志》说:

> 天宝已后,他官兼领史职者,谓之史馆修撰,初入为直馆也。②

换言之,天宝年起新增的"史馆修撰"一职,比原先的"直馆"(即"直史馆"的省称)更高一级。所以,唐代后期的一个史官,如果年轻官资浅,刚入史馆时会带有"直史馆"的使职官名,接着才升迁为比较高一级的"史馆修撰"。例如,文宗朝的史官蒋系便是如此。他的《旧唐书》本传如此叙写他的官历:

> 系,大和初授昭应尉,直史馆。二年,拜右拾遗、史馆修撰。③

蒋系在太和初以"昭应尉"这个本官,去史馆充任基层史官"直史

①《旧唐书》卷一百七十六,页4556。
②《旧唐书》卷四十三《职官志》,页1853。
③《旧唐书》卷一百四十九,页4028。

馆"。太和二年，他升官了，本官从"昭应尉"升为"右拾遗"，史官也升为更高级的"史馆修撰"。

在子玄所处的唐前期，还没有"史馆修撰"这个使职官名，所以子玄和其他高阶史官，都一律称为"修国史"。问题是，"修国史"和"史馆修撰"，何者较重？唐哀帝天祐二年（905）五月二十九日敕，提供了一个难得的答案：

> 翰林学士、职方郎中兼史馆修撰张荣，今修撰职名稍卑，不称内廷密重，宜充兼修国史。①

此敕可证二事：一是在当时唐人眼中，"史馆修撰"的"职名稍卑"，反而不如"修国史"。二是明确称"史馆修撰"为一种"职名"（使职官名）。今后我们在史书中见到"监修国史"、"修国史"、"直史馆"和"史馆修撰"等词时，当可给这四个看起来不像"官名"的职称，一个正确的官名定位②。

四、史馆设立的后续效应

子玄在《史通·原序》中说："长安二年（702），余以著作佐郎兼修国史，寻迁左史，于门下撰起居注。"③这段话提醒我们，唐代传统正规史官当中，除了著作郎和著作佐郎之外，还有左史（即起

①《唐会要》卷六十三，页1300。
②龚延明《中国历代职官别名大辞典》，倒是收了这四个不像官名的官名，很有眼光。但在页524，只提宋代的"修国史"，似又忽略此官亦盛行于唐代。
③《史通通释》《原序》，页1。

居郎)和右史(即起居舍人)这两种史官,但他们是在门下省修撰起居注,跟史馆史官不一样。

分别在于,起居郎和起居舍人,跟著作郎一样,都是正规的职事官,有官品,在门下省编修皇帝的起居注,然后"季终则授之国史焉"[1],送交修国史的史馆。史馆史官则是使职,在史馆根据起居注等材料,修撰两种新型的史书:唐实录和国史(有些完成的史稿也称为《唐书》)[2]。

唐传统史官的使职化(专业化)之后,那些原有的正规编制史官(著作郎、著作佐郎、起居郎和起居舍人)并没有被正式废除。他们的员额编制依然存在,而且一直到唐亡,依然有官员被任命为这类传统史官,只是他们大抵已成了闲司闲官,或以其本官去出任其他使职。例如,我们前面见过,唐前期就有一些著作郎或佐郎(包括子玄本人),不任本司事,而到史馆去任史官使职。唐后期也有不少起居舍人,不任本署事,而去充任知制诰等使职(见本书第八章)。至于他们在唐后半叶,是否仍在撰《起居注》,季终再送史馆,因史料阙如,不得而知。

总的来说,唐代史官的使职化开始得很早,其使职化过程,也很早完成。早在太宗高宗朝,负责替皇朝修史者,已经几乎全是史馆史官了。至于著作郎和起居舍人等正规史官,几乎尽成闲官。站在保守、维护正规职事官制的角度,不少学者会认为,史馆史官在"破坏"或"侵夺"传统史官的职权,但站在创新、演化的立场,史馆史官无疑是一种制度上的革新,且是更为专业的史官,其

---

[1]《旧唐书》卷四十三,页1845。

[2] 关于唐实录和国史的编撰过程,以及这两种史书在唐不同时期所完成的书稿,最详细的论述见 Denis Twitchett, *The Writing of Official History under the T' ang*, pp. 119–187;中译本《唐代官修史籍考》,页106—165。

贡献也远比传统正规史官巨大。

　　传统史官演变成一种专业的、学术的使职，也颇能帮助我们理解，何以唐代的史馆史官，多有"家承"的传统：不是父子相传，就是祖孙隔代相继。子玄一家便是个好例子。他的从祖父刘胤之任史馆史官。他自己任史官。他的两个儿子刘贶和刘𫗬，都先后当过史官①。再如蒋乂、蒋係、蒋伸和蒋偕，更是父子相继任史官②。这跟传统讲求专业或专门技艺的行业，如天文和医术，有些类似。史馆史官的使职环境，特别是宫中藏书之丰富，比较能够培养这种专业。若史官只是个普通的职事官员，如著作郎，任期短，且不时要迁转到其他官署，甚至四处宦游，便难以言专业。

　　我们现在日常所用的《旧唐书》，名义上是由五代后晋史官所编，从后晋高祖天福六年（941）修撰，到出帝开运二年（945）完工，只花了四年多就修成，最后挂名由后晋宰相刘昫所撰。但实际上，《旧唐书》有过一段非常漫长、复杂的形成史，从唐初就开始，长达二百多年。这点在许多唐代史学史论著中，一般都未论及，但却是杜希德《唐代官修史籍考》书中的一个主要论点。据杜希德的研究，《旧唐书》唐前期最直接的原始材料，便是唐史馆史官早在唐朝就编好的那些实录和国史，特别是史官柳芳最后编撰的那部《国史》③。因此，我们今天每天使用《旧唐书》，千万不要忘了，这部正史中包含了不少唐史馆史官，在不同时期的心血和贡献。

----

① 《旧唐书》卷一百二，页 3174。
② 徐梦阳《唐代史官：以蒋乂父子为个案》，台湾清华大学历史研究所硕士论文，2010 年 6 月。又见张荣芳《唐代的史馆与史官》，页 194—212。
③ Denis Twitchett, *The Writing of Official History under the T'ang*, pp. 191-197；中译本《唐代官修史籍考》，页 169—174。

由此看来，唐贞观三年史馆的设立，引发了一连串的后续效应。在地理位置上，所谓史馆，不再指皇城秘书省著作局那样的组织，而是指宫城宫禁中新设的修史衙署。在文类上，史馆编修新型的史书：实录和国史。在官制上，史馆需要新的官员，新的史职，新型的史官。于是唐皇朝便诉诸过去常用的委派使职办法，先在现有官员中挑选那些有良史才的人去充任，先请他们以原有的本官去充任史职。以后为了升迁，又不断加给他们更高阶的本官。但他们的史职官名，不外乎"修国史"、"直史馆"、"史馆修撰"之类，从来没有官品，也从未纳入九品三十阶的文职事官体系。这就是子玄和唐代许许多多史馆史官，曾经有过的典型官历。

五、专任史官？兼职史官？

有一个疑问是：子玄那些年带有那些所谓的本官，他有没有去执行那些本官的职务？他到底是专任的史官？还是一边担任那些本官的职务，一边又兼职任史官的工作？如果单单从子玄的《自叙》等自传文章和两《唐书》记载的用词遣字上来看，这两种可能性似乎都存在。

有一种可能是，子玄任著作郎等官，又同时"兼修国史"。换言之，有学者会"望文生义"说，他可能上午在著作局任著作郎，下午又跑到史馆去"兼职修国史"。例如，张荣芳便说：

> 他们（指史官）都有其本职事官，平时必须处理日常公务，另拨出时间来兼负撰述史书的工作。也就是在其工作之

上,增加额外的工作分量。①

乍看之下,这好像很合逻辑,似乎也很符合今人对史料中"兼"字的普遍理解。但深一层看,实情应当不是如此。

问题的核心,在于"兼修国史"的"兼"字,该如何解读?首先,唐代的这个"兼"字,不应当理解为现代的"兼职"(非专任)之意,如"兼任教授"之类。那表示一种兼差、部分时间的工作,英文所谓的 part-time job 也。但子玄"兼修国史",却显然不是这样的"兼职"工作,而是他一生专任的志业,全时间的专业。

唐代的"兼"字,常见于长串完整官衔中,最好解释为"同时"之意,即"同时带有某某官职"的意思。比如,子玄自述"长安二年,余以著作佐郎兼修国史"。翻译成白话,这句话应作:"长安二年,我以著作佐郎的本官身份,同时带有修国史的使职。"这样既照顾到"兼"字的唐代含义,也把他的"修国史"使职官衔,明确表达出来。这样才对得起他这个"修国史"的使职官名,才不致让人误以为,子玄只是在史馆中"兼职修国史"而已。修国史其实是他全职的专任工作。

换言之,唐代的"兼"字,不是"兼任"、"兼职"之意,而是一个连接词,常用来连接两个官名,所以也常见于长串官衔中,表示一种并列关系,等同现代的"同时"之意,表示一个官员"同时带有两种官职"。例如,《旧唐书·张大素传》:"大素,龙朔中历位东台舍人,兼修国史,卒于怀州长史。"②这里用了一个"兼"字,来连接前面的"东台舍人"和后面的"修国史"两个官衔。翻译成白话,

---

① 张荣芳《唐代的史馆与史官》,页 152。
② 《旧唐书》卷六十八,页 2507。

应当是:"张大素,龙朔年间出任东台舍人,同时带有修国史使职,死在怀州长史任上。"此处的"兼",并非"兼职"。

再举一例,《旧唐书·薛元超传》:"俄转中书舍人,加弘文馆学士,兼修国史。"[1]意思是:"不久迁转为中书舍人,加弘文馆学士,同时带修国史使职。"他是以中书舍人为本官,去同时出任两个使职:弘文馆学士和修国史。此处的"兼",也非"兼职"。

顺此一提,北京中华书局的《旧唐书》和《新唐书》校点本,以及目前许多其他古籍校点本,往往喜欢在"兼修国史"、"兼直史馆"或"兼知制诰"这种动宾结构官名之前,加上一个逗号或顿号。这更容易让读史者,误以为这些不是官名,只是在描述职务。如果校点本把这个逗号或顿号删去,径直印成(比如说)"历位东台舍人兼修国史"、"加弘文馆学士兼修国史"等等,表示"东台舍人"和"修国史"同样是官名、"弘文馆学士"和"修国史"也同样是官名,由一个连接词"兼"字符串连起来,为"同时"之意,文意应当更清楚,应当可以避免让今人误以为是"兼职"。

"兼"意为"同时",其实是古书常有之义,只是今人多不去理解,常把"兼"和"兼职"混淆。许多古汉语辞典早就收有此义,如罗竹风主编《汉语大词典》"兼"字条下,就有"俱、同时"一义,且引《荀子·解蔽篇》"万物可兼知也"及唐柳宗元《永某氏之鼠》"昼累累与人兼行"为证。

"兼"和"兼任"的区别,在今天的现代汉语还可见到。例如,学术界常见的"兼任教授",肯定非专任,而是兼职教职。但是"某某历史系教授兼系主任"的"兼"字,就应当不是"兼任",而是像唐代许多史馆史官的官衔一样,表示他"同时"带有两种职称:是

---

[1]《旧唐书》卷七十三,页2590。

教授，"同时"又是系主任。至于这两者的轻重，字面上没有说明，须从现代学术界的习惯去理解。学界应当都知道，教授兼系主任的时候，系主任的工作绝对比教授还要繁重，绝非"兼任（不专任）的系主任"，应当是"专任的系主任"才对。甚至，教授兼系主任的时候，在今天的许多大学，往往把教授的教学时间减少一半以上，好让他可以"全职"去负责系主任的行政工作。所以，即使在今天，"某系教授兼系主任"才是标准的职称。至于"兼任系主任"此词，虽偶尔可见到，但那恐怕是一种误用，使用者误以为"兼"和"兼任"同义。正确的说法，应当还是称某教授为"历史系教授兼系主任"才对。否则，若称某教授为"历史系教授兼任系主任"，容易被人理解为"非专任的系主任"，那恐怕会成为学界笑话也。

除此之外，"兼"字在这种场合，还有一个同义词"暨"字可用。例如，像台湾许多大学的历史系，往往又同时设置研究所，但两者的长官常由一人出任，他便会被称为"某历史系教授兼系主任暨研究所所长"。此处的"暨"字，跟前面的"兼"字，意义相通，也就是"与、及"之义，只不过为了避免重复，才改用"暨"字。但"暨"字更清楚，可以避开"兼"字可能造成的"兼任"误解。因此，我们或许可以仿照现代的这种做法，把唐史馆史官常见的"兼修国史"、"兼史馆修撰"等衔，理解为"暨修国史"、"暨史馆修撰"等。

唐代的"兼"字，表示某某官员，"同时"具有两种官职身份，但字面上没有说明这两官，何者比较重要。在这方面，唐人应当没有理解问题，应当都有一种"本能的了解"。但今人要判断唐人这两官的轻重和作用，那恐怕就需要先具备唐代官制的常识。以子玄来说，他的自述字面意义，只是说他"同时"具有"著作佐郎"和"修国史"的官职身份，却未告诉我们这两官的性质和轻重。然而，我们从唐官制研究中知道，他这时其实是以著作佐郎为本官，去充任修国史的使职，也就是在史馆中长年"专任"修史，并非在那里"兼职"修史。"同时带有两种官职身份"和"兼职"之意，恐怕天差地别，须仔细品味分辨。这正是唐官制研究的重要意义，因为唐史料字面上不会透露这样的常识，今人须从研究中去重新获取这种知识。

"兼"字的这种用法，多见于唐前期的史料。到了唐后期，唐人在这种场合，可能会以"充"字来取代"兼"字，意思更为清楚，不会让今人以为是"兼任"、"兼职"。例如，《旧唐书·韦处厚传》说：

> 元和初，登进士第，应贤良方正，擢居异等，授秘书省校书郎。裴垍以宰相监修国史，奏以本官充直馆，改咸阳县尉，迁右拾遗，并兼史职。修《德宗实录》五十卷上之，时称信史。[1]

意思是，裴垍以宰相出任监修国史时，奏请让韦处厚"以本官充直馆"，也就是"充直史馆"之意（"直馆"为"直史馆"省称）。此处的"充"字，文意更清楚，不会让人以为是"兼任"。从此段叙事看来，韦处厚是以他的本官（即校书郎）被召入史馆。接着，他在史馆期间，本官"改咸阳县尉，迁右拾遗，并兼史职"，也就是他的本官，从原先的校书郎，升为咸阳尉，再迁右拾遗，但重点是后面那句：他"并兼史职"，意即他"同时带有史馆修史的使职"，也就是他本官虽迁，但仍继续留在史馆专任史官。以我们对唐代官制的

---

[1]《旧唐书》卷一百五十九，页4182—4183。

理解,他这时不可能又到咸阳县去当县尉,或去当拾遗,因为这些都只是他的本官,不职事。

再如,元稹写的《授独孤朗尚书都官员外郎韦瓘守右补阙同充史馆修撰制》说:

> 敕:殿中侍御史充史馆修撰独孤朗、左拾遗韦瓘,汝等皆冠圆冠,曳方屦,以儒服事朕,朕甚伟之。……朗可尚书都官员外郎,依前史馆修撰;瓘可守右补阙,充史馆修撰。余如故。[1]

这整篇敕文,都用"充"字,来取代唐前期比较常见的"兼"字。独孤朗先是以"殿中侍御史充史馆修撰",现在皇帝命他以"尚书都官员外郎,依前史馆修撰"。左拾遗韦瓘,现在则以"右补阙,充史馆修撰"。如果换成子玄来写,依唐前期唐人的习惯用字,他很可能会在这种场合,使用"兼"字,意思一样,但"充"字比"兼"字更清楚。

再举最后一例,《旧唐书·文宗纪》太和六年条下说:"秋七月辛卯朔。甲午,以谏议大夫王彦威、户部郎中杨汉公、祠部员外郎苏涤、右补阙裴休并充史馆修撰。"[2]王彦威、杨汉公、苏涤和裴休,都以各自不同的本官,"充史馆修撰",充任史馆修撰。若改用"兼"字,未尝不可,意思相同,但"兼"字比较暧昧,"充"字更为清楚,没有一字多义的弊病。

唐代还有一个词"兼充",意思更为清楚,为"同时充任"之

---

[1]《元稹集校注》卷四十七,页1149—1150。
[2]《旧唐书》卷十七下,页546。

意。例如,玄宗开元十二年(724)的《置劝农使安抚户口诏》,在任命宇文融时说:"宜令兵部员外郎兼侍御史宇文融兼充劝农事使,巡按郡邑,安抚户口。"①兵部员外郎和侍御史都只是宇文融的本官,不职事。他现在的专职是去出任"劝农事使"(其他唐史料作"劝农使","事"字疑衍)。但诏文此处却用了一个"兼"字,显然不是"兼任"(非专任)之意,而是"同时"之意,跟后面的"充"字连用,便是"同时充任",表示宇文融这时同时带有两个本官,一个使职。再如,宪宗的晓谕淮西制文说:"宜以山南东道节度使严绶兼充申光蔡等州招抚使。"②也是佳例。唐史料中还有相当多这种用例。

许多时候,唐人甚至可以不用"兼"字,也不用"充"字,就直书某某官员的官衔了事,更简洁省字。例如,杜牧的《唐故尚书吏部侍郎赠吏部尚书沈公行状》,写到沈传师中举后的官历,这样叙述:"联中制策科,授太子校书;鄠县尉、直史馆;左拾遗、左补阙、史馆修撰;翰林学士。"③这句话中涉及史官的部分,意思是:沈传师以鄠县尉去充直史馆,又以左拾遗和左补阙,去充史馆修撰。《旧唐书·沈传师传》作:"授太子校书郎,鄠县尉、直史馆,转左拾遗、左补阙,并兼史职。"④可证沈传师的这段官历,应当如此理解。杜牧在这里完全不用"兼",也不用"充"字,或许会苦了不解唐人官衔的今人,但对唐人来说,这样书写反而简单、易懂、省字。

唐人当中,杜牧似乎最喜欢在官衔上省字,喜爱省略那些非

①《唐大诏令集》卷一百一十一,页 576—577。
②《册府元龟》卷一百六十五,页 1991。
③《杜牧集系年校注》卷十四,页 924。这里我略为改变校注本的标点符号,以凸显这几个官名的关系。
④《旧唐书》卷一百四十九,页 4037。

必要的字眼,如"守"、"行"、"兼"等字。例如,他写他弟弟的墓志《唐故淮南支使试大理评事兼监察御史杜君墓志铭》,也要了这么一笔:"大和九年夏,君客扬州,六月,授咸阳尉、直史馆。"①意思是他弟弟杜颢,以咸阳尉"充"或"兼"直史馆使职。对唐人来说,在这种场合,不论是"兼"字或"充"字,实在都可有可无,不致造成误解,否则杜牧不可能如此节俭用字。

《史通·原序》还有一句话,也很富启发,最能说明子玄那些年任史官,到底是专任,还是兼职:

> 无几,驿征入京,专知史事,仍迁秘书少监。②

这是子玄的自述,当最可信,追忆他在中宗景龙三年(709),他49岁时,从洛阳被"驿征入京"到长安,"专知史事"的一段往事。"专知"两字可证他是专任的史官,而且他还因"驿征入京,专知史事",本官获"迁秘书少监"(他之前的本官是较低品阶的"率更令")。子玄在《史通·忤时》又重提此事:"由是驿召至京,令专执史笔。"③从如此明确的用词("专知史事"和"专执史笔")看来,我们恐怕很难说,子玄那些年带有那些本官,却有一半的时间在执行其本官的官务,仅以另一半的时间在修史。

除了从"兼"字的含义去解释外,我们还可从另两点,来论证子玄和其他唐代史馆史官,非"兼职"在修史,而是全时间的专任。

第一,史馆史官所带的那些本官,如子玄的著作郎、著作佐

①《杜牧集系年校注》卷九,页751。
②《史通通释》《原序》,页1。
③《史通通释》卷十三,页553。

郎、左庶子和散骑常侍等等,原本就是闲散的官,原就无甚职事,类似宋代的寄禄官,用以定班次,计俸禄而已。这点在本书其他章已讨论过。子玄大可以挂着这些闲官,去史馆全时间专心修史。

第二,唐代另一知名史官柳芳,曾经以"永宁尉"这个本官,去充任"直史馆"[1]。但永宁县远在河南府(今河南新密市),离长安有470公里之遥。如果按照张荣芳的说法,他"平时必须处理日常公务",在永宁县当一个县尉,另外又要"拨出时间"到遥远的长安史馆去编修史书,那么柳芳如何能如此"通勤"于遥远的两地?他还能好好修史吗? 但我们知道,柳芳那些年其实都住在长安,并没有到永宁县去当县尉。唐代史官当中,以两京的京畿县尉去充任者,比比皆是,举不胜举,都应视同柳芳此例来理解。

综上所述,子玄和其他史馆史官,应当都是全时间在唐史馆专任修史,都是十分专业的"专任"史官,并非我们今人所理解的"兼职"史官。唐史料中的"兼"字,可视为等同"暨"字,或"兼具两种官职身份",但专任某一使职;而非专任某一职事官,又去兼职任另一种使职[2]。唐代的使职,永远比职事官尊贵。

六、结语

贞观三年,唐太宗在宫城禁中,设立了一个全新的独立史馆,

---

[1]《旧唐书》卷一百四十九,页4030。
[2]唐代的"兼"字,作为官制用语,还有另一个意思,即"欠一阶不至为兼",跟这里所论的"兼"字无关。详见赵望秦《略论唐代官制中的"守、行、兼"制度》,《唐史论丛》第8辑(2006),页59—77。

把一批有史才的官员，召到史馆中去修唐前五代史。这是传统史官（著作郎和著作佐郎等）使职化的开始，也是中国历史上史官专业化的开始。这批专业史官，在数十年之间，修完了唐前五代史、《晋书》、《南史》和《北史》等史书，今仍传世。接着，他们在史馆，便把几乎所有心力，转而修撰自己本朝的实录和国史，直到唐亡，历时约二百多年。他们在不同时期所撰成的唐《实录》和《国史》等书稿，有的不幸毁于战火，如安史之乱和黄巢之乱；有的幸而保存下来，特别是史官柳芳最后编撰的那部《国史》，最为珍贵，在唐灭国后，传到了五代后晋的史馆。

这批唐史馆史官，身份是朝廷官员，皆善属文和修撰，有史才，包括唐初著名的史家姚思廉、李百药和令狐德棻，盛唐的刘知几、吴兢、韦述和柳芳诸家，以及唐后期的韩愈、杜牧和蒋乂父子。他们皆以各自的本官，被召去禁中史馆充任史官，因而带有"修国史"、"直史馆"和"史馆修撰"等等使职官衔，但他们都是专任史官，并非"兼职"在史馆修史。他们是皇帝钦差的使职，处于禁中，接近皇权，享有皇室的特殊礼遇和待遇。刘知几甚至告诉我们，这个史馆"馆宇华丽，酒馔丰厚"。皇帝十分照顾他们的物质生活。

这些史馆史官，对唐前朝几部正史如《梁书》、《陈书》、《北齐书》、《周书》和《隋书》的修撰，贡献明确，嘉惠后世治史者良多，影响深远，但他们对其本朝正史《旧唐书》的编修贡献，至今仍隐晦不显，常为后晋那些史官的"挂名光芒"所掩盖，殊为可惜，有待发微。

但正如杜希德的专书《唐代官修史籍考》所证，后晋史官花在《旧唐书》上的撰述，远远不如唐史官之多，几乎只是"照搬"唐史官的旧文而已。从唐初到肃宗乾元二年（759）的那段历史，后晋史官有柳芳的《国史》可用。从肃宗到武宗这几朝，他们有这几位皇帝的实录可用。至于宣宗以后到唐亡，唐史官未编实录，或实录未编成，但仍然编有《日历》、《起居注》和《时政记》等史书传世，可供后晋史官采用。因此，《旧唐书》有大约二百多年的漫长形成史，里面包含了不少唐史馆史官的心血和旧文，后晋史官只是加以汇整。

第五部分

———— * ————

财　臣

第十二章　宇文融和唐玄宗朝的财税使职

> 宇文融揣摩上旨，款关谒见，天子前席而
> 见之，恨得之晚。言发融口，策合主心，不出数
> 年之中，独立群臣之上，无德而禄，卒以败亡。
>
> ——柳芳《食货论》[1]

《旧唐书·食货志》开头的第二段颇有名，把唐代高层的财政文官，如何从唐初的职事官，演变为唐开元以降的使职，做了一个历史回顾，简明扼要：

> 高祖发迹太原，因晋阳宫留守库物，以供军用。既平京城，先封府库，赏赐给用，皆有节制，征敛赋役，务在宽简，未及逾年，遂成帝业。其后掌财赋者，世有人焉。开元已前，事归尚书省，开元已后，权移他官，由是有转运使、租庸使、盐铁使、度支盐铁转运使、常平铸钱盐铁使、租庸青苗使、水陆运盐铁租庸使、两税使，随事立名，沿革不一。设官分职，选贤任能，得其人则有益于国家，非其才则贻患于黎庶，此又不可

---

[1]《文苑英华》卷七四七，页3907。

317

不知也。如裴耀卿、刘晏、李巽数君子,便时利物,富国安民,
足为世法者也。①

这段话很可能原出自唐知名史官柳芳的《国史》,约完成于肃宗上
元元年(760),由后晋史官在五代编修《旧唐书》时采入书中,可能
略有增补②。这是一个使职频频登场的时代。正像我们在本书中
所见,唐高层文官当中最关键的词臣、史官和地方长官,到开元时
都开始遭到不同形式和不同程度的使职化。财臣也不例外。在
这种大时代背景下,《食货志》会以这样的一段话展开,来强调财
政使职的兴起,也就毫不出奇,也隐含着些许对历史变迁的感慨。

这段话有两个重点。第一是说唐代的财臣,经历过一个使职
化的过程。玄宗开元以前,税赋钱谷之事,"事归尚书省",主要指
户部度支等司的职事官。开元(713—)以后,"权移他官",职权
转移到一系列的财政使职,如转运使、租庸使、盐铁使等等。《食
货志》如此把职事官和使职拿来对举,很有一种对仗的修辞效果,
反映了唐五代人,是这样理解唐代财臣的职官演变。如果我们今
人不是如此看待唐代的财臣,则重读此段文字,当有助于我们穿
越回到唐代。

第二个重点是,财臣掌管钱谷财帛事,不免会涉及人类的贪
婪,严重影响到国家和百姓,"得其人则有益于国家,非其才则贻
患于黎庶"。所以,唐代财臣可分为两种人。一种是下一句特别
点名赞扬的裴耀卿、刘晏、李巽三位"君子",为国家人民的福祉努

---

① 《旧唐书》卷四十八,页 2085—2086。
② Denis Twitchett, *The Writing of Official History under the T'ang*, pp. 232-
236,中译本《唐代官修史籍考》,页 209—212。

力，足以为后世的榜样。言下之意，唐代财臣当中，有这几位"君子"，当然也就有第二种人"非君子"，也就是那些所谓的"聚敛之臣"。

然而，不论是"君子"或"聚敛之臣"，他们都是财臣，都在掌管赋税。为什么有人会被视为"君子"，有人又被称为"聚敛之臣"？他们的区别，究竟在哪里？这问题牵连颇广，涉及唐征税方法等重要课题，但学界似从未讨论。本书拟尝试解答。本章先论聚敛之臣，下一章再论君子。

唐代财赋史的研究，从 1934 年鞠清远的《唐代财政史》开始，经过中外学者约八十年来的努力，如今已累积了十分丰硕的成果。我们拥有不少精细的财税使职专题研究，比如括户使、转运使、两税使、盐铁使、度支使、户部使等等①。在税赋方面，我们也有数量可观的专题研究，诸如租庸调、两税法、盐专卖②。唐代财赋史是一个名家辈出的领域，其研究成果远比唐代官制，更为深入且精致，基本上厘清了不少课题。

故本书不拟重复论述那些前人已详论的课题，而想开拓另一个领域，想把官制、税赋和传记研究结合起来，重点放在这些财臣身上，想看看他们到底是哪些高人，其出身背景如何，为何能够获得皇帝的青睐，出任这些可以"有益于国家"或"贻患于黎庶"的高职。为了配合本书的主题，本书也会特别关注唐代职官制度上的一个重要环节，那就是这些财臣如何出任种种新的财税使职，如何逐渐取代了原先的财政职事官，开创了唐后半期的全新局

①这领域最出色的专论是何汝泉《唐财政三司使研究》。
②这方面的论著极多，不能尽录，最重要的专书有张泽咸《唐五代赋役史草》；陈明光《唐代财政史新编》；李锦绣《唐代财政史稿》。

面,也开启了五代与北宋的另一种官制。

一、唐初的财政职事官

唐开元以前的财政官员,都属于职事官,有官品,职掌明确,且在《唐六典》和两《唐书》职官志中,都有详细的记载。这些官员主要集中在尚书六部之一的户部,以及太府寺和司农寺。简单说,唐初财臣最重要的职务,就是如何向全国州县百姓征税,如何把征收到的税物,运送到京城及其他指定地点,以及如何分配税收的使用。

户部的长官是户部尚书,次官为户部侍郎,统领底下的四个司:户部、度支、金部、仓部。户部司的长官(郎中)和次官(员外郎),掌领全国各地州县的户口管理和登记,制作户籍簿,以确定全国有多少课税和不课税户口,作为征税的最重要依据。度支部的长官(郎中)和次官(员外郎),拟定"支度国用",类似现代国家的年度总预算案,颇有现代意识。首先根据户籍资料,估算出来年可以征收到多少税收,再决定来年的国家支出可以有多少,并且先把预估可收到的税入,分配好其用途,用到预定的支出项目上①。

然而,唐代钱币仍不发达。百姓缴税,一般多交谷物(麦、粟、米等)或织品(丝、锦、麻等),不像现代人缴税,多利用现钞、支票、

①这方面最佳的史料,是仪凤三年度支奏抄和四年金部旨符,在吐鲁番出土。见大津透《唐律令國家の予算について——儀鳳三年度支奏抄·四年金部旨符試釋》,《日唐律令制の財政構造》(东京:岩波书店,2006),页27—113;李锦绣《唐代财政史稿》第1册,页16—31。

信用卡,轻盈易携,甚至还可用银行转账或汇款等办法。但唐代这些谷物织品税物,极其笨重,要从全国各地运送到京城去上缴,或运往远方边地去供军,在交通不便的中古时代,形成十分棘手的运输难题。因此,唐玄宗朝出现一种新的使职(转运使),专管转运,就是为了应付这种新时代新需要才产生,以便把天下的税物,更有效地运输到京城或其他指定的地点。

税物运到指定的目的地后,谷物和织物又分送不同的地点贮藏。谷物的贮藏处,通称为"仓",如洛阳的含嘉仓,由司农寺的长官司农卿统领。织物的贮藏处,通称为"库",如京城左藏库,由太府寺的长官太府卿主管。然而,司农寺和太府寺都只管收贮盘点,并不管支用。

于是,税物的支用,落在金部司和仓部司的长官和次官(郎中和员外郎)的身上。顾名思义,织物属于财帛类,其支出由金部管;谷物属于米粮类,由仓部管,分工颇为精细。但唐前期是否真的按照这样的分工,来管理财赋的收入和支出,颇成疑问,因为实际的例证虽有,如敦煌文书等,但很零散,有些方面并无证据。我们只能说,《唐六典》和其他律令的条文规定是如此。

以上是我们根据唐朝最早编成的一本职官书《唐六典》及其他史料,所知悉的唐几个衙署理财的官员,其分工和职掌的大略。在实际运作的层面,我们还可以在史书列传、敦煌和吐鲁番出土文书,以及墓志等其他史料,找到一些零星例证。比如,在敦煌和吐鲁番,有大批唐代户籍管理的文书出土,虽然都很残破,且大多属于唐前期,但史料价值很高,可以让后人窥见,唐前期在当地登录户口和征税的一些细节,皆可佐证史书上的记载,但有不少问题仍有待解决。

上述这些课题,在过去半个世纪以来的唐代财政史研究,以及敦煌和吐鲁番出土文书研究当中,所论已详备。本章要关注的是,唐初这样"井然有序"的职事官制度,如何在大约开元年间,因无法应付日益复杂的需要(比如逃户脱离户籍的问题,税物转运的困难等等),于是皇帝便诉诸人类最原始的本能,委任使职,开始从职事官当中,任命一些主动向他献计,或合他心意的特使,最后终于演变成后来的一系列财税使职,也就是《册府元龟·邦计部总序》所说:"其后财货之任,多专置使以主之,不独归于台阁。"[1]

二、宇文融登场

在唐代财政史上,宇文融大大有名,且毁誉参半。他死后,玄宗皇帝仍在思念他,因为他为玄宗的私人库房(大盈库),带来巨额财富,但正统儒臣和史官,提到他时,都说他是"聚敛之臣",主因是他向百姓征收常赋以外的其他税收,去"贡献"给玄宗。他也因为掌财赋,树大招风,被人检举涉嫌贪赃,最后被贬官流放到岭南,死在那里。

宇文融的事迹,见于两《唐书》的本传,但这不是最早的史料。唐代最早论述宇文融的,应当是天宝年间那位史官柳芳所写的《食货论》。这是一篇火药味十足的评论,对宇文融任财税特使,有许多严厉的评语,但也提供了一些珍贵有用的细节,让我们理解到,玄宗皇帝当初任命宇文融为特使的一些历史背景。宇文融看来本事不小,来头不小。且看柳芳怎样细写当年宇文融,初见

---

[1]《册府元龟》卷四百八十三,页5768。

玄宗的一幕生动场景：

> 是时也，天子方欲因士马之众，贾将帅之勇，高视六合，慨然有制御夷狄之心，然惧师旅之不供，流佣之未复，思睹奇画之士，以发皇明，盖有日矣。而宇文融揣摩上旨，款关谒见，天子前席而见之，恨得之晚。言发融口，策合主心，不出数年之中，独立群臣之上，无德而禄，卒以败亡。既而天子方事四夷，国用不足，多融之能，追而悔焉。于是杨崇礼又以善计财帛见幸，然廉谨自守，与人无害，故能获终。融死且十余年，始用韦坚及崇礼、慎矜，皆以计利兴功中人主，胁权相灭，为天下笑。而王铢、杨国忠威震海内，尤为暴横，人反思融矣。大凡数子，少者带数使，多者带二十使，判官佐使，遍于天下，客户倍于往时。主司守以取决，备员而已。四十年间，覆族者五，弃人贾害，岂天道欤？①

这段话，说得慷慨激昂，把宇文融和他随后那一班财臣，严词谴责一番，表现出柳芳这位史官，如何刚烈，与众不同。但他也提到两件事，跟使职有关，值得留意。

第一，宇文融的括户，有一个重要的历史因缘，那就是玄宗"有制御夷狄之心，然惧师旅之不供，流佣之未复"，想加强边防，但又怕军费不足。所谓"流佣"，指脱离户籍和税网，逃离本乡的流人逃户。宇文融就向玄宗献计，让他去检括这些"流佣"，再向他们征税。这样便有额外税赋，用于安边供军了。于是玄宗"恨得之晚"，不久就任命他为括户、租庸等使，授权他去跟那些他括

①《文苑英华》卷七四七，页3907。

搜到的"流佣"归户征税。

其次,宇文融和他后来"数子,少者带数使,多者带二十使,判官佐使,遍于天下,客户倍于往时。主司守以取决,备员而已"。这分明就在写宇文融等人,如何以使职的身份,亲自辟署判官,遍巡天下,权力集中,以皇帝的旨意,检括到"倍于往时"的客户(及税赋),成果非凡,很讨皇帝欢心。这种使职,"颠覆"了传统正规的"主司"户部职事官,以致他们"守以取决,备员而已"。

大凡使职的产生,都有个原因,不会无端端任命,大抵皆出于某种"需要"。开元初,为了"制御夷狄",且"流佣"未复,税赋不足,于是宇文融趁机向玄宗献计去括户征税。传统上,税赋的征收和支用,原本是尚书省户部(特别是户部司和度支司)的业务。但这两个司只管正常平时的税赋,即所谓"常赋",一旦发生了逃户问题,则毫无办法。玄宗只好"思睹"等待"奇画之士"的出现,"以发皇明,盖有日矣",看来处于"被动"的地位。最后,玄宗终于等到了这位"奇画之士",那就是宇文融。他"揣摩上旨","主动"求见献策,双方一拍即合。在当时传统职事官没有办法筹措到多余税赋下,玄宗也就出于人类最原始的本能(或许也带有一些人类最原始的"贪婪"),任命献计者新的使职,去执行这项特种任务。宇文融也跟着达成使命,"得户八十余万,田亦称是,得钱数百万贯。玄宗以为能"[1]。

宇文融当时只是个监察御史。按照许多现代学者的理解,这只不过是个八品小官。他究竟有何本事,能够猜中皇帝的心事,进而"款关谒见"?唐人的官位轻重,不能单看官品。监察御史虽然只有八品,但御史一向被视为是皇帝的耳目,代皇帝监管其他

---

[1]《旧唐书》卷四十八《食货志》,页2086。

官员,身份特殊,一般都要经历过好几种清贵的基层官(如校书郎、京畿县县官等),具有相当的资历才能当上,虽只有八品,却是个中层的官位,颇清贵,不可小觑①。

此外,宇文融"款关谒见",也凸显了使职任命的一个重要先决条件:皇帝和特使,先前必定早就认识,必有某种"私"(personal)关系,或某种信任才行。否则,一个监察御史,怎么可能得到玄宗的信心和信任,受命去执行像括户征税那样重大的使命?

他又怎么会有那么大的魅力,竟能令"天子前席而见之,恨得之晚"? 所谓"前席",典出《史记》等处,如《史记·贾生列传》:"贾生因具道所以然之状。至夜半,文帝前席。"《汉书·贾谊传》本条引颜师古注:"渐迫近谊,听说其言也。"这里是形容玄宗听宇文融献策,很合心意,竟听得入神,不觉向融处移动了坐位,大有相逢恨晚之意。从这个动人的细节看,玄宗和宇文融的见面,相当随和亲切,两人应当早是旧识,或有熟人的引见。这一切,就要从宇文融的背景说起。

三、宇文融的出身与仕历背景

宇文融颇有来头。他的复姓宇文,便透露他的北朝鲜卑血统。据他的《旧唐书》本传②,他是北周皇室宇文氏族的后裔。他的曾祖父是隋朝的礼部尚书宇文弼。祖父宇文节,"贞观中为尚书右丞,明习法令,以干局见称。时江夏王道宗尝以私事托于节,

---

①拙书《唐代中层文官》第一章,专论监察御史、殿中侍御史和侍御史。
②《旧唐书》卷一百五,页3217。

节遂奏之，太宗大悦，赐绢二百匹，仍劳之曰："朕所以不置左右仆射者，正以卿在省耳。"高宗永徽初年，宇文节官至同中书门下三品宰相，"坐房遗爱事配流桂州而卒"。宇文融的父亲峤，做官只到莱州长史，一个地方上的中高层州官，算是比较没落的一代。从如此的家世背景看来，宇文融家族曾经跟隋唐皇室有过密切的关系，人脉很广。他属于陈寅恪所说的关陇贵族阶层，跟武后时期兴起的科举出身新贵，如张说等人，大不相同，也不同调。他后来跟张说共事，两人便一直处于敌对的状态。张说曾批评他，"此狗鼠辈，焉能为事！"①

宇文融从未考科举。他的两《唐书》本传，亦未说他是以何色入仕，但从他的家世来看，很可能是以荫入官。他的生年也不详。本传仅说他"开元初累转富平主簿，明辩有吏干，源乾曜、孟温相次为京兆尹，皆厚礼之，俄拜监察御史"。"累转"两字，表示富平主簿不是他的第一个官职，只是史书省略了他之前的所有官历。富平（今陕西富平县）是长安京兆府下的京县之一。主簿是个基层九品县官，在县官当中排第三位，在县令、县丞之后，在最低的县官县尉之上，但在富平这样的京县当主簿，意义却不寻常，远非其他偏远穷县的主簿可比。京畿县的县官都是美职，仕宦前景极佳。也就在这段时间，他的前后两个上司（京兆尹）源乾曜和孟温，"皆厚礼之"，以致他"俄拜监察御史"，跟着他就"款关谒见"玄宗，献策括户。

宇文融在开元九年（721）第一次谒见玄宗时，主客双方应当都有备而来。玄宗应当熟悉这位监察御史显赫的家世身份，对他已有一定程度的认识，特别是他"明辩有吏干"的才能。宇文融应

①《旧唐书》卷一百五，页3221。

当自认有能力,有信心,有"吏干"去括户抽税,才敢于谒见玄宗,毛遂自荐。他的谒见也要有适当管道才行。如果他跟玄宗不是旧识,则他要有人引见。这次谒见,看来很可能是宇文融的前上司源乾曜的安排,因为他正好在前一年(720),从京兆尹迁为黄门侍郎,再次出任同中书门下平章事(宰相)①。在这样的条件下,玄宗以使职的方式,来任命宇文融为括户租庸等使,也就完全符合使职制度的运作模式。这一年,宇文融的年龄,史书缺载,无法稽考,但唐人任监察御史,一般约在 40 岁上下。

宇文融敢于谒见玄宗,献策括户,他必定胸有成竹,熟悉括户的办法和作业细节才行,而且应当跟玄宗讨论过这些细节,说服了玄宗,取得了玄宗的信任,玄宗才有可能任命他为括户使。否则,皇帝怎么会轻易相信一个八品官的话?这就牵涉到使职任命的一个重要条件和基础:双方不但要认识,或要有熟人引见,而且更重要的是,任命者必须要先对受命者,有足够的信任才行。这种信任,其实是使职运作的一项重要因素,也是古今社会运作的一项关键,甚至在现代的政治社会经济理论中,都占有重要的一席之地②。相反,正规职事官的委任,就比较制式化且无私(impersonal):任命者跟受命者往往并没有什么私人关系可言;信任也非任命的关键。

宇文融当时任监察御史,业务跟括户无关,那他怎么会熟悉括户作业?答案不在监察御史,而应当要在他的前一任官(富平主簿)去找寻。主簿在唐代的县官当中,排在第三位:县令、县丞之下,便是主簿,第四是县尉。在唐初的所谓四等官制中,主簿跟

①《新唐书》卷六十二《宰相表》,页 1686。
②Francis Fukuyama, *Trust：The Social Virtues and the Creation of Prosperity*.

州的录事参军一样,是一种"勾官",一种负责勾检文书、籍帐的官员①。所谓括户,即检括那些脱离原来户籍,逃离本乡,流失的户口。国家也没有办法向他们征税,造成税收减少。宇文融曾经在富平县当过主簿,又有"吏干",看来他在管理籍帐方面,业务精湛,经验丰富,熟悉户籍的登录作业。他谒见玄宗时,应当早就对州县的户籍帐,以及逃户的种种内幕,有第一手的亲身经历和体验,拟好了一套对策,才能看似"轻易"地说服并取信于玄宗,最后被任命为括户和勾当租庸地税等使。

除了亲身经验外,宇文融应当还有历史经验或知识,知道中国历史上(特别是在他之前的北朝和隋朝),朝廷派特使去检括客户和逃户,以便把他们纳入税网,早就不是什么新鲜事,而是历朝都曾经做过的。例如,北魏和东魏都有过括户。隋初"高颎设轻税之法,浮客悉自归于编户"②,也属括户。唐武德、贞观年间,都施行过括户。宇文融年轻时,甚至可能还经历过或亲身目睹过武则天长安三年(703)的那次知名括户。他的开元括户,也常被视为是长安年间括户的"继续和发展"③。

事实上,在宇文融之前,唐代武德和长安年间的那些括户,也都是临时委派特使去进行,也算是使职的运用,但规模较小。宇文融的开元括户,则是历来规模最大的一次,更有组织,设有十道判官等,且征收到的巨额税钱,启发了唐开元以降的一系列财政使职,所以成了唐代财臣使职化的标志性起点。

---

①拙书《唐代中层文官》第五章,专论录事参军。
②《通典》卷七,页156—157。
③唐长孺《关于武则天统治末年的浮逃户》,《历史研究》1961年第6期,页90—95。

历来论及宇文融的著作不少,但有些问题似仍未解决。例如,学界一向把重点放在宇文融的括户,但下面拟考述,宇文融的成就,其实并不在括户,而在于征税。他除了是括户使,还带有一个"勾当租庸地税使",几乎被今人忽略,甚至遗忘。他征收到一大笔常赋以外的额外税收,"得钱数百万贯。玄宗以为能"[1]。这才是令玄宗大为高兴的事。如果宇文融只是纯粹括户,再把归户重编入地方户籍了事,不向他们征税,则他的"得钱数百万贯",从何而来?

四、毛遂求官模式

　　柳芳的《食货论》说,"宇文融揣摩上旨,款关谒见",可圈可点,正说中了宇文融任使职的核心。这表示,他是仿战国时代的毛遂,自荐献计。据《史记·平原君虞卿列传》,毛遂是战国赵平原君的门下食客。赵孝成王九年,秦兵攻赵,王命平原君赵胜赴楚求救,毛遂"自赞"随同前往。到了楚国,平原君与楚王谈判,自日出迄日中不决。毛遂按剑上阶,直陈利害,终使楚王歃血定盟,决定楚赵联合抗秦[2]。

　　战国的毛遂,是以一个门下客的身份,去充当平原君的特使,在执行一种使职。举凡使职,初设时往往都会带有这种毛遂成分在内,特别是牵涉到财货这种重大利益的使职(至于像史臣和词臣,不涉及财货利害关系,则无毛遂自荐事)。宇文融便是以毛遂

---

①《旧唐书》卷四十八《食货志》,页2086。
②《史记》卷七十六,页2365—2368。

的模式,成为玄宗的特使,得享皇恩(虽然最后败亡)。

宇文融之后的一些财臣,跟着模仿,比如韦坚。《旧唐书·韦坚传》说他"与中贵人善,探候主意。见宇文融、杨慎矜父子以勾剥财物争行进奉而致恩顾,坚乃以转运江淮租赋,所在置吏督察,以裨国之仓廪,岁益巨万。玄宗以为能"①。后来的王铁也是如此。《旧唐书·食货志》就说,"王铁进计,奋身自为户口色役使"。王铁的判官杨国忠,更是如此。他"善窥上意所爱恶而迎之,以聚敛骤迁,岁中领十五余使"②。甚至连"君子"之一的第五琦,当初也是以毛遂模式,向玄宗求官③(详见第十三章)。

当然,这里并非说唐代的财臣,全都靠自荐得官(后来的财臣如刘晏等人就不是),而是说唐最初的几个财税使职,比如宇文融的括户使和王铁的户口色役使,是毛遂自荐下的结果。这种毛遂模式,通常见于某种新使职初设时,是一个常被采用的可行途径(但职事官恐无法用此模式)。君主当时可能还没有意识到,可以用某种财税手段,来增加国家税收,甚至皇室财富。这时,若有"奇画之士"到来,献策能打动君主的心,双方便可以一拍即合。等到这使职设置以后,君主就可以主动找其他人来继续出任使职,不必再等下一个毛遂。但即便如此,以后若有新的毛遂到来,君主应当也会考虑。下一个毛遂,很可能会带来新的税赋方案,从而产生另一种新的财税使职。毛遂模式在使职任命方面,是一个重要的因素,特别是在财税特使上,作用不小。

---

① 《旧唐书》卷一百五,页3222。
② 《资治通鉴》卷二百一十六,页6890。杨国忠后来官至宰相,兼四十余使。
③ 《旧唐书》卷一百二十三,页3517。

五、宇文融的覆囚使和租庸地税使

括户使是宇文融所带最为人所知的一个使职。史书上一般也都称他为括户使。但除了此职外,史料中还可见到他带有好几个其他使职,名目有些混乱,但大约可归纳为主要五种:(1)充使推勾(推勾使);(2)覆囚使;(3)勾当租庸地税使;(4)劝农使;(5)诸色安辑户口使。学界对这些使职名及其职能,说法不一①,有一些问题还有待厘清。

在这几个使职当中,推勾使、劝农使和诸色安辑户口使,恐怕只是宇文融在数年括户期间,因不同时间,不同工作性质,而改的不同使职官名。比如,推勾使很可能是他在括户初期所带的使职名,因为这时的工作重点,在于"推勾"户籍,勾稽文书,检括逃户。劝农使则可能是他在括户较后时,逃户陆续归来后,劝课农桑期间所带的使职名。诸色安辑户口使则是他在括户后期,逃户大批回来安居,或需安辑到某一集中地,要安抚百姓时所带的使职。这些都符合使职"随事立名"的特征。

但以上宇文融的几个使职当中,却有两个(覆囚使和勾当租庸地税使)一向被学界忽略,往往一笔带过,未有深论。这里略为疏证。

(一)覆囚使

《旧唐书·裴宽传》说,"时宇文融为侍御史,括天下田户,使

---

① 孟宪实《唐代前期的使职问题研究》,吴宗国主编《盛唐政治制度研究》,页232—242;黄进华《宇文融括户与唐朝中央财政体制的演进》,《首都师范大学学报》2007年第2期,页22—28。

奏差为江南东道勾当租庸地税兼覆田判官"①。《新唐书·宇文融传》说,"玄宗以融为覆田劝农使,钩检帐符,得伪勋亡丁甚众"②。但新旧《唐书》所谓的"覆田",恐怕都是"覆囚"形近之误。唐代文献中,除了新旧《唐书》此处外,几乎见不到"覆田"一词,且其意义不明,但"覆囚"却是史书上常见之词,且意义明确,跟农事有关。

《唐会要》卷七十八的"诸使杂录上"部分,记载宇文融的这个使职,就说是"覆囚使",非"覆田使":

> (上元)二年三月十一日,关内道覆囚使邵师德等奉辞。上谓曰:"州县诸囚未断,甚废田作,今遣尔等往省之,非遣杀之,无滥刑也。"至开元十年十月,宇文融除殿中侍御史,充覆囚使。③

由此我们得知几件事:遣使覆囚,是唐初以来就在实行的制度。覆囚跟农作相关:"州县诸囚未断,甚废田作。"此制始于汉代,到唐代成了定制,常见于史书记载。其中心思想是汉代的"天人感应"和"灾害天谴"论。如果地方上发生自然灾害,农耕不作,汉唐人相信其起因是州县的冤狱不断,狱政不治,所以要派遣使臣巡行天下去"覆囚",去"省之,非遣杀之,无滥刑也",也称"虑囚"、"录囚"等④。宇文融括户期间,朝廷显然考虑到应当宽待囚犯,

---

① 《旧唐书》卷一百,页 3129—3130。
② 《新唐书》卷一百三十四,页 4557。
③ 《唐会要》卷七十八,页 1700。此条年代据三秦版《唐会要校证》,页 1232。
④ 阎守诚、李军《唐代的因灾虑囚》,《山西大学学报》2004 年第 1 期,页 103—107。

以求平安,农耕丰收,税赋增加,所以要派宇文融去"覆囚"。

于是,宇文融在括户当中,也以殿中侍御史的本官,充覆囚使。《唐会要》此处对他的本官、使职和充职年月,交代十分清楚。这个覆囚使,无疑是宇文融这时的正式使职官名。从如此明确的叙述来看,这一年他应当是出使在外覆囚。他之前的本官为御史台最低一级的御史(监察御史),现在升为殿中侍御史,为更上一等级御史,也完全符合他的官历升迁。

(二)勾当租庸地税使

宇文融曾经出任勾当租庸地税使,最确实的证据仍是在《唐会要》,在卷八十四"租庸使"部分:

> 开元十一年十一月,宇文融除殿中侍御史,勾当租庸地税使。①

这里记载宇文融的本官、使职和充使时间,都很具体。勾当租庸地税使,当是宇文融的正式使职无疑。《唐会要》叙述租庸使这一部分,列举了唐开元到永泰年间,所有最重要的租庸使,等于在写一篇唐租庸使小史。宇文融即名列榜首,是唐第一位租庸使,其后还有韦坚、杨慎矜、第五琦、元载、刘晏等知名财臣。

租庸使的职务,如果参照稍后韦坚等租庸使的经历看来,并非括户,而是征税。韦坚等人带此使职时,就从未去括户,而是征税。肃宗宝应元年(762),元载任租庸使时,他的任务也同样是征税:

----

① 《唐会要》卷八十四,页1833。

租庸使元载以江、淮虽经兵荒,其民比诸道犹有赀产,乃按籍举八年租调之违负及逋逃者,计其大数而征之。①

这不禁要让我们重新思考,宇文融从开元九年到十二年,都在括户吗?没有在征税吗?他应当不全是在括户,应当也有征税的时候。他这四年来的职务,应当可以用他这期间所带的主要五个不同使职,分为五个不同阶段和工作重点:(1)推勾簿帐,检括浮逃客户;(2)覆囚;(3)征收租庸地税;(4)劝农;(5)安辑户口。这五个使职,并非一个完了,再接下一个,而可能是同时兼带的,比如勾当租庸调地税和劝农使。各阶段的工作,可能会有一些重叠之处,比如在征税期间,可能也还在进行零星的括户,但括户的大部分工作,应当已经在第一个阶段,他出任推勾使时就大致完成。如果宇文融一直都在括户,又何必授给他五种不同的使职?这五个不同使职,应当都有不同的意义,各有各的工作重心。

《旧唐书·宇文融传》在总结宇文融这四年来的成就时,说是"得户八十余万,田亦称是,得钱数百万贯。玄宗以为能。"②要注意的是,他有三大收获:得户、得田、得钱。他不光只是括户,还括地,甚至还征税获得"数百万贯"。一贯等于一千文,数百万贯即数十亿文,这是一笔不小的税赋。难怪玄宗在他死后,还在思念他。

宇文融的勾当租庸地税使,还有一个更深远的意义,那就是,他以一个皇帝特使的身份,"凌驾"在原本负责收税的户部职事官之上(这就是一种使职化),直接把收到的税物挪用,"一时进入宫

①《资治通鉴》卷二百二十二,页7119。
②《旧唐书》卷四十八《食货志》,页2086。

中",没有经过正规的职司太府寺,好比向皇帝提供"私房钱"。这跟唐后期那些节度使的"进奉",如出一辙。这方面最明确的证据,见于《唐会要》:

> （开元十二年）岁终,得客户钱百万（贯）[1],一时进入宫中,由是擢拜御史中丞。[2]

《资治通鉴》亦云:"岁终,增缗钱数百万,悉进入宫;由是有宠。"[3]宇文融括户括田后,所征收到的这批税物,原本就不在度支司每年所作的"度支国用"预算当中,是常赋之外的额外税收,原就无指定用处,不属"度支国用",于是就仿佛"顺理成章"般"悉进入宫",成了玄宗的"专用款"。他可以挪作宫中用度、个人赏赐,也可以用于军费安边,使用上很有弹性。玄宗对这位能干又能为他提供"专用款"的特使,当然"由是有宠",把宇文融"擢拜御史中丞"。四年之间,他的本官,从监察御史,攀升到御史中丞,升官十分神速,但这点在使职当中常见。使职是一种特别注重"业绩表现"的官职。表现佳,可以超资授官;表现不佳,则可能立刻被撤职。

六、常赋外的征税:羡余和进奉

宇文融任勾当租庸地税使时,他所括搜到的税赋,是一种怎

---

[1]《旧唐书》卷四十八,页2086,作"得钱数百万贯",据补。
[2]《唐会要》卷八十五,页1852。
[3]《资治通鉴》卷二百一十二,页6761。

样的税收？学界过去一向没有注意这个问题，以为宇文融"得钱数百万贯"，只是一般的正常赋税，没有什么稀奇，不必讨论。其实，这里面大有文章，值得细究。本章拟提出一个新的看法：宇文融为玄宗括搜到的这"数百万贯"，绝非一般的"常赋"，即租庸调正常税收，而是常赋外的税收，最后被当成是一种"羡余"（多余的赋税），来"进奉"给玄宗。上引《唐会要》说，这笔"数百万贯"的税物，"一时进入宫中"；《资治通鉴》也说"悉进入宫"，就是最好的例证。《旧唐书·王铁传》的史臣赞部分，对玄宗也有这样的感叹："如何帝王，志求余羡。"[1]这在在显示，唐人远比许多现代学者，更清楚理解到，玄宗朝这些财税使职所征收的税赋，是一种常赋外加征的"羡余"，并非常赋。

羡余和进奉，都是唐代用词，表示常赋之外的税赋奉献，是一种"非正规"的收入，是讨好皇帝的"私房钱"、"专用款"，所以都直接纳入宫中（大盈库或琼林库），不进入国家的左藏库。这样的进奉，因为超出常赋的范围，都被唐人如史官柳芳等人，视为是"苛征"，是"勾剥"百姓的税收。宇文融等人，才会被视为是"聚敛之臣"。此词典出《礼记·大学》："百乘之家，不畜聚敛之臣，与其有聚敛之臣，宁有盗臣。"

"进奉"、"羡余"、"常赋"、"聚敛"这几个名词，在唐代文献中常连在一起使用，很有关联，显示这是唐人关注的一件事。例如，《资治通鉴》德宗贞元十二年（796）条下此段：

> 初，上以奉天窘乏，故还宫以来，尤专意聚敛。藩镇多以进奉市恩，皆云"税外方圆"，亦云"用度羡余"，其实或割留

---

[1]《旧唐书》卷一百五，页3232。

常赋,或增敛百姓,或减刻利禄,或贩鬻蔬果,往往私自入,所进才什一二。①

再如《旧唐书·食货志》:"其后诸贼既平,朝廷无事,常赋之外,进奉不息。"②《旧唐书·裴胄传》,说他在湖南、江西等地任观察使时,"常赋之外无横敛"③。这句话看似平淡无奇,但可是赞美裴胄的,表示他是个好父母官,只向百姓征收"常赋",没有"横敛"。同样,《旧唐书·良吏传》中有一位阎济美,在出任福建观察使和润州刺史时,"所至以简澹为理,两地之人,常赋之外,不知其他"④。这句话也是个赞美,表示他也是个好地方官,只征常赋,不收其他加税,因而他进了《良吏传》。

从唐代文献如此习见"常赋"一词看来,唐人有非常强烈的"常赋"观念。"常赋"仿佛成了唐人的一个定点"参照组"。只要是"常赋",那就是正规的,是好的;凡是不属于常赋的,那就是不正规的加税,是坏的。即使是正直仁义儒臣如上引裴胄,或良吏如阎济美,也不反对朝廷征税,不反对常赋。他们照常向百姓征收常赋,还受到赞美。为了国用,常赋是必要的,合理的,百姓也还能承担。但"横敛"、"聚敛"等加征,却是百姓无力承受的,最害怕的,也是儒臣极力反对的。

一个唐代高官,比如财臣、节度使和刺史,他怎么可能会有"羡余"去"进奉"给皇帝?他一定是在"常赋"之外,私自向百姓加征其他税收,才能取得"羡余"。但为免皇帝起疑,他可能会谎

①《资治通鉴》卷二百三十五,页7572。
②《旧唐书》卷四十八,页2087。
③《旧唐书》卷一百二十二,页3508。
④《旧唐书》卷一百八十五下,页4832。

称他的进奉,是常赋内节约下来的"羡余",或"号为羡余物",一如白居易在《秦中吟》第二首《重赋》诗中所说:"缯帛如山积,丝絮似云屯,号为羡余物,随月献至尊。"①唐皇帝其实也都心知肚明,但只要不是太过贪虐,一般也都视若无睹。或皇朝正面临战争或叛乱,军需急迫,也只好默许,甚至主导这种常赋外的加征。这种事在唐史上太多了,唐后期尤甚。在唐前期,则以宇文融、韦坚、杨慎矜、王铁等财税特使所为,最受注目。不同的是,他们还获得玄宗授权许可,以特使的身份,去征收这种常赋外的税赋。

在宇文融等人所处的开元天宝年间,所谓常赋,只不过是租庸调等正税罢了,其他的税都是加征横敛。宇文融任租庸地税使时,他的征税办法,在《旧唐书·食货志》有比较详细的记载:

> 开元中,有御史宇文融献策,括籍外剩田、色役伪滥,及逃户许归首,免五年征赋。每丁量税一千五百钱,置摄御史,分路检括隐审。得户八十余万,田亦称是,得钱数百万贯。②

宇文融对归来的逃户,"每丁量税一千五百钱"。这是一种全新的征税法,不属于传统的租庸调,不是常赋,而是宇文融想出来的新点子,且经玄宗的授权征收。然而,在柳芳等儒家正统派看来,这还是违背常赋的做法,所以宇文融在唐史上一直被看成是聚敛之臣。

宇文融之前的括户,比如长安三年的括户,未见有征税的记载,似乎是在括户之后,就把归户重编入州县户籍,以待来年征收

---

①《白居易集笺校》卷二,页82。
②《旧唐书》卷四十八,页2086。

正常的租庸调。宇文融的办法,则跟以往的括户大不相同。他是先向归户征收每丁1500文,但"免五年征赋",免去未来五年的常赋租庸调,以吸引他们归来。这看来是项优惠税,有诱人之处。这可以解释何以他能括到八十万的逃户,也可以解答何以他的本传会说,"融之所至,必招集老幼宣上恩命,百姓感其心,至有流泪称父母者"[1]。平心而论,宇文融的征税方案看来并不苛刻,因此在后来王鉷和杨国忠等更"毒"的财臣当道时,"人反思融矣"。

宇文融"得户八十万",一般每户约有五人,但即使以每户只有一丁计算,每丁税1500文,则宇文融总共可得钱12亿文,跟《食货志》所说的"得钱数百万贯"相符。这是一笔巨款。

相较之下,杜佑《通典》记天宝中天下计帐,"户约有八百九十余万,其税钱约得二百余万贯"[2]。这里的"税钱"指"户税钱",但因户有高下等级,户税钱不同,杜佑是"今通以二百五十为率",以250文为平均数,得出这个数字。换言之,天宝中全国的户税钱,也只不过是"二百余万贯",即20多亿文,但宇文融的税获,竟高达"数百万贯"的12亿文,跟天宝中的全国户税钱相比,以户口比例来说,不但毫不逊色,且犹有过之。

这笔税钱"悉进入宫",成了玄宗的专用款。他原本的目的,说是要"制御夷狄",供边军使用。然而,进了宫中之后,却成了唐史上的一个"谜",始终未见其踪影和用处。开元期间,玄宗的确在边区驻有好几支长驻军,比如洮州的临洮军、鄯州西北的安人军[3],但这些军队都是以屯田的方式,自给自足,或以常赋的"度支

---

① 《旧唐书》卷一百五,页3219。
② 《通典》卷六,页110。
③ 《唐会要》卷七十八,页1688。

国用"预算来补充军粮,未见有任何记载说,玄宗曾把宇文融括收到的那"数百万贯",用于边军。

同样,宇文融之后的杨慎矜、韦坚、王鉷和杨国忠等人,也莫非如此,主动向玄宗献上新的抽税办法,得到主子的同意后,就去括搜民间常赋外的税赋,纳入宫中,"以剥下获宠"。这是"聚敛之臣"的典型做法,而刘晏、李巽等"数君子",虽同样为财税特使,却不是这样做。他们不直接向百姓征税,而改征间接税:盐税,避免了直接的冲击。

七、四族皆覆,为天下笑

宇文融死后,玄宗朝又出现另四个聚敛之臣:杨慎矜、韦坚、王鉷和杨国忠。他们获得使职的方式,也跟宇文融一样,都是毛遂模式。他们同样是征收常赋外的税赋,但手段之严苛,则大大超越宇文融,"人反思融矣"。

《旧唐书·食货志》就说,杨慎矜"为御史,专知太府出纳,其弟慎名又专知京仓,皆以苛刻害人,承主恩而征责"①。"知太府出纳"是一种以"知"字开头的使职官名,表示杨慎矜这时在任使职。最明确的证据在《册府元龟·邦计部总序》,清楚记载他那些年带有一系列的财税使职:"明年(指开元二十六年,738),以侍御史杨慎矜充太府出纳使";天宝"三载(744),以御史中丞杨慎矜充铸钱使";"六载(747),以户部侍郎杨慎矜又充两京含嘉仓出纳

---

①《旧唐书》卷四十八,页2086。

使,诸道铸钱使,仍加诸郡租庸使"①。

在这长达九年期间,杨慎矜带有这些财税使职,他的实际做法是什么?可惜史书未载,不得而知,但从"苛刻害人,承主恩而征责"以及《旧唐书·韦坚传》说"杨慎矜父子,以勾剥财物争行进奉而致恩顾"②这些话看来,他应当也跟宇文融和后来的韦坚、王鉷等人一样,对百姓横征常赋之外的加税或加役,再把税物当成"羡余","进奉"给皇帝,才落得聚敛之臣"苛刻害人"的恶名。

韦坚也是如此。他跟宇文融一样,采毛遂模式,求得使职。玄宗在天宝二年(743),命他为陕郡(即陕州,约今河南三门峡市)太守(刺史),"加兼知勾当租庸使,又加兼勾当缘河及江淮转(运)处置使"③。他是租庸使,又同时是转运使。跟宇文融的租庸使一样,韦坚任此职时,应当也是向江淮百姓加征常赋之外的税收,再进奉给玄宗,"岁益巨万,玄宗以为能"。

至于他充当转运使,所为何事?《资治通鉴》透露了一些细节:"江、淮南租庸等使韦坚引浐水抵苑东望春楼下为潭,以聚江、淮运船,役夫匠通漕渠,发人丘垄,自江、淮至京城,民间萧然愁怨。二年而成。"④可以想见,开凿这条人工运河(即广运潭)很不容易,所以韦坚要"役夫匠通漕渠",征用了大批民夫(这是常赋外的劳役),还要挖掘人家的"丘垄"(坟墓田地),弄得"民间萧然愁怨",二年才完成,以运送江淮租赋到京师。接着,他"乃请于江淮转运租米,取州县义仓粟,转市轻货,差富户押船,若迟留损坏,皆

①《册府元龟》卷四百八十三,页 5769。
②《旧唐书》卷一百五,页 3222。
③《册府元龟》卷四百八十三,页 5769。
④《资治通鉴》卷二百一十五,页 6857。

征船户"①。这是征用民户为"船户",要他们负责运输,若有"迟留损坏",还要赔偿。这些都是百姓在常赋外的负担。

至于王鉷,据《旧唐书·食货志》,他同样是以毛遂模式,求得一个财税使职:

> 又王鉷进计,奋身自为户口色役使,征剥财货,每岁进钱百亿,宝货称是。云非正额租庸,便入百宝大盈库,以供人主宴私赏赐之用。②

这段话内涵十分丰富,值得细读。所谓"王鉷进计",便是他主动向玄宗献策,提出新的征税方案(说穿了,就是常赋外的加税),所以玄宗才在天宝四载(745)命他为"户口色役使"。这个财税使职,在唐史上仅此一见,是一个专为王鉷量身打造的崭新使职,好让他可以获得皇帝授权去征税。那他征什么税?

他的《旧唐书》本传有比较详细的说明,征百姓的"脚钱"和"高户"的漕佣也:"时有敕给百姓一年复。鉷即奏征其脚钱,广张其数,又市轻货,乃甚于不放。输纳物者有浸渍,折估皆下本郡征纳。又敕本郡高户为租庸脚士,皆破其家产,弥年不了。恣行割剥,以媚于时,人用嗟怨。"③

此外,据《资治通鉴》,他还征收那些已丧生的戍边人的租庸。"旧制,戍边者免其租庸,六岁而更。时边将耻败,士卒死者皆不申牒,贯籍不除。王鉷志在聚敛,以有籍无人者皆为避课,按籍戍

①《旧唐书》卷四十八,页2086。
②《旧唐书》卷四十八,页2086。
③《旧唐书》卷一百五,页3229。

边六岁之外,悉征其租庸,有并征三十年者,民无所诉"①。连成边人死了,都可以向他的家人追收"欠税",可以想见王鉷之严苛。杨炎后来向德宗上奏疏,建议征两税时,他还特别提到王鉷的苛征:

> 至天宝中,王鉷为户口使,方务聚敛,以丁籍且存,则丁身焉往,是隐课而不出耳。遂案旧籍,计除六年之外,积征其家三十年租庸。天下之人苦而无告,则租庸之法弊久矣。②

这条史料最珍贵之处,在于杨炎称王鉷为"户口使",即别处所说"户口色役使"的省称。"户口使"一词,容易令人望文生义,以为此使专管户口登录。但从杨炎的奏疏看来,王鉷其实是要征税,征百姓积欠的租庸、"脚钱"和"高户"的漕佣也。

王鉷"剥财货,每岁进钱百亿,宝货称是"。这个"百亿"的数额③,比起宇文融所括收到的"数百万贯"(估算为 12 亿文,见上),犹有过之,以致那些"高户"家产皆"破"。他的本传说他"恣行割剥,以媚于时,人用嗟怨",应当不是史臣的恶意中伤,而是当时的百姓,的确感受到王鉷征税之苛刻沉重,也难怪史臣如柳芳,要把他列为"聚敛之臣"。

至于王鉷"云非正额租庸,便入百宝大盈库"这句话,更是传神,可细细玩味。王鉷以一个财税特使的身份,每岁征收到"百

---

① 《资治通鉴》卷二百一十五,页 6868—6869。
② 《旧唐书》卷一百一十八,页 3420—3421。
③ 《旧唐书》卷一百五,页 3229,作"岁进钱宝百亿万";《资治通鉴》卷二百一十五,页 6869,作"岁贡额外钱百亿万",疑皆衍一"万"字。

亿"的巨额税款,原本应当充作国用,但他却"理直气壮"地说,这不是"正额租庸",所以他要把这大笔税赋,"理所当然"地送进了"百宝大盈库",想必令当时仁者,为之钳口结舌。但什么是百宝大盈库?

大盈库即皇帝的私房钱库也。唐朝皇帝,也跟东汉以后许多朝代的皇帝一样,对皇室和国家钱财,不是分得那么清楚,常常混在一起支用①。宇文融、王铁等一班臣子,便是利用这一点,向皇帝献计,吹嘘他们如何如何本事,可以括收到一大笔额外的税赋,送进皇室的私房钱库,可供皇帝自由使用,不必经过度支司的"度支国用"预算。玄宗听了这班臣子的"进计",往往也就见猎贪婪"大喜",任命他们新的财税使职。这便是唐代财税特使兴起的典型模式。他们的基本策略,就是在常赋之外,想出种种新奇的名目,来征抽老百姓的税。比如德宗时的判度支赵赞,便想出有名的间架税(根据京师两房屋中间的间架宽度大小来抽税)。不过,赵赞是为了应付德宗当时"讨河朔及李希烈,物力耗竭"②,或不得已。玄宗时的五大聚敛之臣,则不是为了筹军费,而是在开元天宝的承平时代,横征暴敛。

唐代这种常赋外的加征,现代国家也常为,比如遗产税、投资所得税等等,但新税目大抵是为了解决国家预算赤字等问题,或另有目的,如打房税,专门用于"打房",且税收直接拨入国库,不会进入国家元首的私人口袋。然而,唐代的这种加税所得,则往往直接送入皇室的大盈库,如宇文融的"悉进入宫",王铁的"便入

①参考加藤繁《汉代国家财政和帝室财政的区别以及帝室财政的一斑》,《中国经济史考证》,页26—134。
②《旧唐书》卷四十八,页2087。

百宝大盈库",用途完全不透明。好的话可能用于军费,坏的话则是中饱皇帝私囊,正像《新唐书》卷一百三十四史臣赞所说,为了"外奉军兴,内蛊艳妃"也①,以致引起正统儒臣和史臣的强烈愤怨,进而把这些财臣形容为"剥下益上"。

名相陆贽,曾经劝德宗废去琼林、大盈库。他在一篇很有名的奏疏《奉天请罢琼林大盈二库状》中说:

> 今之琼林、大盈,自古悉无其制,传诸耆旧之说,皆云创自开元。贵臣贪权,饰巧求媚,乃言:"郡邑贡赋所用,盍各区分。税赋当委之有司,以给经用;贡献宜归乎天子,以奉私求。"玄宗悦之,新是二库,荡心侈欲,萌柢于兹。迨乎失邦,终以饵寇。②

在陆贽看来,开元天宝那些财税特使的花言巧语是,"税赋当委之有司,以给经用",也就是常赋要送进国家的左藏库等"有司",以供"经用",即正规"度支国用"预算下的支出。然而"贡献",即这些特使所括搜到的常赋外"羡余",却可以"进奉"给皇帝。玄宗"悦之",所以才会有琼林、大盈库的诞生,"自古悉无其制"。但陆贽认为,这就造成皇帝的"荡心侈欲",最后引发了安禄山之乱。朱泚之乱期间,德宗逃到奉天,但他仍然在行宫廊下,贮存各道的"贡献"之物,难怪陆贽要奉劝他罢去这二库。白居易在上引《重赋》诗中的结尾,更形容那些"羡余物","进入琼林库,岁久化为尘",讽刺意味十足。

---

① 《新唐书》卷一百三十四,页 4567。
② 《陆贽集》卷十四,页 421—422。

天宝十四载,安禄山叛唐,他是"以诛杨国忠为名"①出兵的。这位杨国忠(本名杨钊),足以引发如此一场大叛乱,其来头自不小,也跟王𬭚属于同一类聚敛之臣。他是杨贵妃的从祖兄,曾经担任过王𬭚的判官,有财税经验。他后来所兼的使职之多,在唐史上是有名的。《资治通鉴》天宝七载(748)条下说:"度支郎中兼侍御史杨钊善窥上意所爱恶而迎之,以聚敛骤迁,岁中领十五余使。"②

不过,他最重要的还是财税使职,计有天宝四载的司农出纳钱物使和水陆转运使;天宝七载的判度支;以及十载的陕郡水陆运使③。他的出纳钱物使和水陆运使,沿自杨慎矜和王𬭚先前设置的相同或类似使职,但他的判度支,却是个全新的使职,为肃宗朝第五琦任度支使的前身。第十四章再详论。

《新唐书》卷一百三十四的史臣赞,给玄宗朝这几位财税特使的聚敛和他们"四族皆覆"的下场,作了一个总结:

> 天宝以来,外奉军兴,内蛊艳妃,所费愈不赀计。于是韦坚、杨慎矜、王𬭚、杨国忠各以衰刻进,剥下益上,岁进羡缗百亿万为天子私藏,以济横赐,而天下经费自如,帝以为能,故重官累使,尊显烜赫。然天下流亡日多于前,有司备员不复事。而坚等所欲既充,还用权媚以相屠胁,四族皆覆,为天下笑。夫民可安而不可扰,利可通而不可竭。观数子乃欲扰而

①《旧唐书》卷九《玄宗纪》,页230。
②《资治通鉴》卷二百一十六,页6890。杨国忠后来官至宰相时,兼四十余使。
③《册府元龟》卷四百八十三,页5769。

竭之,敛怨基亡,则向所谓利者,顾不反哉! 铣、国忠后出,横
虐最甚,当方毒,天下复思融云。①

这里最重要的指责,就是说这几个财臣,"岁进羡缗百亿万为天子
私藏,以济横赐,而天下经费自如"。这句话其实可以用来定义何
谓"聚敛之臣"。聚敛的意思,不只是抽重税而已,而是指他们想
出种种新税目,诱使皇帝为他们设置新的使职,去征收常赋以外
的税收,然后再把这样的税收,当成是"羡缗","为天子私藏",严
重扰乱了百姓的生活和国家的财政。这样的财臣才算是聚敛
之臣②。

宇文融、杨慎矜、韦坚、王铣和杨国忠五人,完全符合这个定
义,因此柳芳等史官,才会痛斥他们为"聚敛之臣",不是没有道理
的。当中又以王铣和杨国忠最晚出,却也最"横虐",最"毒"。宇
文融还算是五人当中最好的一个,故王、杨当道时,"天下复思融
云"③。他们精于为皇帝带来"度支国用"预算以外的税赋,因而
受到宠爱,然而一旦完成征税使命之后,往往随着失去恩宠(特别
是宇文融),也就很容易被同党或其他官员陷害,或自相残杀(如
韦坚、杨慎矜、王铣、杨国忠和李林甫),同归于尽,最后落得"四族
皆覆,为天下笑"的下场。

---

① 《新唐书》卷一百三十四,页 4567—4568。
② 参见卢建荣的不同看法,见其《聚敛的迷思:唐代财经技术官僚雏形的出
   现与文化政治》。
③ 《新唐书》的这一句话,很可能源出柳芳的《食货论》,跟柳芳的用词和口吻
   十分相像:"融死且十余年,始用韦坚及(杨)崇礼、慎矜,皆以计利兴功中
   人主,胁权相灭,为天下笑。而王铣、杨国忠威震海内,尤为暴横,人反思融
   矣。"《文苑英华》卷七四七,页 3907。

撰写《新唐书》卷一百三十四的史臣,只谴责了这班聚敛之臣,没有对玄宗置一词。然而,撰写《旧唐书》卷一百五的史臣,却对玄宗颇有微词:

> 玄宗以圣哲之姿,处高明之位,未免此累,或承之羞,后之帝王,得不深鉴!

并且在"赞曰"部分,对玄宗追求常赋以外的税赋"余羡",发出这样沉痛的感叹:"财能域人,聚则民散。如何帝王,志求余羡。"①

八、玄宗朝财税使职的特征和意义

宇文融等五位玄宗朝财税特使的事迹和他们的征税方式,其特征是什么?意义为何?可以给我们怎样的启示?

第一,这五子所带的使职,举其要者,有括户使、租庸使、太府出纳使、含嘉仓出纳使、铸钱使、户口色役使、(水陆、陕郡)转运使,以及杨国忠的判度支,全属财税使职,无官品,非传统的职事官,而且都是玄宗亲自任命的崭新使职,前所未见。

第二,这五子取得这些使职的模式,几乎如出一辙,那就是用毛遂的方式,献策征税,自荐求官。玄宗听了,往往"大喜",当下就为他们特别设了全新使职。这种通常只是"一次性"的额外加税方案,以使职特使方式来进行,也最为恰当,最快捷,最有弹性。如果要特别设一个正规常设的职事衙署,来负责这种额外加税,

---

①《旧唐书》卷一百五,页3232。

反而复杂不便。

这可以解释,何以唐朝廷习惯上,喜欢以增设新使职的方式,来应付新增事务,而不是创设新的职事司。事实上,有唐二百九十年,朝廷几乎没有增设什么新的职事官职和衙署,但却新设了数百个大大小小的使职,作为替代。《唐六典》和两《唐书》职官志所列的那些职事官,全都继承前朝,只有极少数几个是新设,如武则天时代的拾遗和补阙。

第三,这五子所加征的税,都是正常税赋(租庸调)以外的税赋,因此也就可以"理所当然"地,当成是常赋外的"羡余",进入玄宗的百宝大盈库,成了皇帝的专用款,由宦官管理,数额和用途皆不透明。这开了一个先例。从此国家的税赋,不管是常赋或非常赋,都可以送入皇帝私房的大盈库,好让天子"取给为便"。

例如,肃宗时,从第五琦任度支使开始,他便把常赋或非常赋,都送入大盈库,但有个特殊原因。杨炎在大历十四年(779),倡议设两税法时,在奏疏中特别透露这点。原来当时"京师多豪将,求取无节,琦不能禁,乃悉以租赋进入大盈内库,以中人主之意,天子以取给为便,故不复出。是以天下公赋,为人君私藏,有司不得窥其多少,国用不能计其赢缩,殆二十年矣"。他又说,"先朝权制,中人领其职,以五尺宦竖操邦之本,丰俭盈虚,虽大臣不得知,则无以计天下利害"。因此杨炎"请出之以归有司"。德宗也同意了,下诏"凡财赋皆归左藏库,一用旧式"①。然而,国家财赋进入皇帝私人大盈库,后来还是时有所闻。例如,就在杨炎上奏后约八年,在德宗贞元四年(788)二月,度支员外郎元友直为河南、江、淮南勾勘两税钱帛使,"运淮南钱帛二十万至长安,李泌悉

---

① 《旧唐书》卷一百一十八《杨炎传》,页3420。

输之大盈库。然上犹数有宣索,仍敕诸道勿令宰相知。泌闻之,惆怅而不敢言"[1]。唐后期贞元到大中年间,更设立使职,称为琼林库使或大盈库使,由宦官出任,掌管皇帝的私房钱库[2]。

第四,这些额外加征的税收,相当巨额,如宇文融的十多亿文,王锽的百亿文,但却进了大盈库,不在正规职司的管控下,更不在"度支国用"的国家预算内,严重扰乱了国家财政,又加重了百姓的税负担,所以当时的儒臣和史官,才会在这样的背景脉络下,形容这五子是"聚敛之臣",合情合理,并非无的放矢。

第五,如果这五子,能够像后来的第五琦和刘晏那样,为国家增加赋税,但又不扰民,达到"民不加赋,而国丰饶"[3]的高上境界,则史官应当不会说他们是聚敛臣,反而会尊称他们为"君子",就像史官称刘晏为"君子"一样。

第六,细察这五子所带的使职,只有杨国忠的"判度支",跟当时的正规职司度支司有关联,"侵夺"或取代了度支司的某些职权。杨慎矜和杨国忠的出纳使,也对原本的正规职司(太府寺长官太府卿),构成冲击(见第十四章)。至于宇文融的括户使和王锽的户口色役使,则仅在玄宗朝一见,属"一次性"使职,事毕即罢,以后再也没有任命。

第七,租庸使在玄宗以后,也不常设,仅见于战乱期间和唐末期,往往因军需不足,才特别委任。此使的作用,不可望文生义,并非要征收正常的租庸调(这由户部司和度支司负责),而是要加征常赋外的税物。从后来第五琦、元载等人任"租庸使"时所征收

①《资治通鉴》卷二百三十三,页7510。
②李锦绣《唐代财政史稿》,第4册,页392—394。
③《旧唐书》卷一百二十三,页3523。

的税物看来(一为商税,一为欠税),这个"租庸"跟租庸调制无关,只是泛指"税"。最有名的一个案例,莫过于安史之乱期间,道州刺史元结一上任,就接连收到租庸使发来多达二百多道的牒文,催促他向州内的百姓,加征额外的税,但道州百姓遭到贼乱,"大半不胜赋税"。元结只好向皇帝上奏,幸而获准,免去大幅的加税,只上缴一小笔税额了事①(见第十七章更详细的讨论)。

第八,比较特殊的是转运使。唐初的正常税物,原本由各州县发纲运送,但效率不甚佳。韦坚的转运使,改善了税物的运送,是进步的措施,但韦坚为了疏通河道,加征人役来开凿广运潭,又强征"富户"资源来转运,"民间萧然愁怨"。这个使职是为了改善税物转运,立意原本良善,只是韦坚、王鉷等人把它弄得民怨四起。后来裴耀卿和刘晏任转运使,才想出更完善的配套办法改进,又不增加民间负担,才演变成唐后期极其重要的转运使,且跟盐铁使合体,成了盐铁转运使。

第九,要注意的是,在五子横征加税的时期,玄宗朝的常赋(租庸调)仍然照常征收,度支国用预算仍然每年订定。最好的证据是,宰相李林甫从开元二十四年(736)起,实施"度支长行旨"制度,就是一种"长行"常设的预算方案,但每年颁行"旨条"修订②,规定各地租庸调来年的征收细节。安史乱前,州县依然每年上缴租庸调。换言之,在玄宗朝,即使设置了新的财税使职,正规职事官制度下的财政司署,大抵仍在正常运作一段时间。

第十,玄宗朝新设的这些使职,大多只是"一次性"的,如括户使和户口色役使,事毕即罢,对后代没有影响,只有两个新使职比

---

①元结《奏免科率状》,《元次山集》卷八,页124—125。
②陈明光《唐代财政史新编》,页37—38。

较重要,即裴耀卿的转运使和杨国忠的判度支,补充或逐步替代了职事官的某些功能,但这也只是唐财臣使职化的开始,还没能完全取代户部和度支等司。在接下来一百多年间,还要继续演变,整个使职化的过程,才逐渐完成。

九、结语

总结来说,唐玄宗朝这些财税使职,其兴起的模式相当特殊,有别于史馆史官和翰林学士等使职:先是有毛遂自荐,献计征收常赋外的税赋,玄宗心动,就任命这些毛遂一个个崭新的使职,授权他们去征税,再把征收到的税赋,送入玄宗的私房大盈库,成了皇帝的专用款。这种加征方式,脱离了常赋的租庸调范围,扰乱了国家的度支国用预算,增加了百姓的税赋负担,所以史官把这些新型的财税特使,称为"聚敛之臣"。但这些财税特使当中,有两个(转运使和判度支)也开始逐步取代传统职事官财臣的职权,形成一种使职化的现象。

不过,唐财臣的使职化,不像唐史官的使职化那样直接快速,是一职代一官的迅速取代(史馆史官在贞观初就取代著作郎),而比较类似词臣的使职化(同时并用中书舍人、知制诰和翰林学士三种词臣),是一种"双轨制"。也就是说,在玄宗朝,唐朝廷仍在继续沿用旧有的职事官,如户部度支等司中的官员,来管理财赋,但又同时任命转运使和判度支等新型使职,作为补充。安史之乱期间,因军需猛增,才赋予盐铁转运使越来越大的权力,去开发盐利和一整套的漕运和盐政制度。到德宗以降,盐铁转运使、度支使和户部使,才形成所谓的财政"三司"使。至此,唐财臣的使职化,才算大致完成。

安史之乱期间,榷盐的发现及其妙用,让第五琦、刘晏等后来主盐税的财税特使,成了"君子",不再是"聚敛之臣",因为盐税是一种间接税,不直接加征在百姓身上,只加在官盐售价上,所加的盐价也还合理,看起来"不像"是常赋以外的加征。史书上有一妙语,形容第五琦主盐政时的成就,说是"民不加赋,而国丰饶"①。百姓不加税,没有额外重税的感觉,朝廷却可收到巨额盐税,且占全国每年总税收的大半。双方皆大欢喜。这么美好的事情,如何办到? 且看下一章分解。

①《旧唐书》卷一百二十三,页3523。

第十三章　第五琦和盐铁使及理想的税法

> 至蜀中，琦得谒见，奏言："方今之急在兵，
> 兵之强弱在赋，赋之所出，江淮居多。若假臣
> 职任，使济军须，臣能使赏给之资，不劳圣虑。"
> 玄宗大喜，即日拜监察御史，勾当江淮租庸使。
>
> ——《旧唐书·第五琦传》①

上面这段话，写得轻快、活泼，很有"喜感"，一种喜剧效果：臣子向皇帝献计，皇帝"大喜"也。如此场面，史书中难得一见。这位臣子又是采用毛遂模式，成为君主的财税特使。比起之前的宇文融、韦坚等人，第五琦更为大胆，也更有"创意"。

他原本是韦坚任转运使时的僚佐，熟悉漕运，有财赋经验。韦败亡后，北海郡太守贺兰进明奏用他为录事参军，一种专责稽查簿籍文书的州级勾官②。第五琦的这个录事参军，跟宇文融括户前的富平主簿，有异曲同工之妙。两者都是一种勾官，只是一个在州，一个在县，都属擅长稽查的官员，在管理财赋方面，正好

---

① 《旧唐书》卷一百二十三，页3517。
② 拙书《唐代中层文官》第五章，专论录事参军。

派上用场。安史之乱期间,贺兰令他到蜀中奏事,他便趁机施展他的毛遂口舌,主动献策,说要帮皇帝解决军粮不足的最棘手问题,于是玄宗又像当年见到宇文融和王铋等人一样,"大喜",当天就任命第五琦为江淮租庸使,本官监察御史。

这里之所以说第五琦大胆又有创意,是因为他非常坦率告诉玄宗,如果玄宗能给他一个使职("若假臣职任"),他就能"使济军须","能使赏给之资,不劳圣虑",仿佛他在跟玄宗谈判任职条件那样。他看来那么有自信,能够做到别人做不到的事,用"江淮居多"的税赋,来解决当前的军费,一派胸有成竹的样子,十足毛遂本色,不但毫无愧色,还带有几分"大胆的可爱",用词又不无创意也。

后来的事证明,第五琦真的做到了,圆满完成使命,成了唐朝廷在安史之乱期间的第一大财税功臣,死后还被代宗追赠为太子少保,是个很高的荣誉。史官对他的评价颇佳。他没有像宇文融、韦坚之流,被视为"聚敛之臣",而跟裴耀卿、刘晏等人一样,被视为"君子"。史官给他的评语是,"第五琦促办应卒,民不加赋,而国丰饶,亦庶几矣"[1],也就是几乎可以跟那位"神童"刘晏相比。他是怎么做到的,特别是"民不加赋"这一点?

---

[1]《旧唐书》卷一百二十三,页3523。史官对他的唯一劣评是:"然铸钱变法,物贵身危,其何陋哉!"这是指他担任铸钱使时,"乃请铸乾元重宝钱,以一当十行用之。及作相,又请更铸重轮乾元钱,一当五十,与乾元钱及开元通宝钱三品并行。既而谷价腾贵,饿殍死亡,枕藉道路,又盗铸争起,中外皆以琦变法之弊,封奏日闻"。见《旧唐书》卷一百二十三,页3517。但《旧唐书》此说,有欠公允。第五琦的这个货币改革,其实非常有远见,只是当时人的接受度不高,未能成功。此事须放在唐代开元通宝铜钱长期短缺背景下来检讨,见拙作《唐人在多元货币下如何估价和结账》,《中华文史论丛》2016年第3期,页61—112。

他不就跟宇文融一样,毛遂求官,双双都是财臣吗?为什么他是"君子",宇文融却又是"聚敛之臣"呢?学界过去似从未注意这问题,没有讨论。其实这牵涉到肃宗以降,唐朝廷征税方式的一些重大变革——从直接税改为间接税,意义深远。本章拟申论此点和第五琦如何催生了盐铁使,以及榷盐的妙用。

一、第五琦的崛起

2010 年,第五琦(712—782)的墓志在西安近郊出土①。这是幸与不幸。幸的是,我们今人得以见到他更早的传记史料,远比他两《唐书》本传更早的史料,记载了他的出身和早年官历,并且从另一种角度来呈现他的一生,跟两《唐书》本传的写法大不相同。不幸的是,他的墓志出土,表示他的墓被盗了,或被破坏了,否则墓志原本深埋在地下墓室中,原不应当出土。但能够见到他的墓志和拓片,也让今人感觉到,第五琦和我们的距离,好像没有那么遥远。他一下子变得平易近人许多,不再像是唐人了。他的墓志,当年恐怕只有他的家人、撰志者、书碑者和刻工少数几个人可以读到。如今隔了一千二百多年,我们也能读到了,一大眼福也。

两《唐书·第五琦传》都太简略,《新唐书》删节尤甚。若只读他的本传,我们会误以为,第五琦是"白手起家",靠自己的努力

―――――――――

① 第五琦墓志的拓片照片、释文和考释,见李举纲、王亮亮《西安新见〈唐第五琦墓志〉考疏》,《书法丛刊》2010 年第 5 期,页 18—23。

闯出一片天,因为《旧唐书》说他"少孤,事兄华"①,好像是个孤儿。《新唐书》也只不过说他"少以吏干进"②,如此简单一句,就把他约 30 岁之前的所有事迹打发掉了。

读墓志,我们才知道,他的家世十分显赫,非"少孤"那么简单。他的复姓"第五",表示他家出自战国时齐国"诸田之后","田氏汉初徙奉园陵者,故多以次第为氏",有第一至第八。第五氏即田氏的其中一支。他的祖上几代都有人做官,特别是汉代有一位第五伦,官至三公之一的司空。另有一位第五兴,为兖州刺史,皆汉名臣。他的祖父第五举,官至郿州司马,也是高官。父亲第五庭,做到唐右监门卫长史,死后赠太子少保,显然对皇室有过某种功勋。右监门卫是唐代的十六卫府之一,在长安。这意味着,第五琦从小跟随父亲家人,住在京城,家族在京早就有了种种关系。这可以解释,何以墓志会说他是"京兆人",且他后来也能够到长安的韦坚转运使府任职。第五琦这样的家世,再次证明,正史上有传的那些唐代官员(也就是那些仕宦比较有佳绩者),很少能单靠自己"白手起家",绝大多数都是家中祖上几代都做过官(通常还是高官),有广泛的人脉和厚实的家族资源,才能培育出像第五琦那样的下一代。

他虽"少孤",但他的墓志说他"年十五明经高第",透露他

---

① 《旧唐书》卷一百二十三,页 3516。唐人的所谓"孤",通常只是指父亲去世了,母亲犹健在。例如,李绅"六岁而孤,母卢氏教以经义。"《旧唐书》卷一百七十三,页 4497。元稹"八岁丧父。其母郑夫人,贤明妇人也,家贫,为稹自授书,教之书学。"《旧唐书》卷一百六十六,页 4327。但元稹成年后,却在《祭翰林白学士太夫人文》中,说自己"况稹早岁而孤,资性疏愚",《元稹集校注》卷六十,页 1410。
② 《新唐书》卷一百四十九,页 4801。

的家族为他提供了完整、扎实的经典教育。他15岁就"明经高第",在唐史上是少见的。接着,他就任一系列的地方官:黄梅尉、扬子丞、贬南丰尉,又在天宝年间回到长安,任韦坚的转运使僚佐。

韦败亡后,他转任江南道信安郡(衢州)须江丞。此时唐的州改称郡,他结识了郡太守贺兰进明。贺兰调任北海郡(即青州,今山东潍坊)太守,便奏用他为录事参军。安史之乱时,贺兰受命为河北招讨使,所以第五琦的墓志中,说他是"青州从事,充河北招讨判官",也就霍然可解。他奉贺兰之命,前往蜀中奏事,见到玄宗时,早拥有丰富的财税经验。山东就在江淮之北,他又曾在扬州任过县丞,当然知道当时"赋之所出,江淮居多",且江淮在安史之乱期间,未受到战火严重波及,不少士人(如萧颖士、李华等人)家族纷纷逃到那里避难,经济生活未受重大影响,于是他向玄宗献计,去征收江淮租赋来助军。双方也就像宇文融当年见玄宗一样,一拍即合。

不过,玄宗任命第五琦为监察御史,充江淮租庸使后,就让位给肃宗。因此,至德元载(756)冬十月,肃宗刚从即位的灵武,迁移到彭原(宁州,今甘肃宁县)后不久,第五琦就到彭原行在去见他。《资治通鉴》记此事云:

> 第五琦见上于彭原,请以江、淮租庸市轻货,溯江、汉而上至洋川,令汉中王瑀陆运至扶风以助军;上从之。寻加琦山南等五道度支使。琦作榷盐法,用以饶。[1]

---

[1] 《资治通鉴》卷二百一十九,页7001—7002。《通鉴》此处的叙事,又比两《唐书》略详,故这里引《通鉴》。

这段话是中国史书典型的"浓缩叙事法",摘要般的叙事,把好几件事情压缩在一两句话内,看似淡淡几笔,毫无铺陈和细节,实际上背后却隐藏着丰富的内涵和典章制度,值得考掘。

"请以江、淮租庸市轻货"这一句,是第五琦向肃宗提的一套征税计划。准备到了江淮,以租庸使的身份,征收那里的"租庸"。这里的"租庸"并非"租庸调"的"租庸"税,而是泛指"税"。《新唐书·食货志》补充了一个细节,"请于江淮置租庸使,吴盐、蜀麻、铜冶皆有税,市轻货籴江陵、襄阳、上津路,转至凤翔"[1]。这看来是一种商品税,加在"吴盐、蜀麻、铜冶"上,但为了方便运输,改"市轻货",转折成丝帛等比较"轻"的东西,以便转运。

"溯江、汉而上至洋川,令汉中王瑀陆运至扶风以助军"这一句,是第五琦详细的税物转运计划:旧有的水路(淮入汴,再入黄河)因战乱不通,他要溯长江,入汉水,到洋川郡(即洋州,今陕西洋县),然后再"令"邻近的汉中郡(即梁州,今陕西汉中)太守,以陆运的方式,继续把税物运送到扶风的行在以助军。

在交通不便的唐代,这样大规模的税物转运,困难可想而知。即便是"轻货",所涉及的船队和船员想必还是不少。此之所以唐朝廷从玄宗朝起,就不断要任命转运使的一大原因。这计划的水路部分,起点当是江淮,沿着长江,终点是洋州,但全是逆水行船,更增添困难。从汉中开始,连水路也没有了,只得陆运,但陆运(一般靠牛或骡车等)又要比水运,更缓慢且更艰辛。这就是为什么,肃宗要"令"一位宗室成员汉中王李瑀,来协助陆运税物到扶风。李瑀就是那位不愿做皇帝的"让皇帝"李宪之次子,天宝十五

---

[1]《新唐书》卷五十一,页1347。

载,从玄宗幸蜀,至汉中因封汉中王,加汉中郡太守①。

"令汉中王瑀陆运至扶风以助军"这一句,也暗藏了一个玄机。第五琦见肃宗时,他们都在彭原,但从这一句看来,当时他和肃宗就知道,江淮的租庸,不会运到彭原(那会增加许多的陆路运输费用),而是运到比较接近汉中的扶风(又称凤翔,今陕西扶风)。这可以解释,何以肃宗刚到彭原不久,又要继续往南移动,在大约四个月后,于至德二载(757)二月抵达扶风②,以便在扶风迎接江淮军粮的到来。李泌在灵武时,也劝过肃宗:"且幸彭原,俟西北兵将至,进幸扶风以应之;于时庸调亦集,可以赡军。"③

果然,肃宗一行人到达扶风十天,"旬日",江淮租庸运到了汉中。汉中距离扶风虽然还有大约 355 公里,但肃宗已信心满满说:"今大众已集,庸调亦至,当乘兵锋捣其腹心",即正面迎战安史叛军④。第五琦主导的这次江淮租庸转运,使唐朝廷得以有足够的军需资源,继续平定安史之乱。肃宗对第五琦,一直心存感激。这就是这一类财税特使,可以"有益于国家"的一大例证。

第五琦得到肃宗授权,去征收江淮租庸,虽然是为了军需,但在当时儒臣看来,仍然是常赋之外的加征,是一种"聚敛"的行为,不可取。这方面最有趣的一个例证,就是当时的宰相房琯,竟对肃宗谏曰:

"往者杨国忠厚敛,取怨天下。陛下即位以来,人未见

①《旧唐书》卷九十五,页 3015;郁贤皓《唐刺史考全编》,页 2793。
②《资治通鉴》卷二百一十九,页 7017。
③《资治通鉴》卷二百一十八,页 6998。
④《资治通鉴》卷二百一十九,页 7018。

德。琦,聚敛臣也,今复宠之,是国家斩一国忠而用一国忠矣,将何以示远方、归人心乎?"上曰:"天下方急,六军之命若倒悬,无轻货则人散矣。卿恶琦可也,何所取财?"琯不能对,自此恩减于旧矣。①

正统儒臣对"常赋"的坚持,在房琯身上表现得最彻底。即使是在国家面临安史之乱,垂亡之际,他们还是反对常赋外的任何加征。像第五琦这样的财臣,不是为了私利,也不是为了提供皇帝私房钱,而是为了平乱军需的加征,房琯还是认为不妥,更把他形容为"聚敛臣",甚至比成杨国忠之流:"斩一国忠",再"用一国忠"。但肃宗也反驳得很合理:没有这样加征得来的"轻货",则军人都要逃"散矣",无人愿意卖命打仗。所谓"轻货",在这里指丝帛之类比较"轻"的纺织品,在唐代可以当成货币来使用,也可以当成薪饷发给军人②。肃宗又对房琯说,"你可以讨厌第五琦,但你有什么办法弄到财物吗?"房琯无话可说,从此肃宗对这位宰相的恩宠,就大不如前了。

就所知,唐史上也就只有房琯一人,说过第五琦是"聚敛臣",未见有其他官员响应。第五琦这时才刚任租庸使,还未任盐铁使等更重要的财税特使。他之"有益于国家"的贡献,还没有完全显现出来,房琯的论断下得太快了些。第五琦后来掌财赋多年后,大家对他的评价是十分正面肯定的。史官就把他比成是"庶几近"刘晏那样的"君子"。

---

① 《唐会要》卷八十四,页 1834。
② 赖瑞和《唐人在多元货币下如何估价和结账》,《中华文史论丛》2016 年第 3 期,页 61—112。

正因为他从江淮转运轻货,挽救了肃宗和唐朝廷,第五琦从此升官神速。单单在肃宗乾元元年(758)这一年,他就同时出任多达六种使职:诸道馆驿使、诸色转运使、河南五道支度使、两京司农太府出纳使、诸道盐铁使、判度支。然后,他在乾元二年(759),也就是他在彭原见肃宗后大约三年,他就当上了宰相。这一年他才不过48岁。他以税赋救了肃宗,肃宗对他的感激之情,也于此可见。

第五琦充任的这几个使职当中,最重要的有三个:转运使、盐铁使和判度支。转运使后来跟盐铁使二合一,成为盐铁转运使,判度支又称度支使,再加上后来兴起的户部使,这三者便组成唐后期著名的三司使,也是唐后半期最固定常设的财职,主宰着唐的国家命运至巨[1]。第五琦无疑是唐财税特使中的关键人物,承先启后,把财臣从以往的聚敛之臣,转变为"有益于国家"的君子型、专业型使职。

二、毛遂模式和盐铁使的诞生

盐铁使这个使职的诞生,无疑又是第五琦毛遂自荐的结果。他在彭原第一次见到肃宗时,所提的征税方案,只不过是以"征江淮租庸为轻货"来助军。当时他还没有提到以榷盐助军。但征收江淮租庸为轻货,是一种常赋外的加征,第五琦因而遭到宰相房琯在肃宗面前,批评为"聚敛臣"。看来这种"聚敛"之法,不能长

---

① 吴丽娱《论唐代财政三司的形成发展及其与中央集权制的关系》,《中华文史论丛》1986年第1辑,页169—204。

期使用,只能是一次性的征收,下不为例。因此,这批轻货在第二年二月运达凤翔后,也只是暂时解决军需,安史之乱尚未平息,军需仍很急迫。第五琦要解决军费,他就要想出更久远、常设且有效的征税方法。

于是,他想到了榷盐。这在当时是一种关键的征税法,而一种关键的使职盐铁使,就这样诞生了。这两者都是安史之乱时战争的产物,由第五琦催生。战争是非常时期,往往能催生一些不寻常的新制度,新发明(如二战期间的原子弹)。

关于盐税和盐铁使这样的诞生背景,我们还有一个很好的同时代证据,见于殷亮的《颜鲁公行状》,写当年颜真卿在平原郡(德州),抵抗安史叛军,"军用已竭"的一幕:

> 公以兵兴半年,军用已竭,思所以赡济之,未得其略。……(清河行人李华)于是复诣平原,与公相见。公因问以足用之计,华遂与公数日参议,以定钱收景城郡(沧州)盐,沿河置场,令诸郡略定一价,节级相输,而军用遂赡。时北海郡(青州)录事参军第五琦,随刺史贺兰进明招讨于河北,睹其事,遂窃其法,乃奏肃宗于凤翔,至今用之不绝,然犹未得公本策之妙旨焉。①

依此,这样的榷盐法,原本是在颜真卿的河北地区实行,"军用遂赡"。第五琦当年是河北招讨使贺兰进明的招讨判官(见其墓志),随他往河北援助颜真卿时,见到此事,"遂窃其法","奏肃宗于凤翔"。

---

① 《颜鲁公文集》,《四部丛刊初编》缩印本,附录,页102。

"奏肃宗于凤翔"这句话所提到的奏事地点,很有意义,因为这意味着,第五琦在彭原见肃宗时,只有"征江淮租庸为轻货"的办法,还没有献上榷盐的妙计。他是约两年后,随肃宗移到凤翔,战乱未平,军需仍不足时,才又毛遂献策榷盐。这可以解释,何以肃宗是在两年后(即乾元元年,758),才任命他为盐铁使,并带有度支郎中寻兼御史中丞的本官。两年前在彭原,第五琦的使职,只不过是以监察御史的本官去充任江淮租庸使。现在,他的本官升为度支郎中兼御史中丞,升官神速,透露肃宗对他征收江淮租庸的表现满意,因而再授给他一个全新的使职盐铁使,让他去全责榷盐赡军。

从这些背景和事件看来,我们可以再次发现,唐代财税使职的诞生,几乎都带有很强烈的毛遂模式。在第十二章我们见过,宇文融的括户使和租庸地税使、韦坚的转运使、王鉷的户口色役使等等,都是这些臣子,先主动向皇帝献策,皇帝心动"大喜"后,才给他们特别设全新的使职。这次盐铁使的诞生,也不例外,同样是毛遂模式下的产物。

这跟唐代其他使职的诞生有些不一样。比如,词臣的使职化(知制诰和翰林学士),未见有毛遂自荐献计,常由皇帝或宰相发现职事官不足,才主动以命使的方式来补充。史官的使职化(史馆史官),则略带有毛遂自荐的意味。例如,唐史馆和史官的设置,是因为当初令狐德棻向高祖上奏建议,修撰唐以前的魏、梁、陈、北齐、北周和隋等六代史,才促成其事。但史官的毛遂自荐,除了令狐德棻外,远不如宇文融和第五琦等财臣那样明显露骨。刺史的使职化,同样未见毛遂,而是一种自然加官式的演变,就便任命邻近州的刺史去兼使职(见第十章)。只有财臣,我们才见到一个又一个的毛遂,献上各种各样的征税或漕运方案,因而促成一个又一个新的财税使职的诞生。

这意味着,财税特使是一种比词臣和史官更为专业的领域。他们虽然不重文采,但不仅需要"吏干",还须具备专门的税赋或漕运经验和知识,才能胜任。这可以说明,何以唐代的财职,有一种浓厚的"师徒制"意味,有"师徒相传"的专业化倾向。比如,第五琦曾经是韦坚的转运幕僚,杨国忠曾任王鉷的判官,唐后半期那些盐铁转运使和度支使,有不少更是刘晏的门生,或他门生的门生,师徒代代相传,如韩洄、元琇、裴腴、包佶、卢贞、李衡等人①。

三、榷盐为理想税法

榷盐并非始于唐代。早在先秦,《管子·海王篇》就在讨论榷盐的优点。西汉桓宽的《盐铁论》(前 81),便是汉代一场激烈的"宫廷盐铁辩论"的纪录,官员们在激辩盐铁专卖的优缺点。但汉代没有大规模、有计划以榷盐来征收国家赋税。南北朝时期,个别地区也实行过榷盐②。但唐朝是第一个发现榷盐之妙用的朝代——原来它竟是如此有效,如此理想的征税工具。更妙的是,唐朝廷征收到巨额的盐税后,老百姓犹不知觉,以为朝廷只征常赋,没有向他们加征常赋外的税赋,大家没有"痛感"。双方皆大欢喜。这就是《旧唐书·第五琦传》中所说的那句妙语:"民不加赋,而国丰饶。"

---

① 《唐会要》卷八十七,页 1885。Denis Twitchett, "The Salt Commissioners after the Rebellion of An Lu-shan," *Asia Major* 4 (1954): 60-89, 对唐代盐铁转运使的专业化和师徒门生关系,有详细的探讨。
② 《通典》对唐以前的榷盐历史,有简明的叙述,见卷十,页 224—230。

这是怎样做到的？说穿了，出奇简单。羊毛还是出在羊身上。"民不加赋"这句话，说得很委婉，不全对。民还是被抽了税，不过是一种"间接税"，没有直接加在他们身上，而是加在盐价上。民买盐时，自然就被间接抽了税，只是史官以为他们"傻傻"地，不太知觉。

権盐不只在传统中国实行，也在过去人类历史上，在世界好些其他地区推行过，如威尼斯、法国、哈布斯堡帝国、奥斯曼帝国和印度[1]。这都因为盐是一种特殊的物品，是古今中外人体所不可缺少的物质，是人类赖以维系生命的必需品[2]，不同于茶酒等非必需品，因此非常适合作为一种征税的工具，且可以大规模实行。早在1948年，明清史专家杜联喆，就把中国的権盐，放在世界史的视野下来观看，形容権盐是一种"理想的财税管理工具"（an ideal article for fiscal management）[3]，其重点在"理想"两字。这想必是杜联喆在世界史学的视野下，观察到的心得。中国传统学者当中，未见有人如此推崇権盐为"理想工具"者。本章采纳杜联喆的"理想"说，来探讨唐代的権盐。

唐朝権盐法，首先要严密控制所有产盐区，包括江淮沿岸的海盐产区，山西运城那两个巨大的内陆盐池（安邑和解县），四川的井盐，以及陕北盐州的池盐等等，同时要明令禁止人民生产私

[1] S. A. M. Adshead, *Salt and Civilization*；Mark Kurlansky, *Salt：A World History*.

[2] 从人类学的角度来研究盐在中国早期社会的意义，见陈伯桢《中国早期盐的使用及其社会意义的转变》，《新史学》17卷4期，2006年12月，页15—72。

[3] Li Jung, "Account of the Salt Industry at Tzu-liu-ching chi," trans. Lien-che Tu Fang, *Isis* 39（1948）：228–234. "Introductory Note," p. 228.

盐和盗卖官盐。这样盐便成了朝廷专卖。更把产盐区的盐户组织起来,他们所产的盐以低价卖给朝廷在地方上所设的"场"和"监"等盐政单位,再把盐加上约十倍或以上的税额,由盐商去承包,最后转售给各地的百姓。这样,朝廷便可以收到一笔巨额的盐税了。

在唐代,盐不但是人类维系生命不可或缺的,也是日常生活中的一项重要的必需品,主要用于腌渍和保存食物。今人的每年盐消耗量很低,因为我们有冷藏设备,不再需要用盐来保存食物。但在唐代(甚至到清代和上世纪中冰箱还不常见时),盐的消耗量惊人,且每家每户都必须购买,形成一个巨大的销售市场。

至于唐人的食盐量,学界论述时,一般只引用《唐六典》中的一条令文为证:"丁男日给米二升,盐二勺五撮(35.5g)。"①但《唐六典》成书于开元二十七年(739),当时还没有实行榷盐法。这条史料又只是令文,只是官方给公粮者的一个官定额度,并非实际食盐消耗量,略显不足。但韩愈在《论变盐法事宜状》中,有一处却讨论到唐人的食盐量,取自实际生活案例,史料价值更高,可以补《唐六典》令文的不足:

> 通计一家五口所食之盐,(张)平叔所计,一日以十钱为率,一月当用钱三百,是则三日食盐一斤(661g),一月率当十斤(6.61kg)。②

①《唐六典》卷十九,页 527;妹尾达彦《唐代河東池塩の生産と流通——河東塩税機関の立地と機能》,《史林》65 卷 6 期(1982),页 35—72;于赓哲《唐代人均食盐量及盐的使用范围》,《唐史论丛》第 10 辑(2008),页 178—185。
②《韩昌黎文集校注》卷八,页 651。

这些数字来自一个唐代官员,且出现在呈给皇帝的奏疏中,作为朝廷评估是否要变革榷盐法的一项重要资料,应当是最强的证据了。依此看来,唐人(韩愈应当是指长安地区的居民)一家五口,一个月的食盐量,竟高达 6.61 公斤。平均每人每天的食盐量是44g,这比《唐六典》令文的规定 35.5g 略高。如此看来,唐人一个月食盐量高达 1.32 公斤,一年达 15.84 公斤。从今人的观点看,这是非常惊人的用量。

相比之下,据 2014 年美国波士顿塔夫兹(Tufts)大学所作的一项全球钠摄取量和心血管原因死亡研究[1],目前世界卫生组织(WHO)所建议的每人每天钠摄取量,只有 2g(换算为盐等于5g),但世人目前的每天平均钠摄取量,已远超过这建议量将近一倍,达到 3.97g(等于盐 9.87g),导致全球每年有 165 万人,死于心血管疾病。然而,唐人的每天平均食盐量,更为惊人,竟高达44g,是今天世人平均食盐量的 446%,是世界卫生组织建议量的 880%。

不过,唐代的家庭用盐量如此之高,主要应当不是用于烹饪,而是用于腌渍和保存蔬菜和肉类,制作酱菜和腊肉等物[2]。酱菜是唐代除谷粮之外,最重要的一种配菜。军队供给兵卒粮料中,必有酱菜。如代宗大历十二年(777)五月十日,中书门下状奏:

---

[1] Dariush Mozaffarian, *et al.*, "Global Sodium Consumption and Death from Cardiovascular Causes," *New England Journal of Medicine* 371 (August 2014): 624—634.

[2] 关于酱和酱菜制作的用盐量,以及盐在喂养马牛等畜牧业和工业用途,见于赓哲《唐代人均食盐量及盐的使用范围》,《唐史论丛》第 10 辑(2008),页 179—183。

"当上百姓,名曰团练,春秋归,冬夏追集,日给一身粮及酱菜。"①宪宗元和四年(809)十二月,度支上了一道奏疏,皇帝的敕批也提到酱菜:"其供军酱菜等价直,合以留州、使钱充者,亦令见钱匹段均纳。"②从奏敕如此重视军中的酱菜,且是军队唯一的配菜看来,军中兵卒大概只要煮一大锅饭或粥,配上一点点酱菜,就可以打发一餐了。唐代一般百姓的日常生活,许多时候应当也是如此。看来家家必有酱菜,而酱菜的制作,就需要用到大量的盐。腌渍鱼和肉类,同样需要大量的盐。

唐代以降的各朝代,榷盐之所以能够成功,之所以能成为重要的税收来源,也跟古代的用盐量远远高于现代,有莫大的关系。否则,如果对现代家庭(特别是许许多多不再腌渍酱菜等食品的家庭),实行榷盐,恐怕也收不到多少盐税,成效有限,不足以占国家税收的大宗。

但在唐代,盐是一个庞大的市场,榷盐是理想的税法。此法刚在颜真卿的河北推行时,就"军用遂赡";在肃宗时刚推出,也非常成功,第一年就岁入40万贯(差不多可以支付京畿官员们的一年俸料钱)③。唐代的盐利,最盛时在元和年间,达到约720万贯,超过全国总税收的一半或以上④,就因为盐是必需品,且每家每户用盐量大,远胜今时,市场庞大,盐税又定为成本的十倍或以上。

相比之下,唐的榷茶和榷酒,都不是很成功,因为茶酒皆非必需品,是可有可无的商品,甚至对许多穷苦人来说是奢侈品。百

---

① 《唐会要》卷七十八,页1702。
② 《唐会要》卷八十三,页1821。
③ 《旧唐书》卷十三《德宗纪》,页364。贞元年间,京畿官员们的每年俸料钱,总数大约为50到60万贯。
④ 李锦绣《唐代财政史稿》,第5册,页183—186。

姓可以选择不喝茶,不喝酒,但盐却非吃非买不可。茶和酒也可以轻易生产,在家中即可私产,即使官方禁止私种茶和私酿酒,但管控不易,民间仍有很大的空间去私产。但盐有固定的产区,个人不易生产(特别是四川的井盐,须探钻数千尺深的盐井才能采得),并非家中就可以私产,管控相对容易。所以唐的茶税和酒税收入,不很重要,远远不如盐税①。

第五琦并非唐代第一个榷盐的特使。早在玄宗开元元年(713),左拾遗刘彤上表建议榷盐,玄宗"令宰臣议其可否,咸以盐铁之利,甚益国用。遂令将作大匠姜师度、户部侍郎强循俱摄御史中丞,与诸道按察使检校海内盐铁之课"。但似乎没有下文。到了开元十年(722)八月,又下敕:"依令式收税。如有落帐欺没,仍委按察纠觉奏闻。其姜师度除蒲州盐池以外,自余处更不须巡检。"②看来姜师度只管蒲州盐池,其他地区的榷盐细节,不得而知,似未全国施行。此外,《旧唐书》有一段记载说,"玄宗已前,亦有盐池使。景云四年三月,蒲州刺史充关内盐池使。先天二年九月,强循除豳州刺史,充盐池使,此即盐州池也。开元十五年五月,兵部尚书萧嵩除关内盐池使,此是朔方节度常带盐池使也。"③这些看来都属地区性的盐课。

然而,第五琦却是第一个有计划、有组织去榷盐的财税特使,且榷盐不只限于某些地区,而是逐渐遍及全国。《唐会要》保存了一段记载:

---

① Denis Twitchett, *Financial Administration under the T' ang Dynasty*, pp. 49–50. Twitchett, p. 51 也指出,唐代的"盐铁使"一词,只是沿用了汉代的"盐铁"典故,实际上唐代只有盐专卖,从未有铁专卖。
② 《唐会要》卷八十八,页 1902。
③ 《旧唐书》卷四十八,页 2110;可能原出自《唐会要》卷八十八,页 1907。

乾元元年(758),加度支郎中,寻兼中丞,为盐铁使。于是始立盐铁法,就山海井灶,收榷其盐,立监院官吏。其旧业户洎浮人欲以盐为业者,免其杂徭,隶盐铁使。盗煮私盐,罪有差。亭户自租庸以外,无得横赋。人不益税,而国用以饶。①

这里有几件事值得注意。第一,第五琦是以度支郎中,不久又加兼御史中丞,去充任盐铁使。这就是一种使职化,因为度支郎中原本主管度支国用预算,御史中丞乃监督其他官员的御史台第二把交椅,但现在第五琦却不是去做这些事,而是以这两个官为"本官",去充当一种皇帝为他特设的使职盐铁使,负责榷盐,"始立盐铁法"。第二,第五琦把"山海井灶"产盐区的"旧业户洎浮人"组织起来,编为"亭户","免其杂徭,隶盐铁使",且设立"监院官吏"来榷盐。于是,人民不加税("民不益税"),但国用却富饶起来。盐税充分发挥了它的间接税功能。

《管子·海王篇》有一段名言:

使君施令曰:"吾将籍于诸君吾子。"则必嚣号,今夫给之盐策,则百倍归于上,人无以避此者,数也。②

翻译成白话:"假若君上命令说:'我就要对所有大人小孩直接征税了。'那必然会引起大家大声喧闹反对。现在取给于征收盐税,即使百倍利润归于君上,人们也是无法逃脱的,这就是理财之道。"管子看透人民无法逃避盐税,所以向齐桓公鼓吹榷盐才是"理财之道"。

---

① 《唐会要》卷八十七,页 1882。
② 李勉注译《管子今注今译》,《海王第七十二》,页 1005。

他似未意识到,榷盐比起房屋税和田税等直接税,还有其他优点。

唐代的韩愈,比管子更进一步,洞悉榷盐背后的更深层含义。比如,他在《论变盐法事宜状》中就说:

> 国家榷盐,粜与商人,商人纳榷,粜与百姓:则是天下百姓无贫富贵贱皆已输钱于官矣;不必与国家交手付钱,然后为输钱于官也。①

这里最有卓识的一句话是,榷盐使到人民,不分"贫富贵贱","皆已输钱于官矣",是一种非常"公平"的税法。天下百姓,不管穷人富人,家家有税。只要食盐买盐,都一定会被抽到盐税。韩愈是极少数发现榷盐有此"公平"妙用的唐代官员。更妙的是,他还说,百姓买盐,就等于交了税,简单省事,不必亲手把钱交给官府,才算交税。

这等于说,盐税的征收十分简便。韩愈隐约暗示了这点,但没有进一步的发挥。从古今中外的世界征税历史看,越简单,越容易征收的税,就越能成功。盐税正是如此。百姓买盐,把钱交给盐商,就好比"输钱于官也"。官府和人民再也不必烦恼收税和交税问题,也不需要任何多余的户籍登录和公文手续。

此外,间接税的另一优点是,它对百姓的冲击是间接的,人民甚至不易觉察他被抽了税。目前台湾的消费税5%,跟唐代的盐税一样,颇有异曲同工之妙:直接加在某些非民生必需品的售价上,但很有技巧地"隐藏"起来,往往没有在售价标签上明示税款多少(顶多只写上"含税"两字了事),用的正是中国古代榷盐的老方法。台湾的消费税,只列在某些发票上(如三联式)。消费者

---

① 《韩昌黎文集校注》卷八,页650。

许多时候甚至不易发现,他到底被抽了多少税①。

四、盐价问题

《新唐书·食货志》对第五琦的榷盐法,补充了几个细节,特别是关于盐价:

> 天宝、至德间,盐每斗十钱。乾元元年,盐铁、铸钱使第五琦初变盐法,就山海井灶近利之地置监院,游民业盐者为亭户,免杂徭。盗鬻者论以法。及琦为诸州榷盐铁使,尽榷天下盐,斗加时价百钱而出之,为钱一百一十。②

天宝至德年间的盐价,每斗(6公升)才10钱。第五琦任诸州榷盐铁使时,"尽榷天下盐",榷盐遍及全国各地。他的办法是在旧盐价上,加盐税1000%(十倍),每斗盐售价110文。

关键问题是:盐税高达成本的十倍,是否太苛? 这样的盐价,是否合理? 从史书中"民不益税,而国用以饶"、"民不加赋,而国丰饶",以及《旧唐书·刘晏传》所说,"而人无厌苦"③这么多赞美正面的话判断,当时的百姓看来可以接受这样的盐价。盐税是一种"间接税",优点之一就在于它是"间接"的,不像租庸调等直接税那样有"瞬间直接的冲击",人民比较无"痛感",比较容易接受。

---

①相比之下,美国的销售税(sales tax),公开透明,一般是在付账时才另外计算,消费者清楚知道他付了多少税款,未和商品售价混合在一起。
②《新唐书》卷五十四,页1378。
③《旧唐书》卷一百二十三,页3514。

事实上，第五琦时代的盐价每斗 110 文，是我们所知唐代最低者。德宗贞元四年（788），江淮海盐每斗 310 文，河中两池盐每斗 370 文，是唐代所知最高的盐价。顺宗永贞元年（805），江淮盐降价，每斗 250 文，河中两池盐 300 文。穆宗长庆元年（821），每斗 300 文[1]。大致而言，唐代盐价大约每斗 250—300 文。

但这只是官府卖盐给盐商的承包権价。盐商再把盐卖给百姓时，还要加上他们的利润。百姓实际所付的市场盐价，比上述権价要高。然而，唐后期盐的権价和市价，涉及复杂的"虚估"和"实估"问题。简单说，据李锦绣的研究，"我们可以肯定唐后期盐的市场价格在 200 文左右"，但这是"实钱"。官府制定的権价 300 文是"虚钱"。经实虚钱换算后，盐商仍可获利约一倍[2]，在合理范围。盐商恐不能随意哄抬市价，因为他们也要面对其他同业和私盐的削价竞争[3]。唐官府只管以権价将盐批发给盐商，至于

---

[1] 李锦绣《唐代财政史稿》，第 5 册，页 179—183。

[2] 李锦绣《唐代财政史稿》，第 5 册，页 181—183。

[3] 唐代的私盐是个复杂课题，但至今未有人做过精细的研究。仅有的初步研究见周劲《唐代后期私盐治理措施》，《四川理工学院学报》2009 年第 4 期，页 5—10；陈学英《浅谈唐后期私盐问题出现的根源和影响》，《西北民族大学学报》2005 年第 5 期，页 58—60。唐私盐未必都是民间私自生产，更可能多出自官盐，例如从官盐场被亭户窃取流出，或亭户私自额外多产，或在运销过程中被官吏盗卖。南宋的私盐来源就是如此，见梁庚尧《南宋盐榷：食盐产销与政府控制》，第 8 章《南宋的私盐》，且南宋"私盐以价低而质美获得消费者的喜爱"，"售价不及官盐的一半"（页 472）。清代人民食盐，也有一半来自私盐。见张小也《清代私盐问题研究》，页 104。唐代的私盐市场，应当也相当庞大，极有待唐经济史家的进一步研究。从百姓的观点看，私盐的通行，可以对官盐形成竞争，抑制官盐价的哄抬，未尝不是"好事"，只是会造成官府减少盐税收入。盐商也可能以贩卖官盐为掩护，私底下却大多在售卖私盐，因为私盐不必缴税，盐商利润更高，有强烈的诱因。

盐的贩卖,由盐商自行经营,官府并未干预,是一个自由买卖的市场,盐价也要受到市场供求律的约束。

大体而言,唐代的盐市场价,百姓看来还能负荷,未见有强烈的反弹声浪。《新唐书·食货志》说:"盐估益贵,商人乘时射利,远乡贫民困高估,至有淡食者。"①但从这史料看来,"淡食"只限于"远乡贫民",且发生在建中年间,包佶任汴东盐铁使的某段时间和某些地区,是少数个别地区和阶层的现象,并未形成整个社会危机。此外,今人又常好引用韩愈的话,"盐商纳榷,为官粜盐,子父相承,坐受厚利",以为韩愈在控诉盐商从中谋取暴利,恐有断章取义之嫌。从上下文看,韩愈事实上是在替盐商讲话:

> (张)平叔请限商人盐纳官后,不得辄于诸军诸使觅职掌把钱捉店、看守庄硙,以求影庇。请令所在官吏严加防察,如有违犯,应有资财,并令纳官,仍牒送府县充所由者。臣以为盐商纳榷,为官粜盐,子父相承,坐受厚利,比之百姓,实则校优。今既夺其业,又禁不得求觅职事,及为人把钱捉店、看守庄硙,不知何罪,一朝穷蹙之也!若必行此,则富商大贾必生怨恨,或收市重宝,逃入反侧之地,以资寇盗。此又不可不虑。②

事缘穆宗长庆二年(822),户部侍郎判度支张平叔上奏,主张变革榷盐法,撤消盐商制度,由官府自行卖盐。皇帝下诏公卿详议,仿佛是汉代《盐铁论》的唐代翻版。韩愈呈上一长篇奏疏,反对变法

①《新唐书》卷五十四,页1379。
②《韩昌黎文集校注》卷八,页652。

（韦处厚也上奏疏反对）①。理由之一，韩愈说是盐商有"厚利"，其命运"比之百姓"，实际比较"优"（"实则校优"）。但如果现在要"夺其业"，不让他们卖盐，又不让他们去"求觅职事"，韩愈不禁感叹，"不知何罪，一朝穷蹙之也"！显然，他是在替盐商发声。言下之意，盐商的"厚利"也还合理，应当让他们继续卖盐，否则他们可能会"逃入反侧之地"，去资助"寇盗"，情况更不妙。

韩愈在奏疏中又说，"臣以为百姓困弊，不皆为盐价贵也。今官自粜盐，与依旧令商人粜，其价贵贱，所校无多"②。这就是说，若变法让官府卖盐，跟依照旧法让商人卖盐，盐价的贵贱，相差并不多，"与旧每斤不校三四钱以下"。韩愈这些话，是在奏疏中对穆宗说的，不可能违背事实，而且以他当时的唐代高官身份，这是他的亲身见证之说，具有很强的证据力，可证当时的盐价应还算合理，因为即使官自卖盐，盐价也差不多。这个持平之论，可以帮助我们理解，当时的盐价是否被盐商哄抬。

综上，唐代榷盐，一切犹在探索阶段，犹有节制，没有滥用这种税法，还未见宋元明清盐专卖所衍生的种种陋习。榷盐如果善用，可以是理想的理财工具，但如果滥用，则不免扰民不便。

五、盐铁使及其地方附属组织

唐代的两大直接税当中，租庸调涉及复杂的户籍登录，两税法则需要在地州县的户口管理，两者更需要州县和方镇的配合征

---

① 韦处厚的奏疏见《册府元龟》卷四百九十三，页5901—5902。
② 《韩昌黎文集校注》卷八，页651。

收和送缴,整个过程是十分繁杂的。唐盐税的征收,相对简单许多,不需要任何户籍登录或管理,也几乎没有州县和方镇的配合征收。盐税完全由盐铁转运使(以及后来的度支使),和属下的一系列庞大组织和官吏,自行负责。他们要管理盐的生产、课税、运输,以及最后把盐利送缴朝廷。

这等于说,唐朝廷现在要做起生意来了,而且还是全国性的大生意,要组织亭户去生产盐,把盐加税后,卖给盐商,再由他们转卖给百姓。这简直就像在经营一个遍及全国的大企业。朝廷要在各州县产盐区,设置生产收购网(组织亭户,收购他们生产的盐),然后还要有课税销售网(加盐税,售给盐商)。同时,为了防范私盐,监督运输,还得设立一支全国性的盐警部队。又为了运输盐产和盐利,还得有一个完整的运输网。这就需要聘用不少自己的盐官,和数千名下层吏员。唐朝这个盐政大企业,恐怕比现代的许许多多大型国营企业,还要复杂。唐朝是第一个设立这种大型国营事业的朝代。

这就是为什么,第五琦榷盐法中,有一项重要的配套,值得特别提出,那就是他在产盐区所设的地方管理单位"监院"。刘晏后来接任盐铁转运使后,更把这种盐政单位,跟漕运结合起来,发展出一套更复杂的地方附属机构。这意味着,盐铁使是唐代第一个设有自己地方组织的使职,好比一个"小朝廷",有自己设在道州县的各级盐务衙署,为他办事,就像皇帝有道州县府帮他处理地方事务一样。

这样的盐铁使,已经不是一个普通的高官了,应当等于是一个国营大企业的总裁,掌管国家的一大半财赋,且可以聘用自己的领导班子和属下雇员,不受吏部职事官制度的限制。其权力之大,远在许多高官之上,甚至在宰相之上。唐的盐铁转运使,有不少后来也都升任宰相,或在当盐铁转运使之前,曾经做过宰相。皇帝许多时候,也的确要依靠这个大财臣金主,才有钱财来支付皇室开支、官员俸料和军费。新旧《唐书》后半期的各皇帝本纪,都很清楚记录了各盐铁转运使(以及度支使和户部使)的委任、调职和他们的主要事迹、奏疏等等,显示皇室是如何重视这三个使职。

为了管理这个国营大企业,盐铁使的地方组织,变得相当复杂,有上下层级,自成一套行政和人事系统。它有自己的行政专员,如某某盐铁院留后、知某某监院官、知某某巡院官①(这些好比是大企业的区域总裁、各州县分公司总经理、各州县的巡警首长)。除此之外,各监院和巡院还会有一系列的中低层判官、推官、巡官,以及数千个低层胥吏在办事。他们全都由盐铁使或其属下官员自行辟署聘任,独立于职事官僚体系之外,只对盐铁使或其属下负责。

学界过去的研究,把这些地方单位,仅分为巡院、监和场三大类了事②,恐怕欠妥。巡院的分类最为混乱。好几种唐代财政史的专书,都把几种不同性质,不同等级的"院",全归类为"巡院",容易误导读者。比如,把区域性最高一级的盐铁院,如上都院、江陵院和福建院等等,也列为"巡院"(实际上,史料只说这些是"院"或"留后",未说是"巡院")。这样就跟"县"一级比较小的巡

---

① 唐代文献中常见"知院官"一词,即指知某某监院或巡院的长官。须先弄清此"院"是巡院,还是监院,才能判断"知院官"的真正意涵。知院官是相当高层的长官,不可跟最基层的"巡官"混淆。

② 见高桥继男的一系列较早研究。李锦绣综合了高桥的研究成果,并补充一些新的"巡院"名称、官职和细节,见她的《唐代财政史稿》,第4册,页323—379。

院,如盐铁垣曲分巡院、盐铁集津分巡院,全都搞混在一起了,未能厘清它们的不同等级和功能。

何汝泉最近的专书《唐财政三司使研究》,终于理清了"院"、"监院"和"巡院"的区别。他把盐铁使属下的机构,分为四种,最清晰可辨:第一种(最高一级)是设于"大都要邑"或要津的盐铁院,又称转运院、盐铁转运院、留后院等等,都仅单称"院",不叫"巡院",如江淮留后院、东都院和岭南院等,等于是盐政的区域总部,直接向坐镇在长安京师的盐铁转运使负责。第二种是监院,一般有个"监"字,如杭州的临平监,设于产盐区,负责征收盐税并把官盐卖给盐商,是榷盐和售盐给盐商的单位,也负责一些监督职务。第三种是场院,或仅称"某某场"或"盐亭",设于个别的盐场,由监院督管,主要管理产盐作业的亭户。第四种是巡院,设于运河交通要道上和岭南等地,主要负责缉捕私盐,监督漕运,并协助朝廷"访察"州县和方镇等地方官员的违法行为,具有御史的某些监察功能①。

这里我想换一个角度,来讨论这个"院"、"监院"和"巡院"的老问题。过去的研究,似未充分利用一条第一手的绝佳史料证据,见于晚唐杜牧写给盐铁使裴休的一封信《上盐铁裴侍郎书》,现仍保存在他传世的文集中②。信写于宣宗大中五年(851),当时杜牧任湖州刺史。但在这之前几年,他曾经在江南的池州、睦州等地当过刺史,亲眼目睹了那里的盐务作业,"实见其弊"。他

①何汝泉《唐财政三司使研究》,页40—76。
②《杜牧集系年校注》卷十三,页889—892。裴休是以户部侍郎的本官去出任盐铁转运等使。见《旧唐书》卷十八下,页628。但杜牧在信中,都称裴休为"侍郎",没有称他为"盐铁使"。这是唐人的称谓习惯,一般只称其"官",不称其"职",所以使职所带的本官有一些作用,并非全虚。

发现,"今诸监院,颇不得人,皆以权势干求,固难悉议停替",把持权位,难以整顿,且都在霸凌当地的盐商,逼得他们"破散将尽",逃亡他乡,而"江淮自废留后已来,凡有冤人,无处告诉"。

所谓"留后",指江淮留后院,原本设在扬州,是盐铁使设在"大都要邑"的那种最高一级的区域总部"院"(即何汝泉分类中的第一类),并非"巡院"。但在杜牧时代,为了"除烦去冗",江淮留后院被停罢了,导致江淮地区的盐商,若被监院欺凌,有冤屈,都无处投诉。于是,杜牧写了这封信,请求他的好友盐铁使裴休,重新设置江淮留后院。信的最后一段这样说:

> 今若蒙侍郎改革前非,于南省郎吏中择一清慎,依前使为江淮留后,减其胥吏,不必一如向前多置人数。即自岭南至于汴宋,凡有冤人,有可控告,奸赃之辈,动而有畏,数十州土盐商,免至破灭。除江淮之太残,为侍郎之阴德,以某愚见,莫过于斯。若问于盐铁吏,即不欲江淮别有留后,若有留后,其间百事,自能申状谘呈,安得货财,表里计会,分其权力,言之可知。伏惟俯察愚衷,不赐罪责。某再拜。

从如此丰富的细节,我们得知,江淮留后院的权责极大,不仅江淮,甚至连"岭南至于汴宋",凡有冤人,都可向它投诉。它是一个区域性的最高盐政组织,管辖该区域的所有监院。何汝泉把这样的"院",列为第一级最高机构,据所知是唐史学界中的第一人,最具卓识,最有眼光。如果把这样强大的"院",和县一级的巡院,全搞混在一起,恐误导读者。

杜牧信中还透露一个非常有意义的细节,可以让我们了解,盐商和监院的关系:"至如睦州百姓,食临平监盐,其土盐商被临平监追呼求取,直是睦州刺史,亦与作主不得。"杜牧曾经在睦州当过刺史(847—848年间),这想必是他夫子自道其亲身经验。睦州治所在今浙江建德。"临平监"即设在杭州的临平监院①,其属下有盐场(场院)。浙江建德位于杭州以南约140公里,但睦州的土盐商,都向临平监取得官盐,才能贩卖给睦州百姓,可知监院的一大功能,是负责从它属下的众多盐场,取得亭户所生产的盐,然后再加上约十倍的盐税,再把盐卖给盐商,最后才由盐商自行去贩卖给百姓。从此时开始,官府不再插手盐的运销。

然而,杜牧告诉我们,这些盐商都"被临平监追呼求取",也就是都被勒索强取财物。为什么监院官吏可以这样做? 显然因为他们掌控着官盐的供应。盐商若不提供额外财物给他们,则他们可以不批售官盐给盐商,或减少供应量,让盐商无盐可转买。这点,连睦州刺史也无法可管,任由临平监的官吏们欺压盐商。他们甚至被迫得投诉无门(因为江淮留后院被废了)。于是,杜牧才写了这一封信,向他的盐铁使好友裴休求助,请他重设江淮留后院。在这里,杜牧也跟韩愈一样,在为盐商发声。这似可扭转盐商在唐史上"谋取厚利"的奸商形象。盐商其实也常会被盐官欺负,并非一味奸诈。明清盐官的贪污是有名的。至于唐代盐官的贪婪行为,学界目前还未有什么研究。

综上,我们可以得出一个结论:江淮地区的监院,由扬州的江淮留后院管辖。这两种"院"皆非"巡院"。杜牧此信完全没有提到巡院,显示巡院并非唐官盐榷税和运销过程中的一环,而是另有功能。什么功能?

---

①《新唐书》卷四十一《地理志》,页1059。《新志》把设有这种"监"的地方,又称为"盐官"。杭州还有另一监院,叫新亭监。

"巡院"中的"巡"字，以往的研究似未深究，但它应当是有意义的，即"巡察"、"巡检"之意，表示这种组织的性质。这可由两种史料证实。

第一，刘晏当初设立巡院时，最主要的目的，就是要"捕私盐"。换言之，巡院只是一种巡警组织，专门负责侦察私盐的贩卖和走私，且有捕捉、审判、处罚及处决犯人的大权①。所以朝廷后来也常敕令巡院去监督，去"访察"地方官员的种种不当和违法行为，都跟它的巡察职能有关。但巡院不涉及盐税的征收，也不售盐给盐商。

第二，圆仁的《入唐求法巡礼行记》，曾多处提到巡院。例如，文宗开成五年(840)八月廿三日，"斋后，到左街功德巡院，见知巡押衙"；"廿四日，辰时，巡院押衙作状，差巡官令参见功德使。"②这里的功德使，指长安的左右街功德使，是一个负责管理长安僧尼(包括外国僧人)的使职，向由宦官出任，设有自己的巡院③。圆仁之所以到功德使巡院，是因为他刚从五台山来到长安，"拟学圣法，伏请寄住城中寺舍，寻师听学"，所以他要到巡院去递交状文，申请居留许可④。由此看来，巡院具有巡检，访察、保安的职能，类似现代的警察局。

功德使巡院，跟盐铁使巡院，同样带有一个"巡"字，显然并非

---

① 何汝泉《唐财政三司使研究》，页71。
② 《入唐求法巡礼行记校注》卷三，页342—344。
③ 刘淑芬《中古的宦官与佛教》，《郑钦仁教授荣退纪念论文集》，页45—69；查明昊《从唐五代功德使一职的变迁看宦官势力的消涨》，《宗教学研究》2009年第3期，页67—73。
④ 黄清连《圆仁和唐代巡检》，《"中研院"历史语言研究所集刊》第68本第4分(1997)，页899—942，特别是页928—929，论及圆仁向左街功德使巡院递状，申请居留长安寺院的许可。

偶然,而是两者的功能类似。盐铁巡院应当也和功德使巡院一样,具有巡察、巡检和保安的职能。依此看来,盐铁巡院是一个特种组织,属警察单位,独立于运销系统之外,不归监院管辖,应直属留后院或盐铁使指挥,就像英国在殖民统治印度时期,实施榷盐的"盐政警察"(salt police)[1]。

然而,以往的研究未理清"巡院"之意,把它的功能夸大了,又跟监院等单位混淆了。杜牧这封信,让我们见识到官盐榷税、运销的实际运作,盐商的困境,留后院的重要地位,以及监院的真貌。

监院和巡院没有统属关系。巡院是警察单位。它甚至可以纠弹监院违法的官吏。但监院因为在盐的运销上,占举足轻重地位,且负责征收盐税,它无疑又比巡院重要得多。监院官员的地位,也比巡院的高。这一点,我们可以用晚唐一位盐官后半生精彩的官历来证明。

文宗开成五年(840)的《唐故知盐铁转运盐城监事殿中侍御史内供奉范阳卢府君墓铭并序》,有一段话写唐后期一位盐官卢伯卿(774—840)的仕历如下:

> 时泉货之司愿移公猗氏之理以成榷筦之用,授大理评事,充东渭桥给纳使巡官,寻以本官知京畿云阳院,迁监察御史,充两池使判官。俄以统职有归,不得专任,改知阆中院,转殿中侍御史,领盐城监。[2]

卢出身在一个典型的唐代仕宦家庭。他的四代祖是武则天时代

---

①S. A. M Adshead, *Salt and Civilization*, pp. 284-320.
②《唐代墓志汇编》,开成049,页2204—2205。

的黄门侍郎卢献,跟狄仁杰同僚。他祖上几代都做官。卢弱冠考中明经,年轻时出任过三个县的县官:绛州万泉尉、陕州安邑尉、河中府猗氏县主簿。接着,他开始进入盐政系统任使职,也就是上引文所说的那五个盐官。正因为这样,他的墓志说他一生"尝尉三县,莅五职"(此"职"指使职),仕宦成绩亮眼。下面把他这五个使职,做成一个表,以显示他如何在盐政单位中,步步高升:

表 13.1 卢伯卿的五个盐政使职

任职机构	机构性质	京　衔	使　职
东渭桥院	度支院	大理评事	出纳使巡官
京畿云阳院	度支巡院	大理评事	知京畿云阳院
安邑解县两盐池	度支盐池	监察御史	两池使判官
山南西道阆中院	度支巡院	监察御史	知阆中院
楚州盐城监	盐铁监院	殿中侍御史	知盐城监

唐后半期,度支使和盐铁使,分掌全国东西两半的盐政和财赋。度支使属下,也就跟盐铁转运使一样,设有院、监院、巡院和场院(如山西安邑解县的盐池和四川的井盐等)。卢最初是在度支的渭桥院,任某个出纳使的巡官,接着任云阳县巡院的主管,再任山西安邑解县盐池使的判官,然后又任阆中巡院的主管,最后才在盐铁使属下的盐城监院当主管。

他的使职升迁,可以从他所带的京衔看出。从大理评事、监察御史到最后的殿中侍御史,官位一官比一官高,很有一种位阶的规律,也就是他逐阶升官的过程。这也表示,他最初的两任巡院主管,都不如他最后一任盐城监院主管。这反映监院的地位高于巡院。他是先知两个巡院,最后才去知监院。卢晚年当这个监院的主管,其地位和权势可以想见一斑,也难怪他死后得以归葬洛阳,且有相当长篇的墓志,显示他这位盐官的地位,在中层之上,是个显达的官员(关于卢的官历,可参考本书第三章第一节中,更详细的讨论)。

盐铁使和度支使拥有如此庞大的地方附属机构和僚佐,凌驾在州和方镇之上。他们一般坐镇在长安京师(如刘晏),不须驻外①,宛如京中另一个"小皇帝",可以指挥自己属下的"地方政府",征收盐税和监督漕运,送往京师,正如《旧唐书·食货志》所说,"属吏在千里外,奉教如目前"②,一如皇帝拥有州县府一样。

综上,唐代的盐铁转运使,完全不像个普通的高层官员,反而更像是国营大企业总裁,有一种大气派,管理一个庞杂无比的大机构,手下有数千名雇员。也因为这样,唐的盐铁转运使必须具有相当的专业。他们许多就是当年刘晏培养出来的门生,或门生的门生,自成一个特殊的集团。许多人大半生都在任盐官,在盐铁系统内任职。

这让我们想起民国二年,袁世凯的北洋政府向英、法、德、俄、日五国银行团,借了一大笔贷款,达 2500 万英镑,以中国所有盐税作为抵押担保。但当时的盐政贪污腐败,外国银行团没有信心,所以特别在这笔称为"善后大借款"(Reorganization Loan)的贷款合约中规定:中国政府必须雇请一位外国人,来整顿整个盐政,以确保五国银行团贷款的权益。于是,北洋政府在 1913 年 6 月,聘请了爱尔兰人丁恩爵士(Sir Richard Dane),绰号"盐王"(The Salt King)③,前来负责监督征收中国的盐税,全面改革盐政。他

---

①盐铁转运使的治所,大部分时间都在长安京城,只有极少数时间,因为特殊原因,才设在润州和扬州。见何汝泉《唐财政三司使研究》,页 29—39。
②《旧唐书》卷四十九,页 2118。
③Mark Kurlansky, *Salt: A World History*, p. 370.

曾以英国殖民地官员的身份,管理过印度盐政,有丰富的盐政经验,当时已六十多岁退休,于是便以一个外国盐政特使的身份,来到中国。

从1913年到1918年,丁恩任职期间,他"以其对食盐问题改革趋势的了解,运用西方管理的制度,挟银行团之力,订定法规,建立制度,整顿盐场,裁并机关,统一税率,实行就场征税"[1],取得了巨大的成功。到了1915年,他上任的第三年,他在接受美国一家杂志《亚洲》(Asia)的专访时宣称,中国盐利比前一年增加了100%[2],简直就是唐代刘晏榷盐成就的"民国版"。如果丁恩是民初的"盐王",那么刘晏应当可称为唐代的"盐皇",第五琦则为"盐太上皇"。盐政最需要的,正是这样的企业型领导人物,这样大权在握的特使,才有办法大刀阔斧推行复杂的盐务。普通职事高官,恐怕无能为力。刘晏和他那一大批门生们,象征着唐代这种专业型理财特使的崛起,不同于以往那些刻板的、毫不专业的财臣,如传统的户部侍郎[3]。

度支使后来也"模仿"了盐铁使这样的"小朝廷"大企业架

---

①刘常山《丁恩与中国盐务的改革(1913—1918)》,(台湾)《逢甲人文社会学报》第6期,2003年5月,页211—242,引文见页211。较早的专书研究见 S. A. M. Adshead, *The Modernization of the Chinese Salt Administration*, *1900—1920.* 此书的研究精细,且使用了英国方面的源文件,特别是涉及五国银行团贷款和丁恩在印度的榷盐经历,以及他到北京出任中国第一位"洋盐铁使"的背后争论。

②Mark Kurlansky, *Salt: A World History*, p. 372.

③卢建荣《唐代后期(公元七五六至八九三年)户部侍郎人物的任官分析》,《"中研院"历史语言研究所集刊》第54本第2分(1983),页157—181;卢建荣《唐代通才型官僚体系之初步考察——太常卿、少卿人物的任官分析》,许倬云等编《第二届中国社会经济史研讨会论文集》,页89—122。

构,在他管辖的唐西半地区,亦设置度支院、监院、巡院等庞大组织。最后,户部使同样仿照此法,在少数几个特殊地点(如归州),设了几个户部的分院,以便管理各地征收到户部钱,但不如盐铁使和度支使的属下地方机构那么庞杂①。盐铁、度支和户部,虽号称唐代的财政"三司使",但有轻重之别。整体而言,盐铁使无疑为第一,度支使第二,户部使第三。

六、结语

要想出新的征税方案,又不招惹"聚敛"恶名,又要能长久实施,且又"民不告勤","人无厌苦",并非易事,需要专业和经验,以及契机(如战争)的配合。在这方面,第五琦"窃"自颜真卿的榷盐法,简直就是"最理想的税法",在一个最佳时刻(安史乱时)及时推出。从此,再也没有听到房琯或其他儒臣,抨击这些盐铁使为"聚敛臣"。史官更是一片叫好,还说出"民不加赋,而国丰饶"那样的话,简直不把盐税当成是"赋"。

唐代的盐铁转运使,并没有所谓"侵夺"职事官职权之事,因为唐原本就无负责榷盐的职事官署。这个使职是崭新的,前所未有,是应运而生的,是特别为榷盐才量身打造的。它发展出一套国营大企业模式的管理和经营制度,在州县设置各级分院,雇有数千名员工,仿佛另一个"小朝廷",有自己的地方衙署,开启了一个全新的时代:唐以降各朝到民国政府,无不以榷盐作为最主要的征税和理财工具。

---

①何汝泉《唐财政三司使研究》,页 224—253;页 348—357。

第五琦以后,唐朝廷终于有了两大征税利器,一是直接税(德宗时杨炎提出的两税法),另一就是间接税盐税。在唐后半期,盐税更远比两税重要,紧紧维系着唐室的命脉。这个由唐朝发扬光大的榷盐制度,此后大放异彩,不但继续沿用到宋元明清、民国初年和台湾日据时代,甚至迟至 2002 年,才在台湾被废除。2014 年 11 月,中国工信部也才首次确认,大陆亦将在 2016 年取消食盐专营①。

——————————

①http://politics. people. com. cn/n/2014/1120/c70731—26063477. html. 这消息立刻引起不少美国媒体的关注,纷纷撰文报导,仿佛太阳底下终于发生了一件新鲜事。例如,美国知名的知识分子杂志《板岩》(Slate)在 2014 年 11 月 24 日,有一篇详细的报导,深入历史脉络,标题就是:"中国政府的盐专营历经二千六百年,不久将结束。"(The Chinese Government's Salt Monopoly Has Lasted for 2,600 Years. It's About to End.)这象征西方世界对古老的中国事物,犹有一种浪漫的、域外的遐思。榷盐在 21 世纪中国的终结,仍值得大书特书也。

第十四章　杨国忠和度支司的使职化

> （天宝）八载，玄宗召公卿百僚观左藏库，
> 喜其货币山积，面赐国忠金紫，兼权太府卿事。
> 国忠既专钱谷之任，出入禁中，日加亲幸。
>
> ——《旧唐书·杨国忠传》[1]

　　第五琦向肃宗推销他的榷盐法，成了唐史上第一个最有意义的盐铁使。裴耀卿向玄宗上奏，改良漕运，成了唐史上第一个最有分量的转运使。刘晏把盐铁使和转运使，合二为一，成为唐后期财政"三司使"中最重要的盐铁转运使。那么，三司使中第二重要的度支使，又是如何演变而来？

　　答案是：从玄宗时杨国忠判度支并兼司农、太府两寺出纳使，慢慢演化而来。要看清这点，我们要回到唐前期的开元天宝年间。学界过去论度支使，大抵忽略了杨国忠所扮演的使职化角色。本章拟侧重论述这一点。这也正好配合本书的唐高官使职化主题。至于度支使的其他课题，何汝泉最近的专书《唐财政三司使研究》，所论最详备，这里不必重复。

---

①《旧唐书》卷一百六，页 3242。

一、判度支和度支使

《唐会要》卷五十九"别官判度支"下有一段话说:

> 开元以后,时事多故,遂有他官来判者,或尚书、侍郎专判,乃曰度支使,或曰判度支使,或曰知度支事,或曰勾当度支使,虽名称不同,其事一也。①

使职官称,原就比较随意,称呼时用的官名略有不同,不足为奇。这使职在开元天宝初设时,称为"判度支"或"知度支事",正好都是本书常说的"动宾结构的官名",乃使职初设时典型的官名结构也。安史之乱后,此职有一段时间比较固定称为"度支使",但在德宗贞元八年(792),又改为"判度支",直到唐末,"大多数任使者都是用'判度支'衔"②,以致唐后期史料中,"判度支"和"度支使"常混用。

比如,《旧唐书·德宗纪》建中三年(782)四月条下,称杜佑为"判度支"。"判度支杜佑曰:'今诸道用兵,月费度支钱一百余万贯,若获五百万贯,才可支给数月。'"③但《旧唐书·卢杞传》提到杜佑,却又称他为"度支使":"度支使杜佑计诸道用军月费一百余万贯,京师帑廪不支数月;且得五百万贯,可支半岁,则用兵济

---

①《唐会要》卷五十九,页1196。
②何汝泉《唐财政三司使研究》,页186。
③《旧唐书》卷十二,页332。

矣。"①这正应了《唐会要》所说,"名称不同,其事一也"。在唐后期的史料中,判度支的用例,事实上比度支使还多。

可能基于这样的理解,严耕望在《唐仆尚丞郎表》中,把开元二十二年(734)九月,以太府少卿知度支事的萧炅,列为唐代第一个度支使。第二个是开元二十三年八月,同样以太府少卿知度支事的李元祐。第三个是天宝七载(748)判度支的杨钊(国忠)②。不过,研究唐三司使最力的何汝泉,认为把这三人列为度支使是"欠妥的",理由是《唐会要》所谓"其事一也","通观其上下文,显然是指判、知度支与度支使承担的任务或从事的工作是同一的、一致的,而不能理解为这两种职官是完全相同,尤其在开元、天宝时,更是如此"③。

何先生所论,亦有道理。不过,既然判度支和度支使的"任务或从事的工作是同一的",且唐后期也经常混用判度支和度支使,我们不妨把开天这三位判度支,视为唐代最早的三个度支使,不须等到肃宗乾元元年(758)的第五琦。

本章为了顾及史料,有时称这使职为判度支,有时也称度支使,"虽名称不同,其事一也"。

比较关键的问题是,判度支或度支使所为何事? 从这个使职的整个演变历史看,开天时的判度支,职务比较简单,而唐后期度支使,则职务越来越繁杂,往往还兼管不少其他事(比如两税和军费),但这个财税特使,不论是在开天时或唐后期,都有一个最基本、最核心的任务,那就是,他专管"钱谷"的出纳,是皇帝的大账房也。

---

① 《旧唐书》卷一百三十五,页 3715。
② 严耕望《唐仆尚丞郎表》,第 3 册,页 765。
③ 何汝泉《唐财政三司使研究》,页 169。

二、杨国忠登场

萧昺和李元祐如何得以"知度支事"？两人史书皆无传，事迹不详，无从稽考。然而，杨国忠判度支事，其背景和成因清楚，可以让我们详考此职是如何诞生的。要了解这个使职的产生，我们有必要暂且回到唐前期，去看看杨国忠的经历和官历，才能看得清彻，否则若仅从唐后期的第五琦看起，则未免如隔一层雾，有些模糊。

《资治通鉴》天宝四载（745）条下说：

> 杨钊侍宴禁中，专掌樗蒲文簿，钩校精密。上赏其强明，曰："好度支郎。"诸杨数征此言于上，又以属王铁，铁因奏充判官。①

杨国忠是杨贵妃的从祖兄，跟玄宗的"私"关系自然非比寻常，这正是使职诞生的温床。他"专掌樗蒲文簿，钩校精密"，玄宗赞美他为"好度支郎"，显示他精于簿帐等事，亦是他后来判度支的"伏笔"。他任王铁的判官之后，便从天宝四载起，出任一系列财政或非财政使职。但这些使职是什么，诸书的记载却颇混乱。最可靠最可信的记载，应当是他在天宝十一载（752）十一月，受命为右相（即中书令）时，皇帝制书《杨国忠右相制》中所记他的整套结衔：

---

① 《资治通鉴》卷二百一十五，页6869。

银青光禄大夫,御史大夫判度支事,权知太府卿,兼蜀郡长史、持节剑南节度、支度、营田等副大使,本道兼山南西道采访处置使,两京太府、司农出纳、监仓、祠祭、木炭、宫市、长春、九成宫等使,关内道及京畿采访处置使,上柱国、弘农县开国伯杨国忠。[①]

这长串官衔,洋洋大观,长达 93 字,大可用来佐证唐代使职官衔之复杂难解,需要"解码"。细读之下,可知这里除了列出他的散官(银青光禄大夫)、御史台职事官(御史大夫,实际上充作"判度支事"的本官)、暂代的某一职事官(权知太府卿)、地方刺史类长官(蜀郡长史,即"成都大都督府长史",以便兼领剑南节度副使等使职)、勋官(上柱国)和爵号(弘农县开国伯)之外,最可留意的就是他的众多使职,又可分成两大类:一是节度使、采访使等非财税使职,跟本章课题无关,暂不论。另一是财税使职,共有八个之多:(1)判度支事;(2)两京太府、司农出纳使(这实际上是两个使,这里故且合算为一使);(3)监仓使;(4)祠祭使;(5)木炭使;(6)宫市使;(7)长春宫使;(8)九成宫使。

这八个使职,看似林林总总,乱无章法,其实大有关联。《旧唐书·杨国忠传》有一段写天宝八载(749),玄宗招呼百官参观宫中左藏库时的一幕,很可以帮助我们理解,杨国忠这时在做些什么,以及他所总揽的财权,又是如何巨大:

八载,玄宗召公卿百僚观左藏库,喜其货币山积,面赐国忠金紫,兼权太府卿事。国忠既专钱谷之任,出入禁中,日加

---

① 《唐大诏令集》卷四十五,页 223。

亲幸。①

左藏库位于大明宫城②,是唐朝的国库,收藏钱帛,"货币山积"(指百姓交税时所交纳的丝绢之类纺织品,唐代可以当成货币来使用),以支付百司月俸钱等,由太府寺从这个库中支出。上引这个叙述最不寻常的一点是,在正规编制上,左藏库原本由职事官太府卿主管,但这位太府卿这时却被"架空"了,不在现场,由杨国忠在主导整个参观行程③,因为他从大约天宝七载(748)起,就带有两京太府寺和司农寺的出纳使④。这两个使职,不但让他得以主管宫中这个左藏库(以及收藏各方贡献宝货的右藏库),同时他还可以掌管司农寺属下国家各个粮仓的出纳。这就是为什么,上段记载有一个关键词,说他"专钱谷之任",不但管"钱"帛,也管"谷"物,不折不扣是玄宗的大账房,"出入禁中,日加亲幸",远非传统的职事官太府卿和司农卿可比。

三、太府司农及度支司的使职化

换句话说,职事官太府卿和司农卿,这时双双都遭到了使职化,被杨国忠这个皇帝钦任的特使架空了。不但如此,玄宗当时"喜其货币山积",还"面赐国忠金紫,兼权太府卿事",索性把太

---

①《旧唐书》卷一百六,页3242。
②关于左藏库的地点,见辛德勇《宫城左藏库位置》,《隋唐两京丛考》,页99—103。
③《资治通鉴》卷二百一十六,页6893。
④《唐会要》卷七十八,页1701。

府卿这个职事官,也让他去"权"知,等于在出纳使之上,再添一官,锦上添花。

　　事实上,太府卿的使职化,还不是从杨国忠开始的。早在开元二十六年九月,侍御史杨慎矜,就充太府出纳使。天宝二年六月,殿中侍御史张瑄,也充太府出纳使①。后来,在肃宗乾元元年(758),第五琦也充任过司农、太府出纳使②。两个职事官的使职化,已颇有一段时日了。跟唐代其他使职一样,这两个使职应当都可自辟判官。至少,我们知道,杨国忠任太府出纳使时,是有判官的,见于《资治通鉴》天宝十一载八月癸巳条下,"杨国忠奏有凤皇见左藏库屋,出纳判官魏仲犀言凤集库西通训门"。是年冬十月,还为此特别"改通训门曰凤集门,魏仲犀迁殿中侍御史,杨国忠属吏率以凤皇优得调"③。

　　至于度支司和太府寺的关系,最好的解说,见于陆贽的《论裴延龄奸蠹书》:

　　　　总制邦用,度支是司;出纳货财,太府攸职。凡是太府出纳,皆禀度支文符,太府依符以奉行,度支凭按以勘覆,互相关键,用绝奸欺。其出纳之数,则每旬申闻;其见在之数,则每月计奏。④

在这脉络下看杨国忠,他既是判度支,又是太府出纳使,身兼两个管财的特使,不但可以自行规画经费开支,自行发出"度支文符",

　　①《唐会要》卷五十九,页 1202。
　　②《册府元龟》卷四百八十三,页 5769。
　　③《资治通鉴》卷二百一十六,页 6913。
　　④《陆贽集》卷二十一,页 671—672。

还可以自行出纳,简直就如虎添翼,似无其他官员监管。但这也正是使职特使的特权,只要皇帝信任他即可。他出任司农出纳使,应当也是如此方便,因为司农寺的出纳,按照律令,也须凭度支的文符。

至于杨国忠的其他几个使职(监仓使、祠祭使、木炭使、宫市使、长春宫使、九成宫使),则跟他的司农出纳使息息相关,属于业务相关而兼领的性质。司农寺原本监管各地粮仓,准备宫中祠祭用品和木炭,采买宫中物品(宫市),以及管理同州的长春宫、陕西麟游的夏季行宫九成宫①。这些业务现在都被杨国忠的木炭使、宫市使等等使职拿去了。

杨国忠出任右相后,他似乎不再任监仓使、祠祭使、木炭使等等"琐碎"的使职,但却又新增了一些更重要的使职,并且保有一些原有的旧使职。天宝十一载(752)的《杨国忠右相制》清楚记载:

> 可守右相兼吏部尚书,集贤殿学士,修国史,崇玄馆大学士,太清、太微宫使,仍判度支及蜀郡大都督府长史,剑南节度、支度、营田副大使,本道兼山南西道采访处置使,两京出纳,勾当租庸、铸钱等使并如故。②

他这些使职当中,最重要的财政使职有五个:判度支、两京出纳(应当是"两京太府、司农出纳使"的省称),勾当租庸使和铸钱使。他升任右相,又遥领剑南节度副大使,但他最重要的使命,仍

---

① 《唐六典》卷十九,页 519—530。
② 《唐大诏令集》卷四十五,页 223。

然是判度支等"专钱谷之任",直到安史之乱爆发,他陪同玄宗一行人,匆匆逃命到剑南成都。但逃到马嵬驿时,他就被乱军所杀。

在亡命途中,发生了一个动人的小插曲。玄宗一行人马,从禁苑西面的延秋门逃出(杜甫有诗《哀王孙》为证:"长安城头头白乌,夜飞延秋门上呼"[1]):

> 玄宗西幸,车驾自延英门(应作"延秋门")出,杨国忠请由左藏库而去,上从之。望见千余人持火炬以俟,上驻跸曰:"何用此为?"国忠对曰:"请焚库积,无为盗守。"上敛容曰:"盗至若不得此,当厚敛于民,不如与之,无重困吾赤子也。"命撤火炬而后行。闻者皆感激流涕,迭相谓曰:"吾君爱人如此,福未艾也。虽太王去豳,何以过此乎?"[2]

杨国忠请玄宗"由左藏库而去",似乎有深意。这个由他以判度支特使身份,经营数年、钱帛织品如山积的大财库左藏,现在要由他命手下"千余人"去持火炬焚毁了,以免落入安史叛军手中。国忠显然想让玄宗在临走前,亲眼看看这惊人的场面。但玄宗动了善念,命令"撤火炬而后行",因为叛军来了,得不到钱帛,恐怕会厚敛百姓,不如给他们,"无重困吾赤子也"。

值得注意的是,这个左藏居然要动用"千余人"持火炬来焚毁,则其库房之多(有东库、西库、朝堂库等,不只一库房)[3],范围之大,财货之山积,可以想见。事实上,玄宗自己的私房钱库"大

---

①《杜诗详注》卷四,页310。
②李德裕《次柳氏旧闻》,页7。
③《资治通鉴》卷二百一十六,页6893,胡三省注。

盈库",也就位于这左藏地区(史书上常称之为"左藏大盈库")。《资治通鉴》写玄宗车驾离去后,天明时,"山谷细民"争入宫中,"盗取金宝,或乘驴上殿",最后也烧了这个私房大盈库:

> 门既启,则宫人乱出,中外扰攘,不知上所之。于是王公、士民四出逃窜,山谷细民争入宫禁及王公第舍,盗取金宝,或乘驴上殿。又焚左藏大盈库。①

这个被烧毁的大盈库,里面应当贮藏着玄宗朝宇文融和韦坚等聚敛之臣,所括收来的财货宝物。

四、度支渐权百司之职

从杨国忠所带的这些使职和这个左藏故事看来,他判度支时"专钱谷之任",所为何事,也就历历清晰起来了。肃宗时的第五琦,继杨国忠之后,也在乾元元年(758)起判度支,并同时充任两京太府、司农出纳使和其他多种使职,职掌跟杨国忠类似,成了肃宗的大账房,"集财政收入和支出大权于一身"②。但第五琦似是唐史上最后一位太府、司农出纳使,以后未见有人继任,看来此使已废,被判度支取代,不须再任命。

事实上,太府司农出纳使所掌职务,在第五琦之后,改由判度支主管。判度支(度支使)的职权越来越大了,"渐权百司之职",

---

① 《资治通鉴》卷二百一十八,页 6971。
② 何汝泉《唐财政三司使研究》,页 178—179。

使原有的职司度支司（以及太府司农，甚至金部和仓部司），都遭到更进一步的使职化。建中元年（780），杨炎想要"罢度支、转运使，命金部、仓部代之"。但金仓"省职久废，耳目不相接"，无法回到旧制，最后还是要继续任命判度支的使职，来专掌钱谷的出纳①。贞元初，陆长源在《上宰相书》中，也证实"金仓不司钱谷"②。

这方面另一条很好的史料，见于杜佑贞元初的奏疏：

> 贞元初，度支杜佑让钱谷之务，引李巽自代。先是，度支以制用惜费，渐权百司之职，广置吏员，繁而难理。佑始奏营缮归之将作，木炭归之司农，染练归之少府。纲条颇整，公议多之。③

据此，肃宗以后的度支使，已非旧时度支司的司级主管度支郎中可比。旧时职事官度支郎中所管的"度支国用"等单纯业务，到了财税特使度支使手中，已扩大为全面管国家的钱谷出纳，管两税，管唐西半地区池盐和井盐的专卖，管左藏，管大盈库，管司农太府出纳，管营缮，管火炭，甚至管染练等等，业务真多。由此，可以解答为什么杨国忠当年判度支时，竟还带有火炭使等几个看似"奇特"的使职。现在，杜佑为了避免这个特使"广置吏员，繁而难理"，贞元初便上奏，请求把度支使所管的营缮归还将作监，木炭归还司农寺，染练归还少府监，但仍保留度支使主管钱谷出纳的

---

① 《资治通鉴》卷二百二十六，页7279。
② 《唐文粹》卷七十九，页4a。
③ 《唐会要》卷五十九，页1192。

重任,包括收入和支出。

本章重点在探索杨国忠如何把度支司使职化,结果如上所考。至于度支司在唐后期的进一步使职化,学界已有详细研究,不须在此赘论,特别是何汝泉近二十多年来的出色研究,为我们厘清了不少课题。他的结论是,度支使在唐后期一百多年的演变中,正如杜佑所说,经历过一个从职务简单到职务繁杂的过程,业务涉及两税、盐专卖、军费、各道节度使出兵时的"出界粮"等等。

为了配合它职务的繁杂,度支使下有一系列的下属僚佐,且都由度支使全权自辟,不须经过吏部的铨选,如度支副使、判案郎官、巡官和推官、粮料使等等。同时,度支还模仿盐铁转运使,设立了一系列地方下属机构,如度支院、度支监院和场院、度支巡院、榷盐使院、榷税使院等等①。这么庞大的使职附属组织和人员,宛然是长安朝廷外的另一个"小朝廷",跟盐铁转运使的"小朝廷"类似,没有其他使职可以比美。比如,节度使虽号称一方之霸,权势也只局限于某一地方,跟度支、盐铁两使,分掌全国东西两半财赋的大格局,逊色多了,远远不能相比。

五、结语

唐度支司的使职化,并非始于安史乱后,而是早在天宝年间,杨国忠判度支起,就遭到使职化。他以使职身份,不但总揽太府、司农的出纳,还管到宫中火炭等杂事。杨国忠以后的判度支或度支使,则更进一步把这个使职的职权扩大,到了一个更繁杂的地

① 何汝泉《唐财政三司使研究》,页234—253。

步,职务涉及两税、盐专卖、军费、节度使出兵时的"出界粮"等等,跟当初的职事官制度支司及其司级长官(度支郎中和员外郎),只不过负责度支国用等简单几项事务,天差地别。

这个使职化的结果是,唐后期度支司的司级长官,虽然一直未正式废除,但已沦为闲官,不再处理当初的度支国用等事,或沦为一种本官,仅以此去充任其他使职,比如肃宗朝的第五琦,就曾经以度支郎中的本官,去出任盐铁使。相反地,唐后期的度支使,则权势巨大,职务繁多,使他成了举足轻重的财政"三司使"之一,跟盐铁转运使和户部使,一起主宰唐后期的财政。原本传统的度支司,蜕变成一个由度支使主管的使职衙署,不再受职事官制约束,而像盐铁使司那样,有自己的附属地方组织和一系列自辟的使职僚佐,独立于三省六部之外,成了一个职权重,官员多的大衙署,宛然是另一个"小朝廷"。它也在关键地方设立度支院、监院、场院和巡院等等,仿佛拥有了自己小小的"地方政府",专管财务,一如皇帝拥有地方州县府一样。

第十五章 李泌和户部钱及户部司的使职化

> 李泌以京官俸薄,请取中外给用除陌钱,
> 及阙官俸、外(官)一分职田,(停)额内官俸及
> 刺史执刀、司马军事等钱,令户部别库贮之,以
> 给京官月俸,令御史中丞窦参专掌之。岁得钱
> 三百万贯,谓之户部别处钱,朝臣岁支不过五
> 十万,常有二百余万以资国用。
>
> ——《旧唐书·德宗纪》①

　　德宗贞元四年(788),京官的月俸远比外官低。例如,从三品的上州刺史,月俸 80 贯,而同品的御史大夫,只有 60 贯②。李泌前一年才刚接任宰相,有感于京官俸薄,想要解决这问题。但国库的财政状况不佳,要给这些京官们加薪,钱从何来? 照惯例,当然要从征税而来。问题是:该征什么税?

---

① 《旧唐书》卷十三,页 364。缺字据何汝泉《唐财政三司使研究》,页 293 引文补。

② 何汝泉《唐财政三司使研究》,页 308—309;刘海峰《论唐代官员俸料钱的变动》,《中国社会经济史研究》1985 年第 2 期,页 18—29。

一、李泌登场

李泌是唐史上的传奇人物,好谈神仙,足智多谋,不恋权位,喜归隐为"山人"。肃宗代宗都想请他当宰相,但他"固辞"。安史之乱时,肃宗"自马嵬北行,遣使召之,谒见于灵武。上大喜,出则联辔,寝则对榻"①。君臣两人甚至还"同榻而寝"②,好得不得了。德宗当时还是"奉节王,学文于李泌"③。代宗时,特别在皇帝起居的便殿蓬莱殿侧,为他盖了座书院。代宗时常穿着"汗衫","蹑屦"到那里去找他请教军国大事④。那时德宗"为太子,亦与之游"⑤。他是肃代两帝的军师,德宗的老师,胡三省称他为"奇士也"⑥。这样的高洁之士,当然不可能像杨国忠之流,去厚敛百姓,来为京官加薪。

于是,他想出了一个两全其美的办法,不需要征收百姓的税,又能给京官加薪。办法就是征集上引文提到的除陌钱、阙官的俸钱、外官的职田收入,以及刺史府州属吏执刀的料钱、州司马加军事带职时所加给的俸料钱等等,在户部设立一个专库来管理。这样征集到的税,年总收入可达到"三百万贯"(30亿文),称为"户

---

①《资治通鉴》卷二百一十八,页6985。《通鉴》所记的李泌事迹,许多不载于两《唐书》,包括这里所引用的几条。
②《资治通鉴》卷二百二十,页7035。
③《资治通鉴》卷二百三十一,页7441。
④《资治通鉴》卷二百二十四,页7199。
⑤《资治通鉴》卷二百三十一,页7441。
⑥《资治通鉴》卷二百二十,页7037,胡三省注。

部别处钱",用来支付京官们的月俸,每年也只"不过五十万"贯(5亿文),还有巨额的盈余"二百余万"贯(实估为25亿文),"以资国用",可以用作国家的贮备金,供将来紧急时支用,如水灾、和籴等等。像第五琦倡议的榷盐一样,这也是一件"皆大欢喜"的事,未见有反对声音,因此也得以长久实行,直到唐亡,成效颇佳。

唐玄宗以来的各种财税特使,第一位大多以毛遂模式得官。如果按照这个往例,德宗听到李泌这么美好的方案,想必又会"大喜",然后任命李泌一个全新的财税特使,好让他去执行这妙策,如宇文融受命充括户使,第五琦受命充盐铁使的先例。但李泌这样的高士,在德宗的再三恳请下,不得已才当了宰相,现在虽然献此良方,势更不可能再去当这样的使职。德宗便令当时的户部侍郎兼御史中丞"窦参专掌之",命他以"判户部"的财政特使身份,去专掌这件事。窦参和李泌熟识。他任判户部(这又是一个典型的动宾结构官名),可能出于李泌的推荐,就像李泌后来也"荐窦参通敏,可兼度支盐铁"一样①。于是,唐代又一个全新的财税使职,就这样诞生了,且从此以后长期设置,发挥了它强大的功能,成了唐最重要的三司使之一。

二、第一位户部使

从前面的叙述看来,李泌无疑是唐代户部使诞生的第一大功臣。这是他向德宗提出的新点子,他是第一人。窦参虽然是唐史上第一位出任此财职者,事实上他对这个新法毫无贡献,只不过

---

① 《资治通鉴》卷二百三十三,页7518。

因为献策者李泌不可能出任这使职，窦参才被任命去执行这计划罢了。不过，奇妙的是，唐史学界在争论谁是唐的第一位户部使时，却又另有人选，既不是李泌，也不是窦参，而是晚至宪宗元和二年（807）的武元衡①。这时，距离德宗贞元四年（788），李泌首次献策，已将近二十年之遥了。

武元衡之所以被选为第一位户部使②，是因为何汝泉认为，户部使的本官，要六部侍郎以上的级别才算数，而且要"他官专判"才行。武元衡之前的几个人，比如窦参和王绍，都不符合这条件。何汝泉认为，窦参是在执行"本职"，不是"他官专判"。王绍只是个郎官，还不到侍郎等级，也不算③。然而，户部钱早在二十年前就开始征集实行，武元衡不但不是献策者，同时他也只不过是这新法实行中途的一个执行者罢了。若从他开始看户部使的产生和演变，肯定看不清源头。他这样的"第一"名，又有什么意义呢？这里我颇同意何汝泉所说，户部使"产生的源头不能不追溯到贞元四年户部钱的设置"④。

我们在前面几章见过，唐代皇帝在财税使职的产生上，几乎

①何汝泉《唐财政三司使研究》，页358。

②唐代这个新使职，在正式任官制书和碑志中都称为"判户部"，不叫"户部使"。"户部使"这职称，在唐代文献中似仅出现两次。一次在《新唐书》卷二百二十三下，页6355："（崔）胤次湖南，召还守司空、门下侍郎、平章事，兼领度支、盐铁、户部使。"另一次在《卢氏杂说》，此书不传，但据《唐语林校证》卷七，页639引："夏侯孜为户部使"。《太平广记》卷二三三，页1786同。然而，唐史学界习惯上都称此使为"户部使"，或许是为了跟"三司使"的用法配合。本书顺从此惯例。

③何汝泉《唐财政三司使研究》，页275—276。不过，窦参虽然是户部侍郎，专管户部事，但户部钱并非户部司原有的职务。所以窦参也不算是在执行"本职"，而是在出任一个专判户部钱的使职。

④何汝泉《唐财政三司使研究》，页273—274。

都是被动的,都像柳芳所形容的玄宗那样,在"思睹奇画之士,以发皇明,盖有日矣"。换言之,皇帝都在等待毛遂来献策,心动后,再任命他一个新的使职去执行。因此,探讨一种使职的诞生起源时,我们要追问的,应当不是"谁是第一位特使",而应当是"谁是第一位献策者"。谁是那个想出新方案的人,这个人才最重要。虽然在唐代财政史上,第一个献策者,往往也是第一个特使(如宇文融和第五琦),但有时也不一定如此。比如贞元四年设置户部钱①,献策者是李泌,第一个被任命去执行的特使,却是窦参。本章从李泌说起,这样才对得起这位高人。

三、除陌和垫陌

李泌构想的户部钱,有几个来源:阙官俸料钱、外官阙官职田钱、停额内官俸料钱,停刺史执刀、司马军事钱等,这些前人所论已详②,不必赘论。但户部钱最主要的一个来源,所谓的"除陌钱",前人虽已论及,但"除陌"和相关的"垫陌"等事,却是唐史上一个纠缠不清的问题,历来各家说法不一③。这里拟比较详

① 在贞元四年之前,户部也"掌有钱物,但数量较少,在当时庞大的军国费用中,所起的作用甚微",而且这些钱物是"收贮在度支使司所掌仓库"。见何汝泉,《贞元四年前的户部钱》,《唐财政三司使研究》,页293—300。这部分何书的分析甚详,此不赘述。至于李泌的户部钱,由户部使司收贮,跟贞元四年之前的户部钱无甚关系,故本章从李泌说起。
② 以何汝泉所论最详最清晰,见其《户部别贮钱的来源》,《唐财政三司使研究》,页313—331。
③ 王怡辰《论唐代的除陌钱》,《史学汇刊》第22期(2008年12月),页19—44,检讨了除陌钱研究的争论。

细疏证①。先看《新唐书·食货志》的一段记载：

> 李泌以度支有两税钱,盐钱使有笯榷钱,可以拟经费,中外给用,每贯垫二十,号"户部除陌钱"。②

所谓"中外给用",即"中外给用钱",也称"内外支用钱"、"内外给用钱",或单称"给用钱"等等,常见于唐代敕诏。例如,元和十五年(820)六月敕:"其度支所准五月二日敕,应给用钱,每贯抽五十文"③;穆宗长庆元年(821)九月敕:"其内外公私给用钱"④;文宗开成元年(836)正月一日敕诏:"其京兆府附一年所支用钱物斛斗草等"⑤。

中外或内外,指京师和地方。所谓中外或内外给钱或支用钱,即指朝廷、州及方镇可以"支用"的预算经费。元和十五年五月,穆宗刚上台颁的一篇诏书,曾经提到这种"内外支用钱",指的就是"送上都及留州、留使、诸道支用、诸司使职掌人课料等钱"⑥。由此我们得知,这种"给用钱"或"支用钱",最大宗的要算州和方镇在两税下可以留用的部分,以及"诸司使职掌人课料等钱",包含官员们的各种俸料钱⑦。

---

①我在另一论文《唐代除陌法和除陌钱新解》,《唐史论丛》第 23 辑(2016),页 1—19,对这个课题有更详细的考释。
②《新唐书》卷五十五,页 1401。
③《唐会要》卷九十一,页 1975。
④《唐会要》卷八十九,页 1936。
⑤《册府元龟》卷四百八十四,页 5790。
⑥《旧唐书》卷十六,页 478。
⑦参看陈明光《唐代财政史新编》,页 321 及页 328—329。

"每贯垫二十文"中的"垫"字含义,历来未见有学者解读。我认为跟现代汉语的"垫"字含义一样,即"垫付"之意。最好的例证,见于《夏侯阳算经》中的一道数学题:

今有钱五千四百六十三贯四百五十文,准例每贯纳五十文充垫陌,问合垫几何? 答曰:二百七十三贯一百七十二文五分。①

这道数学题,原本应当是要教导唐代那些算学生,如何计算户部钱这一类需要"除垫"的税钱,且有实际算题佐证,让我们清楚知道,户部钱是怎样算出来的。唐代一贯是一千文钱,"每贯纳五十文"即5%。用现代的演算方法,可得:

$$5463450 \times 0.05 = 273172.5 (0.05 \text{ 为 } 5\% \text{ 的小数式})$$

这跟《夏侯阳算经》所给的答案正合,一文一分都不差。若以方镇在两税下可以留用的经费来说,"每贯垫二十文"的意思,就是方镇要在每一贯中"垫付"2%给中央。这便是"垫陌",也就是上引文所说的"充垫陌"。中央收到这种方镇垫陌的钱,便称为"垫陌钱"。

《新唐书·食货志》上引文说,"每贯垫二十,号'户部除陌钱'"。这里先说"垫二十",然后又说是"除陌钱"。为什么它不

---

① 钱宝琮点校《夏侯阳算经》,收在《算经十书》卷下,页454。《夏侯阳算经》约成书于785年左右,见李兆华《传本〈夏侯阳算经〉成书年代考辨》,《自然科学史研究》2007年第4期,页551—556。

沿用先前的"垫"字,直接说成是"户部垫陌钱",而要说成是"户部除陌钱"呢?"除陌"和"垫陌"有什么不同?

其实,"除陌"也就是"垫陌"。以上例"每贯垫二十文"来说,方镇要在留使的两税中,"垫付"2%给中央。这也就等于说,方镇要在两税中扣"除"2%给中央。这样,说成是"垫陌钱"或"除陌钱",都可以。《新志》用"除陌钱",可能是不想重复前面的"垫"字,而且"除陌"的说法,更古老,源自南朝梁武帝时代的"除陌"法①。"垫陌"和"除陌"只是说法略微不同,实际上方镇交纳的钱数是相同的。这就是为什么,胡三省注《通鉴》,有一处就说"垫陌钱"即"赵赞所行除陌钱也"②。

"除"和"垫"同义,还有唐代敕令上的证据。例如,穆宗长庆元年(821)九月敕:"宜每贯一例除垫八十,以九百二十文成贯。"③这里用了"除垫"一词,显示"除"就是"垫","垫"就是"除",完全同义,跟上引《新志》前面说"每贯垫二十",接着又说是"户部除陌钱",异曲同工。

唐代文献中,还常可见到"抽贯"、"每贯抽",甚至"抽取"等词,也都跟"除陌"和"垫陌"同义。例如,元和十五年(820),穆宗刚即位时,下了一道诏书说:

> 五月壬寅朔。癸卯,诏:"……其京百司俸料,文官已抽修国学,不可重有抽取;武官所给校(较)薄,亦不在抽取

---

① 拙文《唐代除陌法和除陌钱新解》,《唐史论丛》第 23 辑(2016),页 1—19。
② 《资治通鉴》卷二百二十九,页 7392。陈明光也认为"垫陌"即"除陌",见《唐代财政史新编》,页 323。
③ 《唐会要》卷八十九,页 1936。

之限。"①

"抽修国学"一句,是说要从京官俸料中,征抽若干文,以翻修国子监。"不可重有抽取"一句,则是穆宗体贴这些文官,因为他们之前已被国子祭酒郑余庆,征抽1%的月俸,去整修国子监,所以今年放免,不可再重复"抽取";武官本来就俸薄,也不必"抽取"。换言之,他们的俸料钱,不必再被"除陌"或"垫陌"。

长庆二年(822)三月,穆宗又下诏说:

> 近者师旅屯集,馈饷颇多,不免于诸道留州使钱内,每贯抽二百文以充军用。②

这是当年为了筹军费,下诏要对诸道留州、留使钱,每"贯抽"20%,比李泌户部钱每贯抽2%,高出十倍。不过,这只是战争期间的紧急措施,跟李泌的户部钱无关,是一种额外的加征。但这里的"每贯抽",跟上一例的"抽"和"抽取"一样,都等同"除陌",也就是从每贯"扣除"若干文的意思。因此,"除陌"的"除",就是"扣除"的"除",也就是从每一贯中,扣除百分之几的意思。

四、户部钱的特点

贞元四年(788),李泌向德宗提他的户部钱点子时,他用的是

---

①《旧唐书》卷十六,页478。
②《册府元龟》卷六十五,页722。

一种除陌法(每一贯扣"除"百分之几的方法),来征集户部钱。这种"除陌法",源自南朝萧梁时代的货币"除陌",原本跟征税无关,但唐代却用了这种计算法来征税。"陌"是"佰"的通假字,即"百"字。"除陌"应当读作"除百"才是,一种"除去百分之几"的计算法。

李泌的"户部除陌钱",从中外给用钱中,除去2%,所得到的税钱,便是"除陌钱"。然而,唐史学界常把李泌的"除陌钱",跟赵赞在德宗建中四年(783)六月所征收的除陌交易税,混淆了,甚至还跟玄宗天宝九载(750)二月敕令中的"除陌钱每贯二十文"①,也搞在一起,越论越乱。我另有一专文厘清此事②,此不赘。

除陌钱并非专称,并不专指李泌的除陌,也不专指赵赞的除陌,亦不专指天宝九载的除陌。所谓"除陌钱",是个通称,可以指任何"扣除百分之几"计算出来的钱。李泌对"中外给用钱"扣除2%,征收到户部钱,所以它是一种除陌钱。赵赞在"天下公私给与贸易"的,扣除5%,征收到交易税,所以他的也是除陌钱。天宝九载的"除陌钱"更特别了。它是皇帝敕定,官方民间都可以从每一贯钱币(1000文)中,合法扣除2%,成为980文,但仍当作一贯来使用。这根本不是税钱,而是货币除陌"短钱"(类似梁朝的除陌"短钱"),以应付货币短缺问题。

但学界常把天宝的这种货币除陌"短钱",当成是赵赞的那种除陌税钱,然后又把李泌的户部除陌钱,跟赵赞的除陌税钱,也全扯在一起讨论,让人越读越迷糊。这是三种不同的东西,不同的

①《唐会要》卷六十六,页1364。
②《唐代除陌法和除陌钱新解》,《唐史论丛》第23辑(2016),页1—19。

钱,原本不应当混淆,但不幸当时的敕令和奏疏等文献,"不巧"都用上了"除陌"两字,把后人(包括司马光)迷惑了,误导了。但只要弄清,"除陌"只是一种计算法,迷惑应当就可以消解。

李泌户部除陌钱有一大特点,就是它征集的对象,不是广大的百姓人民,而是"中外给用钱"。这是李泌最有创意的地方。他没有在常赋(两税)之外又加敛百姓,没有增加他们的税务负担。这点,跟他的高人和山人性格,颇为相配。

其实,李泌的户部钱,征抽对象为"中外给用钱",跟赵赞的征抽对象"天下公私给与贸易"①,有一大部分相同。相同的是,两人都要征"中外给用钱",即官方往来的经费部分。不同的是,赵赞还要加征"私给与贸易",即民间私贸易买卖的部分。赵赞之所以失败,正因为他的税法,特别是在民间实行时,太复杂,太繁琐,弄得民怨四起,难以执行。德宗又因朱泚之乱,逃命奉天,于是约半年后,就在兴元元年(784)正月,匆匆紧急下敕"停罢"②,连同赵赞同时推行的恶名昭彰"间架税",以及其他杂税,以平息民愤。赵赞也落得"巧法聚敛"的罪名③。其实他跟王锷和杨国忠等"聚敛之臣"不一样。他是为了替国家筹军费才不得不征税,没有私心,只是方法太严苛,不受百姓欢迎。

李泌就在赵赞失败后约四年,推行户部钱。他应当是汲取了赵赞的前车之鉴,变得精明起来,不去碰"私贸易"部分,只征公家往来给用经费,而且征收率只有2%,比赵赞的交易税略低。中外衙司(包含方镇,至少那些不叛逆的方镇),以及某些官员们,也就

①《唐会要》卷八十四,页1830。
②《资治通鉴》卷二百二十九,页7392;卷二百三十三,页7509。《旧唐书》卷四十九《食货志》,页2128,记为"兴元二年"罢,误。
③《旧唐书》卷十二,页336。

按规定垫付,未闻有反对抗议之声,无不听话,圆满成功,得以长期实行,直到唐亡①。

李泌的方法,相当简化,不像赵赞的那么复杂。从世界征税历史看,越简单、越容易抽的税,越能成功,越不会有反对声音。李泌的方法正是如此。其中央部分,比如中央发给官员的俸料钱,即"诸司使职掌人课料等钱",其征收方式,很可能便是预先"除陌"了2%,再放发给官员们。简单利落。

至于"送上都及留州、留使"的两税部分,因为这种税钱,原本就留在州和方镇那里,所以便由州和方镇"垫付"给中央。陈明光说,这"实质上是中央财权向地方方镇争夺更多财力的一个有效手段"②,很有道理。

上文说,户部钱的征集,对百姓没有直接的冲击。不过百姓最后可能还是会受到一些间接的影响。比如,在两税方面,可能会被州或方镇加征,以补偿他们在"垫付"户部钱给中央时的"损失",但大体上百姓应当不会感受到瞬间直接的冲击。这点跟盐税的间接冲击相似,比较没有"痛感"。李泌的户部钱法,也从未见有儒臣批评为"聚敛",得以长期征收。另一个关键原因恐怕是:儒臣是这项户部钱的直接受益者。户部钱最主要的设置目的,原本就是要增加京畿官员的月俸。儒臣如果要表示"爱民",反对征户部钱,那么他们的月俸也会跟着被大砍。这关系到他们的切身利益,大家就以"沉默"为贵了。

就这样,唐朝廷以李泌的除陌2%方法,从"中外给用钱"中征抽到一大笔税钱,再加上阙官俸、外官职田钱、额内停官俸及刺史

①关于户部钱的详细研究,见何汝泉《唐财政三司使研究》,页301—347。
②陈明光《唐代财政史新编》,页328。

的执刀、司马军事等钱,每年可征集到高达300万贯的"户部除陌钱"。这办法长年施行,慢慢也演变成一种"常赋"了,户部使也始终长期任命。到贞元中,税茶钱也由户部使司收管,成了户部钱的一部分。宣宗大中年间,单是茶税项,就约有60万贯的岁入。户部钱后来增置的收入来源当中,还有外官阙官禄米和长春宫营田收入等①。

户部钱除了支付京畿官员月俸外,若有盈余,则用于救灾、和籴、京司行政费、宫廷开支费和若干零星的军费(如给诸军冬衣)②。然而,军费(特别是讨伐叛逆藩镇,诸道用兵的出界粮费),是项庞大开支。判度支杜佑,曾经作过一个精准的估计:"今诸道用兵,月费度支钱一百余万贯,若获五百万贯,才可支给数月。"③以户部钱一年总收入,仅有约三四百万贯来判断,若用于军需,仅能支撑几个月。据此看来,户部钱或许可用于零星的军需(如上面提到的"诸军冬衣"),但不可能用于大规模的征讨出兵军费。因此,宪宗元和年间讨伐叛逆的藩镇时,负责军费的度支使(判度支),都要临时上奏皇帝,请求加征。

例如,元和中讨伐淮西和河北时,便曾经这样做。当时,李泌的除陌法,显然给了宰相兼判度支皇甫镈一些"灵感",于是他便模仿这除陌法来征收战争税。度支的正常收入,最大宗的原本是

---

① 何汝泉《唐财政三司使研究》,页324—330。
② 何汝泉《户部别贮钱的用途》,《唐财政三司使研究》,页332—347。
③ 《旧唐书》卷十二,页332。据圆仁的《入唐求法巡礼行记校注》卷四,页434,武宗会昌三年(843)九月讨伐河北道昭义之叛时,"供军每日用廿万贯钱,诸道般载不及,遂从京城内库般粮不绝"。这等于每月的供军费达到600万贯,比杜佑的估计每月100余万贯,高出约六倍。但圆仁的身份,只是个日本和尚,在唐代中国求佛法。他的数字很可能是"道听途说"得来,可供参考,但不如杜佑的可靠。

盐税和两税,但这时显然不足了,军费又吃紧,皇甫镈便上奏,请在常设的户部钱之外,"复抽五十送度支以赡军":

> 会吴元济、王承宗连衡拒命,以七道兵讨之,经费屈竭。皇甫镈建议,内外用钱每缗垫二十外,复抽五十送度支以赡军。①

这明显是在"模仿"户部除陌钱的征收方式,来加征军费。上引文"内外用钱每缗垫二十外"一句,指常设的户部钱征收率2%。现在皇甫镈也打"内外用钱"的主意,要加"抽"五十文(5%)以助军,比户部钱的征收率2%还高。然而,他这额外的加征所得,却不是送户部收管,而是"送度支",因为度支使负责各方镇兵出界征讨的粮料费,可证这次加征跟李泌的户部钱无关,而是度支使"模仿"了李泌除陌钱的加征法,但"送度支"收管,不经由户部除陌钱。事实上,这应当是度支使皇甫镈自行上奏皇帝,加征5%的战争税来赡军。他并非利用户部所征到的除陌钱来赡军。晚唐的度支使,权势很大(比户部使更强大)②,又是皇帝特使,可以主动上奏皇帝,获准后就可自行征税来筹军费,完全不须经过户部,只是"模仿"了户部的除陌法。

　　皇甫镈正因为在户部钱征收之外,还对"内外用钱"加征5%的赡军税,在当时儒臣看来,似乎成了"常赋"外的一种横征,加上他"自掌财赋,唯事割剥,以苛为察,以刻为明",以致他被裴度、崔

---

①《新唐书》卷五十四,页1389。
②何汝泉《唐财政三司使研究》,页224。

群等宰臣,猛烈抨击为"聚敛媚上,刻削希恩"①。唐后期的财政特使当中,绝大部分都是专业型的"君子",皇甫镈倒是极少数的"非君子"之一。

五、户部司的使职化

旧有的户部司,有司级长官郎中、员外郎各两员,"掌领天下州县户口之事。凡天下十道,任土所出而为贡赋之差"②。简单说,就是掌管全国三百多个州,一千五百多个县的户籍,制作户籍簿,以确定全国有多少课税和不课税户口,作为征税的最重要依据。在唐初实行租庸调时,户部司的职掌当然十分重要。

然而,到了玄宗开元天宝年间,户籍的登录已"不为"。安史之乱更把整个户籍制度摧毁了,人口严重流失,朝廷征收不到足够的常赋(租庸调),就实行常赋外的横征,比如任命第五琦以江淮租庸使的名义,到江淮去征"吴盐、蜀麻、铜冶"③等杂税;元载也以同样的特使名义,到江淮去"按籍举八年租调之违负及逋逃者,计其大数而征之"④,连过去八年的欠税也要括收,可知民户流失之多,国家财政之困。幸好,战乱期间开始实施的榷盐,征收到不少盐税,舒缓了国用和军费之急。在这样的背景下,户部司成了几乎没有作用的闲司。

---

① 《旧唐书》卷一百三十五,页 3739—3740。
② 《唐六典》卷三,页 64。
③ 《新唐书》卷五十一,页 1347。
④ 《资治通鉴》卷二百二十二,页 7119。

杨炎在大历十四年(779)向德宗建议行两税法时,对开元到代宗大历末数十年来的户籍和租庸调状况,有一段权威而精彩的描述:

　　　　初定令式,国家有租赋庸调之法。开元中,玄宗修道德,以宽仁为理本,故不为版籍之书,人户浸溢,隄防不禁。丁口转死,非旧名矣;田亩移换,非旧额矣;贫富升降,非旧第矣。户部徒以空文总其故书,盖得非当时之实。旧制,人丁戍边者,蠲其租庸,六岁免归。玄宗方事夷狄,戍者多死不返,边将怙宠而讳,不以死申,故其贯籍之名不除。至天宝中,王钺为户口使,方务聚敛,以丁籍且存,则丁身焉往,是隐课而不出耳。遂案旧籍,计除六年之外,积征其家三十年租庸。天下之人苦而无告,则租庸之法弊久矣。迨至德之后,天下兵起,始以兵役,因之饥疠,征求运输,百役并作,人户凋耗,版图空虚。军国之用,仰给于度支、转运二使。①

　　这些话并非史官后来的综述,而是杨炎在奏疏中亲自对德宗所说,当不假。既然"租庸之法弊久矣",而"人户凋耗,版图空虚",那户部司还有什么作为呢? 杨炎两税法的革新精神,正是"户无土客,以见居为簿",再也不需要靠过去户部司所维护的那种户籍制度,便可就地征收,而两税又是由新设的度支使司负责,户部司变得更闲简无事了。因此,两税实行后两年,在德宗建中三年(782),户部侍郎判度支杜佑的奏疏就说:

　　---

①《旧唐书》卷一百一十八,页 3420—3421。

天宝以前,户部事繁,所以郎中、员外各二人判署。自兵
兴以后,户部事简,度支事繁,唯郎中员外各一人。请回辍郎
中、员外各一人,分判度支案,待天下兵革已息,却归本曹。①

所谓"天宝以前,户部事繁",即指天宝以前,户部司要掌管户籍和
租庸调等事,事务繁重,所以那时户部司有"郎中、员外各二人判
署"。但安史兵乱后,变成"户部事简,度支事繁",因为户部这时
已无户籍可管(贞元时,陆长源在《上宰相书》中也提到这点:"户
部无版图。"②),无税可征,反而是度支使变得"事繁",因为度支
使这时要负责唐西半部的漕运和盐税,且从德宗建中元年(780)
起,还负责两税的征收和军费。

杜佑这时正在"判度支",他发现手下"唯郎中员外各一人"
在办事③。所以他要上奏德宗,请户部司原有编制内的二员郎中
和员外郎,"回辍郎中、员外各一人,分判度支案",等天下"兵革已
息"后,再"却归本曹"。

杜佑的这篇奏疏,提供了一个最明确的例证,清楚显示户部
司的使职化,是怎样产生和展开的。因为户部司成了闲司,所以
它的司级官员(郎中和员外郎),现在可以被派去"支持"事繁的
度支使司,甚至可以户部郎中和员外郎为本官,去出任其他使职。
例如,唐代翰林学士当中,就有三个人的本官是户部郎中:韦处
厚、高钬和王源中④。换句话说,这三个户部郎中,都没有去管财

①《通典》卷二十三,页637。
②《唐文粹》卷七十九,页4a。
③据《唐六典》卷三,页79—80,度支司的确只有郎中和员外郎各一员。金部
司和仓部司亦同,只有户部司有郎中和员外郎各二人。
④丁居晦《重修承旨学士壁记》,《翰苑群书》卷六,页35—37。

赋,却跑去学士院教皇帝读书或写制诰。这就是唐代之所以会产生许多所谓"本官"的一大原因。他们大抵是先成闲官,然后才以其本官去充任其他各种使职。但这也算是在充分运用这些闲官,不致于"浪费"人才。

杜佑上奏后约六年,在德宗贞元四年,李泌提出户部钱时,他便"以度支有两税钱"(度支司现在要管两税),才把京官月俸钱的征收和管理业务,放在已成闲司的户部司,故名"户部钱"。但要注意的是,如今这个户部司变成全新的使职衙署,其主管(判户部或户部使),也是全新的特使,无官品,不再属于传统的职事官制度。原有的户部司,成了"令外之官"掌管的"令外之司"(户部使司),遭到了最彻底的使职化,简直脱胎换骨,成了一个全新的衙署。窦参判户部时,这个户部司已非旧时的"职司",而是个"令外之司"的"使司"(使职的衙署),因此我们恐怕也不能说窦参是在掌"本职"。

六、结语

唐初,户部司原本掌管户籍和租庸调征收。但玄宗以降,户籍崩坏,逐渐不修。安史之乱,更摧毁了整个户籍和租庸调制度。唐代的财赋,改由各种新任命的使职来掌判。原有的户部司成了户部使的办公衙署,主要掌管户部钱,跟之前掌户籍和租庸调,相去甚远。

户部钱是李泌向德宗提出的新征税方案,主要是向中央和地方的支用经费(包含州和方镇的两税留用部分),以一种"除陌"百分扣除法,征抽2%,再加上阙官俸料钱和后来的税茶钱等,设立一个专库来管理,主要用于增加并支付京畿官员们的月俸。户部钱刚设立时,年收入即高达约300万贯(30亿文),但京畿官员月俸每年才不过约50万贯(5亿文),所以它还有盈余约250万贯(25亿文),可以充作国用贮备金,以应付紧急开支,比如救灾及和籴等。

唐后期讨伐叛逆的藩镇,常有战争,军需不足,则同样以"除陌"百分扣除法,在户部钱的征收之外,再加征5%或更高的税,充作军费,但乱平即止。这种一时性的军费税,因为也以除陌法来征收,学界也常把它跟户部除陌钱混淆。

自从赵赞对民间征抽交易税以后,从李泌的户部钱开始,直到唐亡,唐朝廷就没有再对百姓征抽"常赋"(两税)以外的直接税(州县官员自行擅自对百姓加征,那是另外一回事)。朝廷似乎从赵赞的失败,和李泌的成功中,得到"启示",知道对百姓直接征税,会引发强烈反弹,不如对"内外给用钱"征税,包括庞大的战争税。这样百姓和儒臣,都再也没有反对声音。其实,百姓最后可能还是会受到一些影响,但即便有,也是"间接"的,一如间接税盐税,对百姓没有造成什么"痛感"。这就是间接税的妙用。在唐代赋税史上,户部钱常常没有被学者当成一种"税"来讨论,可见李泌之法是如何"隐密",如何大有巧思。

户部司闲简无事后,唐朝廷原本可以设立另一个新的职司,来取代旧司,但它却不这样做,而是把新设的户部钱,让这个旧有的户部司来管理,使它变成了一个使职衙署,其主管也不再是有官品的职事高官,而是一个皇帝特使的使职,没有官品,但权力更大,跟皇帝的关系也更密切。这就是一种使职化,以特使来掌财计。

使职的出现,改变了唐政府原有的三省六部架构。唐后半期的财政高官,纷纷从传统的职事官,一跃而成皇帝的特使,权势巨大。这让我们见识到官制演变的一些机制。唐代官场就像是官制运作的一个实验场。我们可以从中见到一些活生生的案例,也可理解到,天下不可能有所谓永远"完美"的制度,可以永恒运作不变。各种制度总有改变的一天。唐后期正因为环境改变了,朝廷征收不到传统的赋税(租庸调),所以改命特使去征收其他"间接"形式的税,如盐税和户部钱,这样才能应付不断改变的时代和环境。

第六部分

———— * ————

牧守及总结

第十六章　唐州府定位和刺史的职望与选任

> 杭州户十万，税钱五十万，刺史之重，可以
> 杀生，而有厚禄。①
>
> ——杜牧《上宰相求杭州启》

　　刺史是州的长官，唐诗中雅称为"使君"。唐代有三百多个州，下统一千五百多个县。每一州需由中央派遣一位刺史，去主持州政。每一县也需一位县令，来主持县政②。朝廷要管理数量如此庞大的州县和州县官，是项庞杂的行政工作。在唐代高层文官当中，刺史无疑是人数最多的一群。在两《唐书》、墓志和碑刻等文献中，刺史的出现频率非常之高，几乎随处可见。这是一个庞杂无比的官员群体，不只有汉族士人，还有军人，甚至外族蕃将。专研刺史的论著不多③。最重要的一种专书，无疑是郁贤皓

---

①《杜牧集系年校注》卷十六，页1019。
②拙书《唐代中层文官》第四章，专论县令。
③长部悦弘《唐代州刺史研究——京官との関連》，《奈良史学》9号(1991)，页27—51；刘诗平《唐代前后期内外官地位的变化——以刺史迁转途径为中心》，《唐研究》第2卷(1996)，页325—345；张卫东《唐代刺史若干问题论稿》。

的五册大作《唐刺史考全编》,对任何刺史研究,都是一套重要的工具书。

本章拟先专论唐代刺史最关键的一个课题:州府的定位跟刺史的职望与选任。解决了这个问题,我们才能有稳固的基础,来探讨其他课题,诸如刺史的税官角色(第十七章),以及刺史如何兼充都督、都护、节度使及其他使职(第十八章)。

一、州府定位的类别与目的

我们在史料中若初次遇到一位刺史,首先要怎样"评估"他?要怎样才能深一层认识他?

首先要问:这位刺史是在怎样的州府任官?该州府的"定位"为何?是重要的"辅"州?还是户数稀少的"下"州?是个都督府州,还是个上州?有了这个基本了解,我们才有可能去评估这位刺史的官场地位、历练、仕宦成就和前景,甚至俸钱等等细节。换言之,并非每州刺史都一样。大州刺史,如汴州(治今河南开封)刺史,跟小州刺史,如高州(治今广州高要)刺史,相去如天差地别。唐代官员在品评同僚时,应当也都会下意识地马上先想到他任刺史的州府定位。这应当是他们做官多年,必然会累积的常识,一种"官场行情",好比今人所说的"学界行情"那样的常识。唐州府的定位,也就成了今人认识刺史的第一步。

学界过去讨论唐代州府,一向采用"等级"的说法,如翁俊雄的《唐代州县的等级制度》。我从前也沿用"等级"说。但近来重新细读原始材料,发觉"等级"说不妥,因为这不是单一的"等级制度"。唐朝廷并不曾给唐代的三百多个州,只排一个等级,按高低顺序位置。实际上,唐朝廷为三百多个州府,依其府级、地望和户数,分成三大类别,每一类当中又再有等级的定位。"定位"一词,比"等级"精准多了。

《通典》在记叙此事时,用的正是一个"定"字("定天下州府"也),定位而已,未提"等级":

> 开元中,定天下州府,自京都及都督、都护府之外,以近畿之州为四辅。同、华、岐、蒲四州谓之四辅。八年,都督刺史品卑者,借绯鱼袋(此句离题甚远,疑衍)。按《武德令》,三万户以上为上州。《永徽令》,二万户以上为上州。显庆元年九月敕,户满三万以上为上州,二万以上为中州。先以为上州、中州者,仍旧。至开元十八年三月敕,太平时久,户口日殷,宜以四万户以上为上州,二万五千户为中州,不满二万户为下州。六千户以上为上县,三千户以上为中县,不满二千户为下县。其余为六雄、郑、陕、汴、绛、怀、魏六州为六雄。十望、宋、亳、滑、许、汝、晋、洛、虢、卫、相十州为十望。十紧、初有十紧州,后入紧者甚多,不复具列。及上中下之差。凡户四万以上为上州,二万五千以上为中州,不满二万为下州。亦有不约户口以别敕为上州者。又谓近畿者为畿内州,户虽不满四万,亦为上州。其亲王任中、下州刺史者,亦为上州。王去任后,即依旧式。天宝中,通计天下凡上州一百九,中州二十九,下州一百八十九,总三百二十七州也。[①]

翁俊雄根据《通典》此条说,"唐代除了在全国具有战略意义的五

---

① 《通典》卷三十三,页 909。

十七州设置大、中、下都督、都护府外，将其余二百余州划分为府、辅、雄、望、紧、上、中、下八个等级"①。然而，《通典》其实并未说这是八个等级。若依这八等说，那便是一种从上到下排序的单一标准：府为第一等、辅第二等，以此类推，上州成了第六等，中州第七等，下州第八等。但细读《通典》原文，意思应当不是这样。

实际上，开元定天下州府，用的不是"八个等级"的单一标准，而是按照州府的府级、地望和户口来给它们定位，用的是至少三种类别标准。以府级来说，分为"京都及都督、都护府"；以地望而言，分为"四辅、六雄、十望、十紧"；以户口来说，又有"上中下之差"。如果把"八个等级"，改称为三种类别（府级、地望、户口），或许比较适宜，比较不会产生误解。

《唐六典》也有一段记载，类似上引《通典》此条，但其中有一句，却是《通典》所无，深具启发意义，那就是它还多了一个"边州"的定位："安东、平、营、檀、妫、蔚、朔、忻、安北、单于、代、岚、云、胜、丰、盐、灵、会、凉、肃、甘、瓜、沙、伊、西、北庭、安西、河、兰、鄯、廓、迭、洮、岷、扶、柘、维、静、悉、翼、松、当、戎、茂、巂、姚、播、黔、骦、容为边州。"②据此可知，这种"定天下州府"的举动，不是要给州府排一个单一的高低"等级"，而是要依不同的尺度（府级、地望、户数、边州等等），来给三百多个州府，做不同目的的定位。

换言之，唐的州府，可以有两种或以上的定位，不单只是一种。《旧唐书·地理志》一般只列州府的一种定位，但它对下面四个州，却有特殊处理，给了这四州两种定位：

---

①翁俊雄《唐代的州县等级制度》，《北京师范学院学报》1991 年第 1 期，页 9。
②《唐六典》卷三，页 73。

華州上辅①
同州上辅②
襄州紧上③
光州紧中④

以地望而言,华州和同州属辅州,但以户数定位,两者又是上州。襄州地望为紧州,户数为上州。光州地望为紧州,户数为中州。这四个州,同时有两种定位,并无任何冲突矛盾。在理解上,也不构成任何问题。其他州府也可以仿照这四州,有两种或更多的定位,但在两《唐书·地理志》和《元和郡县图志》等地理书,我们几乎只见到一种定位。以上四例,可能是《旧唐书》编纂成书后的"漏网之鱼"。若依其体例,原本应删除其中一种定位,但不知何故,无意中留存了下来⑤。

《唐会要》也保存了一条开元十八年(730)十一月的敕文,也是一段很珍贵的州府定位史料:"灵、胜、凉、相、代、黔、巂、丰、洮、朔、蔚、妫、檀、安东、迭、廓、兰、鄯、甘、肃、瓜、沙、岚、盐、翼、戎、慎、威、西、牢、当、郎、茂、驩、安、北庭、单于、会、河、岷、扶、拓、安西、静、悉、姚、雅、播、容、燕、顺、忻、平、灵、临、蓟等五十九州,为边州。扬、益、幽、潞、荆、秦、夏、汴、澧、广、桂、安十二州,为要州。

---

①《旧唐书》卷三十八,页1399。
②《旧唐书》卷三十八,页1400。
③《旧唐书》卷三十九,页1549。
④《旧唐书》卷四十,页1577。
⑤据所知,这四例是陈志坚最先指出,见其《唐代州郡制度研究》,页6。《新唐书·地理志》也有几个这类例子,见陈书,页6。

都督刺史,并不在朝集之例。"①这里有两种州府定位分类:明确规定灵、胜等59州为"边州";扬、益等12州为"要州"。这次定位的目的,是为了规定这些"边州"和"要州"的都督和刺史,不需要在岁末入京师长安"朝集"述职②。唐朝之所以要给州府不同的定位,主因是各种定位的目的不同,用处不同。

以"京都及都督、都护府"这种府级定位来说,其关键目的便在那个"府"字。这是比"州"高一级的地方单位。所谓"京都",指长安(上都)、洛阳(东都)和太原(北都)。这三都是唐前期最重要的"三府",分别又称为京兆府、河南府和太原府。至于都护府,设在边疆外族地带(如安西、安北都护府),都督府设在边州(如灵州)和内地的战略要州(如广州),都具有"府"的地位,比一般的"州"高一等。

唐代的州分辅雄望紧,本章称之为"地望定位"。"地望"一词仿照唐五代人的用法。比如,叔孙矩写的《大唐扬州六合县灵居寺碑》,便形容扬州"惟扬大都,地望雄极"③。五代后周太祖广顺三年(953)十一月的一道敕,更给"地望"和"户数"定位,作了清楚的区分:"天下县邑,素有等差。年代既深,增损不一。其中有户口虽众,地望则卑,地望虽高,户口至少,每至调集,不便铨

①《唐会要》卷二十四,页536—537。这里所列举的边州,其实只有56个,非文中所说的59个,跟《唐六典》所列的50边州,大抵相同,但不完全吻合,还有待校证。造成这个差异,也可能是因为《唐六典》所列的边州,其定位年代跟《唐会要》的不同。不同年代的定位,有可能会对"边州"名单有所增删。
②关于朝集制度,见雷闻《隋唐朝集制度研究——兼论其与两汉上计制之异同》,《唐研究》第7卷(2001),页289—310。
③《全唐文》卷七四五,页7716。

衡。"①这就是为什么,在上引《通典》的"定天下府州"记载,会特别提到唐代有敕令规定,"近畿者为畿内州,户虽不满四万,亦为上州"。这是因为,唐代也有像周太祖敕中所说的现象:畿内州"地望虽高",但"户口至少"。然而,这些畿内州太重要,即使户口少(表示税收少),朝廷还是要"别敕"这些州"亦为上州",以示其崇高地位。

后唐也曾经因为地望考虑,"重定"了当时"三京诸道州府"的"地望次第"。此事见于明宗长兴三年(932)四月戊午中书奏:"奉敕重定三京诸道州府地望次第者。据《十道图》旧制,以王者所都之地为上。本朝都长安,遂以关内道为上。今宗庙宫阙现都洛阳,请以河南道为上,关内道第二,河东道第三,余依旧制。又本朝都长安,以京兆府为上。今都洛阳,请以河南府为上。其五府按《十道图》,以关内道为上,遂以凤翔府为首,河中、成都、江陵、兴元为次。中兴初,升魏博为兴唐府,镇州为真定府,皆是创业兴王之地,不与诸府雷同。今望以兴唐、真定二府升在五府之上,合为七府,余依旧制。"②对后唐来说,魏博兴唐府和镇州真定府,"皆是创业兴王之地",以地望为重,所以要重新排在"五府之上",不跟其他五府"雷同"。

至于户数定位的目的,显然是为了赋税。上引杜牧的名言"杭州户十万,税钱五十万",便把户数和税钱联系起来说,可知唐人一提到户数,便会联想到税钱。唐朝廷以州的户数来定其上中下等,应当也属这种考虑,意味着朝廷可以从上等州,收到最多的税粮,中等州次之,下等州最少,只是没有说得如此直截

①《五代会要》卷二十,页325。
②《册府元龟》卷十四,页165。

了当。到了明朝，朝廷定县的等级，便明确说是以"税粮"来作标准，且县官的品秩跟县等级挂钩，一如唐代的州县官品秩，跟户口挂钩一样：

> 是岁定各县为上中（下）三等。税粮十万石之下者，为上县，知县从六品（县丞从七品），主簿从八品。六万石之下者，为中县，知县正七品，县丞正八品，主簿从八品。三万石之下者，为下县，知县从七品，丞簿如中县之秩。①

明朝定县等级，连户数都不必提，因为税粮多，户数自然也多。唐代不提税粮，只提户数，实际上是异曲同工。这等于说唐的上州，户数多，刺史可以收到的税钱也多，但他的责任也就比较大，税务工作应当也比较繁重，所以他所能得到的"补偿"，便是他的官品、职望、甚至俸钱，都比较高，高于中州和下州刺史。实际上，唐代刺史的考课，便跟他的收税业绩息息相关（见第十七章）。

两《唐书·地理志》和《元和郡县图志》，在标注州的定位时，并非一律以户数来定州等，而是另有一个"优先级定位"的大原则。这原则就是：先定府级州，再定辅雄望紧州，最后剩下那些不属府级，也不属辅雄望紧州者，才据户数把它们定为上中下三等。

因此，我们在这三种地理书中看到一个恒常有规律的现象：像长安、洛阳等"京都"府级州，便自然划归为府级，不再以户数定为上中下等（虽然另有敕令规定，近畿州等同上州）。像洪州、灵州这些都督府州，便直接标注为"都督府"，亦属府级州，同样不再

---

①《明实录·太祖实录》卷二十八下，页474。

以户数来定位。像同州、华州等州，既非京都府级，亦非都督府级，但属于"辅"州，于是便标为"辅"，不再以户数定州等。至于杭州、润州等，既非京都府级，亦非都督府级，更非辅雄望紧州，这才用上户数定位，分为上中下三等。这便是"优先级定位"：先以京都府和都督府州为优先，再定辅雄望紧州，最后剩下大约二百多个州，才以户数来定其上中下等级。

　　不过，《通典》却没有采用这种"优先级定位"，也就是说，《通典》完全不理会京兆府等府、都督府和都护府，也不理辅雄望紧州的定位，只以户数标准，把全国所有州府，定为上中下三等了事。所以《通典》说"天宝中，通计天下凡上州一百九，中州二十九，下州一百八十九，总三百二十七州也"①。这327州是包括了太原府等府、各级都督府、都护府和辅雄望紧州②。这是《通典》跟两《唐书·地理志》及《元和郡县图志》在处理州府定位上，最大不同之处。

二、州府定位的变动

　　唐代三百多个州府的定位，并非永久一成不变，而会随着时代和户数变迁改变。比如，唐后期的"京都"府级，就不只原来的三个（京兆、河南、太原），而增加了另七府：成都、凤翔、兴元、河

①《通典》卷三十三，页909。
②陈志坚《唐代州郡制度研究》，页5—6，持此种看法，有别于以往翁俊雄等人的说法，认为还要在《通典》所说的327州之外，再加上府辅雄望紧州共33个，使唐代的州府总数达到360个。笔者认为陈志坚的说法正确。《通典》的327州，事实上已包括府辅雄望紧等33州在内。

中、江陵、兴德、兴唐,都有特别原因,都由州升级而来。其中五州是因为曾经有皇帝驻跸过。安史之乱期间,玄宗奔益州,后升成都府。肃宗停驻岐州,后升凤翔府。建中四年(783),泾原兵变,德宗奔梁州,后改兴元府。唐末昭宗在奔难期间,停驻过华州和陕州,这两州也就分别改为兴德府和兴唐府,但为时短暂,唐即灭亡。此外,蒲州地势险要,一度号为中都,后升格为河中府。荆州在上元元年(760)置南都,升为江陵府①。

再如,开元的六雄州,唐后期增置另四个,成了十雄州。望州也增加到二十个②。到了晚唐,这种州府(以及县)的定位,仍不时在修正。《唐会要》卷70,就收了不少州县更改定位的史料,比如下面这条:

> 新升紧州　郓州、徐州,并会昌四年(844)五月升。蔡州,元和十四年(819)四月,重定淮西州县及官吏禄俸,以蔡州为紧,其刺史俸钱一百八十千,长史以下有差。③

蔡州升为紧州,显然是因为平定淮西之叛。其刺史俸钱猛增至"一百八十千"(18 万)贯,且"长史以下"的官员都有高低不等的加俸,应当也是为了安抚平淮西后的刺史和州县官。

---

①程志、韩滨娜《唐代的州和道》,页 53—54。翁俊雄《唐代的州县等级制度》,《北京师范学院学报》1991 年第 1 期,页 12,仅列后增的五府,未提兴德府和兴唐府。
②翁俊雄《唐代的州县等级制度》,《北京师范学院学报》1991 年第 1 期,页 12。
③《唐会要》卷七十,页 1461。

三、州府定位和刺史职望

因此,如果我们知道,唐代一个高官是在"府"级单位任地方长官,我们就能对他做更进一步的合理评估。比如,他的地位肯定比一般"州"级的刺史更为崇高。他显然历经了一番奋斗,才能爬升到这种府级太守。他的年龄应当不小,当在中年以上,约50岁上下。他的仕途看来坦顺。他的仕宦前景应当也看好,可能还会继续升任其他高官。这一切,无以名之,姑且称之为唐人做官的"职望"。他的俸钱也比其他州级刺史高。

这种府级的实际长官,官衔也略有不同。在京都者,称为尹,如京兆尹、河南尹等等,不叫刺史。在都督府和都护府任长官,便称为都督和都护,或大都督府长史(比如在扬州、荆州等大都督府的场合)。

唐代一个高官,如果不能在府级单位任地方长官,那退而求其次,在辅雄望紧州任刺史,也算是"第二线选择",比上不足,比下有余。这些州大抵根据它们跟"京都"的远近及其战略、经济地位等因素,依次定为辅雄望紧。例如,四辅州(同、华、岐、蒲),位于京师长安两侧,有如辅翼。六雄州则为"东都之屏障或户口众多、地势冲要之州"[1]。诗人元稹曾经任同州刺史(兼州内的长春宫使)。他的这个履历,就要放在唐代州府的这个"四辅"定位下来看,才能显出它的意义。

---

[1] 翁俊雄《唐代的州县等级制度》,《北京师范学院学报》1991 年第 1 期,页 12。

如果一个高官,既不能在"府"级的单位任长官,也无法在辅雄望紧州任刺史,那他也不必太气馁。他还有一个办法:可以争取到户数多的上州去任刺史。这正是晚唐诗人才子杜牧使用过的好方法。他在宣宗大中三年(849),曾经写过一封信给宰相,今仍保存在他传世的文集中,题为《上宰相求杭州启》①,请求外派到杭州去任刺史。他原本在京师长安,以司勋员外郎的本官任史馆史官,一种专业又清贵的史馆使职,已非普通京官可比。他自己在信中,也形容这个史官职为"史氏重职"。那他为什么还要求外任?原来他看上杭州是个上州肥缺,"杭州大郡"也。他甚至还以羡慕的口吻,露骨地说,"杭州户十万,税钱五十万,刺史之重,可以杀生,而有厚禄"。

据上引《通典》所记的州府定位,杭州不是府级单位,也非辅雄望紧州,那就要用户数来定位了。上州的定位,户口最低为二万户以上,最高也不过是四万户以上。杜牧梦寐以求的杭州,据《元和郡县图志》,定为上州,"开元户八万四千二百五十二"。跟杜牧时代最接近的元和户数,则是"五万一千二百七十六"②。杜牧信中说"杭州户十万",可能取整数而言,略有夸大。但即使是五万户,也是个不小的数字,难怪他要求外放杭州了。

然而,杜牧求杭州没有成功。第二年,他又一连写了三封信给宰相,文情并茂,苦求湖州。湖州就在杭州隔邻,也是个上州,"元和户四万三千四百六十七"③。杜牧改求湖州,显然评估湖州地位略逊于杭州,他的任职条件比较能配得上,成功机率比较高。

---

①《杜牧集系年校注》卷十六,页 1018—1019。
②《元和郡县图志》卷二十五,页 602。
③《元和郡县图志》卷二十五,页 605。

果然，他这次达成愿望，外放湖州一年。他这些年求外任，最大的原因无疑是为了养家糊口。外任某些上州刺史的俸钱，比京官高。他写给宰相的这几封信，处处透露自己的贫穷，比如最有名的这一段："某一院家累，亦四十口，狗为朱马，缊作由袍，其于妻儿，固宜穷饿。是作刺史，则一家骨肉，四处皆泰；为京官，则一家骨肉，四处皆困。"①杜牧这里所说的"刺史"，不是泛指任何州的刺史，而是指杭州或湖州这样的富庶上州刺史，才足以让他"一家骨肉，四处皆泰"，才有丰厚的俸钱和"税钱"等等好处。这就是为什么，我们在史料中初识某一刺史时，要特别留意他任刺史之州，"定位"为何的一大原因。

再以杜牧来说，他任湖州刺史之前，在长安跟妻儿"穷饿"过活。但他外放湖州，一年后回到京城，却完全换了一幅样子，竟有能力在长安城南知名的风景区樊川，盖起房子。他的钱从何而来？这个谜，由他的外甥裴延翰在《樊川文集序》中，给我们揭露了："上五年（指大中五年，851）冬，仲舅自吴兴守拜考功郎中、知制诰，尽吴兴俸钱，创治其墅。"②这是说，他的仲舅杜牧从湖州（吴兴）回到长安，以考功郎中的身份去知制诰，却在花"吴兴俸钱，创治其墅"。显然，杜牧在湖州，积存了不少"俸钱"。

杜牧任湖州刺史，年约48到49岁。元稹任同州刺史，年约44到45岁。白居易任杭州刺史，年约51到53岁。年龄和任刺史的州府定位有一定的关系。唐代一个士人，刚考中进士，年约30岁时，当然不可能去出任杭州这种上州，或同州这种辅州的刺史。这些州的刺史，需要年龄比较大，有历练的官员来担任。唐

---

① 《杜牧集系年校注》卷十六，页1019。
② 《樊川文集序》，《杜牧集系年校注》，页3。

人任官，一般都得按部就班。年轻时出任无甚地望之州或中下州的刺史，是合理自然的事，也是一种必要的磨练。

比如杜牧40岁时，便在黄州（下州）任刺史。接下来的几年，他又任池州和睦州刺史。这些州的户口数和繁华程度，都不如他后来的湖州。所以，他也是历经一番打拼，才能求得湖州刺史。不过，我们常在近世出土墓志中，见到某些士人，年过50，还在寂寂无闻、偏荒的穷郡小州任刺史，那就有些不得意，有些悲凉了。

肃宗时的李勉，为"郑王元懿曾孙也"，曾任好几个重要方镇的节度观察使。《旧唐书》记他的父亲"择言，为汉、襄、相、岐四州刺史、安德郡公，所历皆以严干闻"①。这短短的一句话，看似平淡无奇，但如果我们懂得解读，它其实饱含意义，因为"汉襄相岐"可不是普通的州，而都是重要的大州府。据郁贤皓的《唐刺史考全编》，李择言任这四州刺史，在玄宗开元十二年（724）到开元二十年（732）前后。以两《唐书·地理志》考之，汉州是上州；襄州即梁州改名，后又升为兴元府，开元时为都督府州；相州也是都督府州；岐州在开元时更是个辅州，后升为凤翔府。《旧唐书》这句话等于说，李择言当这四州刺史，职望都很高，仕宦成就是不凡的。不料，《新唐书》好改前史，把这句话简化成"父择言，累为州刺史，封安德郡公，以吏治称"②，把李择言任刺史的四个州名统统删去，整个意思便落空了。这样我们便无从去评估李择言当刺史的成就了。

唐代官员贬官，其贬官之州府，也常暗藏玄机。比如，柳宗元被贬永州柳州，韩愈被贬潮州，韦执谊被贬崖州，这些都是最重最

---

① 《旧唐书》卷一百三十一，页3633。
② 《新唐书》卷一百三十一，页4506。

严厉的惩处,因为这些州都是穷极僻左之地。然而,同样贬官,张九龄晚年罢相被贬荆州,却不算是很重的惩罚,因为荆州还是个很重要的都督府州。毕竟,张九龄是玄宗倚重的词臣,玄宗不免要给他一些面子。

综上,要评估唐代某一刺史的地位、职望和俸钱等仕宦细节,我们首先要知道他是在怎样定位的州府任刺史。这样我们才能有一个适当的观察点,否则如雾里看花。州府定位在两《唐书·地理志》和《元和郡县图志》等处,都有清楚的记载,一查便知,不失为今人深入认识唐代刺史的有用指南。只是,各种地理书的史料年代不一样,各书对某一州府的定位,可能会不尽相同,必要时须重新考订。

四、刺史的官品和职望

前面我们见过,唐代对三百多个州府,都做过各种定位。这些定位都有其特定意义和用处。比如,唐后期把益州、岐州和梁州等州都升格为府,就只因为曾经有皇帝驻跸过,展示皇权的意味浓厚。然而,这些州升为府之后,刺史的头衔改为府尹,官品提升,职望提高,俸钱也增加。这对于今后在这些府任官的所有各级官员(不只是长官),也都有实质上的好处。州府定位对皇室,对刺史和其他官员,可能有不同的意涵,但对刺史来说,最有意义的,莫过于州府定位往往牵连到刺史的官品、职望和俸钱。

刺史的官品,依照州的定位而来。据《唐六典》,上州刺史为从三品、中州刺史正四品上、下州刺史正四品下。京兆等府的牧和尹,以及都督和都护的官品,也跟这些府级单位的定位有关联①。

不过,唐人任官,不能单单只看官品。他们也不是依照官品的高低一步一步往上升,不是依七品升六品,六品升五品那种秩序。如果涉及京官和外官刺史之间的迁转,更为复杂。杜牧的官历就是个好例子。且看他中年开始的仕历,见表 16.1。

表 16.1　杜牧中年以后的官历、官品和俸钱

岁　数	官　历	官　品	俸　钱
38	膳部比部员外郎,兼史职	从六上	4 万文
40—42	黄州(下州)刺史	正四下	史料未载
42—44	池州(下州)刺史	正四下	史料未载
44—46	睦州(下州?)刺史	正四下	史料未载
46—47	司勋员外郎、史馆修撰	从六上	4 万文
48	吏部员外郎	从六上	4 万文
48—49	湖州(上州)刺史	从三	8 万文
49	考功郎中、知制诰	从五上	5 万文
50	中书舍人	正五上	8 万文

上表的杜牧岁数和官历,据缪钺《杜牧年谱》。州的定位据《元和郡县图志》。官品据《唐六典》。俸钱据《新唐书》卷 55《食货志》,为会昌(841—846)年间的数字,正是杜牧生活的时代。

上表所列的睦州,《旧唐书·地理志》未记其州等,《新唐书·地理志》则记为"上"州,所给的户数为 54961 户,乃抄自《旧志》

---

① 《唐六典》卷三十,页 740 以下。

的天宝领户数①。如此看来,在天宝年间,睦州为上州,应无疑问,但到了杜牧的会昌大中年间,是否仍为上州,颇成疑问。《元和郡县图志》也记睦州为"上",开元户数为55516,元和户数则剧跌至9054②。看来《元和志》给睦州的上州定位,是根据开元户数而来。如果依元和户数,睦州只能算是下州。元和户数最接近杜牧的时代,所以上表把睦州暂定为下州,存疑待考。

杜牧在诗文中,喜欢以县名代指州名,比如他在《唐故进士龚蛚墓志》中说,"会昌五年十二月,某自秋浦守桐庐"③,即指他从"秋浦"(代指池州)到"桐庐"(代指睦州)任刺史事。他在《祭周相公》文中,则对这个"桐庐",有过一段精彩的描写:

> 会昌之政,柄者为谁?恣忍阴污,多逐良善。牧实忝幸,亦在遣中。黄冈大泽,葭苇之场。继来池阳,栖在孤岛。僻左五岁,遭逢圣明。收拾冤沉,诛破罪恶。牧于此际,更迁桐庐。东下京江,南走千里。曲屈越嶂,如入洞穴。惊涛触舟,几至倾没。万山环合,才千余家,夜有哭鸟,昼有毒雾,病无与医,饥不兼食,抑喑偪塞,行少卧多。④

这里杜牧形容黄冈(代指黄州)是"大泽",池阳(代指池州)是"孤

---

① 据学界目前的主流意见,这是天宝十一载(752)或其后不久的户数,非旧说天宝元年。见最新的研究,李宗俊《敦博 58 号文书与两唐书〈地理志〉等相关问题考》,《中国历史地理论丛》2014 年第 2 期,页 46—60。
②《元和郡县图志》卷二十五,页 606。
③《杜牧集系年校注》卷九,页 770。此处的"会昌五年",应为"会昌六年"之误(页 772)。
④《杜牧集系年校注》卷十四,页 909。

岛",桐庐(代指睦州)则是"万山环合,才千余家。夜有哭鸟,昼有毒雾",户口稀少,环境恶劣极了。从这"才千余家"的描写,以及《元和志》所记的元和户数9054看来,睦州在杜牧出刺的时代,应当已经不再是繁华的上州,而是破落的下州了。

从上表看来,杜牧的官品似乎可分成两套:任京官用的是一套,任外官刺史又是另一套,两者似乎没有关系,因为没有一个合理的顺序。刺史的官品看来都比京官的高出许多。比如,杜牧任吏部外郎时,官品只有从六品上,但他一任湖州刺史,官品马上突然连跳好几品,等他又回京任考功郎中时,官品又突然下降许多。这样忽高忽低,看来没有逻辑可言。史书上也没有任何解说,至今似也没有学者研究。唐代其他官员,在京官和刺史之间迁转,是十分常见的事,也跟杜牧一样有这种官品忽高忽低的现象。就此看来,我们目前只能说,唐代外官刺史的官品,似乎另有一套标准,定得比京官高许多。这也意味着,如果我们处处仅以官品来看待唐代职官,那往往看不到全面,只看到皮相片面。

唐人对职官的评价,往往并不特别在意官品,而在意是否为京官或外官,是剧要或闲差。例如,杜牧在任黄州、池州和睦州刺史的那七年期间,他的官品都在三四品之间,官好像做得很大。然而,他并不快乐。缪钺在《杜牧传》中,引用杜牧诗文,对他这七年的牧守生活,有生动的刻画。他一直觉得自己在小郡当刺史,而且都是在偏远的地方,比如他在《上池州李使君书》中所说的那样:"各得小郡,俱处僻左"①,一直想回京任京官。他在写给吏部尚书高元裕的《上吏部高尚书状》中,总结他这七年的刺史生涯,有一句话,道出心声:"三守僻左,七换星霜,拘挛莫伸,抑郁谁诉。

---

① 《杜牧集系年校注》卷十三,页876。

每遇时移节换,家远身孤,吊影自伤,向隅独泣。"①

杜牧在 46 岁那年,终于有机会回到长安任司勋员外郎、史馆修撰的史官职务。他在回家的路上,心情便雀跃无比,见于他的诗《除官归京睦州雨霁》:"岂意笼飞鸟,还为锦帐郎。网今开傅燮,书旧识黄香。自注:曾在史馆四年"②这里,他把自己在外七年,比作"笼飞鸟",现在竟然能够"飞"回京师去任"锦帐郎"(员外郎的美称),喜悦不在话下。他从前在史馆做过史官四年。现在朝廷网开一面(以东汉的傅燮自比),又把他召回京,他又可以回到他以往任职过的那个史馆去任史官。旧时史馆中的那些藏书,应当认得他这位旧人(自比东汉那位在东观藏书楼读书的黄香)。

从官制史上看,杜牧这首诗有几个细节,颇堪玩味,也可以用作官制的证据。他这次回京,任的是"锦帐郎"即司勋员外郎,但这个官只不过是他的"本官",用以定官品班位,计俸禄而已。他真正的工作,其实是回到史馆去任史馆修撰这种史官。史馆修撰是一种使职,无官品,所以杜牧要兼带一个本官,否则他这时也不必同时带两个官衔,既是司勋员外郎,又是史馆修撰。这就印证了本书第十章所考,唐史馆史官不是职事官,而是使职。杜牧在此诗中,为我们以诗证史,生动提供了具体细致的佐证,告诉我们他回京的真正职务,是要到史馆任职。"书旧识黄香"更是可圈可点的神来之笔,最可以证史。

但问题是,从官品上看,杜牧在外任刺史,即使是下州刺史,官品也有正四品下,可是他一回京任员外郎,官品便要突然下降到从六品上。那不是降职吗?但杜牧显然一点也不在乎,反而高

---

①《杜牧集系年校注》卷十六,页 988。
②《杜牧集系年校注》卷三,页 403。

兴得很。他在后来写给宰相求杭州的那封信中,形容自己当时是"再复官荣,归还故里,重见亲戚"①,从"笼飞鸟"解脱了,成了清贵的郎官"锦帐郎"。杜牧此例,并非孤案,而是唐人在外官和京官之间迁转时的通例。类似的案例还有许多,可查唐人官历,此不赘述。

不过,杜牧回京约一年后,却又去求杭州和湖州刺史外任,似乎很矛盾,其实另有因由,合情合理,不难理解。关键在于,杭州和湖州都是富庶大州,跟杜牧之前任刺史的黄州、池州和睦州等"僻左"小州,大不相同,不可相提并论也。这就是为什么,在评估刺史的职望时,州府的定位那么重要。杜牧在《上宰相求杭州启》中说,他当年外放黄州等三州,乃"七年弃逐"②,被人排挤出外,据缪钺的研究,是受到宰相李德裕的排挤。唐代官员,若得不到宰相的欢心,那么他被"弃逐"的地方,一般也就是像黄州那样的"僻左"下州了。唐人一般有重京官,轻外官的倾向,但这点不能一概而论,要放在适当的脉络下来理解。如果这个外官是大州要郡如杭州湖州刺史,唐人不但不会"轻",反而会向宰相连番苦求外放。

唐后期颇有几个像杜牧那样求外任的案例,所求所得,也都相当不错,都是大州刺史,可供借镜参照。比如,穆宗的集贤学士薛放,当时以高层京官礼部尚书判集贤院事,却跟杜牧一样,"孤孀百口,家贫每不给赡,常苦俸薄。放因召对,恳求外任。其时偶以节制无阙,乃授以廉问。及镇江西,惟用清洁为理,一方之人,

---

① 《杜牧集系年校注》卷十六,页 1019。
② 《杜牧集系年校注》卷十六,页 1018—1019。

至今思之。"①这表示，薛放任洪州（治今江西南昌）刺史兼都督，又兼领江西观察使。洪州是个大府，俸钱应当优厚。这样的外官无疑是优缺，唐人并不"轻"。

再如，文宗时代的中书舍人韦辞，也曾"苦求外任"。他"与李翱特相善，俱擅文学高名。疏达自用，不事检操。（宰相韦）处厚以激时用，颇不厌公论，辞亦倦于润色，苦求外任，乃出为潭州刺史、御史中丞、湖南观察使。在镇二年，吏民称治。"②潭州（治今湖南长沙）是个中都督府，俸钱应当不少，韦辞又同时兼领湖南廉问（观察使）。这样的外官刺史也不逊于京官。但如果像是柳宗元被贬的永州、柳州，刘禹锡被贬的朗州，韩愈被贬的潮州，或宰相韦执谊和李德裕被流放的崖州，那就全是穷州僻壤，州县残破，户口凋零，虽贵为正四品下的一州刺史，亦无甚职望可言了。

五、州府定位和刺史俸钱

杜牧、薛放和韦辞，都曾因"俸薄"而求外任刺史，但求的都是大州上州刺史，不是中下穷州。这显示，唐代州府的定位，不但影响到刺史的官品和职望，同时也决定了他的俸钱。武宗会昌六年（846）十二月，中书门下的奏疏中有一段话，颇堪玩味：

中书门下奏："应诸州刺史，既欲责其洁己，须令俸禄稍

①《旧唐书》卷一百五十五，页4127。
②《旧唐书》卷一百六十，页4215。

充,但以厚薄不同,等给无制,致使俸薄处无人愿去,禄厚处
终日争先。"①

中书门下既然如此上奏,应是当时"诸州刺史"所面对的俸钱困
境:"厚薄不同,等给无制"。"俸薄处"指那些户数少,税钱少的
穷郡小州,"无人愿去"。"禄厚处"指杜牧所求的杭州那种富庶
大州,"户十万,税钱五十万",有人"终日争先",抢着要去。这篇
中书门下奏疏所反映的现实面,是我们在评估唐后期刺史俸钱的
一个重要参考指标。

如果把刺史的官品和这种"厚薄不同"的俸钱数,结合起来
看,更有意义。中下州刺史虽然名分上都是四品官,但如果被派
到一个"俸薄处"去当刺史,那这四品官又还有什么意义呢?

唐前期刺史(以及其他州县官)的俸钱,由各州县设置的公廨
本钱,放高利贷所得的利钱支付。由于各州县的每月利钱所得,
丰厚不同,刺史的俸钱也会因各州的条件不同而有差异,这点学
界论述已详,不必赘论②。唐后期刺史的俸钱,有大历十二年的定
额"刺史八十贯文"③,但此处所谓的"刺史",应当是指上州,可参
照会昌年间的定额"上州刺史,八万"④来作佐证。但唐后期中下
州刺史的俸钱,却从未见有文献上的定额。不过,即使是在上州,
刺史俸钱定额八万文,也只不过是陈寅恪所说"纸面之记载"的
"法定俸料"。他的著名结论是:"唐代中晚以后,地方官吏除法定

①《册府元龟》卷五百八,页6094。
②陈明光《唐代财政史新编》,页72—90,页112—115;李锦绣《唐代财政史
  稿》第3册,页24—42。
③《唐会要》卷九十一,页1968。
④《新唐书》卷五十五,页1403。

俸料之外,其他不载于法令,而可以认为正当之收入者,为数远在中央官吏之上。"①

上州这些纸面定额的俸料,连同他们可能有的其他"正当之收入",从何而来?陈老没有细论,但据今人研究,来自两税中"留州"部分的税钱②。在个别地区,部分也可能来自青苗钱和盐利等③。但由于各州的户数和税赋收入不同,这就造成了中书门下在会昌六年奏疏中所说的现象:各州刺史俸禄"厚薄不同,等给无制"。

白居易在《苏州刺史谢上表》中,曾说过"江南诸州,苏最为大。兵数不少,税额至多"④。所谓"苏最为大",是指苏州在江南诸州,户数最多。苏州在地望上是紧州,元和户数多达100880⑤,冠江南。以户数来说,也是个上州。"税额至多",则苏州在两税法下,可以"留州"部分的税钱必定也多,刺史所能分到的俸钱,应当高于法定俸钱的"八万文"。杜牧求外任时,"杭州户十万,税钱五十万",他心中显然在盘算着,一旦他任杭州刺史,他可以分到多少俸钱,但他后来未能去杭州,而去了湖州。然而,湖州也是个上州,户数也不少,税钱应当也很多。难怪杜牧任湖州刺史一年,就积存了不少他外甥裴延翰所说的"吴兴俸钱"。第二年回到长安,就能"创治其墅",盖起自己的房子来了。相反的,在中下穷

---

① 陈寅恪《元白诗中俸料钱问题》,《金明馆丛稿二编》,页76。
② 陈明光《唐代财政史新编》,页210—218。
③ 刘海峰《唐代官吏俸料钱的财政来源问题》,《晋阳学刊》1984年第5期,页90—91;刘海峰,《再析唐代官员俸料钱的财政来源》,《中国社会经济史研究》1987年第4期,页86—89及页45。
④《白居易集笺校》卷六十八,页3672。
⑤《元和郡县图志》卷二十五,页600。

州,户数少,税额少,留州部分的税钱相对变少,刺史的俸禄自然减少。由此看来,唐代官员在出任刺史之前,应当就对他即将前去的那个州的户数和俸禄,打听妥当,才决定要不要去赴任。

六、州府定位和刺史的选任

唐刺史的职望、仕宦前景,甚至官品和俸钱,都跟州府的定位息息相关。其实,唐刺史的选任和人选,也跟州府定位有密切关联。当皇帝、宰相在选派某某官员去出任某州刺史时,他们必然会先考虑到最关键的一个问题:这个出缺的州,是怎样的定位?是边区的都督府州(如灵州),还是内地的都督府州(如潭州)?是辅州(如同州),还是僻左小州(如岭南端州)?

如果是最外围的都督府或都护府州(如西州),则选派的刺史(例兼充都督或都护),往往会因当地的军事需要,最好是个专业武将(如娄武彻),甚至是藩将(如阿史那承献),或文武双全的士人(如裴行俭、郭元振、娄师德)。如果是派驻内地都督府的,则可以不必是军人,可以改用文士(如张九龄曾任荆州大都督府长史)。同理,如果重要的辅雄望紧等州出缺,朝廷派去的刺史,例必也是精选的资深士人官员。但如果是岭南、黔中、福建等偏荒小州刺史出缺,则朝廷可能派一个资浅的士人,或被贬的官员,或甚至不派刺史,任由当地豪强去出任,或由当地节度使自行委任①。

①赖瑞和《论唐代的州县"摄"官》,《唐史论丛》第 9 辑(2007 年 1 月),页 66—86;王承文《唐代"南选"制度相关问题新探索》,《唐研究》第 19 卷 (2013),页 113—153。这类刺史常称为"摄刺史",或"知州事",见陈志坚《唐代州郡制度研究》,页 41—65。

因此，在讨论唐代刺史的人选和选任时，我们必须时时留意那些州府的定位，须有州府定位的脉络背景才行，不能孤立起来看此事，否则如雾里看花，焦点尽失。我在《唐代中层文官》第四章《县令》和第五章《司录、录事参军》，曾探讨过类似的课题。县令的职望和选任，跟该县的定位有密切关系；司录、录事参军的职望和选任，也跟该州府的定位密不可分。同理，刺史的职望和选任，也端看该州府的定位。这种相互关系，在《唐代中层文官》的《县令》和《司录、录事参军》两章中，已有详细的讨论，其结论也适用于刺史，这里就不赘述了，只简单交代。

从州府定位、官品、职望和俸钱等因素来看，我们可以把唐代刺史，粗略分成三个等级。第一等是府级的尹、重要都督府和都护府州的都督和都护。第二等是辅雄望紧州和上州的刺史。第三等是中下州的刺史，特别是岭南、黔中、福建等偏远州的刺史。这里面当然还可以再细分。例如，在第一等级当中，安北和安东都护的地位，可能不如安南都护那么重要。唐大都督府（扬、益、并、荆等）的实际长官（大都督府长史），其地位也比一般都督（比如洪州都督）的高。但大体而言，这三个等级，可供我们在评估唐代那三百多个州府的长官时，有一个大致的标尺，不至于把这三百多个州府长官，一概而论，"一视同仁"，全看成是同一等级的"齐头式"官员群体。

唐代一个官员，可以在怎样定位的州府任长官，要看他的出身（如是否考中进士）、官资、年龄和他过去的吏治而定。出身平庸，年轻资浅，或遭贬逐者，一般大约只能任中下州的第三等级刺史，如杜牧年轻时任黄、池、睦三州刺史。壮年稍有历练者，可任第二等级刺史。年长资深，过去宦绩优秀者，可任府级长官或第一等级刺史。当中有军事才干的，或武官出身，又可任边州都督和都护,如郭元振任凉州都督长达十六年。唐朝廷在选任这些地方长官时,在政府有效率运作时,应当都考虑到这些因素,大抵都还算有一个"谱",不至于乱无章法。只是,唐朝廷也跟其他朝代一样,例必重视京师、近畿地区、战略要道,以及赋税丰厚的州县,对于岭南、黔中、福建等偏远穷州县,那些对朝廷没有多少税赋利益的州县,不免就鞭长莫及,疏于照顾了。

陈子昂的奏疏《上军国利害事》之《牧宰》篇①,是他在武则天临朝的垂拱元年(685)呈上的。一开头就问,帮助皇帝"共理天下欲致太平者,岂非宰相与诸州刺史县令邪?"接着他说,"臣窃观当今宰相,已略得其人矣,独刺史县令,陛下独甚轻之"。有现代学者引用这段话,得出唐朝"不重视刺史和县令选授"的结论,没有深考。其实,子昂在这篇奏疏中的口吻,很像现代国家的地方立法委员,在为自己选区的选民,争取利益,希望中央多多照顾地方,不要忽视他所代表的那个地区。

子昂代表什么"选区"?他自己透露了内情:"臣比在草茅,为百姓久矣,刺史县令之化,臣实委知,国之兴衰,莫不在此职也。"所谓"草茅",指他在做官之前的老家四川梓州地区也。他看到的,只不过是他老家地区的现象罢了,恐怕不能推而论及全国州县。中央朝廷不重视那里,恐怕是那里属于僻远地区,无甚经济和税赋利益,或那里属于"俸薄处",无人愿去,吸引不到子昂所说的"贤明刺史",去的不外乎是"贪暴刺史",令子昂大失所望,才呈上这篇奏疏,督促皇帝要重视刺史县令的选任。所以,子昂这些话,要放在适当的背景下来看,不能断章取义,用以证明唐朝廷"甚轻"刺史县令的选授。同理,太宗朝马周的一段名言,"今朝廷

---

① 《陈子昂集》卷八,页207—209。

独重内官,县令、刺史,颇轻其选"①,也要放在适当的脉络下看。那是马周把京官和外官拿来相比,认为朝廷看重京官多于外官。

张九龄的《上封事》奏疏,也论及这个问题,但他有具体的举例,论证力较强,把全国分区而论,且注意到我们现代所说的"南北差距"、"城乡差距"等,不笼统发言,比子昂和马周的上书深入而持平得多。特别是他提到了"京辅近处、雄望之州"以及"大府"的定位,显示他留意到,地望如何会影响到刺史和县令的选授。不是每个州县都一样:

> 是以亲人之任,宜得其贤;用才之道,宜重其选。而今刺史、县令,除京辅近处、雄望之州,刺史犹择其人,县令或备员而已。其余江、淮、陇、蜀、三河诸处,除大府之外,稍稍非才。②

这段话是九龄对玄宗皇帝说的,非常明确指出,朝廷重视哪一些地方的刺史和县令的选任,又忽略了哪一些其他地区。这应当符合当时的实况,否则当着皇帝的面,九龄怎敢这么说?

从张九龄这段话看来,唐代在"京辅近处、雄望之州",刺史和县令还算"重其选"。除此之外,其余州县(当指边区偏远州县)则"刺史犹择其人,县令或备员而已"。

以其他史料考之,我们得知,唐代对"京辅近处、雄望之州"县令的委派,还是相当重视的(不只是重刺史),因为这些州的属县,邻近京畿,或具有战略和税赋价值,其地望和职望还算崇高,士人

---

① 《唐会要》卷六十八,页1416—1417。
② 《张九龄集校注》卷十六,页846—847。

官员一般乐于前往①。只有偏远州县比较不吸引官员，甚至有官员被任命后，常借故推延，迟迟不肯赴任，以致朝廷经常要限他们在一定时日内启程上路。比如，敬宗宝历元年（825），御史台奏："近日新除刺史赴官，多违条限，请准旧制，不逾十日。如妄称事故不发，常参官奏听进止。"皇帝也准了此奏，"从之"②。

至于"江、淮、陇、蜀、三河"等其他地区，则"除大府"（比如常州、扬州、益州、广州、交州等）还重视刺史县令的选授外，其他偏远地区就"稍稍非才"了。总的来说，据九龄的奏疏，唐朝廷委派刺史县令，无疑最重视"京辅近处"和那些具有战略和税赋价值的地区，比较忽略偏远州县。这些地方，中央鞭长莫及，或无人愿去，以致"稍稍非才"。这不但是唐朝的地方行政问题，也是现代各国政府面对的难题。偏乡地区总是不容易照顾周全。唐朝皇帝看来也没有灵丹妙方。

不过，唐朝有几个皇帝，倒是认真在关注刺史的选任。第一例是太宗。《贞观政要》记其事：

> 贞观二年，太宗谓侍臣曰："朕每夜恒思百姓间事，或至夜半不寐。惟恐都督、刺史堪养百姓以否？故于屏风上录其姓名，坐卧恒看。在官如有善事，亦具列于名下。朕居深宫之中，视听不能及远，所委者惟都督、刺史。此辈实理乱所系，尤须得人。"③

若以张九龄奏疏所透露的细节考之，我们可以合理地问：太宗在

---

① 拙书《唐代中层文官》第四章《县令》第三节"赤畿县令的选任"。
② 《唐会要》卷六十八，页1424。
③ 《贞观政要集校》卷三，页157。

屏风上所录的刺史姓名，是全国三百多个州府完整的都督刺史名单吗？他的屏风，容得下这三百多人的名字吗？还是他只选录了"京辅近处、雄望之州"和"江、淮、陇、蜀、三河诸处"的"大府"都督刺史姓名，不及偏远穷州的刺史？真实的答案应当很有意义，只是如今无从去稽考了。

第二例可举唐后期的宣宗。《东观奏记》有一条记载：

> 上校猎城西，渐及渭水，见父老一二十人于村佛祠设斋。上问之，父老曰："臣礼泉县百姓，本县令李君奭有异政，考秩已满，百姓借留，诣府乞未替，来此祈佛力也。"上默然，还宫后，于御屏上大书君奭名。中书两拟礼泉令，上皆抹去之。逾岁，宰执以怀州刺史阙，请用人，御笔曰："礼泉县令李君奭可怀州刺史。"莫测也。君奭中谢，宸旨奖励，始闻其事。①

此事可以佐证，宣宗重视刺史的选任，更精选刺史，任命贤明的人选，去出任要州的刺史。怀州不是普遍的州。它是唐代的六雄州之一。但假设是（比如说）岭南潮州刺史出缺，宣宗还会派君奭去吗？看来不可能。即使任命，君奭也未必愿去潮州。

《东观奏记》还记载了宣宗另一事，颇可透露这位皇帝关心州府之程度：

> 上每孜孜求理，焦劳不倦。一日，密召学士韦澳，尽屏左右，谓澳曰："朕每便殿与节度、观察使、刺史语，要知所委州郡风俗、物产。卿宜密采访，撰次一文书进来，虽家臣舆老，

---

① 《东观奏记》卷中，页110。

不得漏泄。"澳奉宣旨,即采《十道四蕃志》,更博探访,撰成一书,题曰《处分语》,自写面进,虽子弟不得闻也。后数日,薛弘宗除邓州刺史,澳有别业在南阳,召弘宗饯之。弘宗曰:"昨日中谢,圣上处分当州事惊人。"澳访之,即《处分语》中事也。君上亲总万机,自古未有。①

邓州是个上州。此段记载细节丰富,值得细考之事颇多,但最令人感佩的是,宣宗关注州郡地理的用心。《十道四蕃志》是武后中宗时代中书舍人梁载言所作,到晚唐宣宗时,成书已约一百五十年,但书中所记唐州府风俗、物产等地理知识,似乎并没有过时,仍值得韦澳参考采用,可惜此书今已失传。宣宗在接见刺史之前,特别先做足功课,预先了解州郡的风土物产等事,不把中谢当成一种例行仪式。这种精神令人耳目一新。假设陈子昂活在宣宗时代,他如果知道,唐代皇帝当中,也有像宣宗那样细心留意刺史选任者,他还会上书说出"独刺史县令,陛下独甚轻之"那样的话吗?

七、结语

唐代的州府等级,过去的研究一向说分为府、辅、雄、望、紧、上、中、下八个等级,但这是一种单一的分级标准。本文重考原始史料,发现唐的州府,其实可依三种标准来定位:依府级、依地望、依户口。朝廷在定天下州府,用的是一种"优先级定位法",最先

---

① 《东观奏记》卷中,页110。

定府级州,当中又细分京都府和都督府州;接着以地望定其他州,分"四辅、六雄、十望、十紧"州;最后剩下大约二百个州,既非府级州,亦非辅雄望紧州,才依户数把它们再分为上中下三等。户数定位的目的,跟州的税赋收入有密切关系。

唐代刺史是高官当中,人数最多的一个群体,也是最庞杂的群体,不只有汉族士人,还有军人,甚至有外族蕃将等等。我们要更深一层认识某一刺史,最佳的途径便是追问他任刺史之州,属于什么定位。这样我们才能开始评估,这位刺史的官场地位、历练、仕宦成就和前景,甚至俸钱等等细节。这些都跟州府定位有直接的关联。

唐朝廷在委任一个刺史之前,必然也会考虑到该州府的定位,才能委派适当的刺史人选。从张九龄等唐人的言论看来,唐朝廷在任命刺史时,也跟其他朝代一样,重视京师、近畿地区、战略要州,以及赋税丰厚的州府,对于岭南、黔中、福建等偏远穷州,以及那些对朝廷没有多少税赋利益的州,不免就无法兼顾了。

从刺史的角度看,能够在府级州或上州充当刺史,除了远胜任中下州的刺史之外,还有另一个实际的好处。那就是,如果是在开元以前,这些州的刺史往往还可同时兼都督都护等高官,开元以后则经常兼节度观察等使,成了地方大员。这些便是本书第十八章要讨论的课题。

第十七章　唐刺史的税官角色

> 况当今国用,多出江南。江南诸州,苏最
>
> 为大。兵数不少,税额至多。
>
> ——白居易《苏州刺史谢上表》①

刺史是一州的长官。州内的大小事务,他当然都要掌握。有些突发性的,临时性的事,比如州内发生叛乱,或遭到蛮夷掠夺,他可能还要带兵作战。不过,暂且不理这些突发临时任务,我们要问,刺史在承平时代,在正常状态下,他主管的事务有哪些?他最重要的使命又是什么?

上引白居易的《苏州刺史谢上表》,是他在54岁那年,敬宗宝历元年(825)刚抵苏州时写的,感谢皇帝任命他为苏州刺史。苏州是个户口殷实的大州,跟白居易时代最接近的元和户数为100880,其地望定位是紧州②。若以户数定位,十万多户肯定是个上州。户口多,意味着税额也多。白居易出任刺史,当然深知刺史的使命,

---

①《白居易集笺校》卷六十八,页3672。
②《元和郡县图志》卷二十五,页600。

和州内税务紧密相连。所以他在谢上表中,跟皇帝特别提到苏州"税额至多",不亦宜乎?他一来就注意到苏州的"税额",看来他应当是个好刺史、好税官。

然而,唐刺史在今人眼中,跟县令一样,常是"亲民之官","抚字黎庶"而已,恐怕很少有人会想到,他其实是个不折不扣的"税官"。研究唐代财政史的学者一般都知道,刺史负责监督州内税务①,但他们的研究重点是税制上的种种细节,至今似未见有专题论文,以刺史为重点,来考察他的税官角色。本章拟专论这点。

一、职官书中的刺史职掌

唐代职官书对刺史的职能,有一套标准的职掌描写,列出刺史们的业务范围,颇像现代大企业交给主管们的那种 job description(职务描述)。但唐代的这种职掌描述,见于各种职官书中的刺史条下,各书大同小异,常高度抽象,不易理解,不同于现代企业的职务描述那样明确易懂。这里姑且以最早的《唐六典》为例(后来的职官书如《旧唐书·职官志》等,大抵皆照抄《唐六典》,无甚新意):

> 京兆、河南、太原牧及都督、刺史掌清肃邦畿,考核官吏,宣布德化,抚和齐人,劝课农桑,敦谕五教。每岁一巡属县,

---

①例如,陈明光《唐代财政史新编》,页48—50。

观风俗,问百姓,录囚徒,恤鳏寡,阅丁口,务知百姓之疾苦。部内有笃学异能闻于乡闾者,举而进之;有不孝悌,悖礼乱常,不率法令者,纠而绳之。其吏在官公廉正己清直守节者,必察之;其贪秽谄谀求名徇私者,亦谨而察之,皆附于考课,以为褒贬。若善恶殊尤者,随即奏闻。若狱讼之枉疑,兵甲之征遣,兴造之便宜,符瑞之尤异,亦以上闻。其常则申于尚书省而已。若孝子顺孙,义夫节妇,志行闻于乡闾者,亦随实申奏,表其门闾;若精诚感通,则加优赏。其孝悌力田者,考使集日,具以名闻。其所部有须改更,得以便宜从事。若亲王典州及边州都督、刺史不可离州局者,应巡属县,皆委上佐行焉。①

《唐六典》这段职掌描写,没有像本章那样露骨,把刺史说成是"税官",但在它隐晦的公式化语言中,仍有几个颇堪玩味的"关键词",暗喻收税的意思。比如,"劝课农桑"便跟税赋有密切关系。为什么要"劝课农桑"?因为这是要鼓励农业生产,农人有了丰收,才有足够的谷物来交粮税。否则,农作歉收,税也将收不足,达不到朝廷的估额。再如,"阅丁口"也是个关键词,轻描淡写,看似无关痛痒,其实大有深意。熟悉敦煌吐鲁番户籍文书的学者都知道,"阅丁口"就是人口普查,而唐代"阅丁口"的目的很单纯,纯粹是为了确定一州及其属县,到底有多少课户,多少丁口,以便按户按人头收各种税赋,并分配徭役而已,不作其他用途(如现代国家把人口普查,用作未来的国民教育和福利规画等)。

---

① 《唐六典》卷三十,页747。

西方学者对中国职官书上的这种描述,常称之为"理想化"（idealized）。意思是,这是朝廷给刺史定出的一套"理想",希望刺史应当做什么,关心什么,以达到这个"理想"。但实施起来,现实环境往往不同,理想未必能实现。许多时候,刺史真正所做的事,跟职官书中的描述,相去甚远。所以,这种"理想化的描写",对于我们了解唐代刺史真正所为何事,帮助不大,用现代话来说,"看看就好","参考就好",不必太认真看待。

我们要的是具体执行的实例,可以让我们见到刺史的实际工作内容细节。这种实例,无法在职官书中找到,但可见于两《唐书》的列传部分,近世出土的敦煌吐鲁番文书和墓志,以及唐人文集中的奏疏和自述。这些史料,才真正记载了刺史做过些什么事。这些实例,才能加深我们认识刺史的职能,特别是他的税官角色。

既然上引《唐六典》的一段话,是一种高度公式化的"职官书语言",隐晦抽象,不易掌握,那么如果我们要用最浅白的现代中文,来描写唐代刺史的任务,描述他最核心的工作内容,我们该怎么写?

从两《唐书》列传和其他史料中所见的实际案例,唐代刺史最核心的业务,不外乎以下几种:第一,监督州内各县的征税事务,依规定上缴,并分配徭役(徭役也属税赋的一种,如租庸调中的庸);第二,维持州内的法纪和治安,必要时审理讼案,或率领兵卒,平定叛乱;第三,主导州内的大型建设工程,如疏通河渠,修筑城墙和桥梁,兴建学校等等;第四,每年巡视属县并考核属下官吏;第五,教化百姓,兴学劝善,祭神祈雨,以及《唐六典》提到的向朝廷申报"符瑞"、"孝子顺孙,义夫节妇,志行闻于乡间者"等枝节末事①。

　　细察这五大业务,可以发现,刺史的最重要工作,无疑是监督州内的税赋并上缴。简单说,唐刺史本质就是州最高一级的"税官"(tax collector)也,跟罗马帝国时代的总督(provincial governors)也主掌收税类似②。其他业务,有些是临时性的,如带兵出外作战;有些是可有可无的,如主持州内的大型建设,教化百姓等等。但唐刺史如果督税上缴不周,达不到朝廷所定的税额,那肯定是严重的失职,会遭到惩罚。然而,如果疏于大型建设或教化百姓,只能说这位刺史并非良吏,平庸无能,不算什么重大过失。从朝廷的观点看,即使是平庸无能的刺史,他至少也要能负责收税并上缴,因为税赋攸关国家常年收入和朝廷命脉,乃一等一的大事也。

二、抚字黎庶和税务

　　唐朝诏令中,常见皇帝期望刺史"切须抚字"、"抚字黎庶"等

---

①唐代那些兼充都督和节度使的刺史,还兼管军政,此不赘。见马俊民《唐朝刺史军权考——兼论与藩镇割据的关系》,《南开大学历史系建系七十五周年纪念文集》,页61—68;张达志,《藩镇与州之军力强弱》,《唐代后期藩镇与州之关系研究》,页96—132。但唐刺史若不兼都督和节度使,是否还有军权,却是个争论的问题。盖唐刺史承南北朝旧习,皆持有"持节某州诸军事"的称号,杜佑认为这是唐"仍旧存之"的虚衔,严耕望也持类似意见。相反的看法见夏炎《刺史的军事职掌与州级军事职能》,《唐代州级官府与地域社会》,页18—38。

②Clifford Ando, "The Administration of the Provinces," *A Companion to the Roman Empire*, pp. 185–188.

语,也就是对百姓要"安抚体恤"。抚字安民当然是一种仁政,是儒家所推崇的。然而,唐代(以及中国历朝)的这个"抚字"政策,其实都跟税赋,脱不了钩。比如,睿宗有一道《诫励风俗敕》便说:"诸州百姓,多有逃亡,良由州县长官,抚字失所。"①正因为州县长官(刺史和县令)没有好好安抚体恤百姓,擅征苛税,造成他们有许多无法负担,逃亡他乡。这里略而未说的是,逃亡的后果,是课户减少,收税不足。换句话说,州县长官要完成收税官最基本的使命,税务圆满成功,考绩上等,最好的政策就是从根本处做起,善待百姓,不要贪虐,不向他们加征额外的杂税。这样农民有了丰收,可以快乐生活,自然也会快乐地、心甘情愿地缴税,不但不会逃亡,反而可能还会为这位"抚字得人"的刺史,立个德政碑和遗爱碑。

从这个收税视角看,唐刺史的其他业务,看似跟税赋无关,其实也都大有关系。比如,贞观时有位良吏贾敦颐,"二十三年,转瀛州刺史。州界滹沱河及滱水,每岁泛溢,漂流居人,敦颐奏立堤堰,自是无复水患"②。"奏立堤堰"是这位刺史在推行大型建设,效果是州内"无复水患",农人得以丰收,敦颐受到百姓爱戴,他自然也就可以圆满完成他做刺史的收税使命。

再如,唐刺史常要执行的祈雨和祭神活动,乍看跟收税更是毫无关联,其实息息相关。唐初另一位良吏田仁会,"永徽二年,授平州刺史,劝学务农,称为善政。转郢州刺史,属时旱。仁会自曝祈祷,竟获甘泽。其年大熟,百姓歌曰:'父母育我田使君,精诚

---

①《文苑英华》卷四六五,页2374。
②《旧唐书》卷一百八十五上,页4788。

为人上天闻。田中致雨山出云,仓廪既实礼义申。但愿常在不患贫。'"①"仓廪既实"这四字,显示田仁会"自曝祈祷"后有效,州内的税赋也跟着丰收起来,粮仓堆满谷物。

韩愈当年贬官到潮州,有一次正逢大雨,他也做了刺史该做的事:跑去祭大湖神,并写下一篇洋洋洒洒的《潮州祭神文》(其二),里面就很明确把祭神跟赋税挂钩:

> 维年月日,潮州刺史韩愈,谨以清酌胺脩之奠,祈于大湖神之灵曰:"稻既穟矣,而雨不得熟以获也;蚕起且眠矣,而雨不得老以簇也。岁且尽矣,稻不可以复种,而蚕不可以复育也。农夫桑妇将无以应赋税继衣食也。非神之不爱人,刺史失所职也。"②

这里韩愈吐露,他很担心天若再下雨,破坏农桑,"农夫桑妇将无以应赋税继衣食也",交不出赋税,又无以为生。那他作为刺史收税官,乃"失所职也"。这里的"失所职"有两个意思:韩愈不但自责不能好好照顾百姓失职,他恐怕也觉得未能完成他最基本的州税官任务,对朝廷失职。看来韩愈即使是贬官,即使是在潮州这样的偏荒穷州,他还是得负责收税。

武宗会昌三年(843),杜牧在黄州当刺史时,州内发生旱灾。杜牧照惯例以刺史身份,向城隍神祈雨。第一次祭似乎无效,于是他再祭一次,写了一篇掷地有声的祈雨文,里面就透露了黄州地区种种苛税的恶习和根源,是难得的税赋史料:

①《旧唐书》卷一百八十五上,页4793。
②《韩昌黎文集校注》卷五,页319。

牧为刺史,凡十六月,未尝为吏,不知吏道。黄境邻蔡,治出武夫,仅五十年,令行一切,后有文吏,未尽削除。伏腊节序,牲醪杂须,吏仅百辈,公取于民,里胥因缘,侵窃十倍,简料民费,半于公租,刺史知之,悉皆除去。乡正村长,强为之名,豪者尸之,得纵强取,三万户多五百人,刺史知之,亦悉除去。茧丝之租,两耗其二铢,税谷之赋,斗耗其一升,刺史知之,亦悉除去。吏顽者笞而出之,吏良者勉而进之。……谨具刺史之所为,下人之将绝,再告于神,神其如何?①

此篇比韩愈的《祭神文》更进一步,把州内税赋之烦苛和旱灾串联在一起,有因果关系。杜牧在文中要"再告于神",他作为刺史,已尽了责任,希望神快降甘霖,拯救"将绝"的百姓"下人"。那他做了些什么事呢? 几乎都跟税务有关,颇堪玩味。

祭文一般都是高度公式化的文字,无甚新意,但杜牧此篇,却属奇文,细节丰富,让我们见识到黄州的苛税杂目,是他属下吏员在作威作福,欺压百姓。比如,每逢伏日、腊日等节气,需要的各种祭祀用品,都均摊给百姓,但乡下小吏,却趁此机会,从中贪取十倍的财物,数量竟是交给国家正税的一半("半于公租")。

此外,那些"乡正村长"和"豪者",还在黄州的三万户中,多收取五百人的赋税以中满私囊。杜牧属下的官吏,在收取蚕丝正税时,每一两(41.3g)要多收两铢(8.26g)作损耗;在收谷物正租时,每一斗(6000ml)也要多收一升(600ml)作损耗②。这一切收税陋习,杜牧对城隍神说,"刺史知之,悉皆除去"。换言之,刺史

①《杜牧集系年校注》卷十四,页902—903。
②这里的换算,据胡戟《唐代度量衡与亩里制度》,《胡戟文存》,页348—361。

作为州内最高层的税官,他要负责监管他属下的里胥,在实际收税时,有没有背地里要花样,私自征税。幸好,黄州不是所有吏员都如此恶劣。"吏顽者",杜牧"笞而出之";"吏良者",他则"勉而进之"。

杜牧这篇祭文,还有一个重要意义,在于它透露了州县别征杂税,未必是刺史(或县令)本人所为,而是他属下的胥吏,甚至"乡正村长"和"豪者"所为。这是一种从上到下的层层剥削,层层分赃,各取所需税物,恐怕是唐代(以及中国历代)各州府相当普遍的现象。然而,刺史是一州的收税长官,他应当对他下层所为负责,要严查严管。但唐代州的范围不小,一般最小的州都有二三个属县,大州可多达十个以上;下层吏员和乡正村长,更是繁多不可悉数。刺史一个人是否真的有能力,像杜牧所说的那样"知之",然后"悉皆除去",颇成疑问。

杜牧还有另一篇奇文,可以让我们认识到,唐代刺史一"下车",就该做的一些事。此奇文其实是一篇墓志《唐故处州刺史李君墓志铭》,写他的朋友李方玄,刚到池州当刺史的一些事:

> 始至,创造籍簿,民被徭役者,科品高下,鳞次比比,一在我手。至当役役之,其未及者,吏不得弄。景业(方玄的字)常叹曰:"沈约身年八十,手写簿书,盖为此也,使天下知造籍役民,民庶少活。"复定户税,得与豪滑沉浮者,凡七千户,哀入贫弱,不加其赋。①

李方玄一到任,就建立百姓名册,审核所有应该服徭役的百姓名

---

①《杜牧集系年校注》卷八,页734。

单,一手掌握("一在我手"),把劳役分派给那些该服徭役的;至于不该服的,"吏不得弄",不能从中得到渔利。接着,他又定户税,把附于豪强大户的七千余家,列为贫穷户,不再加他们的税。杜牧的这段描述,生动刻画了唐刺史负责税赋徭役的实际操作内容,在正史列传中并不多见。

州刺史在税务方面,能够为州民做的,还有一样,那就是向朝廷奏免百姓的赋税。这正是唐代一位鲜卑王族后裔,唐代"文学史上一位杰出的少数民族作家"元结①,在道州当刺史时,所做的仁心善事。元结是北魏常山王元遵的第十二代孙,在天宝十二载(753)考中进士。代宗广德二年(764),他来到偏荒的湖南道州任刺史,发现道州"被西原贼屠陷。贼停留一月余日,焚烧粮储屋宅,俘掠百姓男女,驱杀牛马老少,一州几尽。贼散后,百姓归复,十不存一,资产皆无,人心嗷嗷"②。他在长诗《舂陵行》前的小序中说得更清楚:"道州旧四万余户,经贼已来,不满四千,大半不胜赋税。"③

所以他向朝廷上奏,请求把租庸使不断催缴的征率钱物共136388.8贯,减免132480.9贯,只缴不到百分之三的3907.9贯,减幅达到百分之九十七以上,并获得朝廷"敕依",准其所奏④。第二年,元结又再次上奏,以州境未安,"人实疲苦"为由,请求把原先道州的"配供上都钱物"共132633.035贯,"放免"91606.546贯,

---

① 乔象锺、陈铁民主编《唐代文学史》上册,页564。元结的鲜卑胡族血统,过去我们几乎没有留意,但在族群意识高涨的今天,他的胡人血统,才备受注目,成了唐多元文化的表征。
②《奏免科率状》,《元次山集》卷八,页125。
③《元次山集》卷三,页34。
④《奏免科率状》,《元次山集》卷八,页124—125。

只缴 41026.489 贯,约原来税额的百分之三十一。这次也同样获得朝廷"敕依"①。元结在这两篇奏疏中所列举的税额,都非常具体,且精确到一贯(一千文)的个位数,显示这些数字都经过他细心的计算。

事实上,元结先前已向租庸使"申请矜减",但"使司未许",于是他才改为直接向皇帝上奏。这种做法,在当时可能是不寻常的,也可能是因为元结在安史之乱期间,曾率领他的鲜卑族人和一批义军,在山南东道唐州(今河南泌阳)一带抵抗史思明的叛军,保卫疆土,得到玄宗、肃宗和代宗的高度赏识,连肃宗都知道"元结有兵在泌阳"②。他之所以能出任道州刺史,据他的好友颜真卿后来为他写的墓碑,是因为"上以君居贫,起家为道州刺史"。看来,他跟唐皇室的关系密切,得以直接上奏,为道州百姓奏减税额。

正因为他"行古人之政",据颜碑说,"二年间,归者万余家,贼亦怀畏,不敢来犯。既受代,百姓诣阙,请立生祠,仍乞再留。观察使奏课第一,转容府都督兼侍御史、本管经略使,仍请礼部侍郎张谓作《甘棠》以美之"。"归者万余家",表示道州的税收增加了,所以元结才获得"观察使奏课第一",且转任容州都督,并获得"侍御史、本管经略使"等加官。元结在道州最重要的事迹,就是他处理州民无力缴税的应变才能,对百姓如此体恤,吸引逃亡者纷纷归来,最后反而为朝廷带来更多的税收,一直为后代所称颂。这位鲜卑后裔,不但诗文写得"质朴古淡"③,极富韵味,名列唐代名家之一,没想到他作为一个税官,也表现得如此悲悯精湛。

---

①《奏免科率等状》,《元次山集》卷九,页 133—134。
②颜真卿《容州都督兼御史中丞本管经略使元君表墓碑铭》,《颜鲁公文集》卷 5,页 33—35。
③杨承祖《元结研究》,页 374。

三、刺史收税和考课

既然刺史的首要使命是收税督赋,那么他的年终考课,当然主要便根据他的税务业绩来评量。由于刺史负责一州各属县的税务,他属下各县令的税务工作,也会间接影响到他个人的年终总业绩。比如,如果州内某个县令贪虐,别征科税,导致该县的户口逃亡,税收流失,这也会影响到整个州的总税收,以及刺史个人的考课,因为某一县逃亡的户数,最终也会算在州每年课户走失的总数内。

从这个角度看,刺史每年巡视属县,考核县令等县官的业绩,并非只是"形式工作",而牵涉到刺史个人的利益和年终考绩。刺史对县令其中一项最重要的评鉴项目,就是这些县令是否有增加户口,开辟荒田等事。用现代话说,就是刺史和县令有没有"扩大税源";或有没有走失民户,课户逃亡,造成税赋减少,"税基萎缩"。宣宗会昌六年五月敕,清楚说明此点:

> 刺史交代之时,非因灾沴,大郡走失七百户以上,小郡走失五百户以上者,三年不得录用,兼不得更与治民官。增加一千户已上者,超资迁改。仍令观察使审勘,诣实闻奏。如涉虚妄,本判官重加惩责。①

这个"大郡走失"户数,是包含整个州各属县的。刺史为什么会

---

①《唐会要》卷六十九,页 1432。

"走失"民户？因为他抚字不当，有虐政，造成课户受不了额外苛税逃亡，或他监督属县不力，县户口流失。那么，他又如何增加民户？最好的办法，莫如施行善政，不擅自征收诸色榷税，勤于教化兴学，疏通河渠，名声远播，那些逃亡的户口便会闻风归来。这就是史书上常说的"招辑逃亡"。然而，并非刺史一人做好"招辑逃亡"的事就可以，他属下的所有各县县令，也要能配合执行，齐心合作，才有成效。所以，刺史每年巡视属县的工作，绝非"形式"，而牵涉到实质利益。

唐前后期的敕令，特别是在皇帝登基和改元时所发出的德音和赦文中，常提到这种民户增减，对税赋的冲击，且定有奖惩办法。在唐后期，刺史之上，更多了一层监督，由各道的观察使来监督刺史的税务，如下引道州刺史阳城的案例。

以实例考之，唐初的陈君宾便很有"招辑逃亡"的本事。他的《旧唐书》本传说，"贞观元年，累转邓州刺史。州邑丧乱之后，百姓流离，君宾至才期月，皆来复业。二年，天下诸州并遭霜涝，君宾一境独免，当年多有储积，蒲、虞等州户口，尽入其境逐食。太宗下诏劳之"①。不过，这样一来，蒲、虞等州户口流失，这两州的刺史应当会遭到惩处，考课不佳。

代宗时，"崔瓘，博陵人也。以士行闻，莅职清谨。累迁至澧州刺史，下车削去烦苛，以安人为务。居二年，风化大行，流亡襁负而至，增户数万。有司以闻，优诏特加五阶，至银青光禄大夫，以甄能政。迁潭州刺史、兼御史中丞，充湖南都团练观察处置使。"②所谓"削去烦苛"，就是像后来的杜牧那样，"悉皆除去"各

---

① 《旧唐书》卷一百八十五上，页4783。
② 《旧唐书》卷一百一十五，页3375。

"乡村里正"等所私定的苛捐杂税,这样才能吸引到"流亡襁负而至,增户数万"。崔瓘州内的税赋跟着大增。他因此得到加官奖励,升迁到更重要的大州潭州去任刺史,并兼充一个更尊贵的使职(湖南都团练观察处置使)。同样,韩滉"建中初,继为苏州、润州刺史,安辑百姓,均其租税,未及逾年,境内称理"①。这样一来,韩滉圆满达成他州内的收税任务,考课必佳。

代宗时的萧定,是唐高祖宰相宋国公萧瑀的曾孙,系出名门。他先任袁州刺史,后"历信、湖、宋、睦、润五州刺史"。"大历中,有司条天下牧守课绩,唯定与常州刺史萧复、豪州刺史张镒为理行第一"。细察其课绩内容,萧定在"勤农桑,均赋税,逋亡归复,户口增加"等项,又在另二人之上,而这些业务全都涉及税赋。于是他获得提拔,"寻迁户部侍郎、太常卿"②。

有些刺史,为了增加户数以取得好的考绩,不惜使出不正当的手法来达成目的,比如宪宗元和六年(811)二月制所说:"自定两税以来,刺史以户口增减为其殿最,故有析户以张虚数,或分产以系户名,兼招引浮客,用为增益。至于税额,一无所加,徒使人心易摇,土著者寡。观察使严加访察,必令指实。"③

唐刺史的考课根据收税业绩,这方面最有名最动人的一个案例,莫过于德宗时的知名大儒阳城。他是"北平人,代为官族。好学,贫不能得书,乃求入集贤为书写吏,窃官书读之,昼夜不出。经六年,遂无所不通,乃去陕州中条山下。远近慕其德行,来学者相继于道"④。李泌当宰相时,把他荐给德宗,征召入京,先任谏官

①《册府元龟》卷六百九十二,页8255。
②《旧唐书》卷一百八十五下,页4826。
③《唐会要》卷八十四,页1839。
④《顺宗实录》卷四,《韩昌黎文集校注》,页716。

谏议大夫,敢于直言,曾替当时身陷风暴中的陆贽发声,斥陆的敌对裴延龄"奸佞"。德宗大怒,把他改任国子司业,很受学生(包括柳宗元)的爱戴。后来他涉嫌在家中藏匿一个有罪的前学生,被贬为道州刺史。

道州的治所在今湖南道县,离长安 1488 公里,在柳宗元后来被贬的永州之南约 119 公里,是个中州,元和户数 18338①,跟苏州和杭州等税赋大州相比,属于穷州,常为贬官之所。但即使是贬官,即使是在这样偏远的穷州,阳城这位仁慈的大儒,还是得负起他做刺史的最基本使命,那就是收税。《顺宗实录》记此事最详,为两《唐书》记载所本:

> 在州,以家人礼待吏人,宜罚者罚之,宜赏者赏之,一不以簿书介意。赋税不登,观察使数诮让。上考功第,城自署第曰:"抚字心劳,征科政拙,考下下。"观察使尝使判官督其赋,至州,怪城不出迎,以问州吏,吏曰:"刺史闻判官来,以为己有罪,自囚于狱,不敢出。"判官大惊,驰入,谒城于狱,曰:"使君何罪?某奉命来候安否耳。"留一两日未去,城固不复归馆。门外有故门扇横地,城昼夜坐卧其上,判官不自安,辞去。其后又遣他判官崔某往按之,崔承命不辞,载妻子一行,中道而逃。②

阳城如此精彩的另类行为,更为刺史的首要使命,就是收税,增添另一最佳例证。如果赋税不登,他的顶头上司观察使还会"数诮

①《元和郡县图志》卷二十九,页 712。
②《顺宗实录》卷四,《韩昌黎文集校注》,页 717。

让",数度责备他,并且派判官来督促他缴上他州内的赋税。他的考课,端看收税业绩。阳城乃饱读诗书的儒者,看来不适合当刺史这种钱谷税官,但他不幸被贬官,被迫当上刺史,显然过于仁慈,不愿催促道州的穷苦百姓交税,于是自认自己拙于收税,业绩不佳,自署其考第"抚字心劳,征科政拙,考下下"。据郁贤皓的考释,阳城被贬在道州约七年,从贞元十四年到二十一年(798—805)①。上引这案例,应当是发生在他被贬的第一年。以后几年,道州未闻再有"赋税不登"的事。看来大儒阳城慢慢也学会处理收税事了。顺宗刚上台不久,便把他(以及陆贽)召回京,但可惜两人都已经在贬所去世了。

四、额外加征

《唐六典》等职官书的刺史职掌描述,没有明确说刺史要负责税务,那是因为这些志书,惯用一套公式化的特殊用语,似乎耻言刺史须做收税督赋这种钱谷事,所以用了"抚和齐人,劝课农桑"这种高度僵化的隐语,通篇见不到一个"税"或"赋"字。但唐朝廷绝非刻意要隐瞒此事,而是职官书的那种公式化语言使然。事实上,唐皇帝对刺史(以及县长官县令)必须负起税务重任,一向大方公开宣示,特别是在皇帝登基或改元时刻,更以"赦文"的方式,郑重昭告天下刺史县令,须注意收税的种种细节,并且不要巧立名目,不得"别有科率"。

唐前期实施租庸调税制,其细节近人研究甚详。简单说,中

---

① 《唐刺史考全编》,页2470。

央尚书户部的一个预算部门(度支司),根据一州的户口、课丁、田亩、物产等资料,定出该州来年须负责上缴的租庸调品项与数量,缴往京城或其他指定地点(比如把谷物直接送往边州供军用)。这方面最佳的史料,就是高宗《仪凤三年度支奏抄·四年金部旨符》,在新疆吐鲁番出土,让我们见到唐租庸调征收和使用的一些操作细节①。

唐前期刺史最重要的税务工作,便是监督州内属县的收税,在限期内(一般在秋冬两季),把中央所估定的税物和税额,征集完毕,然后和县一起安排运输和典纲人员,把税物解送到京或其他指定地点。课户所缴的税物,一般由"乡正村长"或其他基层单位接收,再转送县和州。刺史负责整个监督,确保属县缴上的税物,达到中央所估定的品项和额量。

这种税务工作,在条文上看似简单,实行起来困难重重。玄宗开元九年十月敕,便反映了刺史等官,在执行税务时的一些难题,以及他们的应付之道:

> 如闻天下诸州送租庸,行纲发州之日,依数收领,至京都不合有欠。或自为停滞,因此耗损,兼擅将货易,交折遂多,妄称举债陪填,至州重征百姓。或假托贵要,肆行逼迫。江淮之间,此事尤甚。所由既下文牒,州县递相禀承,户口艰辛,莫不由此。②

---

① 大津透《唐律令國家の予算について——儀鳳三年度支奏抄·四年金部旨符試釈》,《日唐律令制の財政構造》(東京:岩波書店,2006),页 27—113;李锦绣《唐代财政史稿》第 1 册,页 16—31。
② 《册府元龟》卷四百八十七,页 5829。

唐代的税物,几乎都是笨重的谷物(租)或织品(庸调),体积和重量惊人,运输是一大难题。在"行纲"之时,不免会有"耗损",如中途遭到偷窃、拦劫、沉船等事。这些都要由负责的官员去"陪填"。官员当然不愿自行"陪填"。办法便是"至州重征百姓。或假托贵要,肆行逼迫"。

这便是唐代(以及中国其他朝代)税务的一大症结。中央朝廷所估定的税额,一般都还在合理可行的范围内(战争期间另有课征,属特殊案例)。但问题是,在民间实收时,各层级的收税官吏会刁难加征。一种如上引税物的运输耗损,造成"陪填"和加征。另一种更常见,则是各层官吏们的贪婪,以其权位向百姓巧立名目,别有加征,如杜牧上引文所写的黄州案例,以致"户口艰辛",逃亡他乡。

所以,唐代涉及税务的敕令,不论是唐前期或后期,最常见的字眼便是"不得更别有科率"之类的警言,如代宗的《改元永泰赦》所说:

> 自广德元年(763)已前,天下百姓所欠负官物,一切放免。在官典腹内者,不在免限。其百姓,除正租庸外,不得更别有科率。刺史县令,与朕分忧。凋瘵之人,切须抚字。一夫不获,情甚纳隍。有能招辑逃亡,平均赋税,增多户口,广阔田畴,清节有闻,课效尤著者,宜委所在节度观察具名闻奏,即令按覆,超资擢授。其有理无能政,迹涉赃私,必当重加贬夺,永为殿累。①

---

① 《唐大诏令集》卷四,页24。

这里订定详细的奖惩规定,但显然无效。四十年后,到了顺宗即位,他的《顺宗即位赦》中,还是有"不得别有科配"和"不得擅有诸色榷税"这样的话:

> 天下百姓,应欠贞元二十一年二月三十日已前榷酒及两税钱物,诸色逋悬,一物已上,一切放免。京畿诸县,一应今年秋夏青苗钱,并宜放免。天下诸州府,应须夫役车牛驴马脚价之类,并以两税钱自备,不得别有科配,仍并以两税元敕处分,仍永为恒式,不得擅有诸色榷税。常贡外不得别进物钱。金银器皿、奇绫异锦、雕文刻镂之类,若已发在路者,并纳左藏库。①

这段话除了涉及"放免"欠税等项,最可玩味的是"不得别有科配"、"不得擅有诸色榷税"和"常贡外不得别进物钱"这几句话,全都涉及正税之外的加征。顺宗时,唐已在实行两税法。两税法把州的总税赋收入,分成三份:一份"留州",供州县官员俸料和其他州内杂项;一份"送使",供节度观察使的军费酱菜等;剩下的一份,"上供"给朝廷②。顺宗此赦特别提到,"夫役车牛驴马脚价之类,并以两税钱自备",意思是这些运输费用("脚价之类"),原本应当在两税钱中"自备",也就是在两税"留州"的税额部分预算去支用,但有些州可能没有做好这种预算,或有预算但又向百姓额外加征。由此看来,地方上的"别有科配",无奇不有。

---

① 《唐大诏令集》卷二,页10。
② 陈明光《唐代财政史新编》,页210—229。

地方官别征税物,部分可能拿来作"进奉",以讨好皇帝。唐后期有些皇帝,亦颇好"进奉",来者不拒。但顺宗看来想做一个好皇帝,不想要这种"进奉",所以特别规定地方长官"常贡外不得别进钱物"。那些已发送在路上的"金银器皿"等珍玩奇物,原本专供皇帝玩赏使用,但顺宗也不想要,请纳入"左藏库",当成是一般的国家财货收藏。

唐后期的这种进奉,不但节度使常为,刺史也同样有进奉。《旧唐书·食货志》有一段话,特别指出这点:

> 裴肃为常州刺史,乃鬻货薪炭案牍,百贾之上,皆规利焉。岁余又进奉。无几,迁浙东观察使。天下刺史进奉,自肃始也。①

裴肃因为向皇帝进奉而得到好处,不久就从常州刺史,升迁到更重要的州(越州)任刺史,且兼尊贵的使职浙东观察使②。刺史作为税官,若无善政,往往会巧立各种名目来收税,正像《旧唐书·食货志》所说:"通津达道者税之,蒔蔬艺果者税之,死亡者税之。"③

五、结语

唐刺史主要为州内最高层级的税官,跟罗马帝国那些总督亦

---

① 《旧唐书》卷四十八,页 2088。
② 《旧唐书》卷十三《德宗纪》,页 388,贞元十四年(798)九月条下,"以常州刺史裴肃为越州刺史、浙东观察使"。
③ 《旧唐书》卷四十八,页 2087—2088。

主要负责监督地方税务,十分类似。不论中外古今,地方对中央最切实、最有价值的贡献,便是上缴税赋,以维持整个帝国的常年收入和皇室开支。唐刺史作为州长官,他最关键的使命便是收缴税赋。至于其他职务,比如推动州内大型建设工程(疏通河渠、兴建学校等),招辑逃亡,开辟荒田,甚至祭神祈雨,教化百姓,看似跟收税无关,其实也都涉及税务,因为这些业务的最终目的,是要达到农产量提高,课户增加,谷物丰收,民心安定,不思逃亡,这样刺史的税务工作才能圆满达成。税务业绩,也冲击到刺史的年终考课。

我们过去常把刺史、县令之类的地方官,尊称为"父母官",意思是他们关心百姓疾苦,兴修水利,灌溉良田,减轻徭赋等等,像父母一般爱护着州县子民。但深一层看,这些举动,也莫不隐约透露出刺史最根本的税官本色。换句话说,这种"爱",是有"条件"的,最终目的是盼望子民们,快乐地交上足够或甚至超额的税,大家皆大欢喜也。

第十八章　唐刺史和他的使职帽子

剑南西川节度副大使，管内支度、营田、观
察处置、管押近界诸蛮及西山八国、云南安抚
等使，银青光禄大夫，检校吏部尚书兼门下侍
郎、同中书门下平章事，成都尹，临淮郡开国
公，食邑三千户武元衡。

——《蜀丞相诸葛武侯祠堂碑》①

　　本章的标题，看似玩笑，其实大有深意。上引武元衡的长串
碑刻结衔，便可以为这标题做佐证。武元衡当时任剑南西川节度
副大使，同时也是成都尹。尹是唐代地方府级单位的实际长官：
像京兆府、成都府的尹，等于是州刺史的"府级版"，地位比刺史略

---

① 陆增祥编撰《八琼室金石补正》卷六十八，页15。南港"中研院"傅斯年图
书馆藏有此碑的一个清代拓本，虽有破损，但颇能让人见到此碑的巨大气
势及其书法真貌。北京图书馆藏有一比较完整的拓本，其影印本见《北京
图书馆藏中国历代石刻拓本汇编》，第29册，页42—43，但大幅缩小，有些
字迹不清。

高一级①。武元衡的节度使府,设在剑南成都府(治今四川成都)。他的"原型"是成都尹,但他却另外"戴上"多达六项使职帽子:(1)剑南西川节度副大使;(2)管内支度使;(3)营田使;(4)观察处置使;(5)管押近界诸蛮及西山八国使;(6)云南安抚使。像武元衡这样戴上多顶使职帽子的州府级长官,在唐开元以后越来越常见,唐末尤甚,乃地方行政的一大特征。本章拟考释其源流演变及意义,以配合本书的使职化主题。

在前面几章,我们见过,唐代一些重要的高官,曾经历过一个使职化的过程。比如,唐初的中书舍人这种词臣职事官,在唐后期慢慢被使职知制诰和翰林学士取代。同样,唐初的财臣,如户部侍郎等职事官,在开元以后慢慢被一系列的财政使职(租庸使、转运使、盐铁使等等)所取代。那么,唐代最关键的一种高层地方官刺史,是否也有过类似的使职化?

有,但唐代刺史的使职化,其方式跟词臣及财臣的使职化,又大不相同,那便是戴上各种使职帽子,有其特色,以解决唐代地方行政的特殊需要。古今中外各种官职的演变,总是为了应付不断改变的时局和环境。刺史是州长官,他要负起的职务主要为税赋和治安,且涉及不同的地方环境,以及广阔的领地,他的使职化过程,自然跟中书舍人这种京官和皇帝近臣,以及财臣这种专业的理财官不一样。

---

① 唐代有三百多个州和府(如京兆府、成都府等)。在州的场合,其长官为刺史,但在京兆等府,其实际长官称为尹;在大都督府,则称为大都督府长史。后两者等级职望较高。为了称呼方便,本章统称三者为刺史或刺史类长官,正如郁贤皓的大作《唐刺史考全编》,亦以"刺史"一词涵盖这三大类官员一样。

一、刺史和他的使职帽子

首先，我们不妨对汉代以来中国历代地方长官，做一个宏观的回顾。这当中，便牵涉到官制起源和演变。其中的大规律，据廖伯源的创新研究，便是从最初的使者（使职），转变为固定行政官（职事官）。起初，西汉刺史为"专职监察之使者"，到东汉演变为"地方行政长官"，"但东汉州刺史仍有使者之身份。至魏晋南北朝，州刺史渐失去使者身份，为纯粹之地方行政长官，其演变过程才算彻底完成"[1]。魏晋南北朝乱世，各地军戎屡见，刺史又多了一项皇帝特使的任命，常以"使持节都督诸州军事"的方式，在都督区督军。这个督军使命，最初也是使者性质。但最迟到北周，都督便从使者性质，演变为有编制的行政职事官，改称为总管。隋唐承北周制，刺史都督（武德七年之前称总管）都是有官品的职事官，非使职，且都督例必由刺史兼充。在更外围的边疆（如安西和安东），还有都护府。但都护只是都督的边疆升级版，也例由都督或刺史兼领。

大约从唐高宗时代起，为了军事需要，唐在边州设置了多支常驻边防大军，以屯田方式耕战，自给自足。这些边军的最高统率，最初称为"军使"，和刺史都督无关。但到了唐睿宗景云年间，朝廷开始委任就近边州的刺史都督，来统领这些边军，并授给他们一个"使持节"的节度使称号，表示他们是皇帝特使，也就是使职，无官品，并以刺史都督的职事官衔，去统率边军。于是，唐代

---

①廖伯源《使者与官制演变——秦汉皇帝使者考论》，页319。

著名的节度使制,就这样诞生了。不论是唐前期或后期,节度使也都例必由刺史兼充,而且常常也同时带有都督的官衔,特别是在唐前期。

唐代的节度使(以及观察处置、团练等使),从唐初至唐亡,都是一种使职,从来没有官品,符合本书第二章的定义。即使到了唐后期,节度观察等使,成了固定常设的官职,他们也仍然是使职,可自辟幕佐,带有皇帝特使身份,从来没有成为职事官。如果按照中书舍人的使职化模式,唐前期的刺史都督,到了唐后期,应该被节度观察等使所取代,成了闲官。但这样的模式,没有发生。

那么,我们要怎样来看待唐刺史的使职化?可称之为"加官式的蜕变"(都督时期)或"加官式的使职化"(节度使时期)。唐初有刺史这种职事官,主管本州的税务和治安。朝廷又沿袭北周隋朝制度,在边州和内地战略州,给这些州的刺史,加上都督的职务,兼管本州和邻近数个州的军事。景云开元以降,边州的刺史都督,又获得新的"加官",兼充节度使。安史之乱后,内地战略区也驻有军队时,内地某些战略州的刺史,便兼充节度使。至于内地非战略州,刺史则兼领观察使、团练使、防御使等等。某些接近"蛮夷"地区州,如桂管等州,则设经略使,也都由刺史兼领。

从这角度看,唐刺史从来没有被"取代"过。他从唐初一直到唐亡,始终存在,始终是重要的职事官,不像中书舍人后来被翰林学士取代那样,成了闲官。事实上,唐刺史不但不是闲官,反而越到后来,他的职官角色越加越多。在唐初,他可加官为都督和都护;景云开元后,可再加官为节度使、观察使、团练使等,甚至不固定常设的巡按使和黜陟使等。这是一种"加官式的蜕变"。唐前期刺史加官为都督和都护的时代,由于都督和都护也是职事官,所以我们不能说,唐前这段时期的刺史,遭到使职化。但开元以降,刺史都督兼充节度等使职,我们便可以把这以后的刺史(包含府级的尹和大都督府长史),形容为"戴上各种使职帽子的职事官",历经一种"加官式的使职化"。这就是唐代刺史独特的使职化过程,和词臣及财臣那种"取代式"的使职化,不太一样。

为了配合本书的主题,本章拟详考刺史兼充都督、都护和后来节度观察等一系列使职的过程,以及这种加官兼充使职化的意义,特别是它在应付地方行政上的功用。这是以往研究所忽略的。至于其他课题,诸如都督府管区,刺史和都督的民政与军政,节度观察等方镇和中央及属州的关系,唐代地方行政为二级制或三级制,近人所论已详①,这里不必重复。

二、刺史兼充都督

唐代地方长官有好几个等级。最基本的一级,是州的长官刺史,以及县的长官县令。在唐前期,刺史之上,还有都督和都护。开元以降,刺史都督之上,又还有更高等级和权力的节度使、观察使等。不过,在这几种长官当中,最基本最核心的人物,莫过于刺史。其他更高层级的地方长官,往往由刺史兼领,由刺史去充任。

例如,唐初的都督(及其前身总管),例必是由某一州的刺史去兼充。因此,我们可以说,大总管和都督,只不过是加了大总管

①这方面论著极多,不具引。以下几本专书最重要:艾冲《唐代都督府研究》;夏炎《唐代州级官府与地域社会》;王寿南《唐代藩镇与中央关系之研究》;张国刚《唐代藩镇研究》;李方《唐西州行政体制考论》;陈志坚《唐代州郡制度研究》;张达志《唐代后期藩镇与州之关系研究》;郭声波《中国行政区划通史:唐代卷》。日文和英文论著也不少。

和都督官衔的刺史。同样，唐后期的节度使和观察使，也常由刺史（或说都督）去充任，其本质是刺史。从这角度看，唐地方长官的"基本款"，无疑是刺史。他才是最基本的"原型"。其他更高层级的长官，比如都督和节度使，都从这个"原型"变化出来，由刺史去兼充。这"原型"模式，类似英文的"原型动词"，可以变化出动词的过去式、进行式和未来式等等。厘清了这一点，对于我们理解唐代州级或以上的地方长官及其演变，很有帮助。

严耕望在《中国地方行政制度》一文中曾经说过，"唐初复改郡称州，置刺史，又于重要之州置都督府，以刺史兼都督，统督数州，其制一如隋文帝时，惟名称小异耳"①。郁贤皓《唐刺史考全编》《凡例》第七条也说，唐代"总管或都督按惯例皆兼任所在州刺史，故本书均作为刺史列入"②。这看来是两位学者的平日读书心得，言简意赅，惜未见他们有专文细论此事。过去也未见有其他学者深论发微③。这里拟比较详细检讨刺史兼充都督的种种例证，特别是碑志中的证据。

唐都督例必由刺史去兼领，这点在正史和一般史书文献上，不易发现，因为这些文献为了简便，都把都督的全衔省略了，仅称

①《严耕望史学论文集》，页866。
②《唐刺史考全编》，页29。
③王寿南《唐代都督府之研究》，《庆祝欧阳泽民先生七秩华诞人文社会科学论文集》，页81—82，引用了一些都督全衔，以证都督例兼所治州刺史，但所引的例证，除了乙速孤行俨那条外，其他都是死后赠官为都督，或亲王遥领都督者，非实任都督者，证据略嫌不足。岑仲勉《贞石证史·于志宁赠幽州都督》，《金石论丛》，页57—58，引了几条碑志证据，欲证唐都督例由刺史兼充，然例证为于志宁死后赠官都督，非实任都督，可再补考。岑仲勉《通鉴隋唐纪比事质疑》，页44，引《资治通鉴》记绥州刺史兼都督刘大俱案例，为实任都督，则有举一反三之效。

之为（比如说）荆州都督、原州都督等等，不说他也是该州刺史，以致都督的"原型"（刺史）隐晦不显，造成后世的一些误解。

然而，都督的全套官衔，却可以让我们见到他的"原型"真面目。他肯定不仅仅是都督而已，他同时也是都督治所州的刺史。有一个极佳的例证，见于初唐诗人杨炯所写的《泸川都督王湛神道碑》。王湛在高宗龙朔三年（663）出任泸州都督，但他的全衔却是：

使持节都督泸荣溱珍四州诸军事、泸州刺史。①

王湛的这个官衔，跟南北朝常见的"都督诸州军事"一样，他既是都督，又是"泸州刺史"②。他首先是个刺史，他的都督府，就设在他任刺史的泸州，但皇帝又同时授他"使持节"，去"都督泸荣溱珍四州诸军事"，所以他又可简称为"泸州都督"③。本书第十七章已详考，刺史最关键的角色是税官。因此，我们可以设想，这位王湛都督，既是泸州最主要的税官，又是泸、荣、溱、珍四州的军事指挥，比一般仅任刺史的州长官，更多了一层军事色彩。

唐刘宪撰《大唐故右武卫将军上柱国乙速孤府君碑铭并序》，记述唐初将领乙速孤行俨（636—707）的事迹和官历甚详。他出身于军人世家，本姓王，"五代祖有功于魏，始赐而氏焉"。永徽中国子明经高第，又在武后中宗年间，屡任好几个州的都督，每次都兼领该州刺史：

①《杨炯集》卷八，页117。
②《唐刺史考全编》卷二百四十，页3105，即根据杨炯此神道碑，把王湛列为泸州刺史，任期从龙朔三年到乾封二年（663—667）。
③陈子昂在《申州司马王府君墓志》，便把王湛简称为"泸州都督"。见《陈子昂集》卷六，页134。

证圣元年（695），制除使持节万州诸军事，万州刺
史。……圣历二年（699），授使持节都督夔归忠万渝涪肃等
七州诸军事，守夔州刺史。三年（700），授使持节都督广韶端
康封冈等十二州诸军事，守广州刺史。长安三年（703），授使
持节泉州诸军事，守泉州刺史。神龙元年（705），授使持节都
督黔（辰）沅等州诸军事，守黔州刺史。①

跟王湛都督一样，这位乙速孤行俨都督，曾历任万州、夔州、广州、
泉州和黔州的州级税官，又曾负责"都督"这几个州及其邻近州的
军事。税赋和军事，正是唐地方行政最重要的两件大事，也是罗
马帝国各省总督的两大重任。

都督的这种全衔，在墓志和任官制书中都很常见。这里再举
二例。第一例见于唐初李百药的《夔州都督黄君汉碑铭一首并
序》②。碑文详述这位唐初将领的家世、事迹和官历，可补黄君汉
在两《唐书》中无传之憾。李百药又是唐初著名史官之一，所记当
有所本。文中提到黄君汉曾任怀州大总管（都督的前身）③："以

---

① 此碑为明代万历进士赵崡在陕西醴泉县发现，录文初见于《金石萃编》卷
　七十五，页18—24，但有许多缺字和倒错。这里引自《全唐文》卷二百三十
　四，页2365。
② 《日藏弘仁本文馆词林校证》卷四五九，页204—207。
③ 总管起源于北周，从魏晋南北朝的"都督诸州军事"改名而来。严耕望，
　《魏晋南北朝地方行政》，页450—535，论北周总管最详。页450说北周总
　管"实都督制之后身也"；页529结论又说它"即魏都督制之易名，非新制
　也"。隋及唐初沿用北周总管制，高祖武德七年（624）才改总管为都督。
　唐初总管跟后来的都督，名虽不同，其实一也。故本章不分总管都督，一
　并论之。从北周开始，总管就是固定常设的职事官，有官品，并非"为战争
　而设"。为战争而设的是唐代的"行军大总管"，一种行军元帅，属临时差
　遣的使职，无官品，跟总管大不相同，不可混淆。

功拜使持节总管怀、陟、恭、西济四州诸军事、怀州刺史。封虢国公,食邑三千户。"从如此明确的用语看来,黄君汉任怀州大总管时,必然也是怀州刺史,主管怀州的税赋,并兼管邻近数州的军事。他后来又因战功出任潞州都督:"军还,除使持节都督潞、泽、盖、韩、辽五州诸军事、潞州刺史。"这同样清楚显示,黄君汉任潞州都督时,也同时是潞州刺史,并兼领几个邻州的军事。

第二例见于高宗显庆元年(656)的《册张允恭鄯州都督文》。张允恭原任兰州都督,但在这一年因"罢兰州都督,鄯州置都督"①,他受命为鄯州都督。任命制书说:"是用命尔为使持节都督鄯、兰、河、儒、廓、淳、蒙七州诸军事、鄯州刺史,封如故。尔其镇静幽荒,式清奸宄。"②

从以上数例看来,都督的全衔都有一定的套式,都带有"使持节都督"等字眼,并列出他"都督"军事的各邻州,最后才说他是都督治所州的刺史,跟南北朝的都督结衔完全相同③。这种都督由刺史兼充的全套结衔,甚至也见于死后赠官为都督者,如张九龄写的《故特进赠兖州都督驸马都尉观国公杨公墓志铭并序》,便提到这位杨公,死后获赠都督,"有制赠持节都督兖州诸军事、兖州刺史"④。

唐都督制源自汉末魏晋。但魏晋都督并非由治所州刺史兼充,以致常和同驻一州的另一位刺史发生冲突。严耕望这样形容两者:"二者之关系既不正常,又常同驻一城,故往往发生龃龉,魏

①《旧唐书》卷四《高宗纪》,页76。
②《唐大诏令集》卷六十二,页338。
③详见严耕望《魏晋南北朝地方行政制度》所引的许多案例。
④《张九龄集校注》卷十八,页960。这种例子还有许多,不具引。

世尤甚。"①他引用《晋书·陈骞传》："出为都督扬州诸军事……时(牵)弘为扬州刺史,不承顺骞命。帝以为不协相构,于是征弘,既至,寻复以为凉州刺史。"②这显示,扬州当时有陈骞任都督,管军政,又有另一官员牵弘任刺史,管税赋等民政,两人同处一州。都督地位略高于刺史,但牵弘却不听陈骞的命令。皇帝也因两人不协,另作安排,把牵弘改为凉州刺史。严耕望的结论是:"故西晋之末,即令都督兼领治所之州刺史,既免争衡不睦,又收事权统一之效,实为一大进步。"③唐的都督,便继承西晋末以来的这个"进步"传统,由刺史兼充。唐代史料中,未见有不同的刺史和都督两人,同时驻在同一州城的案例。

三、刺史或都督兼充都护

刺史加授"使持节都督诸州军事"官衔,便可成为都督。同理,刺史加授都护衔(或说刺史加都督再加都护衔),也可成为都护。在职权方面,都督比刺史大,都护又比都督略大,但三者有一共同点:同样是刺史;三者的"原型"都是刺史。都督和都护,可视为刺史职权的"扩充延伸",是一种"加官式的蜕变",好比现今大学的院长和系主任,例由教授兼充,其"原型"为教授。

都护由刺史兼充,跟都督由刺史兼领一样,在两《唐书》列传中常常没有明说,须从他们的完整官衔才能看出。《旧唐书·郭

---

① 严耕望《魏晋南北朝地方行政制度》,页 104。
② 《晋书》卷三十五,页 1036。
③ 严耕望《魏晋南北朝地方行政制度》,页 106。

孝恪传》说:"贞观十六年(642),累授金紫光禄大夫,行安西都护、西州刺史。"①这是史书上极少数提到都护由刺史兼充的案例。郭孝恪任西州刺史,又任安西都护。他的刺史职务,在其本传中还有一些细节可以佐证:"其地高昌旧都,士流与流配及镇兵杂处,又限以沙碛,与中国隔绝,孝恪推诚抚御,大获其欢心。"这段叙述显示,孝恪不仅管军政,有"镇兵",他还"推诚抚御"西州的"士流与流配",行使他刺史管民政的职能。

另一个史书案例,见于《旧唐书·地理志》描述安南都护府的沿革时:"至德二年(757)九月,改为镇南都护府,后为安南府。刺史充都护,管兵四千二百。"②安南都护府设在交州(治今越南河内),交州刺史按惯例兼充安南都护,一直到唐末都如此,如晚唐的高骈等人。

都护的完整结衔,跟都督的一样,往往仅见于墓志。例如,《唐天山县南平乡令狐氏墓志》,保存了安西都护柴哲威的结衔:"贞观廿三年(649)九月七日……敕使使持节西伊庭三州诸军事兼安(西)都护、西州刺史、上柱国谯国公柴哲威。"③命官制书中应当也有完整官衔,但此类制书鲜少传世。以下《册府元龟》此条,应该源自制书:"高宗永徽二年(651)十一月丁丑,以高昌故地置安西都护府,以尚舍奉御天山县公曲智湛,为左骁卫大将军兼安西都护、府(当为"西"字之误)州刺史,往镇抚焉。"④这两

①《旧唐书》卷八十三,页 2774。
②《旧唐书》卷四十一,页 1749。
③柳洪亮《唐天山县南平乡令狐氏墓志考释》,《文物》1984 年第 5 期,页 78—79。
④《册府元龟》卷九百九十一,页 11641。《宋本册府元龟》卷九百九十一,页 3993 作"西州刺史"。

例清楚显示,柴哲威和曲智湛任安西都护时,两人也同时是西州刺史。

唐中叶以后就放弃了安西、安北、单于、安东等都护府,不再派驻本朝刺史或都督去兼充都护,顶多只任命当地外族首领出任都护,任其自治①,但唐从未放弃安南都护府。直到晚唐,中央仍派遣本朝的官员,如高骈等人,出任交州刺史兼安南都护。不过,唐后期安南都护也经历过一些演变,其都护不再像唐前期那样仅是都护,而兼充了"本管经略使",就像其他地区的刺史都督,也历经演变,兼充节度使一样。但因为安南地区(今越南北部)特殊,朝廷始终不称其长官为节度使,而授予经略使的使职,跟邻近的桂州、容州等派驻经略使一样。例如,《旧唐书·德宗纪》贞元二十年(804)三月己亥,"以国子祭酒赵昌为安南都护、御史大夫、本管经略使"②。安南有些时候,其都护还可兼充招讨使,如《旧唐书·宪宗纪》元和八年(813)八月癸未,"以蕲州刺史裴行立为安南都护、本管经略招讨使"③。

四、刺史或都督兼充节度使

唐代节度使的起源,学界目前的主流看法,大抵认为源自唐

---

① 王世丽《安北与单于都护府:唐代北部边疆民族问题研究》;李大龙《都护制度研究》。
② 《旧唐书》卷十三,页399。
③ 《旧唐书》卷十五,页446。

初的都督①。这个说法,当然很有依据,但似还可进一步推敲。历来似乎未见有人说(像本节拟详考的),节度使其实源自刺史的加官而来。也就是说,在边地某些重要之州,唐朝廷先加给刺史一个都督的官职,又在都督之上,加"使持节"的节度使职官名,于是就产生了节度使。

前面已详考,都督和都护例必由刺史去充任,他们的"原型"就是刺史。所以,与其说节度使从都督或都护演变而来,我们似乎不如回到最初的原点,直接说节度使是从刺史加官演变而来,是刺史加授新官职的结果。当然,说节度使源自都督,比较"直观"一些,比较容易理解,但我们还是不要忘了,都督的原型是刺史。

节度使例必由刺史兼充这一点,在唐前期,可能有学者会感到怀疑,因为这时期的史料往往说,节度使由某某都督兼领,未直接说由某某刺史充任。但如果都督例必由刺史兼充的话,那么唐前期史料说,节度使由都督兼领时,那不也就等于说,节度使亦由刺史充任吗?在唐后期,这方面的史料就很明确,有非常多的例证,往往直截了当地说,某某节度使由某刺史兼充(不再提都督),比如肃宗乾元元年(758)九月庚午朔条下,"右羽林大将军赵泚为蒲州刺史、蒲同虢三州节度使"②;肃宗上元二年(761)春正月辛

①例如,严耕望《魏晋南北朝地方行政制度》,页1—2;王寿南《唐代藩镇与中央关系之研究》,页15;苏基朗《唐代前期的都督制度及其渊源》,《唐宋法制史研究》,页81;艾冲《唐代都督府研究》,页222—224。桂齐逊《唐代都督、都护及军镇制度与节度体制创建之关系》,《大陆杂志》89卷4期(1994),页15—42,则认为节度使制跟唐之都护体制"甚有关连",但目前唐史学者(如艾冲等),都把都护视为是都督的一类。

②《旧唐书》卷十,页253。

卯,"温州刺史季广琛为宣州刺史,充浙江西道节度使"①。

目前学界大抵同意,唐代第一个节度使,是睿宗景云二年(711)的贺拔延嗣②,最早见于《通典·职官典》:"自景云二年四月,始以贺拔延嗣为凉州都督,充河西节度使。"③可惜贺拔延嗣的事迹,仅此一见(《唐会要》和《新唐书》的记载,跟《通典》同),没有其他史料可证,他是否也以凉州刺史的身份去兼充凉州都督。不过,从前面所考,唐代都督例必皆由刺史充任看来,贺拔延嗣任河西节度使时,他既是凉州都督,应当也同时是凉州刺史。郁贤皓的《唐刺史考全编》便根据这条史料,把他列为711—712年的凉州刺史④。据《旧唐书·地理志》,河西节度使的治所,就在凉州⑤。

如果贺拔延嗣此例还有疑虑的话,我们还可以再举杜佑父亲杜希望的案例为证。新旧《唐书》记他的鄯州官历,都只说他是"鄯州都督",从未说他也是鄯州刺史,如《旧唐书·吐蕃传》:"鄯州都督杜希望为陇右节度使"⑥,时在玄宗开元二十六年(738);《新唐书·玄宗纪》:"吐蕃寇河西,崔希逸败之,鄯州都督杜希望克其新城。"⑦然而,孙逖写的《授杜希望鸿胪卿制》,却保存了他在鄯州时的全衔:"朝议郎,守太仆少卿员外置同正员,使持节都

①《旧唐书》卷十,页260。
②王寿南《唐代藩镇与中央关系之研究》,页15—16;张国刚《唐代藩镇研究》,页168—171;艾冲《唐代都督府研究》,页215—216。
③《通典》卷三十二,页895。
④《唐刺史考全编》,页473。
⑤《旧唐书》卷三十八,页1386。
⑥《旧唐书》卷一百九十六上,页5233。
⑦《新唐书》卷五,页140。

督鄯州诸军事,兼鄯州刺史,陇右节度副使,仍知经略度支(应作"支度")①营田等留后事,赐紫金鱼袋杜希望。"②我们这才明确知道,杜希望任鄯州都督时,也同时是鄯州刺史,只是两《唐书》记载都督的官历,一向习惯省略他的刺史衔。贺拔延嗣和其他许多唐前期以都督充任节度使的案例,也都可以作如是观,其原有的刺史官衔,想必是被两《唐书》等史料所省略了。

《旧唐书·职官志》记节度使此官时说:"至德已后,天下用兵,中原刺史亦循其例,受节度使之号。"③所谓"其例",指至德以前,边州刺史就"受节度使之号"。至德以后,中原刺史也"循"唐前期边州刺史之"例","受节度使之号"。因此,我们可以说,唐前期的节度使,一向就由边州刺史兼充,只是这时的刺史,往往还兼充都督,以致史书记载时,为了简便,一般只记节度使由都督兼充,省略了他的刺史衔。

到了安史之乱以后,都督大抵已被节度使取代,唐后期史料中,都督的记载大幅减少。这时,唐史料提到节度使,便不再提及都督,只说是由刺史兼节度使。这种例证太多,俯拾皆是,且随手引三例为证。代宗大历十二年(777)五月"甲戌,以前安南都护张伯仪为广州刺史、兼御史大夫,充岭南节度使"④;德宗建中二年(781)五月"庚寅,以浙江西道为镇海军,加苏州刺史韩滉检校礼

---

①唐代的度支使和支度使,常在史书中混淆弄错,见卞孝萱《唐代的度支使与支度使》,《中国社会经济史研究》1983年第1期,页59—65;齐勇锋《度支使与支度使》,《历史研究》1983年第5期,页78。
②《文苑英华》卷三九七,页2016。参考郁贤皓《唐刺史考全编》,页440,杜希望条下。
③《旧唐书》卷四十四,页1922。
④《旧唐书》卷十一,页312。

部尚书、润州刺史,充镇海军节度使、浙江东西道观察等使"①;敬宗宝历二年(826)十一月,"甲申,以右仆射、同平章事李逢吉检校司空、同平章事,兼襄州刺史,充山南东道节度使、临汉监牧使"②。

前文说唐后期的史料提到节度使,不说是由都督,只说是由刺史兼充节度使。不过,这条通则有一个小小的变异,那就是在扬州、荆州等大都督府的场合。由于这些大都督府,例由亲王遥领,由亲王任大都督,它们的实际长官于是改为都督府长史。以扬州为例,设有大都督府,其实际长官为扬州大都督府长史。晚唐宰相李德裕曾任此官。《旧唐书·文宗纪》开成二年(837)五月条下,"以浙西观察使李德裕检校户部尚书,兼扬州大都督府长史,充淮南节度使"③。这是因为扬州是漕运的重要枢纽,地位显赫,一向只设大都督府,不设刺史。即便是在唐后期,这些都督府仍不废,仍然保持唐州府定位中的"府"级地位,比一般的州高一等。于是,它的实际长官兼节度使时,便只能说是由"扬州大都督府长史"兼充,无法说由"扬州刺史"兼领,因为扬州从来没有任命刺史。它的大都督长史,就等同刺史。

五、刺史兼充的其他使职

刺史除了可以兼充节度使之外,还可以兼领其他一系列的使职,其结果就是上引成都尹武元衡,一人可以带六个使职之多。

---

①《旧唐书》卷十二,页 329。
②《旧唐书》卷十七上,页 521—522。
③《旧唐书》卷十七下,页 569。

细察他所带的这六个使职,各有各的功能使命,都是为了应付成都府的特殊环境和需要而加授的,有一定的任命规律可寻。底下对武元衡节度使之外的另五个使职,略作疏证。

(1)管内支度使。《旧唐书·职官志》有一解:"凡天下边军,有支度使,以计军资粮仗之用。每岁所费,皆申度支会计,以长行旨为准。"①剑南西川西边有吐蕃,南边有南诏,它的边境驻有军队。武元衡带有这个使职,以应付"军资粮仗",是很自然合理的事。

(2)营田使。唐代凡带支度使的节度使,几乎都会多带一个营田使。《资治通鉴》胡三省注,对此有一解:"凡边防镇守转运不给,则开置屯田以益军储,于是有营田使。"②武元衡带有营田使,表示剑南西川的军队,依赖屯田来自给自足,边耕边战。

(3)观察处置使。简称观察使,也是节度使最常加带的一种使职。以唐后期的实例考之,有不少节度使同时带有观察处置使,比如武元衡便是。其他例证极多,且引三个。《旧唐书·肃宗纪》乾元三年(760)四月戊午,"以右丞萧华为河中尹、兼御史中丞,充同、晋、绛等州节度、观察处置使"③。《旧唐书·宪宗纪》元和十四年(819)四月丙子,以"裴度可检校左仆射,兼门下侍郎、平章事、太原尹、北都留守,充河东节度观察处置等使"④。《旧唐书·武宗纪》武宗会昌二年(842)三月,"刘沔可检校右仆射,兼太原尹、北京留守,充河东节度、管内观察处置等使"⑤。

---

①《旧唐书》卷四十三,页1827。
②《资治通鉴》卷二百一十,页6661。
③《旧唐书》卷十,页258。
④《旧唐书》卷十五,页468。
⑤《旧唐书》卷十八上,页590。

不过,也有些刺史,不带节度使,仅带都团练使,再加观察处置使。这通常见于江南西、湖南和福建等地。例如,常衮《授路嗣恭洪州观察使制》:"可使持节都督洪州刺史,充江南西道都团练、观察处置等使,检校户部尚书及散官勋封如故。"①元稹《有唐赠太子少保崔公墓志铭》:"寻拜苏州刺史,迁湖南都团练、观察处置使兼御史中丞、潭州刺史。"②于邵《为福建李中丞谢上表》:"臣以二月二十四日特奉渥恩,授臣福建都团练、观察处置等使,福州刺史兼御史中丞。"③

观察使的职务,主要是监督和考核管内的刺史。例如,武宗会昌六年(846)五月敕:刺史"增加一千户以上者,超资迁改。仍令观察使审勘,诣实闻奏。如涉虚妄,本判官重加贬责。"④宣宗大中三年(849)二月中书门下奏:"诸州刺史到郡,有条流,须先申观察使,与本判官商量利害,皎然分明,即许施行。"⑤

(4)管押近界诸蛮西山八国使。《蜀丞相诸葛武侯祠堂碑》上作"管押",但两《唐书》和其他碑志,一般作"统押",如权德舆所撰另一位剑南节度使韦皋的先庙碑《唐故光禄大夫,检校太尉兼中书令,成都尹,剑南西川节度副大使知节度事,并管内支度、营田、观察处置、统押近界诸蛮西山八国、云南安抚等使,上柱国,南康郡王,赠太师韦公先庙碑铭并序》⑥。所谓"西山八国",指"八国生羌"(白狗君、哥邻君、逋租君、南水君、弱水君、悉董君、清

---

① 《文苑英华》卷四〇八,页 2068。
② 《元稹集校注》卷五十四,页 1326—1327。
③ 《文苑英华》卷五八五,页 3026。
④ 《唐会要》卷六十九,页 1432。
⑤ 《唐会要》卷六十九,页 1432。
⑥ 《权德舆诗文集》卷十二,页 196。

远君、咄霸君）①，在德宗贞元三年（787）为西川节度使韦皋招纳。韦之后的西川节度使都带有这个使职。这就是一种"因地"而设的使职。

（5）云南安抚使。这个使职，在德宗贞元十一年（795）初设，也是因剑南西川的特殊需要，"因地"而置。《资治通鉴》这年"九月，丁巳，加韦皋云南安抚使"。胡注："以安抚南诏为官名"②，可佐证本书第二章所说，使职官名，起初常以动词描述职务取名。《新唐书·方镇表》便把这使职的设立，系于此年之下。不过，韦皋并非一直都在任云南安抚使。大约在贞元末年，他曾经把房式（宰相房琯之侄）"表为云南安抚使"③。由此看来，节度使所带的各种使职，不一定都要自行一肩扛起。他可以把其中一两个使职，推荐给其他官员去分担，展现使职命官方式的弹性。

武元衡这个案例，显示唐代州刺史和府尹等长官，可以兼好几个使职，层层授官，全看当时的环境和需要而定。这是唐后期使职盛行时代的一大特征。他们所带的使职，可以因事因地取名命官，随时加授，也就是《旧唐书·食货志》所说，可以"随事立名，沿革不一"。杜佑《通典》曾感叹这些"因事置使者，不可悉数"④。比如灵州、胜州等地的刺史兼节度使，常会多带押蕃部落使；淄青、平卢等地刺史，因临近新罗渤海，一般都兼带押新罗、渤海两蕃使⑤。范阳节度使，因为临海，常会多兼"河北海运使"。同州

---

①《资治通鉴》卷二百三十二，页7480。
②《资治通鉴》卷二百三十五，页7570。
③《旧唐书》卷一百一十一，页3325。
④《通典》卷十九，页473—474。
⑤姜清波《试论唐代的押新罗渤海两蕃使》，《暨南学报》27卷1期（2005），
　页90—94。

刺史,一般都会兼充他管区内的长春宫使。

暂且不论那些"废置无常"的使职,据史料所见,唐刺史兼充的使职,最主要、最常见者,约有六个:节度使、观察使、都团练使、防御使、经略使、招讨使①,在唐文献碑志中随处可见,亦不难掌握。比如,唐后期白居易和元稹的好友李建,年轻时曾经任过容州的招讨判官,壮年时又任过鄜州防御副使,因为他在容州的上司房济(也是他的岳父),当时任容管经略、招讨使;在鄜州的上司路恕,当时任鄜州刺史、鄜坊节度使又兼观察、防御使②。

这六种使职,常见于唐后期的皇帝赦文中,如宣宗的《大中元年正月十七日赦文》:

> 节度使各与一子正员九品官。东都(留)守、度支、盐铁、观察使、置都团练("置"字疑衍)、都防御、经略、招讨使……各与一子出身。③

这里把节度观察等使,跟度支、盐铁使等重要财臣并列,表示这些无疑是皇朝最重要的地方使职,在皇帝登基改元时,会获得特别嘉奖,"各与一子正员九品官"或"各与一子出身"。

宪宗元和元年(806)三月,御史中丞武元衡上奏,建议这六种

---

① 这个使职有宁志新的详细考释,《两唐书职官志"招讨使"考》,《历史研究》1996年第2期,页168—171。
② 元稹《唐故中大夫尚书刑部侍郎上柱国陇西县开国男赠工部尚书李公墓志铭》,《元稹集校注》卷五十四,页1333—1338;赖瑞和《唐后半期一种典型的士人文官——李建生平官历发微》,《唐史论丛》第17辑(2014年2月),页17—45。
③《文苑英华》卷四三〇,页2181。

地方使职,跟其他高官一样,在受命后,要有"皆入阁谢"的仪式:

> "中书门下、御史台五品以上官,尚书省四品以上官,诸
> 司正三品以上官,及从三品职事官,东都留守,转运、盐铁、节
> 度、观察使、团练、防御、招讨、经略等使,河南尹、同华州刺
> 史,诸卫将军三品以上官除授,皆入阁谢。其余官许于宣政
> 南班拜讫便退。"从之。①

这六种使职除授,跟"转运、盐铁"等权势很大的财臣一样,"皆入
阁谢",也就是进入皇帝的内朝便殿紫宸殿谢②,而跟"其余官"在
中朝宣政殿"拜讫便退"不同。皇帝也准了此奏,显示这批官员在
皇帝心目中,占据最重要地位,备受尊宠。

六、刺史兼充各种使职的意义

在唐开元以前,唐刺史的使命,主要是收税(见第十七章)和
州内治安。这时,都督也设于边州和内地战略州,负起督军任务,
由刺史兼充。这种刺史兼都督的基本地方行政架构,源自南北
朝,从唐武德到开元初,行用了大约一个世纪,相当稳定。但任何
一种制度,总是在稳定之后,一旦遇到某种新需要,便会感到不
足,于是开始蜕变。景云二年(711),睿宗正式任命"贺拔延嗣为

---

① 《唐会要》卷二十五,页 553。
② 关于"入阁"(也写作"入閤")的意义,见杜文玉《唐大明宫紫宸殿与内朝
朝会制度研究》,《江汉论坛》2013 年第 7 期,页 120—127。此文也收在杜
文玉的新书《大明宫研究》。

凉州都督,充河西节度使",就是这种蜕变的开始。

乍看之下,以都督充节度使,似乎没有什么特殊。但从官制看,则意义重大,因为这意味着,唐皇室要以节度使这种使职,来取代都督这个职事官,由皇室直接授权,让节度使去行使统率边军的使命。本书第二章已论及,使职永远比职事官尊贵,永远享有更大的权力,更能获得皇帝的宠信,且其任命基础,必须要先获得皇帝的信任,或跟皇帝有某种"私"关系者。这点在唐后来的节度观察使制度上,处处都可以见到,有其特别意义。

换言之,唐的节度观察等使,并非普通的职事高官,而是一个使职,是皇帝的特使,也常会得到皇帝的宠信和重用。例如唐前期的朔方节度使牛仙客,"能节用度,勤职业,仓库充实,器械精利;上闻而嘉之"[1]。玄宗甚至不理大臣张九龄等人的强烈反对,把他任命为宰相,虽然张九龄嘲讽他"本河湟一使典,目不识文字"[2]。再如唐后期,韦皋任剑南西川节度使,长达二十一年,是德宗异常信任和依赖的节度使。贞元十三年(797),韦皋大破吐蕃,"生禽莽热献诸朝。帝悦,进检校司徒兼中书令、南康郡王,帝制纪功碑褒赐之"[3],并由德宗的长子李诵(后来的顺宗)亲自书碑[4],其宠爱如此。江西观察使韦丹去世后四十年,因"有大功德被于八州",管内人民仍感念他的治绩,宣宗皇帝于是特别命令当时的史官杜牧,为他写了一篇《唐故江西观察使武阳公韦公遗爱

---

① 《资治通鉴》卷二百一十四,页6822。
② 《旧唐书》卷一百六,页3237。
③ 《新唐书》卷一百五十八,页4936。
④ 此碑和完整拓片似未传世。现存碑文为残缺,见《金石萃编》卷一百五,页11—14。

碑》，以"美大其事"①。从历任皇帝跟这些节度观察使的种种密切关系看来，这类使职都受到皇室高度的尊宠和倚重。

刺史和都督一样，也是职事官。刺史兼充节度观察等使，便意味着原先的一位职事高官，现在享有使职的特权和特殊地位了。他跟朝廷有更密切的关系，比一般不兼充节度使的刺史，地位更崇高。因此，节度观察等使，无疑是唐代三百多个刺史当中的菁英，往往是最有吏干、最杰出的一批地方高官。

这种可以兼充节度观察使的刺史，属于难得的人选，但朝廷也不需要太多这类刺史，大约只要五十个足够，以便任命他们在那些重要之州，也就是从前那些都督府州（如灵州、并州等）兼充节度使，或在从前那些赋税地区，充观察使，如越州和宣州观察使。唐的这类方镇，在元和盛时，达到约 48 个②。这些驻有节度观察等使的州，其实也就是从前的都督府州或赋税大州，显示这些地区，才是唐朝廷真正关注用心的。至于其他二百多个州，则仍然像唐前期一样，仅派驻刺史，地位略逊。

我们要判断一个唐代官员的仕宦成就，不妨留意他有没有做过节度观察等使。这是一个颇有用的评估标准。唐刺史有没有兼节度观察经略等使，颇能看出这位刺史的才干（特别是吏干），他在皇帝心目中的地位，以及他个人的官场地位和成就，他是否"官达"等等。若以唐代知名士人高官的官历考之，唐前期的张说，曾以相州刺史兼河北道按察使，又以幽州大都督府长史，充河北节度使。张九龄曾任桂州刺史，充桂管经略使，兼岭南按察使。

---

①《杜牧集系年校注》卷七，页 693。
②《唐会要》卷八十四，页 1839："元和二年十二月，史官李吉甫等撰《元和国计簿》十卷，总计天下方镇，凡四十八道。"

这两人的仕宦成就,都高于其他同时代的知名诗人,如王维、孟浩然等人。唐后期,另一个杰出的案例是元结。他曾任道州刺史,且起家约九年后,便迅速获得皇帝的赏识,官至"使持节都督容州诸军事兼容州刺史,充本管经略守捉使,赐紫金鱼袋"①,等于是一个大权在握的方镇。元稹曾以越州刺史,兼浙东观察使,又以鄂州刺史,充武昌军节度使。李德裕更出任过一连串的刺史兼节度观察使,如润州刺史充浙西观察使,以及扬州大都督府长史兼淮南节度使等等。他们两人也属士人官员当中之"官达"者。

这数人当中,元结是肃宗相熟的鲜卑王族后裔,在安史之乱期间,率领一支同族人义军,替唐皇朝保卫疆土,甚得皇室信任。另四人(张说、张九龄、元稹和李德裕)则都跟皇帝有过一段"私"关系,曾担任过皇帝最亲近的词臣。元稹更以他的"营钻"本事,迅速获得穆宗的信任。这意味着,唐代官员要出任节度观察等使,最便捷的途径,便是先取得皇帝的注意和信任。这点,也符合使职任命的一般条件。

这几个兼充过节度观察等使的士人,他们的官场地位,也都高于其他未兼充过这些使职的同时代知名士人,比如韦应物、韩愈、刘禹锡、白居易、杜牧等人。韦、韩等数子,虽有文才和文名,且都当过刺史,却始终只停留在刺史的阶段,没有更进一步,以刺史去兼节度观察等使,似乎不无遗憾。唐代那些"官达"者,鲜有不做过节度观察等使的。

从这个视角,我们来观看边塞诗人高适的官历,便十分有趣,且有意义。《旧唐书·高适传》有一妙语说:"有唐已来,诗人之达

---

① 《再让容州表》,《元次山集》卷十,页157。

者,唯适而已。"①《旧唐书·文苑传》更说:"开元、天宝间,文士知名者,汴州崔颢、京兆王昌龄、高适、襄阳孟浩然,皆名位不振,唯高适官达,自有传。"②我们感兴趣的是,《旧唐书》说高适"官达",是基于什么理由?是因为他曾经任过节度使,还是因为他晚年回朝,被代宗"用为刑部侍郎,转散骑常侍"这种高官?

代宗把高适从剑南西川召回朝,命他为刑部侍郎和散骑常侍,看起来好像是把他升为高层京官,实际上是把他投置闲散,因为刑部侍郎和散骑常侍等官,虽然高品,但在代宗时代就已经是闲官,没有太多作为。为什么要把他召回朝?原来这是一种"变相的惩处",因为就在高适任西川节度使时,"代宗即位,吐蕃陷陇右,渐逼京畿。适练兵于蜀,临吐蕃南境以牵制之,师出无功,而松、维等州寻为蕃兵所陷"。

高适兵败,失松维等州,杜甫作《东西两川说》为高适辩解:"顷三城失守,罪在职司,非兵之过也,粮不足故也。"③但朝廷显然不悦,于是"代宗以黄门侍郎严武代还,用为刑部侍郎,转散骑常侍,加银青光禄大夫,进封渤海县侯,食邑七百户"④,把他投置闲散,但念在他以往当过节度使的功劳,还是给他加官加禄,如周勋初所说,"盖崇其爵禄且置诸闲散,聊示统治者之所谓恩荣而已"⑤,没有把他贬官到边州。如此看来,《旧唐书》断不会把高适这种"投置闲散"的高官,视为他的"官达"。何况,节度使这种皇帝特使,也绝对比侍郎和常侍这种职事官,尊贵许多。

---

①《旧唐书》卷一百一十一,页3331。
②《旧唐书》卷一百九十下,5049。
③《杜诗详注》卷二十五,页2210;参考周勋初,《高适年谱》,页120。
④《旧唐书》卷一百一十一,页3331。
⑤周勋初《高适年谱》,页121。

《旧唐书》之所以会说高适的"官达",最重要的一个原因,应当是指高适出任过好几个重要方镇的节度使,比如以扬州大都督府长史,兼充淮南节度使(后来的李德裕也任过此职)。代宗时,他更以军功代替崔光远,成为成都尹,兼充剑南西川节度使(后来的韦皋和武元衡也任过此职)。《旧唐书》总结时说,高适"累为藩牧,政存宽简,吏民便之",给了他一个好"藩牧",好节度使的正面评价。他死时,赠官"礼部尚书,谥曰忠"①,颇能透露他在代宗心目中,虽然兵败,还是有一定分量。高适这个案例,反映的是唐朝廷和唐代官员,对节度观察使的高度重视,犹甚于其他高品职事官,如侍郎和常侍。

　　既然唐节度观察等方镇,在元和盛时的数量,大约是 48 个,这便意味着,大约有 48 个州的刺史,会获得皇帝的授权,行使节度、观察、团练、防御、招讨、经略等等使命。这些菁英使职等级的刺史,跟皇帝的关系,比一般的刺史密切,他们也就多在京城设有进奏院(犹如现在的"驻京办"),派驻自己的进奏官,发送进奏报,和皇帝维持一条直接的沟通管道②。他们当中,有些因特权在握,既有其治州属州的民户,又有其土地和赋税,于是可以公然和朝廷对立,不再缴送税赋,如河北三镇、淮西等,但大部分的方镇,仍然听命于朝廷,按时上供赋税,有些甚至经常还有羡余和进奉,深得皇帝的欢心。正如《旧唐书·食货志》所说:"韦皋剑南有日进,李兼江西有月进,杜亚扬州、刘赞宣州、王纬李锜浙西,皆竞为

---

① 《旧唐书》卷一百一十一,页 3331。
② 张国刚《唐代藩镇进奏院制度》,《唐代藩镇研究》,页 121—131;更详细的研究,见王静《朝廷和方镇的联络枢纽:试谈中晚唐的进奏院》,邓小南主编《政绩考察与信息渠道:以宋代为中心》,页 235—273;福井信昭《唐代の进奏院》,《東方学》第 105 辑(2003),页 47—62。

进奉,以固恩泽。"①

南北朝形成的刺史都督制,到了唐代,都督大抵被节度使完全取代,名存实亡,但刺史却没有被替代,反而兼充起节度观察等使职。这是唐代官制演变的自然趋势,增设了好几种南北朝所没有的新使职,也是唐皇权扩张的表现。皇室借着这些兼带各种使职特权的刺史,对地方进行更多样化、更深入专业的管治,更有效地掌握了地方的赋税、治安、军事和民政,比起南北朝单纯的刺史都督制,更为精细,开了明清总督和巡抚制度的先声。

但并非所有唐代刺史,都可以兼节度观察等使。唐方镇数量,若以元和时 48 个为基准,再以唐的大约三百个州来计算,也就是最多只有大约 48 个州的刺史,约 16% 的刺史,会兼充节度观察等使,掌握地方大权。其他约 84% 的刺史,仍然在剩下的逾二百多个州(其中不少是中小州),只扮演着刺史最起码的角色,担当一个最普通的州级税官角色,没有什么大的权力,在唐史上默默无闻。

七、刺史兼使职的官衔解读

唐刺史兼了多种使职,以致他的整个结衔,再加上检校官等,变得异常冗长复杂,难以解读。宋代洪迈在《容斋随笔》中有一条札记《旧官衔冗赘》说:

> 国朝官制,沿晚唐、五代余习,故阶衔失之冗赘,予固已

---

① 《旧唐书》卷四十八,页 2087。

数书之。比得皇祐中李端愿所书"雪窦山"三大字,其左云:"镇潼军节度观察留后、金紫光禄大夫、检校刑部尚书、使持节华州诸军事、华州刺史兼御史大夫、上柱国。"凡四十一字。自元丰以后,更使名,罢文散阶、检校官、持节、宪衔、勋官,只云"镇潼军承宣使"六字,比旧省去三十五,可谓简要。会稽禹庙有唐天复年越王钱镠所立碑,其全衔九十五字,尤为冗也。①

宋代官制"沿晚唐、五代余习",其结衔也跟唐代的一样,"失之冗赘"。洪迈这里举的一个宋代结衔 41 字,还不算太冗长。唐代还有长达 72 字者,例如幽州节度使刘济墓志上的结衔:②

> 故幽州卢龙节度副大使,知节度事、管内支度、营田、观察处置、押奚契丹两番、经略卢龙军等使,开府仪同三司,检校司徒兼中书令,幽州大都督府长史,上柱国,彭城郡王,赠太师刘公墓志铭并序③

解读这类长串结衔的第一步,最好先将各个官衔分类。这里总共

---

① 《容斋随笔·容斋三笔》卷四,页470。
② 刘济夫妇合葬墓近年在北京房山长沟镇被发现,规模宏大,形制特殊,并在2012年8月到2013年6月间,由北京市文物研究所进行抢救性考古发掘。初步报告见刘乃涛《刘济墓考古发掘记》,《大众考古》2013年第2期,页26—33。刘济和他夫人的墓志,也在墓中出土,但本书截稿时,石本墓志全文尚未公布。然据刘乃涛的报告,刘济石本墓志和《权德舆诗文集》及《全唐文》中所收的集本墓志,"吻合并相互印证"。
③ 《权德舆诗文集》卷二十一,页317。目前唐人文集的现代校点本,在处理这种长串墓志和行状结衔时,都依唐人样式,不予标点。《权德舆诗文集》也是如此,但本章为了方便阅读,还是给这长串结衔加上标点。

有七大类官衔,依其出现的先后次序,可以做成一个简表:

表 18.1 幽州节度使刘济结衔

官衔种类	官　　衔
使　　职	1. 幽州卢龙节度副大使,知节度事 2. 管内支度使 3. 营田使 4. 观察处置使 5. 押奚契丹两番使 6. 经略卢龙军使
散　　官	开府仪同三司
检校官	检校司徒兼中书令
职事官	幽州大都督府长史
勋　　官	上柱国
封　　爵	彭城郡王
死后赠官	太　　师

这七大类官衔,最重要的是职事官和使职,其次是检校官。至于散官,只是叙阶,定章服等,在唐后期越来越不重要。勋官到唐后期,也几乎没有什么作用,只是荣誉加官而已。封爵原本是一种食邑制度,但到唐后期,实质意义也不大,一般已无食实封。死后赠官是皇帝的追赠,纯属荣誉。

因此,我们首先要找出刘济的职事官是什么。这样一来,我们会很惊讶地发现,刘济的官衔一长串,但他只不过就是个刺史罢了,然因幽州的州府定位是大都督府,所以他不叫刺史,改称"大都督府长史",是幽州地区的实际行政长官。这才是他的"原型",他的"本色"。虽然他贵为皇帝的特使节度使,但他还是要有一个职事官,也就是他最基本的州刺史类职事官衔"幽州大都督府长史"。这跟李德裕任淮南节度使时,同时也是扬州大都督府长史一样。

接着,在这个原型之上,朝廷授给他六个使职之多。最重要的是节度使,但幽州的地位特殊,其节度使例由亲王遥领,所以刘济名义上只是"幽州卢龙节度副大使",似乎是个副官,其实不是,所以后面又加给他"知节度事",表示他才是幽州卢龙军的实际节度使,因为那位遥领的亲王节度使,只是名义长官,并未赴任视事。这种情况,跟上引成都尹武元衡兼剑南西川节度副大使的案例相似。

刘济的另三个使职(管内支度使、营田使、观察处置使),是边区节度使常兼充的。成都尹武元衡也兼带这三者。他最后两个使职(押奚契丹两番使、经略卢龙军使),却是特别为他量身打造的,因为幽州邻近奚和契丹,且他负责"经略卢龙军",所以他要兼挂这两个使职。

严格说来,刘济不是以幽州卢龙节度副使的身份,去兼幽州大都督府长史。更正确的说,他是以幽州大都督府长史的"原型",去兼那六个使职。这好比我们常说,某某教授兼系主任,一般不会倒过来说,某某系主任兼教授一样。唐朝廷命官时,也常用"刺史或尹,充某某使"的表述模式,如元稹的《有唐赠太子少保崔公墓志铭》,"以公为检校礼部尚书兼凤翔府尹、御史大夫,充凤翔陇州节度、观察处置使"①;杜牧的《李讷除浙东观察使兼御史大大制》,"可使持节都督越州诸军事,守越州刺史兼御史大夫,充浙江东道都团练观察处置等使"②,都是佳例。

---

① 《元稹集校注》卷五十四,页 1327。
② 《杜牧集系年校注》卷十八,页 1055。

刘济是戴上六顶使职帽子的州刺史类官员,显示到了唐后期,朝廷用这种"加官式使职化"的方式,来灵活调整各地区刺史的功能,可以因地、因事,甚至因人,特别量身打造一些使职,如刘济的押奚契丹两番使、经略卢龙军使。这是唐后期地方行政的一大弹性措施,可以更有效管治不同的地区,远比南北朝单纯的刺史都督制,职能可以更多样化。

除了职事官和使职,刘济的检校官也很值得留意和讨论。他其实带有两个检校官:司徒和中书令。这并不稀奇。唐后期一个方镇幕主或使府僚佐,所带的检校官可以有两三个,甚至还可带有御史大夫、御史中丞等御史台的宪衔。检校官一般都是中央三省六部中的职事官,如仆射、尚书、郎官等,大抵是一些遭到使职化,失去实权的职事官。朝廷于是把这些官衔,颁授给出任各种使职者,作为检校官使用,但不职事①。

现代学者常称检校官为"虚衔",但它其实有一些作用。比如,刘济带有检校司徒,他便可以自称或被他人尊称为"刘司徒"。这点在唐代诗文中,尤其常见,比如杜牧的《上昭义刘司徒书》②,便是他写给昭义节度使刘悟的一封信。他称刘悟为"刘司徒",因为刘悟当时带有"检校司徒"的官衔。杜牧文集中还有《上河阳李尚书书》、《上盐铁裴侍郎书》等书信,用的都是收信者的检校官衔。唐代出任使职的官员,若带有检校官,一般都喜用检校官衔

---

① 赖瑞和《论唐代的检校官制》,《汉学研究》24 卷 1 期(2006 年 6 月),页175—208;赖瑞和《论唐代的检校郎官》,《唐史论丛》第 10 辑(2008 年 2月),页 106—119;冯培红《论唐五代藩镇幕职的带职现象——以检校、兼、试官为中心》,收在《唐代宗教文化與制度》,高田时雄编(京都:京都大学人文科学研究所,2007),页 133—210。
② 《杜牧集系年校注》卷十一,页 835。

来自称,或喜如此被人称呼,反而不喜用其使职官衔。

刘济的散官开府仪同三司、勋官上柱国,都是此类官衔当中最高的一个等级,符合他的崇高官位。他的封爵"彭城郡王",是封爵当中的"郡王"级,比一般高官所能得到的"郡公"、"县公"级,更为崇高。死后赠官"太师",是唐代三师(太师、太傅、太保)中最高的一个。这都显示刘济在宪宗皇帝心目中地位,得到宪宗极大的尊宠。他是在元和五年(810)被他自己的次子刘总"置毒而进之"害死①。宪宗"不视朝三日,命谏议大夫吊祠法赙,廷尉卿持节礼册,又诏宰臣德舆铭于寿堂,所以加恩报劳,始终渗漏之泽也"②。这可以为唐皇帝跟不少节度使的不寻常密切关系,提供另一个极佳的例证。"宰臣德舆"即权德舆,德宗时的词臣大手笔,宪宗时已升任宰相,应当跟刘济无私交,但宪宗显然看重他的文笔,特别命令他为刘济撰写墓志。"朝廷授命宰相为特定河北将帅写墓志,是极其少见之事"③。

现代唐史教科书,谈到唐代官制和官衔时,一般只提职事官、散官、勋官和爵号四种,简称"职散勋爵"了事。我曾经在他处批评这是一种"过于简化"的交代,会把一个初学唐史的学生(甚至学者),弄得更加糊涂④,不知所措。以刘济的那长串结衔为例子,它就超越了"职散勋爵"的范围,多了使职、检校官等项。使职更

---

①《旧唐书》卷一百四十三,页3902;《资治通鉴》卷二百三十八,页7678。但权德舆为他写的墓志,没有提到刘济是被他的儿子毒死。

②《权德舆诗文集》卷二十一,页318。

③卢建荣《飞燕惊龙记:大唐帝国文化工程师与没有历史的人(763—873)》,页124,并对这篇墓志作了深入的解读。

④赖瑞和《论唐代的检校官制》,《汉学研究》24卷1期(2006年6月),页176—177。

是唐后期结衔中最重要的部分,检校官在文献和碑志中,也随处可见。光知道"职散勋爵",无法解读这样的结衔。事实上,唐后期的官衔,最重要的反而是使职、职事官和检校官三种,使职尤其复杂难解。至于"职散勋爵"中的散官、勋官和爵号,反倒不重要,因为这三者都没有什么实质意义,也很容易理解掌握,有问题一查职官书就解决。使职就不是如此容易解决。绝大部分的使职,甚至不载于职官书(见第三章)。

韩愈为他的汴州上司董晋所写的行状《故金紫光禄大夫,检校尚书左仆射、同中书门下平章事兼汴州刺史,充宣武军节度副大使,知节度事、管内支度、营田、汴宋亳颍等州观察处置等使,上柱国,陇西郡开国公,赠太傅董公行状》①,也让我们见识到唐后期结衔之冗长。但解读过刘济的官衔,董晋的结衔就容易多了,可迎刃而解。最重要的一项,仍然是他的职事官汴州刺史。他是以此官去"充宣武军节度副大使"等使职,可证他又是一位戴了多顶使职帽子的刺史。但董晋的使职,比幽州的刘济略少,只有四个:宣武军节度副大使、管内支度、营田、汴宋亳颍等州观察处置使。宣武军设于汴州(治今河南开封),所以这个使职要由汴州刺史去"充"。汴州虽处内地,但既然有驻军,它的节度使便像边区一样,兼支度和营田使,以屯田方式供军。

从检校官、散官、爵号和死后赠官看,董晋的官位虽高,但仍不及刘济。他的检校官是"尚书左仆射、同中书门下平章事",是个宰相衔,但不职事。唐史上称这种"方镇宰相"为"使相",常赐给重要方镇的节度使。然而,刘济的检校官却是"司徒兼中书令",其"司徒"是唐的三公(太尉、司徒、司空)之一,官品比董晋

---

①《韩昌黎文集校注》卷八,页576。

的"尚书左仆射"更高。刘济的散官"开府仪同三司"（从一品）也比董晋的散官"金紫光禄大夫"（正三品）高。董晋的爵号"陇西郡开国公"，也比刘济的"彭城郡王"略低。他的死后赠官"太傅"，也在刘济的"太师"之下。

像刘董两人如此冗长的结衔，一般仅见于命官制书、碑志和行状等文献，在两《唐书》列传或诗文中，当然不便如此冗赘，是以常常都会简化为比较简短的形式。比如，《旧唐书·德宗纪》贞元元年（785）九月，记刘济的任命，便仅记为"辛巳，以权知幽州卢龙军府事刘济为幽州长史、兼御史大夫、幽州卢龙节度观察、押奚契丹两蕃等使"①，省略了几个使职。"幽州长史"应当也是"幽州大都督府长史"的简化。他当时的宪衔似只有"御史大夫"。他死时所带的"检校司徒兼中书令"，是他就任幽州卢龙节度使多年后才颁授的：检校司徒在顺宗永贞元年（805）②，检校中书令更晚至宪宗元和五年（810）③。

同样，《旧唐书·德宗纪》贞元十二年（796）七月乙未条下，记董晋的任命，也只说是"以东都留守、兵部尚书董晋检校左仆射、同中书门下平章事、汴州刺史、宣武军节度使、宋亳颍观察使"④，省略了他的支度和营田使及其他官衔。贞元十五年（799），董晋在汴州去世时，《旧唐书·德宗纪》记他的官衔，更进一步简化：二月"丁丑，宣武军节度使、检校左仆射、平章事、汴州刺史董晋

---

① 《旧唐书》卷十二，页351。

② 《权德舆诗文集》卷二十一，页317说，"在顺宗朝，论道进律，就加司空，又拜司徒"。

③ 《旧唐书》卷十四，页431。

④ 《旧唐书》卷十三，页384。

卒"①,但至少还保存了他最基本的使职、职事官和检校官,毕竟这三项是唐后期官衔中最切要者。然而,这种简化的官历,若用来作迁官途径研究和统计之用,容易失误。在这方面,《新唐书》的简化尤甚,故本书引用官历资料时,都尽可能不征引《新唐书》。

八、二级制或三级制?

唐朝廷为了应付某一种地方上的需要,它最常用的办法,往往就是临时授一个使职,给该地区的刺史,任命他去执行新的使命,以处理当时面对的问题。从朝廷的角度看,它只不过是增设一些新使职罢了,并非要设立什么新的地方行政区。但唐史学界有一个常见的倾向,就是把刺史的这些层层加官,看成是"行政区划体制"的层层设立。例如,艾冲说,唐代开元以后,出现了一种新的地方行政管理体制,那就是节度使司制度②。但唐朝廷是否把节度使制,看成是"新的地方行政管理体制",颇成疑问。它只不过是授命某些刺史,去兼充节度观察等使罢了,以便更有效地应付唐前期边区驻军的统率问题,以及安史乱后,边区和内地的防御,以确保和延续皇权的命脉。正像古今中外的所有官制一样,这是一种权宜办法,就像拉丁文所说的 *ad hoc* 方法那样,西方中古官制亦常见③,原就无意(也无法)做有系统的规划,更说不

①《旧唐书》卷十三,页389。
②艾冲《唐代都督府研究》,页214。
③例如 Ellen E. Kittell, *From ad hoc to Routine: A Case Study in Medieval Bureaucracy.*

上什么地方行政区划。

　　过去数十年来,唐史学界一直在争论,唐的行政区划,到底是二级制、三级制、甚至四级制①。其症结点,就在于唐朝廷任命刺史新的使职,其目的跟现代学者所关心的课题,并不相同。对唐朝廷来说,它的地方行政区划,到底是二级制,还是三级制,恐怕一点也不重要。这个行政区划,是在现代学科(历史地理学和地方政府)专业下产生的新问题,恐怕从来不是唐朝廷关心或思考过的课题,因为我们从来没有在任何历史文献中,发现任何证据,可以显示唐代的皇帝和官员,曾经讨论过行政区划,或争论过这样的二三级问题。他们最关心的是,新任命的官职,比如都督、节度使和经略使,是否足以应付地方所需。若足够,则不必再改变,继续行用。到了不足以应付时局时,则另采其他权宜变动办法,重新授予刺史新的使职,让他们去执行新的使命,以应付新的需要和环境。这便是官制演变的机制,也是唐朝廷多次给刺史加戴多顶使职帽子的原因,有其明确的目的,不是要进行现代的地方行政区划。

　　然而,现代学者关心的,却是地方行政区划的问题,不在职官,跟唐朝廷的着眼点很不相同,所以才引发那么多的争论。这种争论,恐怕永远不会有圆满的"正确"答案,永远无解,因为各家的说法,只是视角不同,观点不同,各说各话,但看来也都能自圆其说。二级或三级说,似都能言之成理,都可成立。但这样的争论,是否还有意义,值得怀疑。这里就不涉及了。或许,一开始,二级或三级的这种问法,就错了。我们应当还有更好的提问方式。

───────────

①这方面的论著极多。郭声波《中国行政区划通史:唐代卷》,页 3—31《绪言》,对这个课题做了最有用的全面综述。

九、结语

唐代刺史也跟其他重要高官一样,经历过一个使职化的过程。但其使职化,又跟中书舍人及财臣的大不相同。刺史从两汉开始出现,经魏晋南北朝,到隋唐已成了固定常设的职事官,有官品。唐初,就因为战略等因素,把都督官衔授给某些边州和内地要州的刺史,让他们去兼充都督,督邻近数州的军事。这就是唐刺史加官式演变的开始。换句话说,刺史是个"原型",好比英文的"原型动词",加上适当的词尾,便可以变化出过去式、未来式和进行式。于是,刺史加都督衔,便成了都督;加都护,便成了都护。不过,都督和都护仍然是职事官,有官品,非使职。

大约从景云开元以降,唐刺史才开始兼充一系列的使职,以扩张其职能,以应付开元以后的时局和需要。最初是兼节度使,取代刺史原先兼充的都督和都护。到了唐后期,刺史所能兼的使职就不断增加,可以因时、因地、因人随时设置,比如边区驻军的支度使、营田使,剑南西川的管押近界诸蛮及西山八国使等等,但最重要常见的使职有六种:节度使、观察处置使、都团练使、防御使、经略使和招讨使。

因此,唐后期的节度使,说穿了只不过是戴上节度使帽子的刺史。唐刺史可以戴上各种各样的使职帽子,去执行皇朝任命的各种使命。这便是他独特的使职化模式,是一种"加官式"的使职化,跟中书舍人和财臣那种"取代式"的使职化,比如中书舍人后来完全被知制诰和翰林学士取代,成了闲官,大不相同。唐刺史不但从来不曾沦为闲官,他反而越到唐后期,所加的官(使职)越来越多,越来越重,成了大权在握的一方之霸,其中有些跋扈者,更成了唐河北三镇那种几乎完全独立的小朝廷。

然而,要留意的是,并非所有唐刺史都可兼各种使职。能兼节度使等使的刺史,都是有吏干,有才华,或得到皇帝特别宠信者,且都在那些都督府州或大州上州任刺史才行。以元和方镇的基准数 48 个来计算,只占少数,大约只占唐约三百个州刺史当中的 16%。另外 84% 的刺史,一般是在偏荒中下州(总数超过二百多个),默默无闻地继续充当最基本的"原型刺史"而已,主要负起州级税官的角色,权力不大,没有兼充节度观察等使。

过去的论著,都把节度观察等使孤立起来研究,不管刺史。本章把刺史和他所兼充的种种使职,结合起来考虑,发现刺史才是节度观察等使的"原型"。唐代这些戴上各种使职帽子的刺史,他们的性格是独特的,既是职事官,又兼使职,两者都有实权,构成了唐官制演变的一大特征,也让我们见识到,职事官的使职化,不一定只有单纯的"取代"模式(如翰林学士取代中书舍人),也可以是像刺史那样的"加官式"使职化模式。

唐刺史由于兼了多种使职,他的结衔便异常冗长,可长达六七十个字,不易解读。最简便的办法,是先把他最基本的职事官衔(刺史、尹、或大都督府长史)分离出来,再注意他兼了多少个使职,最后看看他的检校官衔有哪些,基本上便可读通了。至于散官、勋官、爵号和死后赠官等,都简单易懂,或查一查职官书便可解决。但唐刺史所兼带的使职,却是最复杂的,因为许多根本不载于职官书中。

第十九章　总　结

本书研究了唐代五大类高层文官:宰相、词臣、史官、财臣、地方牧守,有三大主题:一是探讨他们的"使职化",如何从普通的职事高官,演变成皇帝的特使;二是厘清他们官职的特征和深层意义;三是解读他们经常复杂的官衔,好让我们读唐人官历,好像读今人履历表般一目了然。各章后面都有一"结语",陈述各章的"微观"结论。这里拟从"宏观"角度,略述本书得出的几个大结论。

第一,这五大类官员,无疑是唐代"最有权势,最接近皇帝皇权,最全面掌控国家财赋,以及在地方上治理百姓最重要的官员"。梳理了他们使职化的过程,我们就能看清唐代的官制,如何从唐初的三省六部职事官制,逐渐转变为玄宗以降,比较松散的、随意的使职制。所谓使职,简单说,就是皇帝的特使或特使的僚佐。唐经常以特使的方式来治国,意味着唐皇权的进一步扩张。

第二,学界以往一般把唐的使职化,说成是使职"侵夺"了职事官的职权。但本书的研究发现,这样的说法未免太过粗糙,且太过负面。本书认为,唐的使职都是为了应付某种"需要"而设置,是因为时代和环境改变,自然应运而生的,不宜说成是"夺权"。这点,在财臣和地方牧守的使职化,可以看得最清楚。

第三，唐这些高官的使职化，并非只是"一个使职取代一个职事官"的单纯替代方式，而是随机应变的，可以是多种形式的。比如，词臣的使职化，就是一种"双轨制"。草诏的正规职事官，原本是中书舍人，但个别皇帝可以随他的喜爱和需要，同时任命知制诰、翰林学士或甚至集贤学士来草诏。职事官制和使职，可以双轨并行，直到晚唐都如此。

但史官的使职化，就比较单纯，从唐初便以史馆史官来取代著作郎，其使职化在唐前期即已完成。财臣的使职化，则有不少是采"毛遂模式"：有官员献上财税妙策，皇帝就"大喜"，然后命他一个全新的使职（如盐铁使），因为职事官制中原本就无榷盐的官员。命使的目的，都是为了更有效地征税，特别是号称"人无厌苦"[1]的间接税（如盐税），以应付唐后期不断增加的庞大军费和国用。

至于地方牧守的使职化，最特殊。唐一直都保留刺史这种职事官。刺史从来没有沦为闲官，但朝廷在有需要时，便会给某些州刺史添加各种使职（如节度使和观察使），以新增使职的方式，来扩充刺史原有的功能和职权。本书称之为"加官式的使职化"。

第四，唐高官们的这种使职化，使得他们的官衔变得相当复杂，不易解读。最大的问题是，单看那一连串结衔，我们常常不知道这位官员，当时的主要专任官职是什么，而有所误判。最复杂的，莫过于唐后期刺史和节度使的官衔（详见第十八章第七节"刺史兼使职的官衔解读"）。

即使是史馆史官的官衔，看似最简单不过，其实也处处暗藏陷阱。比如，许敬宗早年的一段官历："贞观八年，累除著作郎、兼

---

① 《旧唐书》卷一百二十三《刘晏传》，页3514。

修国史,迁中书舍人。"①一般读者的理解是:他经过几次升迁,受命为著作郎,便到史馆"兼职修国史",然后再升为中书舍人,把"修国史"看成只是很普通的动宾词组,在描述其职务。过去似从未有学者发现,"修国史"这毫不起眼的三个字,事实上是一个专用的使职官名(详见第十一章的讨论)。正确的解读应当是:贞观八年,许敬宗经过几次升迁,受命为著作郎,同时以著作郎为本官,到史馆去出任"修国史"这种使职,后来又升迁为中书舍人。换句话说,许敬宗的真正职务,并不是去秘书省当著作郎,而是到史馆去专职修史。此之所以他在九年后,贞观"十七年,以修《武德》、《贞观实录》成,封高阳县男,赐物八百段"。

第五,唐代的使职,正是北宋"官、职、差遣"制度的源头②。北宋官制最让人"迷惑"和"着迷"的一点就是:本官不做本司事,却跑去处理其他使职衙署的事务。其实,我们在本书多处见过,唐代官员也常常如此,屡见不鲜,不必讶异。例如,有些唐代的中书舍人,不在中书舍人院草诏,却跑去学士院当翰林学士。度支郎中不管财务,却跑去知制诰等等。这就是《唐六典》等职官书常说的,"以本官充某职"、"以他官兼领某职"的现象。唐代早就行之有年,不让宋人"专美"。理解了唐代的做法,宋代那些所谓的"寄禄官"和"官、职、差遣"制度,也就霍然可解了。

---

①《旧唐书》卷八十二,页 2761。
②孙国栋《宋代官制紊乱在唐制的根源》,《唐宋史论丛》,页 256—270;刘后滨《唐后期使职行政体制的确立及其在唐宋制度变迁中的意义》,《中国人民大学学报》2005 年第 6 期,页 35—41;梅原郁《宋初的寄禄官及其周围》,原载《東方学报》(京都)第 48 册(1975),页 135—182。中译本见《日本学者研究中国史论著选译》第五册(北京:中华书局,1993),页 392—450。

主要的不同点是,唐制只有"官"(职事官)和"职"(使职),无差遣(故本书尽量避免使用"差遣"一词)。宋制则有官(职事官),有职(等于唐文馆职)①,有差遣(等于唐使职)。宋制特别增设了文馆职一类,以显示"文学才能的高下"②。唐制则把文馆职放在"职"的部分,不另立一类,且宋代的差遣职位,比唐的使职更繁多,更庞杂。

　　第六,唐代的官员,不任本司事,而跑到其他官署去任职时,有一个大规律:他们其实都只去使职官署,出任使职,但从未去其他职事官署,出任另一种职事官(北宋初的官员也大抵如此)。这规律显示,唐代使职官署常需要某种专长的职事官来任职,但职事官署却不需要"外司他官"来服务。换言之,使职官署比较专业,比较活跃,是唐代官府中"真正在做事"的部门,但职事官署却处于闲散、不断萎缩的状态。

　　第七,本书一开始,提出一个新论:使职并非在职事官制之后才产生,而是人类最原始的发明之一,早在人类有了语言,掌权者就晓得以任命特使的方式,来为他服务。使职才是官制起源的"种子",也是后来官制不断演变的一大机制。本书各章便以这个"使职论"来切入立论,反复以不同的高层文官来印证此说。这个"使职论",完全适用于唐代高层文官,应当也可用于研究唐代其他类型的官员,比如武官武将(如十六卫将军的使职化,被突厥和其他蕃将取代),或伎术官僚(如内侍省官员的使职化,被各种内诸司使取代)。此外,使职论应当也适用于研究其他朝代如宋元明清的官制。希望今后能有更多的唐代职官研究和历代官制研

---

① 李昌宪《宋代文官帖职制度》,《文史》第 30 辑(1988),页 109—135。
② 陈仲安、王素《汉唐职官制度研究》,页 99。

究,可以采用使职为切入点。

第八,本书仅仅论及唐代五大类职事官的使职化。实际上,使职化冲击到不少唐代职事官,包括御史台官、医官、天文官、宦官、将作监和九寺的官员等等。比如,唐代职事官中正统的医官(太医令等太医署官员),就曾经遭到使职化,在玄宗以降,被一系列翰林医待诏逐渐取代。天文官如太史令,也为翰林天文待诏(如波斯人李素)①所取代。近年,常听不少唐史研究生感叹,好题目都被前辈做光了。年轻人找不到新鲜的硕论博论题目可做。其实,唐代职事官的使职化,就是一大片有待深耕的“处女森林”,一整座几乎尚未开采的金矿,处处都是题目,而且是无人做过的崭新好题目,谁曰无题可做?本书只不过在这片广袤的处女林地,轻轻略过,新修了几条新路,搭建了若干大型的框架和路标,但还有许多枝节空白,有待后人去填补,还有不少课题,亟待年轻学子去开发,如鼠饮河,各取所需,各得其乐。

第九,从本书的论述,读者可以发现一个颇为“奇特”的现象:唐朝几乎没有设立什么新的职事官署。一旦有了新的需要,比如唐初为了修前朝五代史,或肃宗时为了榷盐,唐皇帝都不设新的、有官品的职事官,而去任命无官品的、特使性质的使职,如史馆史官和盐铁使,来处理这些新事务,直到唐亡都如此。事实上,整个唐朝将近三百年,唐所创设的新职事官,屈指可数,如武则天时代的拾遗和补阙。其他职事官,全都是沿用前朝已有的,但这些旧有的职事官,从唐初起,就有许多变得无用,或僵化无效率,沦为闲官,于是皇帝就改为任命许许多多的使职,来处理国家事务,主

―――――――――

① 赖瑞和《唐代的翰林待诏和司天台——关于〈李素墓志〉和〈卑失氏墓志〉的再考察》,《唐研究》第 9 卷(2003),页 315—342。

因是这些特使,跟皇帝有"私"关系,比较"听话",比较能够配合皇权的需要,比较有弹性、专业和效率,远比职事官好使唤。

第十,总结本书的论述,唐代的使职,明显可分为两种:"显性使职"(官名上有一个"使"字,如盐铁使)和"隐性使职"(官名上无"使"字,如集贤学士,修国史等)。一般而言,显性使职大多可以设立"使府"或"使司",可自辟僚佐,组成自己的一套办事班子。如节度使、盐铁使等,都有判官、推官、巡官等一系列僚佐(史料中常统称之为"从事")。隐性使职则好比是"独行侠",如史馆史官、翰林学士等,因为职务单纯,依靠自己的能力就能完成使命,所以不需要另外组成"使府",属下没有办事的班子。可能正因为隐性使职没有"使府",因此他们的官名上也就没有一个"使"字。但不论是显性或隐性,他们都是皇帝的特使,都没有官品,都具有许多共同的特征。

本书的起点,原是为了解决我个人的一大迷惑,一大好奇:如何把唐人的官历,读得好像读今人履历表那样透彻。但为了达成这目的,本书却不得不绕了一个大圈子,先去深入研究唐代的使职及其相关的职权等课题,才能厘清当中的许多使职官名问题(如知政事、知制诰、修国史),最后到此才圆满结束。我的迷惑不但解决了,从此可以津津有味细品唐人的官衔,同时希望本书也解开了唐代高层文官的种种使职之谜。

参考书目（中日文依汉语拼音序）

（一）传统文献

《安禄山事迹》,（唐）姚汝能（约活跃于 755 年前后）撰,曾贻芬校点（上海：上海古籍出版社,1983）。

《八琼室金石补正》,（清）陆增祥（1816—1882）编撰（北京：文物出版社,1985 年缩印 1925 年希古楼原刻本）。

《白居易集笺校》,（唐）白居易（772—846）撰,朱金城笺校（上海：上海古籍出版社,1988）。

《北京图书馆藏中国历代石刻拓本汇编》,北京图书馆金石组编（郑州：中州古籍出版社,1989）。

《册府元龟》,（宋）王钦若（962—1025）等编（北京：中华书局,1960 年影印明崇祯十五年〔1642〕刻本）。

《陈子昂集》,（唐）陈子昂（661—702）撰,徐鹏点校（修订本；上海：上海古籍出版社,2013）。

《次柳氏旧闻》,（唐）李德裕（787—850）编,收在丁如明辑校,《开元天宝遗事十种》（上海：上海古籍出版社,1985）。

《大唐新语》,(唐)刘肃(约活跃于807年)撰,许德楠、李鼎霞点校(北京:中华书局,1984)。

《东观奏记》,(唐)裴庭裕(活跃于841—891年)撰,田廷柱点校(北京:中华书局,1994)。

《杜牧集系年校注》,(唐)杜牧(803—853)撰,吴在庆校注(北京:中华书局,2008)。

《杜诗详注》,(唐)杜甫(712—770)撰,(清)仇兆鳌(1638—1713年以后)详注(北京:中华书局,1979年校点本)。

《封氏闻见记校注》,(唐)封演(活跃于755—800年)撰,赵贞信校注(原1933年哈佛燕京社引得特刊之七;北京:中华书局,2005年新排印本)。

《管子今注今译》,李勉注译(台北:商务印书馆,1988)。

《桂苑笔耕集校注》,〔新罗〕崔致远(868—884年留唐)撰,党银平校注(北京:中华书局,2007)。

《韩昌黎诗系年集释》,(唐)韩愈(768—824)撰,钱仲联集释(上海:上海古籍出版社,1984)。

《韩昌黎文集校注》,(唐)韩愈(768—824)撰,马其昶校注(上海:上海古籍出版社,1986)。

《翰林志》,(唐)李肇(818—821年间任翰林学士)撰,收在《翰苑群书》卷一,《翰学三书》本,傅璇琮、施纯德编(沈阳:辽宁教育出版社,2003)。

《翰学三书》,傅璇琮、施纯德编(沈阳:辽宁教育出版社,2003)(收宋代洪遵编《翰苑群书》、明代黄佐编《翰林记》和清代鄂尔泰、张廷玉编《词林典故》三书)。

《翰苑群书》,(宋)洪遵(1120—1174)编,收在《翰学三书》。

《翰苑遗事》,(宋)洪遵(1120—1174)撰,收在《翰苑群书》卷十一,《翰学三书》本。

《嘉定王鸣盛全集》,(清)王鸣盛(1722—1797)撰,陈文和主编(北京:中华书局校点本,2010)。

《金石萃编》,(清)王昶(1725—1806)编撰,《石刻史料新编》本(台北:新文丰,1977 年影印清原刻本)。

《景龙文馆记、集贤注记》,(唐)武平一(活跃于 706—731年)、韦述(691—758)撰,陶敏辑校(北京:中华书局,2015)。

《旧唐书》,题(后晋)刘昫(887—946)等挂名撰(北京:中华书局,1975 年点校本)。

《旧闻证误》,(宋)李心传(1167—1240)撰,崔文印点校(北京:中华书局,1981)。

《李德裕文集校笺》,(唐)李德裕(787—850)撰,傅璇琮、周建国校笺(石家庄:河北教育出版社,2000)。

《梁溪漫志》,(宋)费衮(1190—1194)撰,《知不足斋丛书》本。

《刘禹锡集笺证》,(唐)刘禹锡(772—842)撰,瞿蜕园笺证(上海:上海古籍出版社,1989)。

《刘禹锡全集编年校注》,(唐)刘禹锡(772—842)撰,陶敏、陶红雨校注(长沙:岳麓书社,2003)。

《陆贽集》,(唐)陆贽(754—805)撰,王素点校(北京:中华书局,2006)。

《明实录·太祖实录》(台北:"中研院"历史语言研究所,1962 年影印本)。

《廿二史考异》,(清)钱大昕(1728—1840)撰,方诗铭、周殿杰校点(上海:上海古籍出版社,2004)

《全唐诗》,(清)彭定求(1645—1719)等编(北京:中华书局,

1979 年繁体排印本）。

《全唐文》，（清）董诰（1740—1818）等编（北京：中华书局，1983 年影印清嘉庆十九年〔1814〕内府原刻本）。

《权德舆诗文集》，（唐）权德舆（759—818）撰，郭广伟校点（上海：上海古籍出版社，2008）。

《日藏弘仁本文馆词林校证》，（唐）许敬宗（592—672）编，罗国威整理（北京：中华书局，2001）。

《容斋随笔》，（宋）洪迈（1123—1202）撰，孔凡礼点校（北京：中华书局，2005）。

《入唐求法巡礼行记校注》，〔日〕圆仁（794—864）撰，白化文、李鼎霞、许德楠据小野胜年本修订校注（石家庄：花山文艺出版社，1992）。

《沈佺期宋之问集校注》，（唐）沈佺期（约 656—约 716）、宋之问（约 656—712）撰，陶敏、易淑琼校注（北京：中华书局，2001）。

《石林燕语》，（宋）叶梦得（1077—1148）撰，侯忠义点校（北京：中华书局，1984）。

《史通通释》，（唐）刘知几（661—721）撰，（清）浦起龙通释，王煦华校点（上海：上海古籍出版社，2009）。

《宋本册府元龟》，（宋）王钦若等编（北京：中华书局，1989 年影印宋残本）。

《隋书》，（唐）魏征（580—643）、令狐德棻（583—666）撰（北京：中华书局，1973 年点校本）。

《隋唐嘉话》，〔唐〕刘𫗧（刘知几次子，活跃于天宝初，曾任史官）撰，程毅中点校（北京：中华书局，1979）。

《太平广记》，（宋）李昉等编（成书于 978 年）（北京：中华书局,1961年校点本)。

《唐大诏令集》,(宋)宋敏求(1019—1079)编(北京:商务印书馆,1959年排印本;北京:中华书局,2008年影印)。

《唐代墓志汇编》,周绍良主编(上海:上海古籍出版社,1992)。

《唐代墓志汇编续集》,周绍良、赵超主编(上海:上海古籍出版社,2001)。

《唐国史补》,(唐)李肇(818—821年间任翰林学士)撰(上海:上海古籍出版社,1979年排印本)。

《唐会要》,(宋)王溥(922—982)撰(上海:上海古籍出版社,1991年点校本)。

《唐会要校证》,(宋)王溥(922—982)撰,牛继清校证(西安:三秦出版社,2012)。

《唐六典》,(唐)张说等奉敕撰(于739年完成),陈仲夫点校(北京:中华书局,1992)。

《唐文粹》,(宋)姚铉(967—1020)编,《四部丛刊初编》影印元翻宋小字本。

《唐语林校证》,(宋)王谠(约活跃于1086—1107年)撰,周勋初校证(北京:中华书局,1987)。

《唐摭言校注》,(五代)王定保(870—940)撰,姜汉椿校注(上海:上海社会科学院出版社,2003)。

《通典》,(唐)杜佑(735—812)撰,王文锦等点校(北京:中华书局,1988)。

《王绩诗文集校注》,(唐)王绩(590—644)撰,金荣华校注(台北:新文丰,1998)。

《文苑英华》,(宋)李昉等编(北京:中华书局,1966年影印宋残本和明刊本)。

《夏侯阳算经》,收在《算经十书》,钱宝琮校点,《李俨钱宝琮科学史全集》(沈阳:辽宁教育出版社,1998),第4卷。

《新唐书》,(宋)欧阳修(1007—1072)、宋祁(998—1061)撰(北京:中华书局,1975年点校本)。

《颜鲁公文集》,(唐)颜真卿(709—785)撰,《四部丛刊初编》缩印本。

《杨炯集》,(唐)杨炯(650—693年后)撰,徐明霞点校(北京:中华书局,1980,和《卢照邻集》同印为一书)。

《野客丛书》,(宋)王楙(1151—1213)撰(北京:中华书局,1987)。

《因话录》,(唐)赵璘(834年进士)撰(上海:上海古籍出版社,1979年新一版排印本)。

《元次山集》,(唐)元结(723—772)撰,孙望点校(北京:中华书局,1960)。

《元和郡县图志》,(唐)李吉甫(758—814)撰,贺次君点校(北京:中华书局,1983)。

《元稹集校注》,(唐)元稹(779—831)撰,周相录校注(上海:上海古籍出版社,2011)。

《增订唐两京城坊考》,(清)徐松(1781—1848)撰,李健超增订(西安:三秦出版社,1996;2006年修订版)。

《张九龄集校注》,(唐)张九龄(678—740)撰,熊飞校注(北京:中华书局,2008)。

《贞观政要集校》,(唐)吴兢(670—749)撰,谢保成集校(北京:中华书局,2003)。

《直斋书录解题》,(宋)陈振孙(约1183—1262)撰,徐小蛮、顾美华点校（上海：上海古籍出版社，1987）。

《重修承旨学士壁记》，（唐）丁居晦（822 年进士，840 年卒；835—840 年间曾两度任翰林学士）撰，收在《翰苑群书》卷六，《翰学三书》本，傅璇琮、施纯德编（沈阳：辽宁教育出版社，2003）。

《资治通鉴》，（宋）司马光（1019—1086）撰（北京：古籍出版社，1956 年校点本）。

（二）中文论著

艾冲《唐代都督府研究——兼论总管府、都督府、节度司之关系》（西安：西安地图出版社，2005）。

卞孝萱《唐代的度支使与支度使》，《中国社会经济史研究》1983 年第 1 期，页 59—65。

岑仲勉《岑仲勉史学论文集》（北京：中华书局，1990）。

岑仲勉《郎官石柱题名新考订：外三种》（北京：中华书局，2004）。

岑仲勉《通鉴隋唐纪比事质疑》（香港：中华书局，1977）。

陈冰《唐代东渭桥建毁存废考——以东渭桥的三次营建为中心》，《唐史论丛》第 17 辑（2014 年 1 月），页 144—157。

陈伯桢《中国早期盐的使用及其社会意义的转变》，《新史学》17 卷 4 期（2006 年 12 月），页 15—72。

陈金城《刘知几学行官历考辨》，（台湾）《中国历史学会史学集刊》第 43 期（2011 年 10 月），页 111—142。

陈明光《唐代财政史新编》（北京：中国财政经济出版社，1991 年初版，1999 年增订版）。

陈学英《浅谈唐后期私盐问题出现的根源和影响》,《西北民族大学学报》2005 年第 5 期,页 58—60。

陈寅恪《金明馆丛稿二编》(北京:生活·读书·新知三联书店,2001)。

陈寅恪《元白诗笺证稿》(1950 年初版;上海:上海古籍出版社,1997 年重排印本)。

陈振《关于宋代的知制诰和翰林学士》,《宋代社会政治论稿》(上海:上海人民出版社,2007),页 34—47。

陈志坚《唐代州郡制度研究》(上海:上海古籍出版社,2005)。

陈仲安、王素《汉唐职官制度研究》(北京:中华书局,1993)。

陈祖言《张说年谱》(香港:香港中文大学出版社,1984)。

程志、韩滨娜《唐代的州和道》(西安:三秦出版社,1987)。

戴伟华《评〈翰学三书〉》,《古籍整理出版情况简报》2004 年第 2 期。

杜文玉《大明宫研究》(北京:中国社会科学出版社,2015)。

杜文玉《唐大明宫内的几处建筑物的方位与职能——以殿中内省、翰林院、学士院、金吾仗院、望仙观为中心》,《唐史论丛》第 19 辑(2014 年 10 月),页 23—42。

杜文玉《唐大明宫紫宸殿与内朝朝会制度研究》,《江汉论坛》2013 年第 7 期,页 120—127。

杜文玉《唐代内诸司使考略》,《陕西师范大学学报》1999 年第 3 期,页 27—35。

冯培红《论唐五代藩镇幕职的带职现象——以检校、兼、试官为中心》,收在《唐代宗教文化與制度》,高田时雄编(京都:京都大学人文科学研究所,2007),页 133—210。

傅熹年主编《中国古代建筑史》第 3 卷:《三国、两晋、南北朝、隋唐、五代建筑》(北京:中国建筑工业出版社,2001)。

傅璇琮《唐翰林学士传论》(沈阳:辽海出版社,2005)。

傅璇琮《唐翰林学士传论·晚唐卷》(沈阳:辽海出版社,2007)。

龚延明《中国古代职官科举研究》(北京:中华书局,2006)。

龚延明编《宋代官制辞典》(北京:中华书局,1997)。

龚延明编《中国历代职官别名大辞典》(上海:上海辞书出版社,2006)。

桂齐逊《唐代都督、都护及军镇制度与节度体制创建之关系》,《大陆杂志》89卷4期(1994),页15—42。

郭锋《杜佑评传》(南京:南京大学出版社,2004)。

郭声波《中国行政区划通史:唐代卷》(上海:复旦大学出版社,2012)。

何灿浩《甘露之变性质的探析》,《宁波师院学报》1990年第1期,页1—10。

何汝泉《唐财政三司使研究》(北京:中华书局,2013)。

胡戟《唐代度量衡与亩里制度》,《胡戟文存》(北京:中国社会科学出版社,2000),页348—361。

胡云薇《千里宦游成底事,每年风景是他乡——试论唐代的宦游与家庭》,《台大历史学报》第41期(2008),页65—107。

黄进华《宇文融括户与唐朝中央财政体制的演进》,《首都师范大学学报》2007年第2期,页22—28。

黄清连《圆仁和唐代巡检》,《"中研院"历史语言研究所集刊》第68本第4分(1997),页899—942。

黄正建编《中晚唐社会与政治研究》(北京:中国社会科学出版社,2006)。

姜清波《试论唐代的押新罗渤海两蕃使》,《暨南学报》27 卷 1 期(2005),页 90—94。

蒋寅《大历诗人研究》(北京:中华书局,1995)。

赖瑞和《论唐代的州县"摄"官》,《唐史论丛》第 9 辑(2007 年 1 月),页 66—86。

赖瑞和《刘知几与唐代的书和手抄本:一个物质文化的观点》,《台湾师大历史学报》第 46 期(2011 年 12 月),页 111—140。

赖瑞和《论唐代的检校官制》,《汉学研究》24 卷 1 期(2006 年 6 月),页 175—208。

赖瑞和《论唐代的检校郎官》,《唐史论丛》第 10 辑(2008 年 2 月),页 106—119。

赖瑞和《唐"望秩"类官员与唐文官类型》,《唐研究》第 16 卷(2010),页 425—455。

赖瑞和《唐代除陌法和除陌钱新解》,《唐史论丛》第 23 辑(2016),页 1—19。

赖瑞和《唐代的翰林待诏和司天台——关于〈李素墓志〉和〈卑失氏墓志〉的再考察》,《唐研究》第 9 卷(2003),页 315—342。

赖瑞和《唐代基层文官》(台北:联经出版公司,2004 年繁体字本;北京:中华书局,2008 年简体字版)。

赖瑞和《唐代使职"侵夺"职事官的职权说质疑》,《唐史论丛》第 15 辑(2012 年 11 月),页 37—52。

赖瑞和《唐代中层文官》(台北:联经出版公司,2008 年繁体字本;北京:中华书局,2011 年简体字版)。

赖瑞和《唐后期一种典型的士人文官——李建生平官历发微》,《唐史论丛》第 17 辑(2014 年 2 月),页 17—45。

赖瑞和《唐人在多元货币下如何估价和结账》,《中华文史论丛》2016 年第 3 期, 页 61—112。

赖瑞和《唐史臣刘知几的"官"与"职"》,《唐史论丛》第 13 辑（2011 年 2 月）, 页 138—150。

赖瑞和《为何唐代使职皆无官品——论唐代使职和职事官的差别》,《唐史论丛》第 14 辑（2012 年 2 月）, 页 325—339。

赖瑞和《再论唐代的使职和职事官——李建墓碑墓志的启示》,《中华文史论丛》2011 年第 4 期, 页 165—213。

赖瑞和《追忆杜希德教授》,《汉学研究通讯》26 卷 4 期（2007 年 11 月）, 页 24—34。

雷闻《隋唐朝集制度研究——兼论其与两汉上计制之异同》,《唐研究》第 7 卷（2001）, 页 289—310。

李宝玲《唐代"文宗"现象观察》, 收入谢海平主编,《唐代学术研讨会论文集》（台北: 里仁书局, 2008）, 页 318—325。

李昌宪《宋代文官帖职制度》,《文史》第 30 辑（1988）, 页 109—135。

李大龙《都护制度研究》（哈尔滨: 黑龙江教育出版社, 2003）。

李德辉《唐代文馆制度及其与政治和文学之关系》（上海: 上海古籍出版社, 2006）。

李方《唐李元轨墓志所见的北门学士》,《文物》1992 年第 9 期, 页 60—61。

李方《唐西州行政体制考论》（哈尔滨: 黑龙江教育出版社, 2002）。

李福长《唐代学士与文人政治》（济南: 齐鲁书社, 2005）。

李锦绣《唐"王言之制"初探》,《季羡林教授八十华诞纪念论文集》（南昌: 江西人民出版社, 1991）, 页 273—290。

李锦绣《唐代财政史稿》上卷 3 册、下卷 2 册（北京: 北京大学出版社,1995—2001。修订版全 5 册;北京:社会科学文献出版社,2007)。

李锦绣《唐代制度史略论稿》(北京:中国政法大学出版社,1998)。

李举纲、王亮亮《西安新见〈唐第五琦墓志〉考疏》,《书法丛刊》2010 年第 5 期,页 18—23。

李明、耿庆刚《唐昭容上官氏墓志笺释》,《考古与文物》2013 年第 6 期,页 87—93。

李兆华《传本〈夏侯阳算经〉成书年代考辨》,《自然科学史研究》2007 年第 4 期,页 551—556。

李宗俊《敦博 58 号文书与两唐书〈地理志〉等相关问题考》,《中国历史地理论丛》2014 年第 2 期,页 46—60。

梁尔涛《唐李元轨墓志所涉北门学士问题献疑》,《中原文物》2010 年第 6 期,页 92—95 及页 109。

梁庚尧《南宋盐榷:食盐产销与政府控制》(台北:台湾大学出版中心,2010)。

林集友《唐刑部尚书崔凝墓志考释》,《考古》1994 年第 11 期,页 1037—1042。

刘常山《丁恩与中国盐务的改革(1913—1918)》,《逢甲人文社会学报》第 6 期(2003 年 5 月),页 211—242。

刘迪香《民国前期使职的渊源、特点及其作用》,《湖南城市学院学报》2007 年第 3 期,页 5—8。

刘迪香《民国前期使职设置考略》,《史学月刊》2008 年第 4 期,页 131—133。

刘海峰《论唐代官员俸料钱的变动》,《中国社会经济史研究》1985 年第 2 期,页 18—29。

刘海峰《唐代官吏俸料钱的财政来源问题》,《晋阳学刊》1984年第5期,页90—91。

刘海峰《再析唐代官员俸料钱的财政来源》,《中国社会经济史研究》1987年第4期,页86—89及页45。

刘后滨《唐代中书门下体制研究》(济南:齐鲁书社,2004)。

刘后滨《唐后期使职行政体制的确立及其在唐宋制度变迁中的意义》,《中国人民大学学报》2005年第6期,页35—41。

刘健明《论北门学士》,《中国唐史学会论文集》(西安:三秦出版社,1989),页205—218。

刘乃涛《刘济墓考古发掘记》,《大众考古》2013年第2期,页26—33。

刘浦江《不仅是为了纪念》,《读书》1999年第3期,页126—131。

刘诗平《唐代前后期内外官地位的变化——以刺史迁转途径为中心》,《唐研究》第2卷(1996),页325—345。

刘淑芬《中古的宦官与佛教》,郑钦仁教授荣退纪念论文集编辑委员会编《郑钦仁教授荣退纪念论文集》(台北:稻乡出版社,1999),页45—69。

刘万川《唐代"知制诰"辨析》,《燕赵学术》2011年秋之卷,页77—84。

柳洪亮《唐天山县南平乡令狐氏墓志考释》,《文物》1984年第5期,页78—79。

柳金福《唐刘祎之墓志疏证》,《乾陵文化研究》第7辑(2012),页357—364。

卢建荣《飞燕惊龙记:大唐帝国文化工程师与没有历史的人(763—873)》(台北:时英出版社,2007)。

卢建荣《聚敛的迷思：唐代财经技术官僚雏形的出现与文化政治》(台北:五南图书,2009)。

卢建荣《唐代后期(公元七五六至八九三年)户部侍郎人物的任官分析》,《"中研院"历史语言研究所集刊》第 54 本第 2 分(1983),页 157—181。

卢建荣《唐代通才型官僚体系之初步考察——太常卿、少卿人物的任官分析》,许倬云等编《第二届中国社会经济史研讨会论文集》(台北:汉学研究资料及服务中心,1983),页 89—122。

陆扬《论唐五代社会与政治中的词臣与词臣家族——以新出石刻资料为例》,《北京大学学报》2013 年第 4 期,页 5—16。

罗永生《三省制新探——以隋和唐前期门下省职掌与地位为中心》(北京:中华书局,2005)。

马俊民《唐朝刺史军权考——兼论与藩镇割据的关系》,《南开大学历史系建系七十五周年纪念文集》,(天津:南开大学出版社,1998),页 61—68。

毛蕾《唐代翰林学士》(北京:社会科学文献出版社,2000)。

毛阳光《洛阳新出土唐〈刘祎之墓志〉及其史料价值》,《史学史研究》2012 年第 3 期,页 38—43。

孟宪实《唐代前期的使职问题研究》,吴宗国编,《盛唐政治制度史》(上海:上海辞书出版社,2003),页 176—263。

缪钺《杜牧传》(北京:人民文学出版社,1977)。

缪钺《杜牧年谱》(北京:人民文学出版社,1980)。

宁志新《两唐书职官志"招讨使"考》,《历史研究》1996 年第 2 期,页 168—171。

宁志新《隋唐使职制度研究(农牧工商编)》(北京:中华书局,2005)。

宁志新《唐朝使职若干问题研究》,《历史研究》1999 年第 2 期,页 52—70。

宁志新《唐朝宰相称谓考》,《河北师范大学学报》2008 年第 3 期,页 122—126。

齐勇锋《度支使与支度使》,《历史研究》1983 年第 5 期,页 78。

乔象锺、陈铁民、吴赓舜、董乃斌主编《唐代文学史》上下册(北京:人民文学出版社,1995)。

仇鹿鸣《碑传和史传:上官婉儿的生平与形象》,《学术月刊》2014 年 5 月号,页 157—168。

瞿林东《中国史学史》第 3 卷《魏晋南北朝隋唐时期》(上海:上海人民出版社,2006)。

苏基朗《唐代前期的都督制度及其渊源》,《唐宋法制史研究》(香港:香港中文大学出版社,1995),页 39—96。

孙国栋《唐代中央重要文官迁转途径研究》(香港:龙门书店,1978;上海:上海古籍出版社,2009)。

孙国栋《唐宋史论丛》(上海:上海古籍出版社,2010)。

唐长孺《关于武则天统治末年的浮逃户》,《历史研究》1961 年第 6 期,页 90—95。

唐长孺《山居存稿》(北京:中华书局,1989)。

丸山茂《唐代长安城的沙堤》,《唐代文学研究》第 5 辑(中国唐代文学学会成立十周年国际学术讨论会暨第六届年会论文集)(1992),页 830—848。

王承文《唐代"南选"制度相关问题新探索》,《唐研究》第 19 卷(2013),页 113—153。

王翰章《唐东渭桥遗址的发现与秦汉以来的渭河三桥》,中国考古学会编《中国考古学会第三次年会论文集》(北京：文物出版社，1984)，页265—270。

王吉林《唐代宰相与政治》(台北：文津出版社，1999)。

王静《朝廷和方镇的联络枢纽：试谈中晚唐的进奏院》，邓小南主编《政绩考察与信息渠道：以宋代为中心》(北京：北京大学出版社，2008)，页235—273。

王世丽《安北与单于都护府：唐代北部边疆民族问题研究》(昆明：云南人民出版社，2006)。

王寿南《唐代都督府之研究》，《庆祝欧阳泽民先生七秩华诞人文社会科学论文集》(台北：联经出版公司，1988)，页57—82。

王寿南《唐代藩镇与中央关系之研究》(台北：嘉新水泥，1969)。

王素《三省制略论》(济南：齐鲁书社，1986)。

王怡辰《论唐代的除陌钱》，《史学汇刊》第22期(2008年12月)，页19—44。

王永兴《读〈唐六典〉的一些体会》，《文史知识》2009年第2期，页17—23。

王永兴《唐勾检制研究》(上海：上海古籍出版社，1991)。

翁俊雄《唐代的州县等级制度》，《北京师范学院学报》1991年第1期，页9—18。

吴丽娱《论唐代财政三司的形成发展及其与中央集权制的关系》，《中华文史论丛》1986年第1辑，页169—204。

吴宗国编《盛唐政治制度研究》(上海：上海辞书出版社，2003)。

夏炎《唐代州级官府与地域社会》(天津：天津古籍出版社，2010)。

谢保成《隋唐五代史学》(北京:商务印书馆,2007)。

谢元鲁《唐代中央政权决策研究》(台北:文津出版社,1992)。

辛德勇《隋唐两京丛考》(西安:三秦出版社,1991)。

熊飞《张九龄年谱新编》(台北:花木兰文化出版社,2012)。

徐梦阳《唐代史官:以蒋乂父子为个案》,台湾清华大学历史研究所硕士论文,2010年6月。

严耕望《唐代交通图考》,全6卷(册)(台北:"中研院"历史语言研究所,1985—2003;上海:上海古籍出版社,2007)。

严耕望《唐仆尚丞郎表》(台北:"中研院"历史语言研究所专刊36,1956;上海:上海古籍出版社,2007)。

严耕望《严耕望史学论文集》,上中下3册(上海:上海古籍出版社,2009,此论文集为大陆繁体字新排印本,收录严先生的所有单篇论文,包括《唐史研究丛稿》中的所有作品)。

严耕望《中国地方行政制度史:魏晋南北朝地方行政制度》(台北:"中研院"历史语言研究所专刊45,1961;上海:上海古籍出版社,2007年影印本)。

严国荣《权德舆研究》(北京:中国社会科学出版社,2006)。

阎守诚、李军《唐代的因灾虑囚》,《山西大学学报》2004年第1期,页103—107。

偃师商城博物馆《河南偃师县四座唐墓发掘简报》,《考古》1992年第11期,页1004—1017。

杨承祖《元结研究》(台北:"国立编译馆",2002)。

于赓哲《唐代人均食盐量及盐的使用范围》,《唐史论丛》第10辑(2008),页178—185。

余英时《历史与思想》(台北:联经出版公司,1976)。

郁贤皓《唐刺史考全编》,全6册(合肥:安徽大学出版社,

2000）。

袁刚《隋唐中枢体制的发展演变》（台北：文津出版社，1994）。

岳纯之《唐代官方史学研究》（天津：天津人民出版社，2003）。

查明昊《从唐五代功德使一职的变迁看宦官势力的消涨》，《宗教学研究》2009 年第 3 期，页 67—73。

张达志《唐代后期藩镇与州之关系研究》（北京：中国社会科学出版社，2011）。

张东光《唐代任官形式中的知判问题》，《郑州大学学报》2007年第 1 期，页 86—90。

张东光《唐宋的知制诰》，《文史知识》1993 年第 1 期，页 27—30。

张东光《唐宋时期的中枢秘书官》，《历史研究》1995 年第 4 期，页 135—150。

张国刚《唐代藩镇研究》（增订版；北京：中国人民大学出版社，2010）。

张国刚《唐代官制》（西安：三秦出版社，1987）。

张国刚《唐代政治制度研究论集》（台北：文津出版社，1994）。

张连城《唐后期中书舍人草诏权考述》，《文献》1992 年第 2 期，页 85—99。

张荣芳《唐代的史馆与史官》（台北：中国学术著作奖助委员会，1984）。

张卫东《唐代刺史若干问题论稿》（郑州：大象出版社，2013）。

张小也《清代私盐问题研究》（北京：社会科学文献出版社，2001）。

张亚初、刘雨《西周金文官制研究》（北京：中华书局，1986）。

张泽咸《唐五代赋役史草》（北京：中华书局，1986）。

赵望秦《略论唐代官制中的"守、行、兼"制度》,《唐史论丛》第 8 辑(2006),页 59—77。

赵雨乐《唐宋变革期军政制度史研究——三班官制的演变》(台北:文史哲出版社,1993)。

郑雅如《齐梁士人的交游——以任昉的社交网络为中心的考察》,《台大历史学报》第 44 期(2009 年 12 月),页 43—91。

郑雅如《重探上官婉儿的死亡、平反与当代评价》,《早期中古史研究》4 卷 1 期(2012 年 6 月),页 111—145。修订本收入游鉴明主编《中国妇女史论集》第 11 集(台北:稻乡出版社,2014),页 7—40。

周道济《汉唐宰相制度》(台北:大化书局,1978)。

周劲《唐代后期私盐治理措施》,《四川理工学院学报》2009 年第 4 期,页 5—10。

周相录《元稹年谱新编》(上海:上海古籍出版社,2004)。

周勋初《高适年谱》(上海:上海古籍出版社,1980)。

朱振宏《隋唐辍朝制度研究》,原刊大陆《文史》2010 年第 2 辑,后收入他的论文集《隋唐政治、制度与对外关系》(台北:文津出版社,2010),页 287—326。

(三) 日英文论著

北川俊昭《〈通典〉编纂始末考:とくにその上献の时期をめぐって》,《東洋史研究》57 卷 1 号(1998),页 125—148。

长部悦弘《唐代州刺史研究——京官との関連》,《奈良史学》9 号(1991),页 27—51。

池田温等编集《唐令拾遺補》(东京：东京大学出版会,1997)。

池田温著,孙晓林等译《唐研究论文选集》(北京：中国社会科学出版社,1999)。

大津透《唐律令國家の預算について——儀鳳三年度支奏抄·四年金部旨符試釈》,《日唐律令制の財政構造》(东京：岩波书店,2006),页 27—113。中译本见《唐律令制国家的预算》,宋金文、马雷译,《日本中青年学者论中国史：六朝隋唐卷》,刘俊文编(上海：上海古籍出版社,1995),页 430—484。

福井信昭《唐代の进奏院》,《東方学》第 105 辑(2003),页47—62。

加藤繁《汉代国家财政和帝室财政的区别以及帝室财政的一斑》,《中国经济史考证》(台北：稻乡出版社,1991 年重印本),页26—134。

砺波护《唐代政治社会史研究》(京都：同朋舍,1986)。

梅原郁《宋初的寄禄官及其周圍》,原载《東方学報》(京都)第 48 册(1975),页 135—182。中译本见《日本学者研究中国史论著选译》第 5 册(北京：中华书局,1993),页 392—450。

妹尾达彦《唐代河東池塩の生産と流通——河東塩税機関の立地と機能》,《史林》65 卷 6 期(1982),页 35—72。

仁井田陞《唐令拾遺》(东京：东京大学出版会,1933)。

丸山茂《唐代の文化と詩人の心：白樂天を中心に》(东京：汲古书院,2010)。

中村裕一《唐令の基礎的研究》(东京：汲古书院,2012)。

Adshead, S. A. M. *Salt and Civilization*. New York：St. Martin's, 1992.

Adshead, S. A. M. *The Modernization of the Chinese Salt Admi-*

nistration, *1900 – 1920.* Cambridge, Mass. : Harvard University Press, 1970.

Ando, Clifford. "The Administration of the Provinces. " *A Companion to the Roman Empire*, ed. David S. Potter. Oxford: Blackwell, 2006. Pp. 177–192.

Bickerton, Derek. *Adam's Tongue: How Humans Made Language, How Language Made Humans.* New York: Hill and Wang, 2009.

Brunet, Michel et al. "New Material of the Earliest Hominid from the Upper Miocene of Chad. " *Nature* 434 (April 7, 2005): 752–755.

Brunet, Michel et al. "A New Hominid from the Upper Miocene of Chad, Central Africa. " *Nature* 418 (July 11, 2002): 145–151.

Eisenstadt, S. N. and Roniger, L. *Patrons, Clients and Friends: Interpersonal Relations and the Structure of Trust in Society.* Cambridge: Cambridge University Press, 1984.

Fukuyama, Francis. *The Origins of Political Order: From Prehuman Times to the French Revolution.* New York: Farrar, Straus and Giroux, 2011.

Fukuyama, Francis. *Trust: The Social Virtues and the Creation of Prosperity.* New York: Free Press, 1996.

Gibbons, Ann. *The First Human: The Race to Discover Our Earliest Ancestors.* New York: Anchor Books, 2007.

Hucker, Charles, ed. *A Dictionary of Official Titles in Imperial China.* Sandford: Stanford University Press, 1985.

Hung, William. "The T'ang Bureau of Historiography before

708. " *Harvard Journal of Asiatic Studies* 23（1960-61）：93-107.

Kittell, Ellen E. *From ad hoc to Routine：A Case Study in Medieval Bureaucracy.* Philadelphia：University of Pennsylvania Press, 1991.

Kurlansky, Mark. *Salt：A World History.* New York：Penguin, 2003.

Li, Feng 李峰. *Bureaucracy and the State in Early China：Governing the Western Zhou.* New York：Cambridge University Press, 2008. 中译本《西周的政体：中国早期的官僚制度和国家》,吴敏娜等译(北京：生活·读书·新知三联书店,2010)。

Li, Jung. "Account of the Salt Industry at Tzu-liu-ching chi," trans. Lien-che Tu Fang. *Isis* 39（1948）：228-234.

McWhorter, John. *The Power of Babel：A Natural History of Language.* New York：Perennial, 2003.

Mozaffarian, Dariush et al. "Global Sodium Consumption and Death from Cardiovascular Causes. " *New England Journal of Medicine* 371（August 2014）：624-634.

Oppenheimer, Stephen. *The Real Eve：Modern Man's Journey out of Africa.* New York：Carroll & Graf, 2004.

Pääbo, Svante. *Neanderthal Man：In Search of Lost Genomes.* New York：Basic Books, 2014.

Pinker, Steven. *The Language Instinct：How the Mind Creates Language.* New York：Harper Perennial, 1995; 1st Harper Perennial Modern Classics ed. , 2007. 中译本《语言本能：探索人类语言进化之奥秘》,洪兰译(台北：商周,1998 年初版;2007 年二版)。

Pinker, Steven. *The Sense of Style：The Thinking Person's Guide to Writing in the 21st Century.* New York: Viking, 2014.

Service, Elman. *Origins of the State and Civilization.* New York: Norton, 1975.

Service, Elman. *Primitive Social Organizations.* New York: Random House, 1962.

Sykes, Bryan. *Adam's Curse: A Future without Men.* New York: Norton, 2005.

Thieme, Hartmut. "Lower Palaeolithic Hunting Spears from Germany." *Nature* 385 (27 February 1997): 807–810.

Twitchett, Denis C. "The Salt Commissioners after the Rebellion of An Lu-shan." *Asia Major* 4 (1954): 60–89.

Twitchett, Denis C. *The Writing of Official History under the T'ang.* Cambridge: Cambridge University Press, 1992. 中译本《唐代官修史籍考》,黄宝华译(上海:上海古籍出版社,2010)。

Twitchett, Denis C. *Financial Administration under the T'ang Dynasty.* Cambridge: Cambridge University Press, 1963. 2nd revised edition, 1970. 中译本《唐代财政》,丁俊译(上海:中西书局,2016)。

Twitchett, Denis C. "Po Chu-i's 'Government Ox'." *T'ang Studies* 7 (1989): 23–38.

Wade, Nicholas. *Before the Dawn: Recovering the Lost History of Our Ancestors.* New York: Penguin, 2006.

附录 唐职事官和使职特征对照表

职事官	使职
有官品,属九品官	无官品,不属九品官
本官即理本司事,如中书舍人,即在中书舍人院草诏;度支郎中,即主管户部度支司的度支国用预算;校书郎,即在秘书省等皇室图书馆校正手抄本藏书	本官不理本司事,却跑去其他使司,以其本官充使职,如刘知几以"散骑常侍"为本官,去史馆任"修国史"使职。这等于说,使职多以他官充任
皆沿袭自前朝,唐仅新设极少数新的、前朝所无的职事官,如拾遗和补阙,屈指可数	现有职事官无法处理之事,唐即设新的使职来应付,"随事立名",数量达数百个
必属三省六部九寺等传统衙署	不属三省六部等,由皇帝掌控
编制内官员,员额固定	非编制内官员,无定员
官名固定,不可随意变更	官名可变通,如"判度支"和"度支使"可互用
官衔相对简单	官衔复杂(见第十八章)
官名不带动词,如御史大夫、礼部侍郎	官名常为描述性的动词+宾语的结构,如平章事、修国史
官名不能当动词使用	动宾结构官名可当动词使用
官名例必载于职官书	官名绝大部分不载于职官书
普通官员,权力不如使职	特使或特助性质,常掌握大权

职事官	使　职
任命循吏部铨选等一般程序	由皇帝钦点或由使府隆重礼聘
一般无赐章服和检校官等加衔	常可获皇帝赐章服,如赐金紫、赐绯鱼袋及检校官、宪衔和试衔等
不可在自己家乡任地方官	使府僚佐常在自己家乡任职
任期一般为三四年一任,常需要宦游	任期从数天到二十多年,随皇帝或使府的意思,不一定要宦游

后　记

　　一年将尽,这本书终于完稿了。写完第十九章《总结》,那天晚饭,我跟妻子和小女维维安说:"我今早写完那本书了,可以休息了。"那场"美好的仗"已经打完了,现在可以卸下我的"轭",可以准备从清大退休了。

　　这本小书差点不能完成。《唐代中层文官》的《后记》,纪录小女十岁时的一句童言稚语。她有一次悄悄告诉别人说:"我爸爸可能不会写《唐代高层文官》了,因为他说他要多花点时间来陪妈妈和我。"

　　这句话没有应验。

　　写完《唐代中层文官》后约二三年,我并不急于继续写这本书,只写了几篇论文(见参考书目),而腾出大部分时间,来阅读达尔文的演化论和人类演化的著作,以解决我个人的另一个大迷惑,大好奇:人类从何处来到这地球? 中国史上的那些现代智人(Homo sapiens)又是从何处来? 从非洲走出来的? 还是源自周口店的北京人? 人类语言的起源,跟人类演化息息相关,又是怎么一回事?

　　这期间的阅读,最初以为跟我的职官和使职研究,没有什么关系。后来慢慢发现,它给了我一个很珍贵的、很长远的历史观。

我学会从目前人类最古老的化石，七百万年前的萨赫勒人（*Sahelanthropus tchadensis*）开始看人类历史，中间经过二百万年前的直立人（*Homo erectus*），约四十万年前的尼安德特人（*Neanderthal*）①，再到我们这种约十五万年前出现在地球上的现代智人。这包含了上中新世（Upper Miocene）和整个旧石器及新石器时代。

这样久远的历史观有一个好处，那就是观看人类活动，可以不必局限在历史学者常爱"画地自限"的所谓"有文字记载的历史"，只有大约五千年，而可以回到旧石器时代，人类学会说话，开始发展出语言的时代，也就是大约十五万年前或更久远。人类有了语言之后，掌权者就可以开始授官命职，任命使职了，不必等到"有文字记载"的五千年前。本书的"使职论"，就是在这样的背景下孕育的。

第十章《刘知几和唐史馆史官的官与职》，对本书的诞生，起了关键作用，也是全书最早写完的一章。它起源于 2010 年夏天，清大历史所研究生徐梦阳的硕士论文口试答辩。会中发生的那场激烈争论，那个"奇异的插曲"，仿佛科学家做实验时的一次意外失误，却让我有了一大惊喜的发现：原来刘知几的史馆史官，竟是一种使职。这样就引发了一连串的后续效应，解决了好些从前看不清的使职问题。我的使职研究，不是从宰相开始，而是始于史馆史官。

这可以解释，何以本书会把史官纳入高层文官中。一方面，史官的使职官名，如"修国史"，看起来不像官名的官名，其实非常

---

①瑞典古基因学家 Svante Pääbo 最近出版了一本专书 *Neanderthal Man: In Search of Lost Genomes*，透露他如何克服重重困难，成功为尼安德特人的整个基因组（genome）定序。

有意义,可以发人深省,引申出许多讨论。另一方面,我的老师杜希德,早年以唐代财政史起家,晚年却研究史官和唐代正史的修撰。我把史官列入本书,算是步上杜老师的后尘,亦有"向大师致敬"之意。爱屋及乌,我后来甚至研究过刘知几读书的物质条件,写过一篇论文《刘知几与唐代的书和手抄本:一个物质文化的观点》,呈给一个纪念杜公的物质文化研讨会。

我大学念台大外文系。大二时黄宣范老师教我"英语语言学概论",我深受他的启发,原本想将来专攻语言学。但在大三遇到王秋桂老师,上过他的"西方汉学"等课。大学毕业后,普林斯顿大学东亚所给了我全额奖学金,杜希德老师正好又在普大,我便自然而然走进了唐史。然而,我对语言学,始终不能忘情,至今仍然对人类语言的起源、语言接触(language contact)和语言变迁(language change)等大问题,深感好奇。

语言和授官命职,是人类早在旧石器时代,就衍生的东西。两者有不少相似相通处,也有不少可以相比之处。本书经常提到使职和官制的演变,常让我想起历史上各种中外语言的变迁,甚至死亡,如唐代的粟特文。在语言学界,今天恐怕没有一个语言学家,会相信世界上有一种所谓"完美的"、不变的语言。人类的语言,都是永远随着时代和环境,不断在改变,不断在演化。不能跟上时代的,便会死去,如梵文,或演化出新的语言,如拉丁文演化出后来的法文、意大利文等罗曼语系。这跟生物演化的道理是相同的。中国官制也是这样,不断在演变,不可能永远固定不变,永远完美。但在中国官制史的研究上,却有不少学者仍深信,比如说,唐代的三省六部制是"最完美的制度",把它后来遭到使职的"夺权",看成是一种"破坏",一种"崩解"。

本书的第三章《唐职官书不载许多使职的前因与后果》,从官制和语言变迁的比较角度写成，算是我对大学时代"那位语言学旧爱"的一次"怀念"与"告白"。

今后，我可以开始写那本构思许久而难产的"伟大的唐史小说"了，只是不知道何年何月才能完成。

赖瑞和

2014 年冬至—2015 年岁末